民法要論 Ⅱ

物権法

石口　修

成文堂

はしがき

　民法要論シリーズの2作目として、『物権法』を上梓する（既刊は昨年の『担保物権法』である）。『物権法』は、平成27年に『民法講論第2巻』（信山社刊）として上梓した。同書は、基本から応用に至る程度の読者層を想定した詳細な専門書である。それゆえ、判例・学説を分析した「解釈論」は詳細かつ多岐にわたり、恰も「論文」の様相を呈した。そのため、法学部生ならびに法科大学院の未修コース学生のテキストブックとしては些か負担が重かったようである。そこで、「基本教科書」を出版する必要を感じ、成文堂からの求めもあって、かねてより執筆してあった別の講義録に手を加えた原稿の出版を企図した。これが本書シリーズである。

　　　　　　＊　　　　　＊　　　　　＊

　私が一法学徒となった頃から研究の範としてきた我妻榮博士の言（旧版『物権法』昭和7年11月の序）によると、大学における民法の講義は現行法の解釈を中心とするが、「真の解釈のためには、なすべきことが多い」とされ、5項目を指示される。それは、①諸外国の法制と沿革により現行制度の特質を理解すること、②判例を明らかにすることにより、条文の現実的な「活きた意味」を知ること、③法の社会的作用の検討から、現行法の作用を理解すること、④社会生活の変遷に順応し、現行法体系として矛盾のない統一的な解釈理論を構築すること、⑤いずれの場合にも、先進の学者の説に学ぶべきこと、である。我妻博士自身、この5項目を「理想」とし、これを実現することに苦心されていたことが「序」から読み取れる。この「序」を見るにつけ、研究生活の重みを常に感じるとともに、自身の至らなさを実感させられる。

　筆者は、この教えを忠実に守り研究生活を送ってきた（と思いたい）。本書も現行法の解釈を明らかにすることを目的とする。しかし、筆者の浅学非才のため、至らない部分も多分にあろう。同学の研究者からの批判や教えを受け、学生とともに研鑽を重ねつつ、徐々に完成の域に達したいと思う。

　　　　　　＊　　　　　＊　　　　　＊

　物権法は、通常、三部構成とされる。第一に、公示の原則と公信の原則に

始まる物権変動論、第二に、地上権から入会権までの不動産利用権、第三に、社会の平和と秩序維持を目的とする占有論である。先達の業績は、「序論」たる物権の意義・性質・効力に続けて、この区分により構成されることが多い。権利の目的と社会的作用を異にする本権と占有を分離し、それぞれ固有の性質や機能を論ずるローマ法的な思想の表れと理解される。本書も当初はこの伝統的な構成によることを企図した。しかし、占有を本権と一体として捉えるゲルマン法思想を顧慮し、占有の社会的作用（機能・役割）たる本権推定機能、本権獲得機能、侵害排除機能について思いを致すと、占有権を所有権の前段階に位置づけるのが学生の理解に資するという思いから、結局、占有権を所有権の前に置いた。その結果、本書の構成は、物権の意義・性質、目的、効力（第1章）、物権の変動（第2章）、占有権（第3章）、所有権（第4章）、用益物権（第5章）となった。

　第1章は、本来、物権の本質論を中心に位置づけるべきである。しかし、抽象概念の羅列・解説は基本テキストブックの役割から外れるので、これを最小限に抑え、物権的請求権を中心に構成した。また、この箇所では、本来は不法行為法のテーマとして位置づけるべき「差止請求」を敢えて論じた。その理由は、差止請求の歴史的変遷に応じた構成にある。所有権侵害は違法性を要件とする不法行為を構成するが、侵害状態の除去・予防請求は違法性を要件としない物権的請求権の範疇にある。両者の解釈的調和を図るには、物権法で扱うのが適切と考え、差止請求の法理にまで手を伸ばした次第である。

　第2章は本書全体の半分近くを占める。「物権法」は物資の利用を規律する法制度であるから、とりわけ、不動産利用権を中心とし、また、資本主義経済組織における私法の役割を考察する場合には、物権取引法が中心を占めることとなる。ここでは、公示の原則と公信の原則を始めとして、不動産物権変動、動産物権変動、明認方法、即時取得を順序よく扱い、取引安全の原則という理想の追究を中心として論じた。ただ、本章においても、歴史的変遷に関する叙述は最小限に抑え、具体的な問題点を中心に論じた。基本テキストブックという本書の役割を重視した結果である。

　第3章は、前述した占有権の機能を中心として構成するが、ここでもまた

歴史的な叙述は別著に譲り、具体的な問題点の解決策を考えるという姿勢で論じた。

　第4章は、完全権たる所有権の本質論を概説した上で、使用権、収益権、処分権という所有権の各権能について、所有権の社会的作用、ならびに制限物権との関係を意識させるように説明した。

　第5章は、不動産利用権の確保という民法の要請を正確に理解させることを念頭に置いた。この観点から、不動産利用権と取引安全法理との調和をどのように考えるべきかについても、意識的に論じた。

　本書は、全体的に物権的法秩序と取引安全との調整を中心に論じている。だが、資本主義経済の発展に寄与する解釈のあまり、個人の権利が脅かされるのでは、「民法」の看板が泣く。商品交換経済の発展と取引安全との相克についてどう考えるのか。この点は引き続き今後の研究課題となる。

＊　　　　　＊　　　　　＊

　本書『物権法』は、その順序から言えば、本来は『担保物権法』の前であるが、出版は逆となった。この意味において秩序に反する結果を招くこととなり、言い訳の仕様もない。しかし、前著（『物権法』信山社刊）の二番煎じとなったのでは元も子もない。このように考え、前著の原稿とは別原稿にして出版した。それでも、細かい点は別として、自身の考え方に本質的な変化はないので、内容自体に同様の論述があるのは仕方がないと思う。

　本書の内容は、愛知大学法学部ならびに法科大学院での講義を通じて進化し、また、同僚諸氏からの批判・意見などを通じて示唆を与えられた箇所も少なくない。この点には感謝したい。本書が、シリーズ前著『担保物権法』とともに、読者のニーズに応じた内容となり、勉学に勤しむ諸氏にとって必要不可欠な情報を与えるテキストブックたりうることを願ってやまない。

　本書の刊行にあたっては、前著に続き、成文堂編集部の飯村晃弘氏に大変お世話になった。氏の助言に対し心より感謝したい。

2017（平成29）年2月

石　口　　修

目　次

はしがき　i

第1章　物権法総論 … 1

第1節　物権の意義と目的 … 1
第1項　物権概念の意義と性質 … 1
- ❶ 物権の意義 … 1
- ❷ 物権的法律関係と債権的法律関係 … 3
- ❸ 物権の性質 … 4

第2項　物権の目的 … 7
- ❶ 物権法定主義 … 7
- ❷ 一物一権主義 … 10
- ❸ 物権法の主たる法源 … 10
- ❹ 民法の認める物権の類型 … 11

第2節　物権の効力 … 15
第1項　物権の効力とは何か … 15
第2項　優先的効力 … 16
- ❶ 物権相互間の優先的効力 … 16
- ❷ 債権に優先する効力 … 17

第3項　物権的請求権 … 18
- ❶ 物権的請求権の意義と性質 … 18
- ❷ 物権的請求権の前提要件 … 27
- ❸ 物権的請求権行使の相手方 … 30
- ❹ 物権的請求権と人格権の保護——差止請求 … 40

第2章　物権の変動 … 49

第1節　物権変動と第三者に対する対抗要件 … 49

第 1 項　物権変動の意義 …………………………………………… 49
　　第 2 項　公示の原則と公信の原則 ………………………………… 50
　　　❶　公示の原則 …………………………………………………… 50
　　　❷　公信の原則 …………………………………………………… 52
　第 2 節　物権変動を目的とする法律行為——第 176 条論 ………… 54
　　第 1 項　意思主義と形式主義——立法上の相違点 ……………… 54
　　第 2 項　意思主義・対抗要件主義 ………………………………… 55
　　第 3 項　形式主義 …………………………………………………… 57
　　第 4 項　物権行為の独自性と無因性 ……………………………… 57
　　　❶　ドイツ民法 …………………………………………………… 57
　　　❷　スイス民法 …………………………………………………… 58
　　　❸　フランス民法 ………………………………………………… 59
　　第 5 項　物権変動の効力発生時期 ………………………………… 60
　　　❶　物権変動の効力発生要件に関する学説の対立構造 ……… 60
　　　❷　物権変動の効力発生時期に関する判例法理 ……………… 69
　第 3 節　不動産に関する物権変動と公示——第 177 条論 ………… 73
　　第 1 項　不動産物権変動における公示——不動産登記制度 …… 73
　　　❶　登記の意義 …………………………………………………… 73
　　　❷　登記制度史 …………………………………………………… 73
　　　❸　登記簿 ………………………………………………………… 75
　　　❹　登記手続 ……………………………………………………… 77
　　　❺　登記された権利の順位 ……………………………………… 81
　　　❻　登記事項証明書等の交付 …………………………………… 81
　　　❼　登記の有効要件 ……………………………………………… 82
　　　❽　登記請求権 …………………………………………………… 99
　　第 2 項　登記なくして対抗しえない第三者——第 177 条総論 … 106
　　　❶　民法第 177 条における「第三者」の範囲 ………………… 106
　　　❷　登記なくして対抗しうる第三者（第 177 条の適用外の者） ……… 129
　　第 3 項　登記を必要とする物権変動 ……………………………… 145
　　　❶　総　説 ………………………………………………………… 145

❷　意思表示による物権変動と登記 …………………………………… *147*
　第4項　第177条各論〔１〕意思表示の失効に関連する物権変動 …… *150*
　　　❶　法律行為の取消と登記 ………………………………………………… *150*
　　　❷　法律行為の解除と登記 ………………………………………………… *162*
　第5項　第177条各論〔２〕相続と登記 …………………………………… *165*
　　　❶　問題の所在 ……………………………………………………………… *165*
　　　❷　相続開始前の物権行為 ………………………………………………… *166*
　　　❸　共同相続開始後の物権変動と登記 …………………………………… *167*
　　　❹　遺言と登記 ……………………………………………………………… *172*
　　　❺　相続放棄、欠格、廃除と登記 ………………………………………… *176*
　第6項　第177条各論〔３〕取得時効と登記 ……………………………… *179*
　　　❶　総　説 …………………………………………………………………… *179*
　　　❷　時効準則——従来の判例法理 ………………………………………… *180*
　　　❸　時効準則への批判と学説の展開 ……………………………………… *188*
　第7項　第177条各論〔４〕公権力の関与する物権変動と登記 …… *194*
　　　❶　競売・公売 ……………………………………………………………… *194*
　　　❷　公用徴収 ………………………………………………………………… *195*
　第8項　第177条各論〔５〕その他の物権変動と登記 ………………… *196*
　　　❶　請負建物の新築 ………………………………………………………… *196*
　　　❷　処分権能の制限 ………………………………………………………… *199*
　　　❸　不動産物権の消滅 ……………………………………………………… *202*
第4節　動産に関する物権変動と公示——第178条論 ……………………… *204*
　第1項　対抗要件としての引渡し ……………………………………………… *204*
　　　❶　「引渡し」の意義 ……………………………………………………… *204*
　　　❷　引渡し対抗要件主義の例外 …………………………………………… *205*
　　　❸　代理占有による引渡し ………………………………………………… *206*
　第2項　即時取得（公信の原則） ……………………………………………… *208*
　　　❶　即時取得の意義 ………………………………………………………… *208*
　　　❷　即時取得の要件 ………………………………………………………… *209*
　　　❸　代理占有による即時取得の成否 ……………………………………… *215*

- **❹ 即時取得の効果** ……………………………………………… *221*
- **❺ 即時取得の制限規定──盗品・遺失物の特則** ……………… *225*

第5節　明認方法による公示 …………………………………… *234*
- 第1項　総　説 ………………………………………………… *234*
- 第2項　明認方法の意義と機能 ……………………………… *235*
- 第3項　明認方法の効力 ……………………………………… *236*
  - **❶ 明認方法の対抗要件──継続性** …………………………… *236*
  - **❷ 立木の二重譲渡・伐木に対する明認方法** ……………… *237*
  - **❸ 未分離の果実の売買と明認方法** ………………………… *239*

第6節　物権の消滅 ……………………………………………… *241*
- 第1項　物権の消滅原因 ……………………………………… *241*
- 第2項　目的物の滅失 ………………………………………… *242*
- 第3項　消滅時効 ……………………………………………… *243*
- 第4項　物権の放棄 …………………………………………… *244*
- 第5項　物権の混同 …………………………………………… *245*
  - **❶ 混同の意義** ………………………………………………… *245*
  - **❷ 例外的存続〔1〕所有権と制限物権との混同** …………… *245*
  - **❸ 例外的存続〔2〕制限物権とこれを目的とする他の権利との混同** …………………………………………………… *247*
  - **❹ 権利の性質による混同の例外** …………………………… *247*
- 第6項　公用徴収 ……………………………………………… *248*

第3章　占有権 …………………………………………………… *249*

第1節　占有権の意義と社会的作用 …………………………… *249*
- 第1項　序説──占有・占有権とは何か ……………………… *249*
- 第2項　占有制度の沿革 ……………………………………… *249*
- 第3項　占有権の性質と社会的作用 ………………………… *250*
  - **❶ 占有の構成要素──意思（心素）と所持（体素）** ……… *250*
  - **❷ 占有の権利性** ……………………………………………… *251*
- 第4項　民法上の占有と占有権 ……………………………… *251*

❶ 占有権の取得要件 ··· *251*
　　　❷ 「所持」に関する問題点 ··· *252*
　　　❸ 「意思」に関する問題点 ··· *255*
　第2節　占有の種類 ·· *258*
　　第1項　単独占有・共同占有 ··· *258*
　　第2項　自主占有・他主占有 ··· *258*
　　　❶ 意　義 ··· *258*
　　　❷ 自主占有の取得要件 ··· *259*
　　　❸ 他主占有から自主占有への転換 ······························ *261*
　　第3項　善意占有・悪意占有 ··· *262*
　　第4項　占有における過失の有無 ·································· *263*
　　第5項　占有における瑕疵 ·· *264*
　　第6項　自己占有・代理占有 ··· *264*
　　　❶ 代理占有の意義 ·· *264*
　　　❷ 代理占有の成立要件 ·· *265*
　　　❸ 代理占有の効果 ·· *266*
　　第7項　占有に関する推定 ·· *267*
　　　❶ 所有の意思、善意・平穏・公然の推定 ····················· *267*
　　　❷ 継続推定 ··· *268*
　　　❸ 「無過失」推定 ·· *268*
　第3節　占有権の取得 ·· *268*
　　第1項　原始取得 ··· *268*
　　第2項　承継取得 ··· *269*
　　　❶ 占有譲渡の意義 ·· *269*
　　　❷ 占有権の譲渡 ··· *270*
　　　❸ 占有権の相続 ··· *272*
　　　❹ 占有権承継の効果 ··· *273*
　第4節　占有権の効力 ·· *277*
　　第1項　序　説 ·· *277*
　　第2項　本権の適法保有推定 ··· *277*

❶ 第188条の適用——動産に限るか……………………………277
❷ 権利推定の効果……………………………278
第3項　占有者の果実取得（収取）権……………………………281
❶ 善意占有者の果実取得（収取）権……………………………281
❷ 悪意占有者の返還義務……………………………284
第4項　占有者による損害賠償と費用償還請求……………………………285
❶ 占有者と回復者との関係……………………………285
❷ 占有物の滅失・損傷の責任……………………………285
❸ 費用償還請求権……………………………286
第5項　占有による家畜以外の動物の取得……………………………288
❶ 意義・制度趣旨……………………………288
❷ 要件・効果……………………………289
第6項　占有訴権……………………………289
❶ 占有訴権の意義……………………………289
❷ 占有訴権の性質……………………………292
❸ 占有訴権の当事者……………………………294
❹ 占有訴権の種類……………………………295
❺ 占有訴権と本権の訴えとの関係……………………………303
第7項　占有権の消滅……………………………306
❶ 占有権の消滅事由……………………………306
❷ 自己占有（直接占有）の消滅事由……………………………306
❸ 代理占有（間接占有）の消滅事由……………………………307

第5節　準占有……………………………308
第1項　準占有の意義……………………………308
第2項　準占有の成立要件……………………………308
❶ 自己のためにする意思……………………………309
❷ 財産権の行使……………………………309
第3項　準占有の効果……………………………311
❶ 準占有への準用規定……………………………311
❷ 公信原則の準用制限……………………………312

第4章 所有権 ……………………………………………………… *313*

第1節 所有権総説 ……………………………………………… *313*
第1項 所有権の社会的意義 ……………………………………… *313*
第2項 所有権の社会的作用 ……………………………………… *314*
❶ 近代法における所有権概念 …………………………………… *314*
❷ 所有権の社会的作用 …………………………………………… *315*
第3項 所有権の性質 ……………………………………………… *317*
❶ 全面的支配性——所有権は分割されない …………………… *317*
❷ 内容の一体性 …………………………………………………… *318*
❸ 所有権の弾力性 ………………………………………………… *319*
❹ 所有権の恒久性 ………………………………………………… *319*
❺ 所有権の客体 …………………………………………………… *319*
❻ 制限付き絶対性 ………………………………………………… *320*

第2節 所有権の内容 …………………………………………… *320*
第1項 序　説 ……………………………………………………… *320*
❶ 所有権の内容概観 ……………………………………………… *320*
❷ 所有権の制限 …………………………………………………… *321*
第2項 土地所有権の範囲 ………………………………………… *321*
第3項 相隣関係 …………………………………………………… *323*
❶ 総　説 …………………………………………………………… *323*
❷ 隣地使用権 ……………………………………………………… *324*
❸ 袋地所有者の囲繞地通行権 …………………………………… *325*
❹ 水に関する相隣関係 …………………………………………… *330*
❺ 境界に関する相隣関係 ………………………………………… *333*
❻ 竹木切除の相隣関係 …………………………………………… *335*
❼ 境界線付近の工作物建造に関する相隣関係 ………………… *335*

第3節 所有権の取得 …………………………………………… *337*
第1項 所有権の取得原因 ………………………………………… *337*
第2項 無主物、遺失物、埋蔵物の取扱い ……………………… *337*

- ① 無主物の帰属（無主物先占）……………………337
- ② 遺失物の拾得……………………338
- ③ 埋蔵物の発見……………………339

第3項 添付（付合・混和・加工）……………………340
- ① 総　説……………………340
- ② 付　合……………………342
- ③ 混　和……………………350
- ④ 加　工……………………350
- ⑤ 添付（付合・混和・加工）の効果……………………355

第4節　共　有……………………356

第1項 共同所有の意義……………………356
- ① 共同所有の構造……………………356
- ② 共同所有の3類型……………………358
- ③ 共有及び持分の法的性質──分有説と独立所有権説……………………361

第2項 共有の内部関係……………………362
- ① 共有持分……………………362
- ② 共有物の利用関係……………………363
- ③ 内部関係における持分権の主張……………………368
- ④ 持分権譲渡の自由と効果……………………369

第3項 共有の対外的関係……………………370
- ① 持分権の対外的主張……………………370
- ② 共有関係の対外的主張……………………370

第4項 共有物の分割……………………372
- ① 共有物分割の意義……………………372
- ② 分割の方法……………………372
- ③ 分割の効果……………………378

第5項 準共有……………………381

第5節　建物の区分所有……………………382

第1項 「建物区分所有」の意義……………………382

第2項 区分所有権の成立要件……………………383

- ❶ 要件概説 ………………………………………………………………… *383*
- ❷ 構造上の独立性 ………………………………………………………… *384*
- ❸ 利用上の独立性 ………………………………………………………… *385*

第3項　区分所有建物の所有関係と敷地利用権 ……………………………… *386*
- ❶ 専有部分 ………………………………………………………………… *386*
- ❷ 共用部分 ………………………………………………………………… *387*
- ❸ 敷地と敷地利用権 ……………………………………………………… *389*
- ❹ 区分所有関係の登記 …………………………………………………… *391*

第4項　区分所有建物の管理 …………………………………………………… *392*
- ❶ 管理組合 ………………………………………………………………… *392*
- ❷ 管理組合法人 …………………………………………………………… *396*
- ❸ 義務違反者に対する措置 ……………………………………………… *396*
- ❹ 復旧及び建替え ………………………………………………………… *398*

第5項　団　地 ………………………………………………………………… *402*
- ❶ 団地建物所有者の団体 ………………………………………………… *402*
- ❷ 団地共用部分 …………………………………………………………… *402*
- ❸ 団地内建物の建替え承認決議 ………………………………………… *403*
- ❹ 団地内建物の一括建替え決議 ………………………………………… *404*

第5章　用益物権 …………………………………………………………… *407*

第1節　総　説 ………………………………………………………………… *407*
第2節　地上権 ………………………………………………………………… *408*

第1項　地上権の意義と作用 …………………………………………………… *408*
- ❶ 地上権の意義 …………………………………………………………… *408*
- ❷ 地上権と賃借権との関係・相違点 …………………………………… *409*
- ❸ 地上権の法的性質 ……………………………………………………… *410*

第2項　地上権の取得 …………………………………………………………… *411*
- ❶ 地上権の取得原因 ……………………………………………………… *411*
- ❷ 法定地上権の成立 ……………………………………………………… *412*

第3項　地上権の存続期間 ……………………………………………………… *412*

- ❶ 民法上の地上権……………………………………………………… *412*
- ❷ 借地借家法による修正……………………………………………… *414*

第4項 地上権の効力………………………………………………………… *417*
- ❶ 地上権者の土地使用権……………………………………………… *417*
- ❷ 地上権の対抗力……………………………………………………… *418*
- ❸ 地上権者の投下資本の回収………………………………………… *424*
- ❹ 地上権と地代………………………………………………………… *427*

第5項 地上権の消滅………………………………………………………… *432*
- ❶ 地上権の消滅事由…………………………………………………… *432*
- ❷ 土地所有者の消滅請求……………………………………………… *432*
- ❸ 地上権の放棄………………………………………………………… *434*
- ❹ 約定消滅事由………………………………………………………… *435*
- ❺ 地上権消滅の効果…………………………………………………… *435*

第6項 区分地上権…………………………………………………………… *436*
- ❶ 区分地上権の意義…………………………………………………… *436*
- ❷ 区分地上権の設定・取得…………………………………………… *437*
- ❸ 区分地上権の効力…………………………………………………… *438*

第3節 永小作権………………………………………………………………… *438*

第1項 総　説………………………………………………………………… *438*
- ❶ 永小作権の意義……………………………………………………… *438*
- ❷ 永小作権の法的性質………………………………………………… *439*

第2項 永小作権の取得……………………………………………………… *440*

第3項 永小作権の存続期間………………………………………………… *441*

第4項 永小作権の効力……………………………………………………… *441*
- ❶ 永小作権者の使用収益権…………………………………………… *441*
- ❷ 投下資本の回収……………………………………………………… *442*
- ❸ 永小作料支払義務…………………………………………………… *443*

第5項 永小作権の消滅……………………………………………………… *443*
- ❶ 永小作権の消滅事由………………………………………………… *443*
- ❷ 土地所有者の消滅請求……………………………………………… *444*

- ❸ 放棄による消滅 …………………………………………………………… *444*
- 第4節　地役権 ……………………………………………………………………… *444*
  - 第1項　総　説 ……………………………………………………………… *444*
    - ❶ 地役権の意義と機能 …………………………………………………… *444*
    - ❷ 地役権の法的性質 ……………………………………………………… *447*
    - ❸ 地役権の存続期間 ……………………………………………………… *453*
    - ❹ 地役権の態様 …………………………………………………………… *454*
  - 第2項　地役権の取得 ……………………………………………………… *455*
    - ❶ 地役権の取得事由 ……………………………………………………… *455*
    - ❷ 地役権の時効取得 ……………………………………………………… *457*
  - 第3項　地役権の効力 ……………………………………………………… *459*
    - ❶ 地役権者の権能 ………………………………………………………… *459*
    - ❷ 承役地利用者の義務 …………………………………………………… *460*
    - ❸ 物権的請求権 …………………………………………………………… *461*
  - 第4項　地役権の消滅 ……………………………………………………… *462*
    - ❶ 地役権の消滅事由 ……………………………………………………… *462*
    - ❷ 承役地の時効取得による消滅 ………………………………………… *462*
    - ❸ 地役権の時効消滅 ……………………………………………………… *463*
- 第5節　入会権 ……………………………………………………………………… *464*
  - 第1項　入会権の意義・内容・性質 ……………………………………… *464*
    - ❶ 入会権の意義 …………………………………………………………… *464*
    - ❷ 入会権の種類・内容 …………………………………………………… *465*
    - ❸ 入会権の利用形態の変化 ……………………………………………… *466*
    - ❹ 入会権の法的性質 ……………………………………………………… *467*
  - 第2項　入会権の効力 ……………………………………………………… *468*
    - ❶ 古典的入会権における共同収益関係 ………………………………… *468*
    - ❷ 近代的利用形態における収益関係 …………………………………… *469*
    - ❸ 入会権の処分 …………………………………………………………… *469*
    - ❹ 入会権の侵害に対する効力 …………………………………………… *470*
  - 第3項　入会権の取得 ……………………………………………………… *470*

- ❶ 団体による入会権の取得……………………………………………*470*
- ❷ 構成員の使用収益権の取得……………………………………*471*

第4項　入会権の消滅………………………………………………………*471*
- ❶ 団体の有する入会権の消滅……………………………………*471*
- ❷ 構成員の有する使用収益権の喪失…………………………*473*
- ❸ 入会権の時効消滅………………………………………………………*473*

事項索引………………………………………………………………………………………*475*
判例索引………………………………………………………………………………………*480*
条文索引………………………………………………………………………………………*487*

略語表

判例集・雑誌等

民録	大審院民事判決録
刑録	大審院刑事判決録
民集	大審院民事判例集、最高裁判所民事判例集
刑集	最高裁判所刑事判例集
新聞	法律新聞
判決全集	大審院判決全集
裁判例	大審院裁判例
判例評論全集	法律学説判例評論全集
裁判集〔民事〕	最高裁判所裁判集〔民事〕
高裁民集	高等裁判所民事判例集
下裁民集	下級裁判所民事裁判例集
判時	判例時報
判タ	判例タイムズ
金商	金融・商事判例
金法	金融法務事情
新報	法学新報
法協	法学協会雑誌
民商	民商法雑誌

判例・裁判例

大連判	大審院連合部判決
大(刑)連決	大審院刑事連合部決定
大判	大審院判決
大決	大審院決定
控判	控訴院判決
最大判	最高裁判所大法廷判決
最判	最高裁判所判決
最決	最高裁判所決定
最(刑)決	最高裁判所(刑事)決定
高判	高等裁判所判決
高決	高等裁判所決定

支判	高等裁判所支部判決
地判	地方裁判所判決
簡判	簡易裁判所判決

参考文献

体系書

生熊長幸『物権法』（三省堂、2013年）
石口修『物権法（民法講論第2巻）』（信山社、2015年）
石口修『民法要論Ⅲ担保物権法』（成文堂、2016年）
石田喜久夫『口述物権法』（成文堂、1982年）
石田穣『物権法』（信山社、2008年）
石田文次郎『全訂改版 物権法論』（有斐閣、1945年）
稲本洋之助『民法Ⅱ（物権）』（青林書院、1983年）
内田貴『民法Ⅰ総則・物権総論』（東京大学出版会、第4版、2008年）
梅謙次郎『民法要義巻之二物權編』（和佛法律學校・明法堂、初版、1896年）
梅謙次郎『訂正増補民法要義巻之二物權編』（有斐閣書房、1911年）
大場浩之・水津太郎・鳥山泰志・根本尚徳（訳）『ヴォルフ/ヴァレンホーファー ドイツ物権法』（成文堂、2016年）
近江幸治『民法講義Ⅱ物権法』（成文堂、第3版、2006年）
大村敦志『基本民法Ⅰ総則・物権法総論』（有斐閣、第2版、2005年）
岡松參太郎『註釈民法理由中巻』（第4版、1908年）
加藤雅信『新民法大系Ⅱ物権法』（有斐閣、第2版、2005年）
川井健『民法概論2物権』（有斐閣、第2版、2005年）
河上正二『物権法講義』（日本評論社、2012年）
川島武宜『民法Ⅰ』（有斐閣、1960年）
川名兼四郎『物権法要論』（金刺芳流堂、1915年）
北川善太郎『物権』（有斐閣、第3版、2004年）
近藤英吉『物権法論』（弘文堂書房、改訂版、1937年）
佐久間毅『民法の基礎2物権法』（有斐閣、2006年）
清水元『プログレッシブ民法［物権法］』（成文堂、2008年）
末川博『物権法』（日本評論社、1956年）
末弘嚴太郎『物権法』（有斐閣、1921年）
末弘嚴太郎『物権法・上巻』（一粒社、1960年）
杉之原舜一『不動産登記法』（一粒社、新版、1970年）
鈴木禄彌『物権法講義』（創文社、3訂版、1985年〔4訂版1994年、5訂版2007年〕）
滝沢聿代『物権法』（三省堂、2013年）
田高寛貴『クロススタディ物権法』（日本評論社、2008年）

富井政章『民法原論第二巻物権』(有斐閣、1923年)
中島玉吉『民法釈義巻之二物権篇上』(金刺芳流堂、1916年)
鳩山秀夫『物權法』(国文社、1928年)
平井一雄編『民法Ⅱ【物権】』(青林書院、2002年)
平野裕之『物権法』(日本評論社、2016年)
廣中俊雄『物権法』(青林書院新社、第2版、1982年)
船越隆司『物権法』(尚学社、1998年)
舟橋諄一『物権法』(有斐閣、1960年)
舟橋諄一『不動産登記法(新法學全集)』(日本評論社、1938年)
星野英一『民法概論Ⅱ物権・担保物権』(良書普及会、合本新訂版、1976年)
槇悌次『物権法概論』(有斐閣、1984年)
松井宏興『物権法』(成文堂、2017年)
松坂佐一『民法提要物権法』(有斐閣、1955年)
松尾弘・古積健三郎『物権・担保物権法』(弘文堂、第2版、2008年)
三潴信三『全訂物権法提要』(有斐閣、1927年)
三和一博・平井一雄編『物権法要説』(青林書院、1989年)
山野目章夫『物権法』(日本評論社、第5版、2012年)
山野目章夫『不動産登記法』(商事法務、2009年)
柚木馨『判例物權法總論』(有斐閣、1955年)
横田秀雄『改版増補物權法』(清水書店、1925年)
我妻榮『新訂民法總則』(岩波書店、1965年)
我妻榮『物權法(民法講義Ⅱ)』(岩波書店、1952年)
我妻榮=有泉亨『新訂物權法(民法講義Ⅱ)』(岩波書店、1983年)
我妻榮『新訂擔保物權法(民法講義Ⅲ)』(有斐閣、新訂3刷、1971年)
我妻榮(幾代通補訂)『民法案内3-1物権法上』(一粒社、全訂第1版、1981年)……現在は、幾代通・川井健補訂『民法案内3物権法上』(勁草書房、2006年)
我妻榮(幾代通補訂)『民法案内3-2物権法下』(一粒社、全訂第1版、1981年)……現在は、幾代通・川井健補訂『民法案内4物権法下』(勁草書房、2006年)
Jürgen F. Baur= Rolf Stürner, Sachenrecht(begründet von Fritz Baur), 18. Aufl., 2009.
Westermann/ Grusky/ Eickmann, Sachenrecht(begründet von Harry Westermann), 8. Aufl., 2011.

注釈書

舟橋諄一編『注釈民法(6)物権(1)』(有斐閣、1967年)
舟橋諄一・徳本鎭編『新版注釈民法(6)物権(1)』(有斐閣、1997年)

川島武宜編『注釈民法（7）物権（2）』（有斐閣、1968 年）

川島武宜・川井健編『新版注釈民法（7）物権（2）』（有斐閣、2007 年）

研究書・論文集

幾代通『不動産物権変動と登記』（一粒社、1986 年）

石田喜久夫『物権変動論』（有斐閣、1979）

磯村哲ほか編『民法学の基礎的課題（於保不二雄先生還暦記念）上巻』（有斐閣、1971 年）

川島武宜『所有権法の理論』（岩波書店、1949 年）

川島武宜『新版所有権法の理論』（岩波書店、1987 年）

鈴木禄彌『物権法の研究』（創文社、1983 年）

鈴木禄彌『抵当制度の研究』（一粒社、1968 年）

瀬川信久『不動産附合法の研究』（有斐閣、1981 年）

滝沢聿代『物権変動の理論』（有斐閣、1987 年）

滝沢聿代『物権変動の理論Ⅱ』（有斐閣、2009 年）

中尾英俊『入会林野の法律問題』（勁草書房、1969 年）

中尾英俊『叢書民法総合判例研究第 9 巻⑫Ⅰ入会権（1）』（一粒社、1982 年）

根本尚徳『差止請求権の理論』（有斐閣、2011）

鳩山秀夫『民法研究第二巻物権』（岩波書店、1930 年）

鳩山秀夫『民法研究第四巻債権各論』（岩波書店、1930 年）

半田正夫『不動産取引法の研究』（勁草書房、1980 年）

星野英一『民法論集第 4 巻』（有斐閣、1978 年）

我妻榮『民法研究Ⅲ物権』（有斐閣、1966 年）

契約法大系刊行委員会編『契約法大系Ⅱ贈与・売買』（有斐閣、1962 年）

薬師寺志光先生米寿祝賀記念論集編集委員会編『民事法学の諸問題（薬師寺志光先生米寿記念論集）』（総合労働研究所、1977 年）

資料集

法務大臣官房司法法制調査部監修『法典調査会民法議事速記録二』（商事法務研究会、1983 年）

第1章　物権法総論

第1節　物権の意義と目的

第1項　物権概念の意義と性質
❶　物権の意義

　民法典の第2編に規定されている物権は、第3編に規定されている債権と並んで「財産権」を構成する。民法上、物とは有体物のことをいう（第85条）。物権は人が有体物の上に保有する権利である。物権は、人による特定の物の支配を根拠づける主観的・絶対的な権利であると同時に、これを他人に強制的に認めさせるという権利関係でもある。

　近代法上、有体物主義における「物」とは、権利ないし取引の目的となるものとされ、具体的な存在であり、感覚的に知覚可能なものとされる。その結果、ある区域内で区画設定された目的物は、自然観において一単位の特定した物とされ、その物の支配可能性が与えられる。例えば、在庫商品の保管場所を特定の倉庫内の東側1番などと指定して譲渡担保権を設定した場合には、その区画された在庫商品を「集合物」という1個の物と見做すという見解と結びつく[1]。

　判例上、電気が有体物か否かが争われた「電気窃盗事件」では、電気は物ではないと解しつつも、認識可能性があり、蓄電による可動性と管理可能性

---

1) ドイツの集合動産譲渡担保に関する判例は、古くから、設定契約での目的物の個別具体的な特定表示を要件として、特定倉庫内の在庫商品に関する譲渡担保権の成立を認めてきた（RG 9. 3. 1926, RGZ113, S.57; RG 27. 2. 1931, RGZ132, S.183; BGH 24. 6. 1958, BGHZ 28, S.16）。この解釈は、わが国でも通説・判例による承認を経て（我妻『新訂擔保』663—664頁、最判昭和62年11月10日民集41巻8号1559頁）、現在に至っている。

との併有を根拠として、電気を「財物」と認めた[2]。電気を始めとするエネルギーの有体物性は、排他的支配可能性という性質により根拠づけられる[3]。

　物権は物を排他的に支配する権利であり、その典型は所有権である。所有者は、法令上の制限を受けるが、自由にその所有物の使用、収益及び処分をする権利を有する（第206条）。また、土地の所有者は、境界又はその付近において障壁又は建物を築造し又は修繕するため必要な範囲内で隣地の使用を請求しうる（第209条1項本文）。これらの条文から、「私（A）は甲土地の所有者である。私は甲土地を自由に使用することができる。また、民法の許す範囲において隣人Bの所有する乙土地を使用する権利を有する。」という命題を構成しうる。これが物権法上の法律ないし権利関係である。

　物権は物に対する主観的な権利であるから、本来は他人とは無関係に排他的支配を有する。しかし、物権変動の局面では意思主義・対抗要件主義を採用したので、売買などにより所有権を取得しても（第555条、第176条）、対抗要件（登記・引渡し）を具備しなければ第三者に対抗しえない（第177条、第178条）。即ち、物権の排他性は、自分の物権であることを世間一般に公示し、不特定多数人による承認を経て漸く実現する（公示の原則）。ただし、形式的に物権を対抗する者が不法行為者、無権利者、背信的悪意者など、「物権者に対抗要件のないことを主張する正当な利益を有しない」第三者であるときには、物権者に対抗要件の具備は不要である（公示の原則の不適用）。

　物権の行使を妨害する者があるときには、物権者は、各々の物権の内容に応じて、物権的妨害排除・予防請求権（現在の侵害の除去、将来の反復的な侵害の停止・禁止請求権：差止請求権）を有し（BGB第1004条）、占有を妨げる者があるときには、返還請求権を有する（BGB第985条）。のみならず、侵害者に故意・過失が認められれば、不法行為に基づく損害賠償を請求しうる（日民第709条、BGB第823条：所有権侵害による不法行為の成立）。

2）大判明治36年5月21日刑録9輯874頁（電気窃盗事件）。この解釈は、罪刑法定主義、類推解釈の禁止という刑事法の基本原則に抵触するおそれがあったので、その後、刑法に電気の財物性が規定された（刑法第245条）。

3）我妻『新訂總則』202頁。

❷ 物権的法律関係と債権的法律関係
（1）物権と債権との交錯

わが民法には債権に関する定義規定はないが、ドイツ民法は、「債権者は、債務関係により、債務者に対し、ある給付を請求する権利を有する。」と規定する（BGB 第 241 条 1 項 1 文）。即ち、債権は債務者に対する一定の給付請求権（行為請求権）である。それゆえ、債権の効力は債権者・債務者間の相対的な関係に過ぎない（債権の相対的効力）。

売買は、当事者の一方が、ある財産権を相手方に移転することを約し、相手方がこれに対して代金支払を約することによって、その効力を生ずる（第 555 条）。即ち、売主に財産権移転債務、買主に代金支払債務が成立する。そこで、「私（A）はBから1000万円で甲土地を買った。私は代金1000万円をBに給付するのと引き換えに甲土地の引渡しを請求することができる。」という命題が構成される。これが債権法上の法律ないし権利関係である。

このケースに物権的法律関係をあてはめると、物権の設定及び移転は、当事者の意思表示のみによって、その効力を生ずるので（第176条）、特定物である不動産の売買の場合には、他に特約がなければ、契約が成立すると同時に、所有権が売主から買主へと移転する。それゆえ、買主Aは所有者として甲土地の引渡しを請求するのだが、それは、売買契約の履行との関係においては、代金との交換（同時履行関係）となる（第533条）。しかし、売買で所有権を取得しても、これを第三者に対抗しえないのでは意味がない（第177条）。そこで、履行の完結として、買主は売主に対して登記請求権を有し、売主は登記協力義務を負う（不登第60条〔共同申請の原則〕）。そして、その履行により、買主は所有権の取得を不特定多数人に承認させうる（公示の原則）。

物権と債権との交錯点としては、ほかに賃貸借がある。賃貸人は賃借人に対して「物の使用・収益」をさせるという債務を負い（第601条）、その履行として賃借人は占有を取得する。賃借人は、約定の利用制限を受けるものの、賃借物を自由に占有し利用しうる。賃借人は賃貸人から占有権を媒介された他主占有者に過ぎないが、賃借権という占有正権原に基づいて物を直接に占有し利用している。この事実状態を保護するため、民法は他主占有者たる賃借人をも占有訴権で保護している（第197条）。

（2）不動産賃借権の取扱い

　不動産の賃貸借は、不動産の占有（使用・収益）に関しており、物権関係に準ずる権利関係を有する。物権と同様、賃借権を第三者に対抗しえないのでは意味がない。そこで、民法は不動産賃借人にも登記による対抗力を認めている（第605条）。賃借権の登記も賃貸人と賃借人との共同申請による（不登第60条）。しかし、賃貸人が所有不動産上の賃借権を物権化して強固な権利とすることに協力するとは考えられない。そこで、賃借権の喪失を防止するため、借地借家法は、建物の所有を目的とする土地賃借権（借地権）は地上建物の登記により（借地借家第10条）、また、建物賃借権（借家権）は賃借建物（借家）の引渡しにより（同法第31条）、それぞれ登記の代用として対抗力を付与している。不動産賃借権は債権ではあるが、登記または登記に代わる対抗要件の具備によって物権的効力が付与される（賃借権の物権化）。

❸　物権の性質
（1）物に対する支配性と排他性
（ア）支配性

　物権は、物を直接に支配する権利である。人は生まれながらにして権利の保有資格を有する（権利能力〔第3条1項〕）。人は、社会生活上、何らかの財物を保有し利用することで生きられる。そのためには、私的所有権が必要不可欠である。

　所有権は、法令の制限内において、自己の所有物を自由に使用し（自己使用）、所有物を他人に使用させて収益を獲得し（賃貸による賃料収受など）、所有物を処分（売買、抵当権設定など）しうる権利である（第206条）。地上権は、所有権と比較すると、その権能という点では不完全な制限物権である。しかし、他人の所有する土地に建物等の工作物または竹木を所有する目的で当該土地を自由に使用し（第265条。自己使用）、当該土地から収益を獲得し（地上権の賃貸、地上建物の賃貸による賃料取得）、地上権を処分しうる（地上権つき建物の売買〔地上権と地上建物の売買〕、地上権を目的とする抵当権設定〔第369条2項〕）。このように、物権は、人が物を直接に支配し、種々の目的に適合するように利用するという権利関係である。

（イ）排他性

物権は、人が物を直接に支配する権利であるから、他人を排除する権能もある。その支配の方法は絶対的であり、排他的（独占的）である（物権の排他性）。例えば、一筆（1個）の土地に複数の所有権は成立しない。地上権も同様である。ただ、異なる種類の物権、例えば、所有権（完全権）と地上権（制限物権）の同時成立は可能である。なぜなら、制限物権とは、所有権者が自己の保有する完全権のうち、その権能の一部を分け与える（委譲する）物権だからである。もっとも、地上権の存続期間が満了し、更新しなければ、地上権は消滅し、使用権能は所有者に戻ってくる（所有権の弾力性）。

物権の排他性は一物一権主義ともいい、物権の特徴である。しかし、物権の排他性も登記をしないと、第三者に対する効力を有しない（第177条）。

排他性は、原則として物権の特徴であるが、債権たる不動産賃借権も登記をすれば第三者に対抗しうる（第605条）。しかし、所有者に対する登記請求権がないので、特別法によって対抗力が付与されている（借地借家第10条、第31条、農地第16条1項）。

《ポイント》
（1）物権は目的物を直接に支配し、他人を排斥する効力（排他性）を有するが、なぜ、不動産賃借権には原則として認められないのだろうか。
（2）不動産賃借権に排他性を取得させる方法について理解しよう。

（2）物の特定性と独立性

（ア）特定性

物権の目的は、原則として、特定する独立の物でなければならない。債権は、その目的物が特定していなくとも、種類と数量を指定しただけで成立する（第401条1項。ただし種類物が債権の目的となるには物が債権者の支配領域に入るなどにより「特定化」が必要である〔同条2項〕）。しかし、物権は特定の物の上でなければ成立も移転もしない。物権の成立・移転には物としての特定性と独立性が必要である。

《ポイント》
物権の特定性にはどのような意味があるか、検討してみよう。

(イ) 独立性

独立性は、一物一権主義とも関係するが、独立物でないと、1個の物権の客体たりえない。例えば、庭に植えてある樹木は土地に付合しているので（第242条）、土地に植えてある状態では樹木の所有権は存在しない（土地所有権の構成部分である）。例外として、立木法によって登記された立木(りゅうぼく)には独立した所有権がある（立木第1条1項、2項）。また、建物は土地から独立した不動産であるから（第86条）、土地から独立した所有権が成立する。

土地の一部分を分筆せずに売買することは可能だろうか。当事者が土地の範囲を特定して取引すれば、一筆の土地の一部でも取引の目的となる[4]。また、一筆の土地の一部分を自主占有すれば、部分的に時効取得しうる[5]。更に、建築中の建造物でも、屋根及び囲壁（外周壁）を有し、土地に定着した一棟の建造物として存在すれば、不動産（建物）として登記しうる[6]。

このように、物権の独立性については、取引の必要性などから若干の緩和措置が施される。

《ポイント》
物権の独立性にはどのような意味があるか、検討してみよう。

---

[4] 大連判大正13年10月7日民集3巻476頁：一筆の土地の一部でも譲渡契約当事者間では権利移転の効力を生ずるが、譲渡登記には分筆手続を要する。

　最判昭和30年6月24日民集9巻7号919頁：土地の一部が、売買当事者間で具体的に特定している限り、分筆手続未了前でも、買主は売買により土地の一部の所有権を取得しうる。

[5] 大連判大正13年10月7日民集3巻509頁：物の一部でも事実上支配しうべき限り占有の目的となしうる。民法第162条は、時効完成と同時にその占有部分を区分し1個の物として占有者にその所有権を賦与する趣旨である。

[6] 大判昭和10年10月1日民集14巻1671頁：判旨前半部分では「建物として不動産登記法により登記しうる状況に至ったときは、当該有体物は既に動産の領域を脱して不動産の部類に入った」と述べ、後半部分では、本文の状態になれば登記でき、床及び天井はなくてもよいと述べている。

第2項　物権の目的

❶ 物権法定主義

（1）物権法定主義の意義

　物権的法律関係は、当該物権をめぐり、広く社会一般に利害関係を有する人々が無数に存在しうる。そのため、契約当事者間で勝手に物権を創られては、社会公共の利害に悪影響が出る。それゆえ、物権は、民法その他の法律に定めるもののほか、創設しえないこととした（第175条）。

　物権法定主義は、物権の内容や範囲を確定する意義をも有する。例えば、抵当権は、1個の不動産に複数成立しうる。また、抵当権は、1つの契約で数個の土地・建物を目的としても成立する（共同抵当権）。また、抵当権者が複数存在する場合の優先順位は登記の順位によるので（第373条、不登第4条1項）、抵当権の実行による競売手続での配当順位もその順位による（民執第85条2項）、更に、後順位抵当権者による実行は先順位抵当権者への弁済と手続費用を充足しなければできない（剰余主義：民執第63条1項2号、同条2項）。これらはすべて抵当権の意義、性質、範囲、そして順位の法定から導かれる。ここに物権法定主義に基づく範囲の設定・限定が必要となる。

　したがって、物権法定主義の意味は、①法律による物権類型の固定化（物権類型の強制）であり、②法律による内容の類型化、固定化（物権の内容の固定化）である。

《ポイント》
　物権はなぜ法律で定められた類型しか認められないのか。検討してみよう。

（2）物権法定主義の内容

（ア）第175条と慣習法

　物権は、民法その他の法律に定めるもの以外は創設しえない（第175条）。「法律」と限定するので、命令（政令・条例）は除外される（通説）。多数人の権利・義務に影響を及ぼしうる「物権」を命令で創設するのは不適切であり、また、立法として命令を含む場合には、通常、「本法その他の法令」と規定するからである（第2条、第206条参照）[7]。

7）我妻＝有泉『新訂物権』26頁。

慣習法は、民法その他の法律に定めるものに該当するかが問題となる。

民法施行前から存在する慣習法上の物権は、その施行後は民法その他の法律に定めるものでなければ物権たる効力を有しないので（民施第35条）、かつては、第175条は慣習法を認めない趣旨とされた[8]。しかし、民施法の解釈として、「慣熟した慣習によってその後に生ずる物権を否認するものと見る必要はない」とされ[9]、同法同条は民法施行前の慣習により混乱した物権関係の整理を目的とするものと解された結果[10]、否定学説はなくなった。それゆえ、慣習法は法的効力を有する。しかし、問題はその構成にある。

（a）法規不適用説

まず、慣習法は生きた社会生活から自然に生まれるものという理由から、法適用通則法（旧法は「法例」。以下、「通則法」と称する。）第3条や民法第175条のような一片の法規では阻止しえず、有害でもあるとして、それら法規を無視すべきだという説がある[11]。しかし、通則法第3条が明文で慣習に法的効力を付与しているので、この解釈には無理がある。

（b）通則法第3条・第175条適用説

次に、通則法第3条は、公序良俗に反しない慣習のうち、「法令に規定していない事項に関するもの」も、「法律と同一の効力を有する」と規定するので、「慣習」は第175条の「法律」で認められたものと見做すという説がある[12]。

（c）慣習法説（我妻説）

次に、通則法第3条と民法第175条との論理解釈からは結論は出ないという前提に立脚し、物権法定主義の欠陥として、①経済取引の進展に応じて社会が新しい物権を必要としても、第175条のため、この需要に応じきれない、②土地の耕作関係は著しく錯綜し、民法の4種の制限物権だけで対応するには無理があると言い、その上で、慣習法が新たな公示方法を生成すれば、これと関連して新たな物権を認めても公示の原則と牴触せず、物権法定主義の

---

[8] 鳩山『物権法』11—12頁など、かつての多数説である。
[9] 我妻＝有泉『新訂物権』27頁。
[10] 舟橋『物権法』17頁ほか、通説である。
[11] 末弘『物權法上』42頁、石田（文）『物權法論』40頁。
[12] 末川『物權法』27頁以下など。

欠陥を補いうるという説がある。そして、土地利用者の保護という理想的な観点から、民法施行後も絶滅せずに残存する慣行に基づいて慣習法上の物権を認めるべきものと主張した[13]。

(d) 通則法第3条適用説

更に、慣習法上の物権は自由な所有権を妨げず、何らかの公示方法を有するか、または、その地方に周知の権利となっている場合には、第175条の適用根拠を失い、通則法第3条の適用によって慣習法による物権の成立が認められるという説がある[14]。

通則法第3条は、慣習法規の有無にかかわらず、慣習に法的効力を付与している。したがって、慣習法は、それ以外の規定とは無関係に認められる。

《ポイント》
慣習法の認定は、物権法定主義と牴触しないのだろうか。検討してみよう。

(イ) 第175条の効果

第175条の効果は、「創設することができない」である。この意味は、①物権類型の固定化と、②物権内容の固定化の両者を含む。

ここでは、第175条違反の法律行為の効果について問題となる。法律に基準規定があれば、当該規定に従えばよい。例えば、永小作権の最長期は50年以下であるが、これより長い期間を定めても、最長50年とされる（第278条1項）。不動産質権にも類似の規定がある（第360条1項〔10年を超えることができず、超えたときには10年とされる〕）。

しかし、規定のない場合には強行規定違反となる。法律行為の当事者が法令中の公の秩序に関しない規定（任意規定）と異なる意思を表示したときには、その意思に従うとされる（第91条：契約規範の優先）。反対に、公序規定（強行規定）と異なる意思を表示した契約の効力は認められない（通説）。したがって、勝手に変更した場合には、強行規定違反となり、その内容は無効とされる。

---

13) 我妻『物権法』23—24頁、我妻＝有泉『新訂物権』25—27頁参照。
14) 舟橋『物権法』18頁、鈴木（禄）『講義』436頁、近江『講義Ⅱ』9頁。なお、川島武宜「近代法の体系と旧慣による温泉権」法協76巻4号（1960年）36頁以下（『川島武宜著作集第9巻慣習法上の権利2入会権・温泉権』所収）参照。

《ポイント》
　契約で法定されている物権の内容を変更した場合には、その契約の内容はどのように取り扱われるのだろうか。検討してみよう。

❷　一物一権主義

　一物一権主義とは、1個の物の上には1個の物権しか成立しないという原則である。物権の支配性・排他性から導かれる原則だが、若干の例外がある。
　まず、物権の客体たる「一筆の土地」に関する例外的取扱いがある（既述）。
　次に、従物は主物の処分に従う（第87条2項）。物置は母屋から独立した「建物」であるが、その位置的・経済的関係（物置が母屋の常用に供されているという関係〔第87条1項〕）から、母屋と物置はセットで売却される（建物内の畳、建具〔ふすま・障子〕も同様の取扱い）。
　更に、「集合物（個別動産の集合体）」という1個の物は観念上の「もの」であり、本来は有体物主義（第85条）の枠外に存在する。所有権や担保権は、原則として、集合物（例えば箱詰めされたペン）を構成する個々の動産（1本のペン）の上に存在する。しかし、取引界は、法制度上の要請から来る個別的な小規模取引の不便さを解消し、取引上の便宜を図るという目的から、集合体自体を一定の価値を有する1個の物（1単位）として取り扱い、一棟の倉庫内に存在する商品全体の価値をも1個の譲渡担保権の目的物としうる「集合（流動）動産譲渡担保権設定契約」を考案し、信用取引上の商慣習として活用してきた。その結果、物の直接占有の移転を成立要件とする動産質権（第344条、第345条、第352条）は在庫商品担保には用いられず、占有改定による引渡し（第183条）を対抗要件とする譲渡担保権が動産質権に代わる便法として利用されてきた。これも一物一権主義の例外である。

《ポイント》
　一物一権主義という考え方は、何のためにあるのか。検討してみよう。

❸　物権法の主たる法源

（1）民法の認める物権

　民法は、占有権、所有権、地上権、永小作権、地役権、入会権、留置権、

先取特権、質権、抵当権という物権を認める（内容については後述する）。

（2） 商法の認める物権

商法上の物権は、いずれも担保物権である。代理商の留置権（第31条。第557条で問屋営業に準用）、商人間の留置権（第521条）、運送取扱人の留置権（第562条）、海運による船長の留置権（第753条）、商人間の質権（第515条〔民法第349条（流質契約禁止）の不適用〕）、船舶債権者の先取特権（第842条）、船舶抵当権（第848条）がある。

（3） 特別法の認める主な物権

まず、鉱業権（鉱業第5条、第12条）、租鉱権（同法第6条、第71条）、採石権（採石第4条）、漁業権（漁業第6条、第23条）、入漁権（同法第7条、第43条）がある（みなし物権）。次に、鉄道財団抵当権（鉄抵第2条）、工場財団抵当権（工抵第14条）、鉱業財団抵当権（鉱抵第3条）、軌道財団抵当権（軌抵第1条）、漁業財団抵当権（漁抵第1条）、証券抵当権（抵証第1条）、立木抵当権（立木第2条）、農業経営資金貸付の先取特権（農動産第4条）、農業用動産の抵当権（同法第12条）、自動車抵当権（自抵第4条）、道路交通事業財団抵当権（道交事抵第3条）、航空機抵当権（航抵第3条）、建設機械抵当権（建機抵第3条）、企業担保権（企担第1条以下）、観光施設財団抵当権（観施抵第3条）がある。更に、借地権（借地第1条、借地借家第2条）がある。

《ポイント》
物権の種類について、各種の法律ごとに理解しよう。

❹ 民法の認める物権の類型

（1） 民法上の物権の種類

物権には、完全権として所有権、制限物権かつ用益物権として地上権、永小作権、地役権、入会（利用）権がある。また、制限物権かつ担保物権として留置権、先取特権、質権、抵当権がある。

占有権は、占有を伴う「本権」と併存し、独立した物権ではないので、本権とは区別される。占有権の物権的地位は物の利用という事実状態を保護するために機能する。所有者は原則として占有権を有する。地上権者は所有者から媒介されて占有権を取得する（他主占有）。所有者が盗難に遭った場合に

は、盗人が占有権を取得し（第180条）、所有者は占有権を失う。それゆえ、占有回収の訴え（第200条）や物権的返還請求権が機能する。占有権は社会の平和を維持するという目的を有する。占有訴権は、この目的を達成するための権利である（第197条以下）。

次に、所有権と制限物権が区別される。制限物権は、所有権の上に設定され、または発生する物権だからである。更に、制限物権は用益物権と担保物権とに分類される。用益物権は、設定契約により、所有者から使用権の全部または一部が委譲されて成立する。また、担保物権は、原則として、約定または法定により、債務者が債権者たる担保権者に対して自己の所有物の処分権能を委譲し、物の価値によって債権担保の目的を負担する制限物権である。

その他、特別法上の担保権として仮登記担保権があり、慣習法上の担保権として譲渡担保と所有権留保がある。

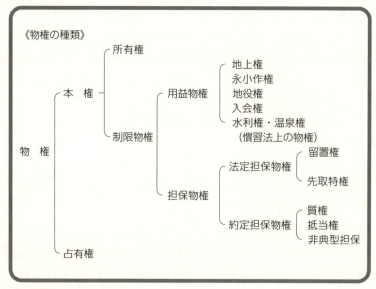

（2）慣習法上の物権

民法は物権法定主義を規定するので（第175条）、慣習上の物権を認めるか否か、認めるとしても、解釈上の構成での争いがある（既述）。流水利用権、温泉専用権など慣習上の権利は、判例法上、排他的な効力が認められている[15]。これらは判例の認めた慣習法上の物権である[16]。

(3) 物権取得権（物権的期待権）

　将来、一定の条件の下に所有権を取得する権利は、「物権的期待」または「物権的期待権」と称される。わが民法上、不動産の売買予約や再売買予約の完結権（第556条）、買戻権（第579条以下）、条件付の不動産物権変動（第128条、第129条）などにおいて物権的期待権を観念しうる。これらのうち、買戻権は付記登記で対抗力を取得し（不登第96条、不登規第3条、第148条）、その他は仮登記で権利の順位を保全し、本登記によって対抗力を取得する（不登第105条以下）。これにより、物権的期待権は排他性を取得する。土地収用後における公用廃止時の被収用地の買受権も同様である（土地収用第106条）。収用の登記により、買受権は第三者に対抗しうる（同法第106条4項）。

　物権的期待権の理論が発展したドイツでは、物権的期待権は、所有権留保売買（BGB第449条1項、第929条1文、第158条1項）において典型的に現れる[17]。留保売主は停止条件たる買主の代金完済まで所有者である。しかし、買主は単なる占有者ではなく、条件成就時の所有権者であるから、買主は「所有権取得への期待」という物権的な法的地位を有する。ドイツでは、留保買主の期待権は、同人の支払うべき残代金債務が僅少の場合には、経済的な観点から一定の価値を有するとされる。この場合には、留保買主は価値配分において所有者に近いので、期待権を他人に譲渡するという法律上の利益を有する（譲渡担保の利用によるリファイナンス）。また、留保買主の債権者による期待権の差押えも意義を有する。更に、留保買主が占有・使用する期待権付の物が第三者の故意・過失によって侵害された場合には、留保買主には不法

---

15) 大判大正6年2月6日民録23輯202頁：他人の所有地から湧出する流水を自己の田地に灌漑する慣行により田地所有者に流水使用権が生じ、水源地の所有者はこれを侵害しえない。古来本邦一般に認められた慣習法である。
　　大判昭和15年9月18日民集19巻1611頁（鷹ノ湯温泉事件）：湯口権は自己所有の土地から湧出した温泉を自ら他の地点に引湯使用する源泉権にほかならない。既に地方慣習法で排他的支配権を肯定する以上、権利の性質上民法第177条を類推し、明認方法を講じなければ、第三者に対抗しえない。

16) 我妻＝有泉『新訂物権』35頁。

17) 所有権留保と物権的期待権に関する説明及び参考文献については、石口『物権法』23—24頁、同『要論III』290頁以下を参照されたい。

行為に基づく損害賠償請求権（BGB 第 823 条 1 項〔所有権侵害〕、日民第 709 条）が認められる。

このように、期待権を法的に評価する場合に特徴的に発生する実体法上の問題として、①期待権の譲渡・譲渡担保、②期待権の差押え、③期待権の侵害に対する保護がある。

《ポイント》
　物権的期待権とはどのような権利なのか。物権的効力の付与という観点から考えてみよう。

（4）不動産物権と動産物権

　まず、物権の種類について、不動産には物権成立に関する障害がほとんどないが、動産は留置権、先取特権、質権に限定される（動産抵当は例外）。

　次に、物権変動は、当事者の意思表示のみでその効力を生ずる（第 176 条）。この物権変動の効力を第三者に対抗するため、不動産物権は登記（第 177 条）が、動産物権は引渡し（第 178 条）が、対抗要件とされる。この制度は、そのまま権利の存在を推定する機能も営む。即ち、不動産物権の推定には登記が、動産物権の推定には引渡しが、その機能を果たしている（第 188 条：占有者の権利適法推定）。

　次に、取得時効（第 162 条以下）について、不動産の「占有」のみを基礎として時効取得を認めるという制度は、「登記」という対抗要件制度との関係において妥当性を欠くと批判される。しかし、動産の占有を基礎として時効取得を認めることは妥当と解される[18]。

　更に、公信原則の効力たる「公信力」は、わが国の登記には認められない。その理由は、公権力（裁判官、公証人、登記官）による実体的審査主義を採用せず、形式的書面審査主義を採用した結果、不実登記のなされる可能性があり、登記の取引安全機能を完全には果たしえないからである[19]。しかし、動

---

18) 我妻＝有泉『新訂物権』37 頁、113―114 頁。
19) 我妻『物権法』41 頁、150―153 頁を参照。不動産登記法は 2004（平成 16）年に全面改正され、登記簿の情報記録化（バインダー式登記簿の廃止）、申請のオンライン化、権利に関する登記原因証明情報（登記原因証書）の作成・提供義務（不登第 61 条）、など、確かに制度自体は変更された。しかし、登記制度・仕組みが紙媒体から記録媒体に変

産の占有には、真実の所有者の静的安全を犠牲にしても、現在の占有者の動的安全を保護すべしという取引安全の要請が強い。そこで、占有者に所有の意思、善意、平穏・公然性を推定し（第186条）、また、占有者の行使する権利の適法存在を推定する（第188条）。その結果、取引安全の保護を目的とし、占有に公信力を認める即時取得（第192条）が利用しやすくなっている。

《ポイント》
　不動産物権と動産物権について、特に、物権変動、取得時効、公信力、との関係において、両者を対比しつつ、その内容の違いについて理解しよう。

第2節　物権の効力

第1項　物権の効力とは何か

　物権の本質は、一定の物を直接に支配して利益を受ける排他的な権利（排他的支配性）という点にある。所有者は、所有物を自由に使用し、また、これを他人に貸して収益を獲得し、これを処分して換金しうる（第206条）。物の所有権は自分だけのものであり、同一の物について他人の所有権は成立しえない。このように、自分が「自由に所有権を行使する」という意味において、物権の本質は排他性（排他的支配性）にある。

　物権の支配性・排他性という本質的な性質から、物権の優先的効力と物権的請求権という2つの効力が認められる。このほか、追及効（追及権）を加える学説もある[20]。追及効とは、目的物が権利者の手から離れて転々と譲渡され、何人の手に渡ったとしても、その物を追及し、物権を主張しうるという効力である。しかし、追及効は、盗品の返還請求は物権的請求権に、預託品の差押えに対する第三者異議（民執第38条）は優先的効力に包含されるので、特に別途の効力として位置づける意義に乏しい[21]。したがって、物権一般の追及効は優先的効力や物権の請求権に帰着するという理論構成が正当と思わ

　　わっただけであり、登記申請に実体的権利関係の変動に関する公的審査を義務づけるなど、登記に公信力を与える制度からは程遠い。より根本的な改革が望まれる。
20）近江『講義Ⅱ』20、36頁。
21）我妻『物権法』17頁、我妻＝有泉『新訂物権』19頁、末川『物權法』31頁。

れる。

第2項　優先的効力
1　物権相互間の優先的効力

　物権には原則として一物一権主義があるから、1個の物の上に内容を同じくする物権が成立することはない。それゆえ、内容において衝突する物権相互間では、先に成立した物権が他方に優先する。例えば、Aの所有物上には、Bの所有権は存在しえない。しかし、占有者Bに取得時効（第162条以下）や即時取得（第192条）が成立した場合には、その効果として、Bが所有権を取得し、反面、Aの所有権は消滅する。また、抵当権は成立時の順序に従って順位が付せられ（第373条）、その順位に従って優先弁済が決まる。また、抵当権設定登記後に設定された用益物権及び賃借権は抵当権に対抗しえないので（第177条）、抵当権の実行による競売手続の終結によって、すべて覆滅される（消除主義：民執第59条）。

　これらは、すべて物権の排他性から生ずる直接的な効果である。物権といえども、対抗要件を備えないと排他性がないので、優先的効力が認められない。例えば、不動産がAからBへ売買され、所有権移転登記を経由する前に、Aが同一不動産を重ねてCへ売買した場合に、Cが先に登記を経由すれば、CはBに対抗しうるので（第177条）、優先的効力が認められる。

　しかし、法律が特別な理由から物権相互間の順位を決めている場合には、成立の順序は関係なくなる。例えば、先取特権は、公益的な理由から、先取特権の種類に応じて特別に優先順位が法定されている（第329条―第332条〔先取特権相互間〕、第334条〔動産質権〕、第339条〔抵当権〕）。

　このように、本権たる物権には優先順位がつく。しかし、占有権は、事実上の支配状態を保護する権利であるから、現在の占有者（自己のためにする意思と物の所持を有する者）にのみ、占有権が認められる（第180条）。

❷ 債権に優先する効力
（1）物権優先の原則
　次に、債権の目的物に物権が成立する場合には、物権が債権に優先する。例えば、Aがその所有するブドウ畑のブドウを特定し、木についたままでBに売却したときには、BはAに対しては所有者となり（第176条）、ブドウの引渡債権を取得する（第555条）。しかし、AがCに同じブドウ畑のブドウを採取して売却し引き渡したときには、Cが採取済みブドウの所有権を排他的に取得する（第176条、第178条）。これにより、Cの所有権取得がBの債権に優先する。この状況でBがCに優先するためには、Bが売買契約締結後、ブドウ畑に自己の所有権を公示した明認方法を施すしかない。

（2）債権優先の例外
　この原則に対する例外として、債権が物権に優先する場合もある。例えば、不動産の売買予約、停止条件付売買契約などに基づいて、将来の所有権移転請求権を保全するために仮登記を経由すれば（不登第105条2号）、仮登記を本登記にした際に仮登記の順位が本登記の順位になる（順位保全効：同法第106条）。したがって、当該仮登記に遅れて発生し登記した物権変動は、仮登記された権利を本登記にした際に、これに対抗しえなくなる（抹消される運命にある）。次に、不動産賃借権は債権であるが、登記やこれに代わる対抗要件を具備すれば、その後の物権取得者に対抗しうる（第605条、借地借家第10条、第31条、農地第16条1項）。

（3）債務者の破産または強制執行手続
　債務者が信用危殆に陥り、債務者所有の財産が強制執行や破産手続に付せられたときには、手続き上、物権者が債権者に優先する（民執第85条〔配当手続における担保物権者の優先〕、第38条〔所有者等からの第三者異議の訴えによる執行手続の不許請求〕、破産第65条〔別除権による優先〕、第62条〔所有者による財団からの取戻権〕）。

　なお、物権の排他性も、「企業再生手続」では、担保権の執行制限（民再第31条、会更第24条以下）、担保権の消滅請求（民再第148条以下、会更第104条以下）によって制限を受けうる。

第3項　物権的請求権

1　物権的請求権の意義と性質

（1）総説——物権的請求権とは何か

〔設例1−2−1〕
　Aは自宅敷地内の駐車場に他人の自動車が止まっていたので、警察に通報したところ、Bが半年前に盗難にあった自動車であることが判明した。AがBに連絡を取ったところ、Bは、車は買い換えたのでもういらないという。Aはどうしたらよいだろうか。

　物権的請求権は、物権の、物に対する支配を確保するため、妨害者に対し、妨害（侵害状態）の除去を請求することを内容とする物権の権能である[22]。例えば、自己の所有物を他人が権原なく占有していれば、所有者は、所有権に基づいて、その返還を請求しうる。また、自己の所有地上に他人の所有物が所在しているときには、その者に対し、妨害物の除去を請求しうる。更に、隣地から妨害物が落下するおそれがあるときには、隣地所有者に対し、その予防措置を講ずるよう請求しうる。したがって、物権的請求権とは、物権の円満な物支配の状態が侵害され、またはそのおそれのあるときには、現に侵害し、あるいは侵害のおそれある者に対し、あるべき物支配の状態を回復し、またはその妨害の予防措置を求める請求権のことを言う[23]。

　物権的請求権は、原則として、所有権を始めとする物権一般に認められ、①物権の「性質」からの論理的帰結として、また、②占有訴権に関する規定からの類推によって、解釈上これを認めることに異論を見ない[24]。その物権妨害の状態は、物権的請求権による保護が妥当視されるような客観的に違法なものでなければならない。しかし、侵害状態の回復が目的であるから、請求の相手方（妨害者）に故意・過失という意味での違法性は必要としない。〔設例〕のAはBに対し妨害自動車の撤去を請求しうる。

22）川島『新版理論』112頁。
23）舟橋・徳本編『新版注釈民法（6）物権（1）〔好美清光〕』113頁。
24）川島『新版理論』112頁。

（2）民法上の構成

（ア）制度・理論の沿革

　物権的請求権は、ローマ法に由来する訴権であるところ[25]、ローマ法を継受したはずのフランス民法には規定がない。しかし、フランス民法に由来する旧民法には明文で規定された[26]。ところが、現行民法典の起草者は、物権に物権的請求権を付与すべきは自明のことと解し、物権的請求権に関する一般規定を省略した[27]。このような立法の変遷により、わが民法には物権的請求権に関する一般規定は存在しない。しかし、民法は、第202条において、占有の訴えと本権の訴えとは互いに矛盾しないと規定する。これは本権の訴え（物権的請求権）を前提とするので、規定がなくはない。また、民法は、占有権に関して、物権的請求権に類似する占有訴権を法定している（第197条～第200条）。そこで、学説は一般に、この占有訴権の各々に対応する妨害排除、妨害予防、返還請求権という物権的請求権を認める。

　初期の判例は、不法行為の被害者が侵害者の違法行為を立証し、妨害行為の差止めを求めたという事案において、不法行為の効力は金銭賠償（第722条、第417条）に限るとして、妨害排除の主張を排斥した[28]。

　これに対して、学説は、物権の絶対性、排他性、制度・理論上の沿革、諸外国の立法例を根拠として、物権的請求権の存在を強調した[29]。これによって、判例も、物権的請求権が物権の効力に基づく請求権であると認識するようになった。

---

[25] ローマ法には、占有訴権とは別に所有物返還請求権（返還訴権 rei vindicatio）及び所有権に基づく妨害排除請求権（否認訴権 actio negatoria）があり、所有権の保護に利用された。

[26] 旧民法財産編第一部物権第36条（所有権に基づく本権訴権）、第67条（用益者による収益権の占有及び本権の物上訴権）、第136条（第67条の賃借人への準用）。

[27] 『法典調査会民法議事速記録一』744頁における改正原案第209条に関する梅謙次郎博士の冒頭説明を参照。

[28] 大判明治37年12月19日民録10輯1641頁。

[29] 鳩山『民法研究第四巻』308頁は、「他人の権利を害しないように汝の権利を行使せよ」というイギリスの法格言やドイツ民法の諸規定を掲げつつ、また、同『民法研究第二巻』117頁は、ローマ法、普通法、ドイツ法などを通じて、物権的請求権が欧州各国で広く認められてきたという歴史的事実について論じている。

(イ) 占有訴権・物権的請求権

占有権には占有訴権が認められ、物権的請求権に類似する占有保持の訴え（第198条：妨害排除請求権に対応）、占有保全の訴え（第199条：妨害予防請求権に対応）、占有回収の訴え（第200条：返還請求権に対応）、という3つの請求権が法定されている。また、「相隣関係」の個別規定において、所有権の実現にとって必要な範囲において、許容されえない隣地侵害として、個々別々に物権的請求権類似の内容を法定している（第216条〔水流工作物の修繕〕、第218条〔注水工作物の設置禁止〕、第233条〔枝の切除・根の切取り〕、第234条、第235条〔境界線付近の建築制限〕、第236条〔慣習の存在〕など）[30]。

所有権に基づく物権的請求権には、所有物の利用を妨害する者（占有の一部侵害者）に対する妨害排除請求権、妨害するおそれある者に対する妨害予防請求権、所有物を保有する侵害者（占有の全面的侵害者）に対する返還請求権がある。物権的請求権は、所有権に基づく類型に限らず、地上権や永小作権などの物権に関して存在する。しかし、通行地役権は承役地に通路を開設して通行するに過ぎず、土地を排他的に支配する物権ではないので、妨害排除・予防請求権は認められるが、返還請求権は認められない[31]。

留置権は占有を伴うが、占有を失った場合には消滅するので（第302条）、物権的返還請求権はありえない。したがって、留置物の返還は占有回収の訴えで実現される[32]。

先取特権は、非占有の担保物権であるから、返還請求権は問題とならない。しかし、妨害排除・予防請求権は、交換価値侵害に基づく優先弁済的効力の妨害という意味において認められる。しかし、動産先取特権は目的物が第三

---

30) 好美『新版注釈民法（6）』114頁、204頁参照。民法は、相隣関係上の相互顧慮義務から、一定の要件の下に、相手方の所有権の自由な行使を制限するものであるから、相隣関係上の権利侵害に対しては、その是正請求権を生ずるものと解してよい（好美・前掲書（本註）204頁）。なお、河上『講義』23頁も、相隣関係法上の規定における物権的請求権規定の存在を指摘している。

31) 好美『新版注釈民法（6）』126頁、鈴木（禄）『講義』16頁など、通説である。流水、観望・眺望の各地役権も同様である。

32) 留置権においても、物権的妨害排除・予防請求権は肯定される。好美『新版注釈民法（6）』117頁参照。

取得者に引き渡された後は追及効を失うので（第333条）、妨害排除権能を失う[33]。なお、一般先取特権の目的物は債務者の総財産であり（第306条）、特定されていないので、物権的請求権は問題とならない。

　質権は直接占有が成立要件であり（第344条）、動産質権は直接占有が存続・対抗要件であるから（第352条）、物権的性格は弱い。それゆえ、動産質権者が質物の占有を侵奪された場合には、占有回収の訴えで保護されるに過ぎない（第353条）。しかし、不動産質権の場合には、使用・収益権との関係から、物権的請求権を認める実益がある。更に、債権質権の場合にも、債権証書が侵奪されたときには、その返還請求権が認められる。

　最後に、抵当権は非占有担保物権であるから、原則として返還請求権は認められない。また、妨害排除請求権についても、有力説（抵当権価値権説）[34]及び旧判例[35]は、抵当権の支配権能は物の使用価値とは無関係であり、不法占有があっても抵当権には損害はないとした。しかし、多数説は、これを批判し、抵当不動産の違法・不当な占有による価値的侵害に対しては妨害排除請求権を認めるべきと主張した。近時、この多数説を正面から認める判例が相次いだため[36]、これが通説化している。

《ポイント》
（1）民法上、なぜ物権的請求権に関する一般的な規定がないのだろうか。

33）好美『新版注釈民法（6）』127頁、近江『講義Ⅱ』25頁は、第333条を理由として、先取特権者は妨害排除・予防権能を失うと解している。
34）我妻榮＝福島正夫「抵当権判例法」我妻『民法研究Ⅳ-2』203—204頁。
35）大判昭和9年6月15日民集13巻1164頁。
　　最判平成3年3月22日民集45巻3号268頁：抵当権価値権説に従い、抵当権者による所有者（設定者）の妨害排除請求権の代位行使（第423条）さえ認めなかった。
36）最大判平成11年11月24日民集53巻8号1899頁：抵当権設定者には実行まで抵当不動産の維持・管理義務があり、設定者がこの義務を怠り、抵当権者の把握すべき交換価値が下落し、優先弁済請求権の行使が困難となる状態があるときには、抵当権者は侵害是正請求権を有し、不法占有者の排除による抵当不動産の価値回復を請求しうる。
　　最判平成17年3月10日民集59巻2号356頁：平成11年大法廷判決とほぼ同趣旨を論じた上で管理占有を認め、抵当権に基づく妨害排除請求権の行使に当たり、抵当不動産の適切な維持管理が設定者に期待しえない場合には、抵当権者は、占有者に対し、直接自己への不動産明渡しを請求しうるとした。
　　なお詳細は、石口『要論Ⅲ』「第6節　抵当権の侵害」182頁以下を参照。

(2) 留置権や動産質権には、なぜ、物権的返還請求権が認められないのだろうか。それぞれの問題について、検討してみよう。

(3) 物権的請求権の性質
(ア) 判例
　物権的請求権の性質について、判例は、物権の効力ないし一作用と解しており[37]、独立した権利ではないという点に特徴がある。したがって、講学上は「物権効力説」として位置づけられる[38]。

(イ) 旧来の学説
(a) 物権効力説
　まず、判例法理と同様、物権的請求権は物権の一作用に過ぎないと解する学説がある[39]。

(b) 債権説・準債権説
　次に、物権的請求権を純粋に債権と解する説がある[40]。この説は、物権的請求権は絶対権たる所有権の侵害に対する不作為請求権であり、これは債権と同一に帰すると言う。また、準債権説は債権に準ずる特殊な請求権と解するものである[41]。

(c) 物権的独立請求権説
　次に、物権的請求権は物権から独立した請求権ではあるが、純粋の債権ではなく、むしろ物権と運命をともにし（物権との付従性）、物権の存在する限り、不断に物権から派生する特色を有する請求権と解する説がある[42]。

---

37) 大判大正4年12月2日民録21輯1965頁：所有権侵害の状態があるときには、所有物の取戻し、妨害排除その他所有権侵害の除却を請求しうる。
　　大判大正5年6月23日民録22輯1161頁：所有物返還請求権は所有権の一作用であり、独立の権利ではないから、所有権自体と同じく時効消滅しない。
　　大判大正6年3月23日民録23輯560頁：所有権返還請求権は所有権の一作用である。侵害者が物の占有を他人に移転した場合には、行使しえない。
38) この位置づけ及び名称は、好美『新版注釈民法（6）』117頁による。
39) 中島『釈義二物権篇上』15－17頁、三潴『提要』14－17頁、石田穣『物権法』56頁など参照。
40) 川名『要論』64頁、鳩山『民法研究第四巻』329頁（旧説）。
41) 鳩山『民法研究第二巻』181頁（改説）。
42) 我妻『物権法』21頁、我妻＝有泉『新訂物権』23頁、末川『物権法』35頁、舟橋『物

(d) 物権機能説

その後、物権的請求権とは、物権を特定人に対して主張する具体的な場面である訴訟において捉えた概念であると解し、物権の機能的な効力と解する説が現れた[43]。

(ウ) 性質論から派生する問題点

(a) 債権規定の準用の可否

債権説・準債権説、物権的独立請求権説は、債権に準ずる効力を認める。それゆえ、これらの考え方からは、履行遅滞以下の債務不履行に関する諸規定(第412条以下)、債務の弁済に関する諸規定(第474条以下)など、債権の効力に関する規定が物権的請求権に準用される[44]。

(b) 請求権の譲渡

物権的請求権は、常に物権と運命を共にし、その移転・消滅は物権の移転・消滅に伴うものと解される[45]。それゆえ、所有物返還請求権の譲渡は所有権の移転によって行われるのであり、債権譲渡によるのではない[46]。この場合には、請求権それ自体の移転ではなく、物権の移転に伴う請求権の移転と解する。物権的請求権は、その時々における物権者の下で発生する請求権であり、物権と切り離し、債権譲渡によって請求権のみを移転するのではない[47]。所有権に内在する物権的請求権だけを取り出し、他人への包括的な譲渡が可能であるとすると、所有権は何ら無防備な「裸の所有権」となり、他方、物権的請求権の譲受人も、所有権の実質的な権限を何ら伴わずに返還請求権だけ譲渡されても意味がないからである[48]。

(c) 時効消滅の有無

次に、物権的請求権は物権から独立して時効消滅するかという問題がある。

権法』40頁、近江『講義II』26頁など多数説である。
43) 川島『新版理論』115頁。
44) 舟橋『物権法』40頁。
45) 川島武宜「物権的請求権」『法律学事典第四巻』2343頁。末川『物権法』36頁。
46) 舟橋『物権法』40頁、好美『新版注釈民法(6)』109頁。しかし、末弘『物権法上』54頁、川島『法律学事典』2344頁は債権譲渡による移転を説く。
47) 好美『新版注釈民法(6)』118頁。
48) 好美『新版注釈民法(6)』118頁。

学説のうち、債権説・準債権説であれば、債権の消滅時効として、物権から独立して時効消滅する（第167条）。しかし、旧来の判例は、物権的請求権は所有権の一作用であり、独立した権利ではないので、所有権自体と同じく時効消滅しないと判示してきた[49]。学説の多数も判例法理を支持する[50]。

（d）権利失効の原則との関係

権利失効の原則とは、権利者が、権利を長期にわたって行使せずに放置し、相手方において、もはや当該権利は行使されないものと信頼すべき特段の事情が存在する場合において、権利者が突如として権利を行使したときには、信義則上、権利の行使自体が認められないという考え方である[51]。

判例には、解除権の行使や[52]、予約完結権の行使[53]をめぐって争われたものがある。また、財団法人の目的外行為による売買の無効を理由として転売の無効が主張されたという事案でも、権利失効の原則を認めた[54]。物権的請求権の事案は最高裁にはないが、下級審裁判例は、所有権に基づく物権的請求権が時効消滅しないから失効原則適用の余地はないという[55]。これに対して、学説は、権利失効の原則は消滅時効や除斥期間を補充する役割を果たすべきものと解し、民法が消滅時効を認めないとする所有権に基づく物権的請求権、登記請求権、更には共有物分割請求権に関しては、まさに失効の原則が機能すべきケースであると主張する[56]。

---

49) 前掲大判大正5年6月23日、大判大正11年8月21日民集1巻493頁。
50) 鳩山『民法研究第二巻』183―184頁、我妻『新訂總則』495頁以来の通説である。これらに反対する有力説として、時効学説のうち法定証拠説を主張する川島『新版理論』123頁がある。
51) 成富信夫『権利の自壊による失効の原則』（有斐閣、1957年）及び後掲最判昭和30年11月22日の上告理由を参照。
52) 最判昭和30年11月22日民集9巻12号1781頁（傍論では認める）。
53) 最判昭和40年4月6日民集19巻3号564頁：代物弁済の予約完結権が通常の予想期間を遥かに経過した後に行使されても、土地の取得者は登記簿記載の予約完結権行使を予想すべきであるから、その不行使を信頼すべき正当の理由はない。
54) 最判昭和51年4月23日民集30巻3号306頁：転買主には売主が売買の無効を主張することはないと信ずるにつき正当な理由があるから、売買の時から7年10か月余を経た後に売買の無効を主張して目的物の返還または損害賠償を請求することは、信義則上許されない。
55) 大阪高判昭和39年7月15日判時384号34頁。

（4）所有物妨害排除請求権の意義

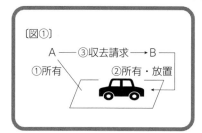

〔図①〕のように、Aの所有する土地にBの所有する自動車が放置されている場合には、AはBに対して土地から自動車を撤去するよう請求しうる。

この場合には、放置された自動車が土地の利用を妨害しているからである。所有者Bが自動車を盗まれ、Aの土地に放置された場合でも同様である。

さて、本項の冒頭に掲げた〔設例1－2－1〕では、Bは「車はもういらない」と言っている。しかし、この主張には無理がある。盗難車であるとはいえ、Bの所有自動車に変わりはない。したがって、Bは自動車を引き取らなければならない。のみならず、Bは自分の自動車がAの土地上に存在することを知ったときから（不法占有の認識）、駐車場相当分の損害金（賃料相当損害金）をAに支払わなければならない（第709条）。

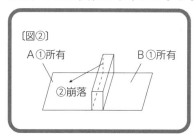

次に、〔図②〕では、Aの所有する土地に隣地所有者Bの所有する石垣やブロック塀が崩落してきたことにより、Aはその石垣やブロック塀によって所有地の利用が妨げられている。この場合に、Aが土地を利用するためには、その石垣を除去する必要がある。

ところが、Aは、このB所有の石垣を自ら除去し廃棄しえない。この場合には、Bに石垣やブロック塀の所有権があり、いくらAが土地の所有者であると言っても、他人の所有権を侵害してまで、自己の所有権の内容を実現することは「許されない私力の行使」（自力救済の禁止）となるからである。

それゆえ、Aは、その石垣の除去をBに請求することとなる。

物権には物の排他的支配という特徴があるから、物の支配を妨げる者に対

---

56) 我妻『新訂總則』441頁。また、好美『新版注釈民法（6）』121頁は、昭和39年大阪高判の解釈は逆であるとして、これを批判する。

して妨害の除去を請求しうるのは自然である。このような物権的請求権が認められなければ、物権の効力は非常に弱いものとなり、排他的支配性を認める意味がなくなるからである。

　この場合において、崩落の原因が自然災害（自然力）による場合など、当事者双方に帰責事由のないときには、A・Bいずれが除去費用を負担すべきかという問題がある。しかし、石垣の崩落による被害は客観的に見てAの側にある。また、石垣所有者Bの側に土地の設置物に関する管理上の責任はないのかという判断も必要である（第717条：土地工作物責任）。したがって、大規模な自然災害など不可抗力による石垣崩落の場合は別として、原則は、崩落石垣の所有者Bが石垣の除去・土地復旧の費用を負担すべきである。

（5）所有物妨害予防請求権の意義

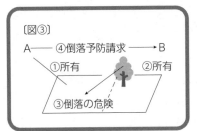

　次に、〔図③〕のように、Aの所有する土地にBの土地からB所有の樹木が倒落するおそれのある場合には、AはBに対して樹木倒落を予防する措置を執るよう請求しうる。

　妨害予防請求権は、所有者Bに対して、倒木に関する危険防止措置を執るよう請求するものである。それゆえ、この場合には、樹木が倒れかかっている、あるいは、台風が差し迫っており、経験則上、倒木の危険があると思われるときなど、あくまでも、Aの土地所有権が「侵害されるおそれ」がある場合というのが要件であり、現実に被害が発生している必要はない。

　差止請求をする場合には、①既に被害が発生している場合と、②被害発生の予防との両方を含んでおり、妨害排除・予防請求という考え方が基本にある。即ち、①開発行為（都市計画など公共事業を含む。）の開始後など、現に被害状況が発生しつつある場合には、妨害の除去と将来の反復的な妨害の禁止を求め、②工事前など、被害が未発生の場合には、行為の禁止または予防措置の実施を求めることとなる。

（6）所有物返還請求権の意義

　次に、〔図④〕のように、Aの所有するカメラをBが（Aから見て）無権原で

占有している場合には、AはBに対してカメラの返還を請求することとなる。

この場合にも、自力救済禁止の原則が適用されるので、AがBから勝手に取り上げることはできない。Bが他者からカメラを買い求めたのであれば、Bにも「所有者としての自覚」がある。そうすると、占有者Bは、所有の意思を有し、善意、平穏かつ公然と占有する者と推定され（第186条1項）、適法な占有権原を有する者と推定される（第188条：Bの前主もこの推定を受ける）。更に、Bが過失なく他者から売買など取引行為によって取得し、占有している場合には、即時取得（第192条）によって保護されうる。ただし、Aがカメラを盗まれ、Bが店舗などで購入した場合には、盗品に関する特則（第193条、第194条）が適用されうる。

❷ 物権的請求権の前提要件
（1）権利濫用との関係

〔設例1－2－2〕
　Aは温泉を営業していたが、源泉所有者から権利を借りて、その源泉からお湯を引いていた。ところが、その温泉を引いてくる引湯管の一部がC所有の山林を通っており、Aはこれに気づかなかった。これに気づいたBは、Cからその山林を30万円で買い取って、Aに2億円で買い取るよう請求した。Aがこれを断ったところ、Bは引湯管の撤去を請求した。引湯管の撤去及び迂回工事には1億2000万円もかかり、温泉営業を3か月も休業しなければならない。Aはどうしたらよいだろうか。

〔設例〕の場合には、AはCの所有する土地を無断で使用してきたのだから、過失によって他人Cの所有権を侵害して地代相当の損害を与え（第709条）、あるいは、地代相当分を不当に利得している（第703条）。したがって、Aには、現在の山林所有者たるBに対し地代相当の損害金支払義務がある。しかし、せいぜいその程度の話である。また、この点に目をつけたBのAに対す

る請求は誰が見ても不当である。

　この問題について、判例は、「所有権侵害による損失が言うに足りず、侵害の除去が著しく困難であり、その除去ができるとしても、莫大な費用を要すべき場合において、これを奇貨としてその侵害に関係ある物件を買い取り、所有者として、侵害者に侵害状態の除去を迫り、他面自己のその他の物件とともに巨額な代金によって買取請求をする行為は、専ら不当な利益の獲得を目的とするものであるから、所有権の目的に違背し、その機能として許されるべき範囲を超脱するものであって、権利の濫用に外ならない。」として、Bの請求を斥けた[57]。この判例の構成は、私権の社会性、信義則・権利濫用という民法の基本原則（第1条）に基づいて解釈したものである。

　本件の事案において信義則・権利濫用法理に基づいて物権的請求権の行使を制限するという点には異論はない。しかし、この法理の適用にあたっては、請求を客観的に分析すべきである。即ち、この問題は、所有者の使用・収益権に対する侵害と侵害者の利益、また侵害の回復により得られる所有者の利益と侵害者の不利益との比較衡量という問題である。殊更に、「高額買取請求」という主観面に着目する解釈は妥当ではない。あくまでも、所有権を侵害されたBの損失とAの引湯管迂回を中心とする原状回復による損失とを客観的に比較衡量して判断すべきである。このように解すると、「高額買取請求」という主観的要素は二次的なものだということが分かる。

　したがって、結論としては、AはBの要求に応じる必要はなく、近隣相場による地代相当の損害金を支払えば足りる。

《ポイント》
　物権的請求権の行使には、民法の基本原則遵守が義務づけられることを理解しよう。

（2）差止請求の時期──工事完成との関係

〔設例1-2-3〕
　Aは川沿いの畑で農作物を作っていたが、ある日を境に水はけが悪くなり、農作物の生育にも影響が出たので調査した。すると、B電力会社

---

[57] 大判昭和10年10月5日民集14巻1965頁（宇奈月温泉事件）。

が近くで水力発電所を建設し、Aの農地の地下を取水トンネルが通過していた。そこで、AはB電力を相手に取水トンネルの除去工事を請求した。Aの請求は認められるだろうか。

〔設例〕では、B電力の設置した地下の取水トンネルによってAの所有農地が被害を被っている。そこで、AはB電力を相手に所有権に基づく侵害除去請求訴訟（原状回復請求）を提起した。他方、B電力としても、莫大な費用をかけて工事を完成させた後から出てきた問題なので、工事のやり直しにはこれまた莫大な費用を要する。では、どのように考えるべきか。

この問題について、判例は、「所有権に基づく返還請求権もしくは妨害排除請求権は、返還もしくは排除のなお可能な場合に限り存在し、一旦その事が不能に帰した以上、不当利得あるいは不法行為に関する法規によって救済の方法を講ずる以外にはない」という解釈に基づき、工事竣成後の原状回復は、巨大な物資と労力の空費という社会経済上の損失の大きさを顧慮すると、原状回復請求は事実上不能に帰したものと解されるので、Aは損害賠償で我慢せよとして、Aの請求を斥けた[58]。

この時代には、同種事案の判例が複数存在し、本判決と同様の判断を下した判例がある[59]。いずれも発電所用施設の設置という莫大な費用を投じた国策による公共事業であり、しかも、この設置工作物による侵害が一私人に対するものに止まっていた。また、この判例法理は、いずれも公共事業事案の先例[60]における原状回復不能法理を踏襲したものである。

---

58) 大判昭和11年7月17日民集15巻1481頁。
59) 大判昭和7年12月20日新聞3511号14頁：「土地の所有者が起業者に対して土地の返還を請求し、これによって原状回復の目的を達するには、土地の返還が事実上法律上ともになお可能であることを必要とし、その返還不能となったときは、他の事由に基づき、利得の返還もしくは損害の補償を求めるのは格別、原状回復の方法によりその返還を求めえないものと解するを相当とする。」
　なお、同様の原状回復不能論を展開した判例として、鉄道敷設事業に関する大判昭和13年10月26日民集17巻2057頁（高知鉄道事件）がある。
60) 大判大正5年2月16日民録22輯134頁：私有地を収用して公園を作った後に協議が不調となり、被収用者が原状回復を求めたという事案において、本文と同様の理由により、土地の返還請求を棄却した。公園は公共用物であるから、原状回復は法律上不能に

この判例法理に対し、学説も、所有権に基づく妨害排除請求は、その内容が甚だしく形式的かつ硬直的であり、必ずしも当事者の利害の対立にとって妥当な解決を図りえないので、その解決策を物権的請求権の範囲から駆逐し、不当利得・不法行為の領域に入れることができれば、両当事者の主観的・客観的事情を比較衡量して、能う限り妥当な金銭的解決を図りうるとして、判例の採用した原状回復不能論は極めて正当であると論じている[61]。

したがって、〔設例〕のAはB電力から損害賠償を得ることで我慢しなければならない。

❸ 物権的請求権行使の相手方
（1）土地の危険防止措置請求

> 〔設例1−2−4〕
> A所有の宅地・住宅とB所有の畑は隣接しており、境界線から約1.8メートルの位置にAの住宅がある。Bは、畑を約75センチメートル掘り下げて田んぼにしたが、土留めなどの工事をしなかったため、Aの宅地側へ浸食し、住宅への影響も懸念される。そこでAがBに対して苦情を申し出たところ、Bは、「その田んぼはもうCに売ったので、うちとは関係がない」という。仕方がないので、AはCに苦情を申し出たところ、Cは、「私が工事をしたのではないから、うちとは関係ないことだ」という。Aはどうしたらよいのだろうか。

〔設例〕の場合には、Bの作った田んぼが原因で、Aの宅地・住宅へ危険が差し迫っている。そこで、Aは所有権に基づく妨害予防請求権を行使して、危険予防工事を請求しうる。しかし、Bは田んぼをCに売ったので関係ないといい、CはBが工事をしたのだから関係ないという。Aとすれば、BでもCでもいいから、とにかく危険防止措置を講じてもらいたいところである。

帰したというのである。
61) 我妻榮「判評（大判昭和11年7月10日）」『判例民事法第十六巻（昭和十一年度）』369頁（371頁）。

この問題について、判例は、「およそ所有権の円満な状態が他から侵害されるおそれある状態に至ったときには、所有権の効力として、所有権の円満な状態を保全するため、現にこの危険を生ぜしめつつある者に対してその危険の防止を請求しうる」として、現在の所有者Cが危険防止の工事をしなければならないと判示した[62]。

その理由は、土地所有者が土地を占有保管するについては、特別の法令に基づく事由のない限り、隣地所有者に侵害または侵害の危険を与えないよう相当の注意をする必要があるからである。それゆえ、判例は、原則として、その侵害または危険が自己の行為に基づくと否とを問わず、また自己に故意または過失の有無を問わず、この侵害を除去し、または侵害の危険を防止すべき義務を負担しなければならないと判断したのである。ただし、判例は、所有地の侵害または危険が自然力という不可抗力に基因する場合、もしくは被害者が自らその侵害を認容すべき義務を負う場合には、例外的に、物権的請求権の負担を免れるとした。

昭和12年大判の先例として、土砂の採掘によって隣地に崩壊の危険が生じたので、その危険防止措置を請求したという事案がある。この事案において、大審院は、その危険が誰の行為によって生じたかを問わず、現在の所有者に危険予防措置を講ずる義務があると判示した[63]。この先例は、危険状態が自然に存在するのであれば、危険予防義務はないという趣旨を論じている。この点についても、昭和12年大判は不可抗力によって危険が生じた場合を除外しており、先例を踏襲している。

このように、〔設例〕の問題については、侵害発生の危険が不可抗力によって生じた場合、もしくは、被害者がこれを忍容すべき特段の事情のある場合

---

62) 大判昭和12年11月19日民集16巻1881頁。
63) 大判昭和7年11月9日民集11巻2277頁：土砂を掘採し隣地の崩壊を来すおそれある危険な状態を作為したときには、その土砂の掘採が誰によってなされたかに関係なく、「現所有者がその危険な状態をそのままに放置して顧みざるは隣地の所有権を侵害するものであるから、その予防に必要なる設備をなすべき義務がある。」「危険状態が自然に存在するものではなく、人工により作為されたものである以上、現所有者がこれをそのままに放置するのは隣地の所有権を害するもの」であり、その危険状態の発生につき故意・過失の存否に関係なく、現所有者が予防工事をすべき義務を負担する。

以外は、現在の隣地所有者が妨害予防工事をなすべき義務を負うという判例法理が確立した。そこで、次なる問題として、この判例法理は広く物権的請求権一般に適用されるのかという問題につながる。

（2）土地を不法占拠する建物の撤去請求

〔設例1－2－5〕
　Bは、C所有の土地上に存する建物を借りて町工場を経営していた。Bは、同土地上に無権原で2階建ての建物（事務所・物置）を建築し、使用していた。AはCから土地・建物を買い受けたが、Bの所有する建物があることを知ったので、Bに対して建物の撤去を請求した。しかし、Bは、「この建物は既にDに売ったから関係ない」という。そこでAは登記所へ行き、登記の状況を調べたところ、建物の登記はまだBにあることが判明した。
　Aは、BとDのいずれに物置の撤去請求をすればよいのだろうか。

〔設例〕は、他人の所有する土地の上に無権原で建物を建築し所有することによって土地を不法占有し、土地所有権を侵害しているので、土地所有者が建物の撤去（収去）と土地の明渡し（全体として土地の返還）を請求した。

この問題については原則と例外がある。まず、判例は、土地を不法に占有する建物所有者が、当該建物を他に譲渡したという事案において、たとえ所有権移転登記を経由していなくとも、譲渡人は、既に第三者へ建物を譲渡しているので、土地所有者の物権的請求権の行使に対抗しうると判示した[64]。これが原則論であり、Aは現在の所有者Dを探し、Dに対し、土地返還請求権を行使しなければならない。最高裁も、この判例法理を踏襲している[65]。

しかし、登記の有無と無関係に「現在の所有者」を捜し求めるのは困難を伴う。建物所有者が請求を免れるため、建物を転々と譲渡する可能性が高い

---

64) 大判昭和13年12月2日民集17巻2269頁。
65) 最判昭和35年6月17日民集14巻8号1396頁：「土地所有権に基づく物上請求権の訴訟においては、現実に家屋を所有することによって現実にその土地を占拠して土地所有権を侵害している者を被告としなければならない」。

からである。そこで、登記名義人など、所有者としての公示を有する者に対しても物権的請求権の行使を認めるべきではないかという疑問が論理必然的に生じた。

　近時の判例は、〔設例〕の事案において、原則として、上記判例と同様、現在の所有者Dに対して建物の撤去を請求すべきものとしている。しかし、登記簿上の所有者が前所有者Bである場合において、その登記がBの意思で行われたときには、Bが建物の撤去義務を負担すべきものとした[66]。

　その理由は、上記と同様、土地所有者Aは建物の所有者を探求するという困難を強いられることになり、また、相手方Bにおいて、たやすく建物の所有権を移転して土地明渡しの義務を免れるという不合理な結果が生ずるおそれがあるからである。また、Bのように、自らの意思で地上建物の登記を自己名義にしておきながら、Dに売ったとして自ら建物所有権の喪失を主張し、建物の収去義務を否定することは、信義にもとり、公平の見地に照らして許されないからである。更に、公示の原則の意味から考えても、自己の権利を登記によって公示すれば、第三者に対してその権利を対抗しうるのであるから（第177条）、反対に、建物収去義務の負担者としての公示でもあると解することができる。この意味において、平成6年最判の意義を見いだすことができる。

《ポイント》
　妨害排除、予防請求権は、現在の所有者に対して行使しなければならないという原則と、自己の意思に基づく登記を保有している者に対して請求してもよいという例外について、比較検討してみよう。

---

[66] 最判平成6年2月8日民集48巻2号373頁：「他人の土地上の建物の所有権を取得した者が自らの意思に基づいて所有権取得の登記を経由した場合には、たとえ建物を他に譲渡したとしても、引き続き登記名義を保有する限り、土地所有者に対し、譲渡による建物所有権の喪失を主張して建物収去・土地明渡しの義務を免れることはできない。」「土地所有者としては、地上建物の所有権の帰属につき重大な利害関係を有する」。「両者の関係は、土地所有者が地上建物の譲渡による所有権の喪失を否定してその帰属を争う点で、あたかも建物についての物権変動における対抗関係にも似た関係」にある。

(3) 請求の内容——「費用負担者」は誰か——

〔設例1−2−6〕
前掲の〔図①〕で、AがBに自動車の除去請求をする場合には、常に所有者Bがその除去費用を負担しなければならないのであろうか。

〔設例1−2−7〕
前掲の〔図③〕で、Aの所有する土地に隣地所有者Bの所有する石垣やブロック塀が崩落してきた場合には、常に所有者Bがその除去費用を負担しなければならないのであろうか。

(ア) 行為請求権説（判例及び従来の通説）
(a) 理論の内容

物権的請求権の行使にあたっては、誰が返還または妨害の除去を行うべきかという問題と同時に、誰がその費用を負担すべきかという問題がある。

この問題について、判例・通説（行為請求権説）は、原則として、相手方である妨害作出者の費用で妨害状況を除去させるべきだという考え方に立つ。しかし、判例は、妨害が人の行為に基づかず、不可抗力（自然力）によって発生した場合には、相手方に行為義務はないという解釈を示してきた[67]。

学説の多数も、物権的請求権の内容である妨害状況の除去と費用負担は別問題であるとする。実務上、物の引渡しや妨害排除など、債務名義による強制執行に際しては、執行費用は執行債務者が負担する（民執第42条1項参照）。この点から、費用負担込みの行為請求が妥当と解される[68]。

しかし、行為請求権説に立つ学説でも、判例が傍論で述べたように、妨害状態が不可抗力に基因して発生した場合には、相手方は費用を負担しないなど、費用の問題は特別に顧慮すべきだという見解もある[69]。

---

67) 前掲大判昭和7年11月9日、前掲大判昭和12年11月19日。ただし、いずれも傍論である。
68) 例えば、好美『新版注釈民法(6)』176—179頁、三和・平井編『物権法要説〔三和一博〕』18—19頁参照。
69) 松坂『提要』9頁以下、船越『物権法』34頁以下、山野目『物権法』106頁など参照。

(b) 行為請求権説への批判

　行為請求権説は、確かに、妨害状況の作出者イコール相手方である場合には妥当であるが、そうでない場合、例えば、Aの所有地にB所有の自動車が置き去りにされたという事案では、土地所有者Aが自動車の所有者Bに対して撤去費用込みでその除去を請求するのは妥当性を欠くという批判がある。この場合には、自動車の所有者Bに帰責性（故意・過失）がない場合が多いからである（無過失による費用負担の否定）。また、この場合には、Bにも自動車の返還請求権があり、両者の請求権が競合衝突するが、行為請求権説によると、いずれも、先に原告として請求した方が、相手方に対して費用を負担させうるという収拾のつかないような不合理な結果をもたらすという[70]。

(イ) 忍容請求権説（純物権説）
(a) 理論の内容

　忍容請求権説は、物権的請求権は物権の一作用であり、物権者による回復行為を相手方に受忍させるというものである。この考え方は、Bが自動車を盗まれ、これがAの土地に置き去りにされた場合におけるBの返還請求権を中心に構成され、返還請求する所有者B自身が回復行為をするときには、相手方Aはこの返還請求を消極的に忍容すれば足りると言う。この考え方を土地所有権に基づく妨害排除請求に置き換えると、土地所有者（請求者）Aは、相手方Bに対し、請求者Aの側で妨害状況を除去することを忍容せよと、つまり、「私（A）に、あなた（B）の所有する障害物（自動車）を除去させてください」とお願いすることになる。この状況は通常では考えられない[71]。したがって、この論者は常にBからAに対する返還請求（取戻受忍請求）として考えているのである。

　また、この論者は、費用の問題は、原則として返還請求という原状回復請

　　山野目教授は、建物や工作物が自然力によって傾いたというケースでは特別に考慮しないが、自然力によって土地自体に生じた危険などについては特別に配慮すべき場合がありうるという。
70）舟橋『物権法』45頁、鈴木（禄）『講義』21頁など参照。
71）水辺芳郎「物権的請求権と費用の負担」『民法の争点』（1978年）80頁（81頁）は、盗品置き去り事案の場合には、所有者Bが侵害者であり、Bは自己の責任で妨害を除去すべきであり、これが通常の処理であるという。

求権者自身が負担すべきであるという。ただし、侵害惹起行為（例えばB所有自動車のAによる占有）が相手方Aの故意・過失による場合には、請求者Bは、相手方Aに対し、不法行為に基づく損害賠償請求として、その費用を請求しうるという[72]。その他、忍容請求権説に立ちつつ、当事者双方に帰責事由のない場合には共同で費用を負担すべきものという学説もある[73]。

(b) 行為請求権説からの反論

通説は、忍容請求権説に対し、次のように批判する。

1）忍容請求権説は、物権的請求権は物権保護のための行為請求であるという歴史的事実や比較法の現実、占有訴権との整合性などを無視するか、あるいは軽視しており、説得力が薄い。

2）法技術的にみても、物権的請求権を実現するための費用と不法行為に基づく損害賠償請求権とを同視する点において妥当性を欠く。民事執行法が費用請求と損害賠償請求を別個のものとする点と相容れないからである[74]。

(ウ) 責任説

責任説は、物権的請求権（物権保全機能）と費用負担（責任追及機能）の問題

[72) 近藤『物権法論』11頁、鈴木（禄）『講義』21―22頁。

鈴木博士は、忍容請求権説の適用ケースとして、B所有の動産をCが盗取してAの所有地に置き去りにし、あるいは、Bのボールが誤ってAの土地に入り込んだ場合におけるBのAに対する所有物返還請求を念頭に置く。それゆえ、行為請求権説では、Aの妨害排除請求とBの返還請求との牴触が生じるという。したがって、必然的に、動産の所有者Bによる返還請求について、所有者Bによる侵害状態の除去を相手方Aに忍容させることが物権的請求権だと言い（所有物取戻受忍請求権）、引取費用は、原則として引き取る側である所有者Bの負担になるという。このケースでは、全く問題のない立論であり、Aの妨害排除請求権の行使に関する行為請求権説と同じ構成になる。

それゆえ、我妻『物権法』169頁、我妻＝有泉『新訂物権』265頁も、Bの返還請求権の行使は、占有者Aが目的物に対する自己の支配を解き、所有者Bが自分で当該目的物（置き去り自動車など）を持ち去るのを忍容しただけで所有者Bの目的は達成され、相手方Aもそれ以上の義務を負うことはないとして、この返還請求の場合における忍容請求権説の立論を認めている。柚木『判例物権法總論』418頁も同旨の見解である。行為請求権説の代表的な論者が忍容請求権説を一部受け入れたという意味において、行為請求権説は修正されたという位置づけがなされている。舟橋『物権法』）45―46頁、近江『講義II』33頁参照。

73) 渡辺洋三「物権的返還請求権と妨害排除請求権」『民法演習II』100頁以下。
74) これらの批判については、好美『新版注釈民法（6）』170頁を参照。

を切り離し、費用負担の問題は過失責任主義（第709条）で解決するという見解である[75]。侵害者に責任要件（故意・過失）がある場合には行為請求権とし、これがない場合には忍容請求権とするという点で、単純な忍容請求権説とは異なる。2つの説に分かれる。

（a）二分説

二分説は、物権的請求権を返還請求と妨害排除請求とに分け、場合によって責任の内容を異にする。

まず、返還請求権については、目的物が不動産であれば現存する場所で明け渡せば足り（民執第168条1項参照）、妨害者は物権者の占有回復行為を受忍すべき義務を負う。目的物が動産の場合には、妨害者の善意・悪意で区別し、妨害者が善意であれば、同人は物権者の取立てを忍容すべき義務を負う。しかし、妨害者が悪意ならば、同人は物権者の住所への持参または送付という積極的行為義務を負うと言う[76]。

また、妨害排除請求の問題は、不動産に特有のものとして、妨害者の除去義務の内容は、妨害者に責任要件（故意・過失）があれば、その費用による妨害除去請求と解する（行為請求権）。しかし、妨害者に責任要件がなければ、妨害の停止または請求者自らが行う除去行為の受忍という消極的な不作為義務（忍容請求権）と解している[77]。

（b）責任要件説

責任要件説は、返還請求と妨害排除請求という場合分けをせず、妨害状態が妨害者の帰責事由（故意・過失＝責任要件）によって生じた場合には、妨害者に積極的な除去義務と費用負担義務を課すと言う（行為請求権）。しかし、責任要件を欠く場合には、物権者自身が妨害者に対して妨害排除行為の忍容を求め（忍容請求権）、その費用も請求者が負担すべきだと言う[78]。

---

75) 川島『新版理論』116—117頁参照。川島博士は、損害負担の問題は不法行為・契約法の責任原理によって決めるべきものとし、物権的請求権はこれらの関係から分化し、純粋に観念的な物権の効力として独立しているという。
　近江『講義Ⅱ』34—35頁は、物権的請求権それ自体は行為請求権説が妥当であり、費用負担は不法行為原理によるべきものと解し、責任説に一定の理解を示している。
76) 川島『民法Ⅰ』105頁、同『法律学事典』2346頁、川島『新版理論』122頁。
77) 川島『民法Ⅰ』108頁、同『法律学事典』2346頁、川島『新版理論』117頁。

(エ) 問題点の検討

(a) 妨害除去請求と返還請求との衝突

そこで、〔設例1-2-6（放置自動車の事案）〕と〔設例1-2-7（石垣等の崩落事案）〕のケースについて検討する。

判例・通説（行為請求権説）によると、いずれの場合でも、Bの所有する自動車や崩落石垣がAの土地所有権を侵害しているので、Aは、Bの費用で妨害の除去を請求しうる。

これに対して、忍容請求権説は、行為請求権説では、自動車や崩落石垣の所有者BはAに対して返還請求権を有しており、隣地所有者AはBに対して妨害排除請求権を有することになって、互いに請求権の衝突を生じ、結局、どちらも原告になり、早く判決を得て執行した側が相手方に費用を負担させうるという不合理な結果を生ずると主張する[79]。そこで、Aは、自ら妨害を除去する旨をBに告げてこれを忍容させ、Bの返還請求を封じた上で、もし、Bに過失責任があれば、AはBの負担すべき除去費用を一括して損害賠償請求すべきだと主張する。

それでは、どのように考えるべきか。

まず、〔設例1-2-6〕では、本当にBに返還請求権を観念しうるのかが問題となる。A・B間で客観的に判断すると、Bの自動車がAの土地所有権を侵害しているという事実は曲げられない。しかし、BがAの土地に立ち入り、自動車を引き取らせて欲しいと頼んだが（引取認容請求）、Aが正当な理由もなく拒絶したときには（侵害の発生）、Bの返還請求権を観念しうる。Bが不注意で自動車を盗まれた結果、Aの土地に置き去りにされたのであれば、客観的に見て、妨害行為はBに責任があると見てよい。そうすると、いずれの考え方を採っても、Bが引取費用を負担して妨害物を除去すべきだという結論になる。

(b) 石垣等の崩落が不可抗力に基因するか否かの判断

〔設例1-2-7〕の場合も同様に考えるべきである。忍容請求権説や責任

---

78) 末川『物権法』44頁、舟橋『物権法』46頁。
79) 舟橋『物権法』45頁。

説によると、自然災害や第三者の行為によって石垣等が崩落した場合には、隣地所有者A自身の費用で妨害の除去・予防行為をすべきものとされ、石垣所有者Bに拱手傍観を許すことになる。しかし、これは一般不法行為の問題ではなく、土地工作物責任の問題である。即ち、発生した損害については、第一義的に占有者や所有者が賠償責任を負担し（第717条1項）、他に損害の発生に関する責任者が存在する場合には、その占有者ないし所有者は、当該責任者に求償しうるに過ぎないという規定（同条3項）を類推適用すべきである[80]。それゆえ、石垣の崩落がBの予見すべき範囲にある場合、例えば、石垣に亀裂が入っていたり、一部崩れていたような場合には、たとえ、自然災害を直接の原因とする崩落でも、Bに責任を取らせるのが妥当である。しかし、そのような状況なくして、自然災害により崩落したときには、Bにだけ費用を負担させるのは酷な話だという評価もありうる。

そもそも、物権的請求権は、物権の本来あるべき物の支配状態を現在以降に確保しようとするものであり、また、その費用負担の問題である。また、その請求の相手方も現在の本来あるべき状態を実現しうべき地位にある者であり、不法行為責任のような、過去の侵害行為を問題とするものではない。つまり、物権的請求権の責任原理は「現在の状態責任」であり、「過去の行為責任」ではない。それゆえ、物権的請求権の問題については、相手方の善意・悪意や過失責任原理は唯一絶対の基準とはなりえない[81]。

したがって、物権的請求権の行使という問題は、妨害作出者に原状回復させるという「状態責任」を考慮する行為請求権説が妥当である。

（c）自然災害の復旧について

物権の侵害が自然災害に基因する場合の復旧という問題について考える。自然災害の場合には、すべて妨害者負担で妨害状況を除去させることは却って不当だという評価がなされうる。しかし、石垣の崩落などの事故が本当に自然災害の結果か否かという検証も必要である。例えば、石垣の設置工事中に大雨により石垣が崩落した場合には、その原因が石垣の設置・保存状態に

---

80) 好美『新版注釈民法（6）』172頁。
81) 好美『新版注釈民法（6）』172頁及び引用諸掲論文参照。

よる場合もある。このような場合には不可抗力の問題とはならず、石垣所有者の費用で妨害除去工事をさせるべきである[82]。

例外的に、妨害状況の作出が大規模震災といった自然災害に基因する場合には、個人間の民事的救済の可能性ないしその限界を超えるものと評価される。災害の復興という事後処理・再開発は国家・社会の使命であり、個人間の物権的請求権の行使は問題とならない。個人への請求は、場合によっては権利の濫用という問題にもなりうる[83]。

《ポイント》
（1）物権的請求権の意味について、理解しよう。
（2）物権的妨害排除請求権の法的構成について、費用負担との関係に注意しつつ、検討してみよう。

❹ 物権的請求権と人格権の保護——差止請求
（1）総　説

公害、日照・通風・景観など生活環境の悪化、騒音・悪臭などの生活妨害、名誉毀損など、社会生活の平穏を害する事案は数多く発生する。これらによる被害を最小限に食い止めるには、工場の操業中止、建設・公共事業の中止、出版の中止などを求める必要がある。これら差止請求による行為の停止（不作為）請求は、従来、物権的請求権もしくは類似の行為と目されてきた。しかし、物権的請求権の目的は、物権の侵害を除去し、侵害のおそれをなくす（行為の停止または状況発生の防止）という点にある。それゆえ、保護主体が人の権利ではなく、人の生命、身体、精神、健康、名誉、生活という法益である場合には、物権的請求権を根拠とする場合とは自ずと観点が異なる。

そこで、公害・環境問題、生活妨害・被害、名誉毀損、景観利益の喪失などを理由とする差止請求の場合には、端的に「人格権の侵害」（または「人格権的利益の侵害」）ととらえ、これを保護するために差止請求を用いるという法理を構築する必要が生じた。

---

[82] 好美『新版注釈民法（6）』179頁以下参照。
[83] 好美『新版注釈民法（6）』183頁。

(2) 差止請求の法理
(ア) 判例法理
(a) 人格権ないし人格権的利益の保護に基づく差止請求の意義

人格権は、個人の生命、身体、精神及び生活利益など、個人の人格にとって本質的な法益であり、何人もみだりにこれを侵害することは許されない。

人は「人格権ないし人格権的利益」を有している。それゆえ、侵害があれば、人格権の物権的効力により、侵害排除権能が認められる。疾病、精神的苦痛、あるいは生活妨害をもたらす行為に対し、人は、その侵害の除去を求め、被害が現実化していない場合でも、危険が切迫しているときには、予め侵害行為の禁止を求めうる。このような人格権保護請求権は、私法上の差止請求の根拠となりうる。

(b) 人格権に基づく差止請求権

大阪空港騒音訴訟控訴審判決は、空港を離着陸する航空機の騒音が受忍限度を超える場合には、人格権の侵害であり、この侵害に対しては、人格権に基づく妨害排除・予防請求が私法上の差止請求の根拠となりうると明言して、騒音被害を受ける地域住民は、人格権に基づく妨害排除・予防請求権を有するものと認めた[84]。この判例法理からは、差止請求は人格権に基づく物権的請求権の行使である。

この構成が従来の判例の主流である。例えば、出版物の差止請求に関する北方ジャーナル事件大法廷判決[85]は、名誉毀損事案という特殊性はあるが、出版物の表現内容が真実ではなく、または専ら公益を図る目的ではないことが明白であり、かつ、被害者が重大にして著しく回復困難な損害を被るおそれがあるときという要件を構成し、これを充足すれば、当該表現行為の価値は被害者の名誉に劣後するものとされ、差止請求が有効適切かつ必要な救済方法として肯定されるという構成を採用した。最高裁は、名誉権を物権的権利としての人格権として位置づけ、差止請求は、その侵害の除去・予防(将来の反復的行為の禁止)と解している。

---

84) 大阪高判昭和50年11月27日判時797号36頁(大阪空港騒音訴訟控訴審判決)。
85) 最大判昭和61年6月11日民集40巻4号872頁。

従来、この北方ジャーナル事件は、人格権に基づく物権的請求権構成として位置づけられてきた[86]。しかし、この分類に対して、名誉権侵害を理由とする不法行為ないし違法行為として排除するという解釈（違法侵害説）もある。大法廷判決は「公益目的があれば違法性がない」という要件を提示した。それゆえ、「公益目的がなければ違法性がある」と言える。このように解すると、要件として故意・過失を必要としない物権的請求権構成というよりは、むしろ、違法・不当な行為を排除し、名誉権という物権的権利を保全するという意味において、そのような侵害を予防するという構成になりうる。

　次に、特定の個人をモデルとした小説の内容が個人の名誉、プライバシー、名誉感情を侵害した「石に泳ぐ魚」事件[87]の原審は、「人格的価値を侵害された者は、人格権に基づき、加害者に対し、現に行われている侵害行為を排除し、又は将来生ずべき侵害を予防するため、侵害行為の差止めを求めることができる」として、人格権に基づく物権的請求権構成（侵害行為の除去・予防）を採用した。最高裁もこの原審判決を受け入れている。

　更に、小田急線立体交差事業の認可取消請求事件大法廷判決も、事業の実施によって「騒音、振動等による健康又は生活環境に係る著しい被害を直接的に受けるおそれのある」ことを、差止請求の要件とし、その差止めについて「法律上の利益を有する者」が原告適格者であると判示している[88]。このように、健康・生活環境被害の事案においても、被害を直接的に受けるおそれのある周辺住民は、妨害予防請求権の行使として、開発行為の差止めを請求しうるという構成を採用した。

---

86) 北方ジャーナル事件大法廷判決の解説を概観すると、人格権に基づく物権的請求権構成として位置づけている。例えば、山本敬三「人格権―北方ジャーナル事件」『民法判例百選Ⅰ〔第4版〕』14頁（15頁）、同『第5版新法対応補正版』16頁（17頁）は、「本判決は、物権については妨害予防・妨害排除が認められることを前提とし、「排他性」を媒介としてこれを人格権に類推している」という（第6版では若干表現が変わっているが、意味は同じである）。また、本判決の調査官解説（加藤和夫『最高裁判所判例解説民事篇（昭和61年度）』278頁〔287―288頁〕）の位置づけも同様である。
87) 最判平成14年9月24日判時1802号60頁。
88) 最大判平成17年12月7日民集59巻10号2645頁（小田急線連続立体交差事業認可処分取消請求事件大法廷判決）。

このように、判例は、人格権侵害の事案について、従来は、物権的請求権構成ないし類似の構成を採用してきた。

（c）不法行為・違法行為排除構成

これに対して、近時の最高裁判決（「国立市景観訴訟」）は、差止請求の根拠を不法行為の成立要件たる法益侵害（第709条）に求めている[89]。本件は、都市における景観利益の享受に関する事案において、景観利益に対する侵害を認定するための要件として、①侵害行為が刑罰法規・行政法規の規制に違反すること、②公序良俗違反・権利濫用に該当するなど、侵害行為の態様や程度が社会的に容認された行為としての相当性を欠くことを掲げており、不法行為の要件該当性のみならず、公序良俗違反（第90条）、権利濫用（第1条3項）、などを含め、景観利益に対する違法・不当な侵害行為の存在を差止請求の要件としている。従来の物権的請求権構成であれば、侵害状態の是正責任を妨害者や危険作出者などに求めるのであるから、この判例の構成は明らかに前掲の人格権侵害事案とは異なる[90]。この構成は、違法性・不当性の根拠として不法行為の要件たる法益侵害を取り出し、また、強行法規違反その他の違法行為要素をも勘案して、侵害排除の根拠としている。これは、近時有力に主張されている「違法侵害説」と軌を一にする考え方である[91]。

---

89) 最判平成18年3月30日民集60巻3号948頁：景観法を引用しつつ、「良好な景観に近接する地域内に居住し、その恵沢を日常的に享受している者は、良好な景観が有する客観的な価値の侵害に対して密接な利害関係を有する」と言い、「良好な景観の恵沢を享受する利益（景観利益）は、法律上保護に値する」ものとして、大学通り周辺の住民には、この景観の恵沢を日常的に享受すべき景観利益があると認めたが、マンション建設行為は景観利益を違法に侵害する行為には当たらないとした。

90) ドイツでは、過渡的解釈たる「不法行為的妨害排除請求権」から、故意・過失や損害の現存を不要とする物権的妨害排除・予防請求権を承認し、現在では人格権に基づく妨害排除概念の確立を見た。近時、わが国の学説でも、不法行為的な構成を採る見解が多い。この点を顧慮すると、不法行為的理論構成の影響も考えられる。好美『新版注釈民法（6）』207—208頁参照。

91) 根本尚徳『差止請求権の理論』95頁以下は、わが国とドイツの学説の詳細な分析を踏まえた上で差止請求権の本質論を提唱する。また、違法侵害説は権利不可侵性理論（末弘説）から発展した解釈として明確に位置づける。

(d) 利益衡量的構成

　人格権的利益の侵害として、「自由な通行権の侵害」がある。建築基準法第42条による位置指定がなされた私道の所有者が周辺住民の通行を妨害したという事案において、最高裁は、日常生活上、必要不可欠な居住地と外部との交通が人格権的利益であることを認め、この周辺住民の通行利益と土地所有者の利用利益とを比較衡量し（利益衡量的構成）、土地所有者の損失・損害が周辺住民の通行利益を上回るような特段の事情のない限り、土地所有者は住民の通行を受忍すべき義務を負うとして、自由な通行権を有する住民による土地所有者への現在の妨害状態の除去と将来の反復的妨害行為の禁止という差止請求を認めている[92]。

　判例の理論構成は、土地所有者の損害と住民の通行利益とを比較衡量し、原則として、後者が優先されるという。この点は、受忍限度を考慮要素とした大阪空港騒音訴訟控訴審判決と共通点がある。私道の所有権が公法上の制限に服すべき事案であり、公共財の運用利益と私的所有権との牴触、あるいは居住権ないし居住環境相互間における牴触という問題で括ることができるからである。この意味において、この問題は、通行利益とその受忍義務という法益相互間の利益調整事案として位置づけることができる。

(e) 公益保護構成

　更に、地域住民らが中心となり、瀬戸内海の歴史的・名勝景観の保護を主張して、港湾の埋立て、土地の造成・整備、橋梁の設置・架橋、道路整備などを内容とする都市計画事業の事前差止めを請求した「鞆の浦景観訴訟広島地裁判決」[93]がある。

　この裁判例は、「鞆の景観の価値は、……私法上保護されるべき利益であるだけでなく、瀬戸内海における美的景観を構成するものとして、また、文化的、歴史的価値を有する景観として、いわば国民の財産ともいうべき公益」であり、「本件事業が完成した後にこれを復元することは不可能となる性質

---

92) 最判平成9年12月18日民集51巻10号4241頁。
93) 広島地判平成21年10月1日判時2060号3頁（確定）。なお、本判決において、歴史的・名勝景観の保護が認められた背景として、景観法の制定・施行の影響があるものと思われる。この点に関しては、石口『物権法』94頁以下を参照。

のもの」であって、「本件埋立及びこれに伴う架橋を含む本件事業が鞆の景観に及ぼす影響は、決して軽視できない重大なものであり、瀬戸内法等が公益として保護しようとしている景観を侵害するものといえる」として、政策判断の拠り所とした調査及び検討が不十分であり、その判断内容が不合理なものである場合には、埋立免許は合理性を欠き、認められないと判示した。

したがって、歴史的・名勝景観の保護については、その景観としての価値が、私法上の利益と公法上の利益といった全体的法益保護という観点から考慮されなければならない。そして、この場合における都市計画事業の事前差止めは、私法上の景観利益の保護としての侵害の除去・予防というよりは、むしろ、公益的な観点からの法益保護を目的としている。

《ポイント》
判例法理に現れた差止請求に関する各種の構成について、その事案とともに理解しよう。

(イ) 差止請求の理論――学説の展開

(a) 物権的請求権説

学説は、従来、人格権侵害行為に対しては、物権的請求権の行使、即ち、妨害排除・予防請求権の行使という観点から、差止訴訟を認めてきた[94]。この点は、北方ジャーナル事件など、従来の判例法理と同様である。

(b) 人格権説・環境権説

人格権説は、公害の差止めの根拠として、その被害者は居住者であり、公害の差止めは快適な生活を享受するという人格的な権利の侵害に対する妨害排除請求権と構成すべきものであると言う[95]。

また、環境権説は、公害による環境破壊行為を深刻に受け止め、このような環境破壊を許すことは人類の生存を危機に追いやるという認識を前提とし、良好な環境の保全は如何なる価値にも絶対的に優先する権利であると主

---

94) 我妻榮『事務管理・不当利得・不法行為』(日本評論社、1937年) 198頁、好美『新版注釈民法 (6)』207―212頁、東孝行『公害訴訟の理論と実務』(有信堂、1971年) 90頁以下など参照。
95) 好美清光「日照権の法的構造 (下)」ジュリスト494号 (1971年) 113頁以下、加藤一郎「公害法の現状と展望」『公害法の生成と展開』(岩波書店、1968年) 20頁以下、森島昭夫「差止請求」『新版民法演習』(有斐閣、1979年) 102頁 (104頁) など参照。

張し、利益衡量を一切排除して、侵害に対する絶対的な差止めを提唱した[96]。そのため、理念的に過ぎるなどの批判を受けた[97]。その後、環境権説は、生命・健康被害事案では利益考量を排除するも、利益考量を許容する事案を類型化し、弾力的な考え方を取り入れ、硬直性を避ける工夫がなされた[98]。

(c) 不法行為・違法侵害排除構成説

(c-1) 序 論

近時は、物権的請求権説と人格権説は特定の権利侵害を問題とするので、硬直的に過ぎると批判される。不法行為があるならば、損害賠償とならんで当該不法行為をも排除すべきものと解し、不法行為的な構成から物権的妨害排除・予防請求権を構成し、差止請求権の根拠とする学説が有力である。

(c-2) 末弘理論（権利不可侵性説）

まず、先行理論として、「債権に基づく物権的請求権」という問題について、判例が権利不可侵性理論（末弘説）を応用して物権的妨害排除請求権を認めた「専用漁業権の賃借権侵害事案[99]」に端を発する理論構成がある。

末弘理論は、積極的債権侵害説から不法行為の効果を導いた。また、末弘改説は、妨害排除・差止請求は、その保護法益が物権か債権かに関係なく、すべての権利に対する保護手段であり、被害者救済に必要であり、法律的正義という観点からも妥当性を有すると論じた[100]。更に、妨害排除・差止命令の要件は、権利の種類、権利の目的物、侵害の種類・態様、侵害の結果として被害者が被るべき損害の程度・態様、妨害排除を実現するため加害者に要求される犠牲の程度、などに応じて種々に定められるという解釈論を提示し

---

96) 大阪弁護士会環境権研究会編『環境権』（日本評論社、1973年）50頁以下参照。
97) 加藤一郎「『環境権』の概念をめぐって」『民法における論理と利益考量』（有斐閣、1974年）113頁以下参照。
98) 沢井裕『公害差止の法理』（日本評論社、1976年）28頁を参照。
99) 大判大正10年10月15日民録27輯1788頁：「権利者が自己のために権利を行使するに際しこれを妨げるものあるときは、その妨害を排除することができるのは、権利の性質上固より当然にして、その権利が物権であると債権であるとによってその適用を異にすべき理由はない」。
100) 末弘嚴太郎「物権的請求権の再検討」『民法雑記帳』（日本評論社、1940年）228頁（232頁）。

た[101]。

(c-3) 舟橋理論（違法侵害排除説）

改説を含む末弘理論は、その後の学説に継承され、好意的に解釈された。

舟橋博士は、①不法行為の被侵害利益は、権利及び法益であり、②違法性の有無は、被侵害利益の強固さの程度と、侵害行為の悪性の程度との相関関係によって判定し、被侵害利益の種類・性質と侵害行為の態様との両面から相関的に判断されるべきだという通説から出発する。舟橋博士は、この解釈を妨害排除請求に適用すべきものとし、妨害排除の実現によって生ずる侵害者（所有者）の犠牲の程度と、妨害排除の否認によって生ずる被害者の不利益の程度を相関的に考慮して（利益衡量）、侵害除去の可否を決するとした[102]。

また、舟橋博士は、不法行為に基づく損害賠償請求は過去の侵害行為によって生じた損害の塡補としての原状回復請求であり、妨害排除・予防請求は現在または将来の侵害排除・予防請求であって、両者は区別すべきものと論じている。この理論構成は、法益侵害という不法行為の要件を外形的に適用し、その効果については妨害排除・予防という物権的請求権固有の効果を適用するという構成である。

(c-4) 法益侵害排除説

舟橋博士の構成は、不法行為的物権的請求権の承認に始まり、最終的には人格権に基づく妨害排除請求へと発展したドイツ法学者の構成と類似する。現在では、所有権に基づく侵害の除去・不作為請求権に関するドイツ民法（BGB）第1004条の適用範囲は、他物権その他の絶対的な権利に準用しうるものとされ、人格権、営業権、個人の名誉、仕事上の名誉、信用など、すべての絶対的な権利及び法益の保護にまで類推適用されている[103]。

この点に関する近時のドイツの判例を参照する。

事案は、他人の所有するアパートの敷地にあるアーチ状の門をくぐる徒歩通路を通る以外に公道に出る方法のない土地の所有者Xが、その徒歩私道を長年にわたって通行し、映画館営業を継続してきたところ、通路の土地所有

---

101) 末弘「妨害排除請求権の問題」『雑記帳』236頁（238頁）。
102) 舟橋『物権法』36—37頁。
103) vgl., Baur=Stürner, Sachenrecht, §12 I Rdn. 3, S.138.

者Yが鍵のついた金属製の門扉をアーチ状の門の中に設置し、通行止めをしたことにより、X及びその従業員、来客などが公道へ抜けられなくなったので、その通行者Xが門扉の撤去を請求したというものである。

この事案について、連邦通常裁判所（BGH）は、BGB第1004条を準用し、公衆用道路における通行権の侵害など、公衆の利用の侵害に対して、通行者は、従業員や来客のためにも、自己の権利に基づいて妨害を排除しうるものと判示した。その理由づけは、同条の適用は、所有権侵害に限定されず、特定の制限物権の侵害を明文によって指示する規範によって拡張されており（例えば、BGB第1027条〔地役権侵害〕、第1090条2項〔制限的人役権に対する前条の準用〕、第1065条〔用益権侵害〕、第1227条〔動産質権の侵害〕）、妨害に対する保護は、すべての絶対的な権利にも認められており、また、不法行為法において保護されているすべての法益にまで拡張されているからであると論じている[104]。

このように、不法行為法において保護されている法益侵害に基づく差止請求は、ドイツでは広く一般的に認められている。この理論構成は、単なる不法行為法的な構成ではなく、違法・不当な法益侵害に対する差止請求による保護という構成である。

近時、わが国の学説でも、このような解釈が広く普及しており、基本的には、権利侵害という枠組みではなく、法益侵害という枠組みによって差止請求を認めるという解釈が一般化しているものと思われる。

《ポイント》
　差止請求権における権利侵害構成と法益侵害構成との違いについて、その適用範囲という観点から理解しよう。

---

104) BGH, Urteil vom 13.3.1998, NJW1998, S.2058. 本判決は、Staudinger-Gursky, BGB, 1993, §1004 Rdn.15, 16, 及び Medicus, in: MümchKomm, 3.Aufl., §1004 Rdn.6を引用指示しつつ、このように論じたものである。

第2章　物権の変動

第1節　物権変動と第三者に対する対抗要件

第1項　物権変動の意義

　民法は、物権の変動に関して、「物権の設定及び移転」（第176条）、「不動産に関する物権の得喪及び変更」（第177条）、「動産に関する物権の譲渡」（第178条）を規定する。物権変動とは、物権という権利の他人への変動もしくは内容の変更、即ち、物権の発生（絶対的発生、既存物権の原始取得〔設定・時効取得〕及び承継取得〔移転〕）、変更（物権の内容または作用の変更）、消滅（目的物の滅失、消滅時効、放棄、混同、公用徴収）のことをいう。物権の変動は、物権的法律行為によりその効果を発生させることであり、これを生ずる法律要件を物権法上の法律要件という。この法律要件の主なものとして、法律行為（契約及び単独行為〔放棄・遺贈〕）、時効（取得時効〔第162条以下〕、消滅時効〔第166条以下〕、地役権の取得時効、消滅時効〔第283条、第289条〕）、混同（第179条）、先占（第239条）、遺失物拾得（第240条）、埋蔵物発見（第241条）、付合（第242条以下）・混和（第245条）・加工（第246条）、公用徴収（土地収用第1条〜第7条）、没収（刑法第19条）がある。

　契約は、当事者間の意思表示によって成立する法律行為である。これによって、債権・債務関係が発生する。この場合において、土地や建物という原始的特定物に関する売買契約を締結するときには、契約締結時に目的物が特定しているので、最初から債権の目的となる（種類物〔不特定物〕の場合には、「特定」して初めて債権の目的となる〔第401条2項〕）。

　次に、物権の設定及び移転は、当事者の意思表示だけで、その効力が発生する（第176条）。これを所有権の移転に置き換えてみると、所有権の移転は、当事者の意思の合致、即ち、契約だけで発生する。つまり、第176条の意味

は、債権の目的と所有権移転の双方から、特定物（種類物は特定した後）に関する物権の設定及び移転に限定される。

更に、所有権移転などの「物権変動」は、その物権変動を行った当事者にとっては自明の事柄であるが、当事者以外の第三者からは物権変動という事実の存在を容易に知りえない。しかし、物的財産は自己使用のみならず、他人に賃貸し、担保に供し、あるいは売買により、他の財貨に変わることが予定される。それゆえ、第三者の利害に関わる場合が非常に多い。そこで、近代法においては、これら利害関係を有する、あるいは新たに利害関係に入る第三者との関係において、取引の安全を確保することが要請され、物権の変動を確定し、あるいは当事者以外の第三者に対抗するために、何らかの公示方法が必要とされた。この考え方を物権法における公示の原則という。

第2項　公示の原則と公信の原則

 公示の原則

〔設例2－1－1〕
　BとCは、いずれもAから土地を購入したと主張して、土地所有権の取得をめぐって争っているが、いずれもAから所有権移転登記を得ていない。BとCのうち、いずれが「所有者」になるのだろうか。

公示の原則とは、物権の変動には常に外界から認識しうる何らかの表象（＝公示）を伴うことを必要とし、現在の権利状態として公示された状況と両立しえない物権変動は、それが公示されない限り、その物に関して取引関係に入ろうとする者に対して主張しえないという原則である。

なぜ、公示の原則は必要とされるのか。その理由は、物権には排他性があり、物権変動には排他的な効果が与えられるからである。即ち、物権変動に関して何らかの外部的な表象を与えることを制度化し、物権の所在、物権相互間における権利関係の所在、ならびにその内容を明らかにしなければ、不動産取引に関して不安を抱えることとなる。そうすると、新たに権利関係に入ろうとする者に不測の損害を与えかねず、これでは、物権取引法に対して

要請される取引の安全という理想を達成しえないからである。

　公示原則の立法主義として、意思主義・対抗要件主義と成立要件主義（形式主義）がある。わが民法とフランス民法は前者を採用し（意思表示〔契約行為〕による物権変動）、ドイツ民法は後者を採用した（意思表示〔物権的合意〕と登記〔不動産〕、または引渡し〔動産〕がセットになって物権が変動する）。

　わが民法は、不動産物権変動については登記を対抗要件とし（第177条）、動産物権変動については引渡しを対抗要件とした（第178条）。例えば、不動産が二重譲渡された場合には、二重譲受人の所有権取得は互いに両立しえない物権変動であるから、それらは対抗関係に立ち、登記をしなければ、互いに所有権を対抗しえない。〔設例〕のBとCは、いずれもAから土地を取得した「所有者」であるが、登記を経由していないので、お互いに所有権を対抗しえない。BとCの所有権は宙に浮いたような状況にある。登記簿上はAが所有者である。そのため、この場合には、登記と実体との間に齟齬が生じており、登記には信用力に欠けるところがある。「登記には公信力がない」とされるゆえんである。

　他方、動産の物権変動は占有の移転を公示方法としている（第178条）。しかし、占有はその時々における権利の状況を公示する力はあっても、登記とは異なり、永続的に権利の所在やその内容を公示する力はない。また、動産取引の頻繁化に伴い、商品の所在場所を移転せずに取引し（他人に寄託中の商品取引における指図による占有移転）、あるいは、担保物提供者の手許にある状態で在庫商品に譲渡担保権を設定する必要が出てきた（担保権者への占有改定による引渡し）。そこで、動産取引の場合には、取引の頻繁さから、現実の引渡しに対する不便感が生じたために、近代法は簡易の引渡方法を承認した（第182条以下）。その結果、公示力の弱体化現象が生じた。確かに、近代法は、質権の設定には現実の占有移転を要件化し、公示の原則を維持しているが（第345条、第352条）、転々流通を予定する商品について、そのような質権設定を金融取引に利用するのは不便であり、実用的ではないので、古くから質権設定の代わりに動産の譲渡担保が利用されてきた。これにより、動産取引では、公示の原則は有名無実化した。そこで、近代法は、動産取引に関して、占有による公示原則の貫徹を断念した。一方では、当該商品の所在を確認しうる

ように有価証券を発行し（船荷証券、貨物引換証、倉庫証券の発行）、あるいは、動産抵当制度を創出し（農業動産信用法、自動車抵当法、建設機械抵当法など）、更に、動産譲渡登記制度を創出して（動産・債権譲渡特例法）、公示の原則に近い制度設計をし、あるいは公示の原則を維持するための努力を傾注した。他方、動産取引では、公示の原則に代わり、公信の原則を用いて、取引の安全を保護することとした（即時取得〔第192条〕）。

《ポイント》
物権の変動と公示との関係について、理解しよう。

❷ 公信の原則
（1）公信原則の意義

公信の原則とは、取引の相手方において当該物権の保有を示す何らかの表象がある場合において、その表象を信頼して取引に入った者は、たとえその表象が真実の権利関係を反映せず、当該相手方が無権利でも、この表見的な信頼は保護されなければならないという原則である。公示の原則が貫徹され、これが絶対的なものであれば、物権取引では、公示のない者から物権を主張されることはない。また、公示があれば、必ず物権は存在するものと信じて差し支えない。しかし、現実には、公示があっても、物権が存在するとは限らないケースが出てくる。例えば、不動産所有権の登記がAからBに移転し、現在の所有者はBであると思っていても、Bが偽造文書により登記し、現実には無権利であったという場合もある。ましてや、動産の所持人が果たして所有者であるかどうかは、分からない。これでは、物権取引は危険に過ぎ、また、この危険を回避するために常に実質的な権利関係の審査を要するというのでは、迅速な取引という要請に支障が出る。そこで、このような場合に、取引による取得者を救済しようという考え方が必然的に現れる。これが公信の原則である。

公信の原則は、近代法上、動産物権取引に関して認められた概念である。古代ローマ法時代は、「何人も自分の有する以上の権利を他人に与えることはできない（Nemo plus juris ad alium transferre potest quam ipse habet.）」という原則が支配していたので、公信の原則が現れる余地はなかった。しかし、

その後のゲルマン法は、「人が任意に信頼を置いた場合には（Wo man seinem Glauben gelassen hat,）、その人はその信頼のみを求めるべきである（da muss man ihn suchen.）」という原則（Hand wahre Hand〔手が手を保障する〕の原則）を採用したので、寄託、預託、そして貸与のように、他人を信頼してその者に動産の占有を与えた場合には、その者に対してだけは当該動産の返還を請求しえた。もちろん、盗品や遺失物の場合には、誰の手に渡っても、無限に追及しえた。フランス固有法にも「動産は追及を許さない（Meubles n'ont pas de suite）」という原則があった。これは、ゲルマン法とほぼ同様の結果を認めていた[1]。

近代法は、取引安全の原則を標榜する必要から、ローマ法の原則を捨て、ゲルマン法及びフランス固有法の原則を採用し、占有者の占有状態を信頼して取引した者は、当該占有者が無権利者であっても、その物権を取得しうるものとしたのである。

不動産物権変動の公示たる登記に公信力を与えるか否かは、各国の法制度によって異なる。ドイツの登記制度は、当事者の物的合意（Auflassung：不動産譲渡に関する特別な合意）に基づいて、この物権的合意が公証人による実体法的審査で公証された後に、登記所である区裁判所に当事者双方が出頭して申請し、この登記所で形式的な審査が行われ、登記が実行される。このような厳格な制度に基づいて登記手続が行われるので、ドイツ民法は、登記に公信力を与えている（BGB 第891条、第892条）。これに対して、フランス民法やわが国の民法、ならびに登記制度は、登記に公信力を与えていない。

（2）公信原則と即時取得

〔設例2－1－2〕
　Aは、自己の所有するカメラをBカメラ店に修理に出していたところ、Bは、修理後、Cにこのカメラを売り、引き渡してしまった。
　AはCからカメラを取り戻すことができるだろうか。

1）我妻＝有泉『新訂物権』44頁。

公信の原則をわが国の現行法に適用して考えてみる。契約関係では、互いに相手方の信頼を尊重しなければならず、契約上の信義に従い、誠実に契約を履行すべき義務を負う（信義誠実の原則〔第1条2項〕）。信義誠実の原則（信義則）に支配される契約関係では、必然的に取引相手方を保護すべきことになる（取引安全の保護）。したがって、契約当事者が、契約締結に伴う当初の期待たる法律行為による効果発生に反する出来事に遭遇した場合でも、当初の期待は保護されるべきである。

〔設例〕の場合において、CがBの占有状態から、Bが所有者たる販売者だと信頼して売買契約を締結したときには、Cには所有権取得の期待があり、この信頼に基づく期待は保護されるべきである。この法律上の要請を「取引安全の保護」（動的安全の保護）といい、近代法における解釈原理となっている。この考え方を一歩進めると、真正所有者Aに所有権があるとしても、第三者Cに所有権取得を認め、その結果、Aは所有権を失う（静的安全の犠牲）。つまり、公信の原則は、真正所有者Aと取得者Cとを天秤に掛け、いずれを重く取り扱うべきかを決するという前提で、この無権利処分者Bの占有状態に対する第三取得者Cの信頼を保護するという考え方である。民法では、これが動産取引における即時取得制度（第192条以下）として具体化されている（詳細は「第4節　動産に関する物権変動」、「第2項　即時取得（公信の原則）」208頁で論ずる）。

《ポイント》
　公示の原則と公信の原則との関係について、理解しよう。

第2節　物権変動を目的とする法律行為──第176条論

第1項　意思主義と形式主義──立法上の相違点

　物権変動を発生させるメカニズムとして、意思主義と形式主義とがある。前者はフランス民法、後者はドイツ民法に代表される制度である。意思主義とは、契約当事者の意思表示のみで物権変動の効力が発生するが、登記や引渡しという対抗要件を具備しないと、第三者に対抗しえないという制度である。他方、形式主義とは、意思表示のみでは物権変動は発生せず、登記や引

渡しという公示方法を具備して、初めて物権変動の効力が発生するという制度である。意思主義は物権変動の効力発生と公示制度を分離するという考え方であり、形式主義は公示制度により物権変動の効力発生を根拠づけるという考え方である。わが民法は、フランス民法に倣い、意思表示のみで物権変動の効力を発生させ（第176条）、その効力を第三者に対抗するために公示を必要とする（第177条、第178条）という構成を採用した。

第2項　意思主義・対抗要件主義

　フランス民法の採用する意思主義とは、所有権の移転や抵当権の設定という物権変動を発生させる意思表示は債権を発生させる意思表示と同じであり、この間に区別はないという制度である[2]。それゆえ、抵当権設定契約のように物権変動のみを発生させる契約も、雇用契約のように債権のみを発生させる契約も、ともに意思表示のみで成立する。したがって、売買も、種類物売買のように債権のみを発生させる場合でも、特定物売買のように物権変動をも発生させる場合でも、いずれも形式上の区別はなく、ともに債権契約の効果として、権利変動が発生する（CC第711条〔明文で「所有権は、……債権の効果として取得され、移転する」と規定する。〕、第1138条〔物の引渡債務は契約当事者の合意のみによって完了する。〕）。

　では、フランス法の意思主義の下で、第三者関係はどのように決するのであろうか。動産の譲渡には公信の原則が適用され、第一の売買があって所有権が完全に移転しても、なお売主が占有している場合において、第二の売買がなされ、第二の取得者が善意者であるときには、この者が所有権を取得する（CC第1141条、第2279条）。つまり、動産取引には対抗要件主義は存在しない（対抗は意思表示のみで足りる。）。したがって、動産の二重譲渡の場合に

2）フランス民法及びその改正法や政令による登記制度については、主として、星野『民法論集第2巻』41頁以下、滝沢（聿）『物権変動』64頁以下、我妻＝有泉『新訂物権』48頁以下、石田穣『物権法』118頁以下、近江『講義Ⅱ』45—46頁、法務大臣官房司法法制調査部編『フランス民法典：物権・債権関係』（法曹会、1982）、平野裕之・片山直也「フランス担保法改正オルドナンス（担保に関する2006年3月23日のオルドナンス2006-346）による民法典等の改正及びその報告書」慶應法学第8号（2007年）163頁、同「フランス担保法改正予備草案」慶應法学第9号（2008年）203頁、を参照した。

は、第一の売買で売主は無権利者となるが、第二の売買で買主が善意であれば、善意取得の効果によって所有権を取得し、そうでなければ、所有権を取得しえない。よって、わが国におけるような二重譲渡の問題は起こりえない。

　それでは、不動産取引はどうであろうか。元々、フランス民法では、意思主義が貫徹されているので、第一の売買によって売主は完全に無権利者となり、第二の買主は所有権を取得しえなかった（物権変動の絶対効）。この意味において、不動産においても、二重譲渡は起こりえないという制度であった。しかし、民法改正（1855 年 3 月 23 日法）により広範囲な謄記制度が採用され、謄記しうる権利が所有権、抵当目的となる物権、不動産質権、地役権、使用権、住居権、期間 18 年以上の賃借権とされて、これらの権利が意思表示によって変動した場合には、謄記をしなければ第三者には対抗しえないとされた（第 3 条 1 項）。それゆえ、二重譲渡を許す法制度となった。これが対抗要件主義の端緒である。

　その後、1955 年の改正法（同年 1 月 4 日の土地公示を改革するデクレ〔政令〕ほか）により、1855 年法を廃止し、登記制度は大幅に改善された。特に公正証書による公示制度が採用され、公示される証書類はすべて公正証書の形式とすることが義務づけられた点（第 4 条 1 項）が重要である。その結果、公正証書によらない証書の公示（謄記）申請は拒否される。これは実質的にドイツ方式に近い制度といえる。しかし、フランスの登記吏は、制度上、単に申請された書面を編綴簿に編綴するだけであるから、登記原因に関する実質的審査権を有しない[3]。この点が、フランス法で意思主義・対抗要件主義が堅持されているゆえんである。なお、フランスでは、従来、二重譲渡において登記を経由した第二譲受人に善意を要求するか否かについて判例・学説上の争いがあったが、2016 年の民法改正により、先に登記を経由した者について善意が要件として明記されるに至った（CC 第 1198 条）[4]。

---

[3] 登記吏に実質的審査権が認められないのは、フランスでは、伝統的に私権の審査・確認に対する反情があるからであり、また、契約証書の真実性、適法性が、古くから公証人によって慣行的に担保されてきたからであるという。この点に関しては、滝沢（聿）『物権変動』129 頁の註（15）を参照。

[4] 平野『物権法』48 頁。この規定は、動産の譲渡に際して先に現実の引渡しを受けた者

第3項　形式主義

　ドイツ民法の採用する形式主義とは、物権変動を発生させる意思表示は債権を発生させる意思表示とは常に別個のものであり、前者は物権変動のみを目的とする行為、即ち、物権（的法律）行為であって、物権変動を発生させるためには、不動産取引では物権的合意と登記を必要とし（BGB 第 873 条〔物権的合意（Einigung）による取得と登記〕）、動産取引では物権的合意と引渡しを必要とする（BGB 第 929 条〔物権的合意と引渡し〕）という制度である。

　不動産所有権を譲渡するという物権的合意は、特にアオフラッスンク（Auflassung）という（BGB 第 925 条）。ドイツの登記制度は、当事者の締結した物権的合意（物権契約。通常の物権変動については Einigung、不動産譲渡の物権変動については Auflassung という。）に基づいて、この物権的合意が公証人による実体法的審査を経て公証された後に、登記所である区裁判所に当事者双方が出頭して申請し、この登記所において形式的な審査が行われ、登記が実行される（実質審査は公証制度によって担保される）。そして、この登記により、公信的効力をもって、物権変動が生ずるのである（BGB 第 891 条〔登記による権利の推定〕、第 892 条〔土地登記簿の公信〕）。

第4項　物権行為の独自性と無因性

１　ドイツ民法

　ドイツ民法の法制度は、物権変動を目的とする法律行為（物権契約）は、債権の発生を目的とする法律行為（債権契約）とは、常に別個独立の存在である。それゆえ、両者は合体して１つの法律行為とはされえない。これを物権行為の独自性という。したがって、登記さえ調えば、その原因たる売買や贈与などが無効であっても、物権行為の効力はその影響を受けずに、有効に成立する。これを物権行為の無因性という。例えば、不動産の売買が代金額の錯誤を理由として売主によって取り消されても（BGB 第 119 条）、買主の所有権取得の効力に影響はない。また、買主からの転得者は、移転登記さえ取得すれば、土地所有権の取得が認められる。

　　にも善意を要件としている。

しかし、物権行為の無因性と言っても、物権行為それ自体に制限行為能力、無権代理、詐欺・強迫、あるいは目的物の錯誤など、原因行為にこのような瑕疵があるときには、物権行為も無効・取消の対象となる。この場合には、買主が登記や引渡しを経由しても、結果として当事者間には物権変動は生じないことに帰する[5]。売買は無効となるので、当事者は互いに不当利得の返還債務を負う（BGB 第812条）。それでも、買主からの転得者は無権利者からの取得にならない。したがって、転得者は有効な所有権取得者となる。これが物権行為無因性の効力である。

《ポイント》
ドイツ民法における物権行為の独自性・無因性について、理解しよう。

❷ スイス民法

スイス民法（ZGB）には、ドイツ民法のアオフラッスンクのような制度はないが、ドイツと類似の形式主義を採用している。まず、売買を原因とする不動産所有権の移転は、売買契約を締結し（スイス債務法〔OR〕第184条1項[6]）、登記を経由しなければならない（ZGB 第656条[7]）。また、動産の譲渡は、売買契約締結後、引渡しをしなければならない（ZGB 第714条1項[8]）。いずれも登記や引渡しが物権変動の効力発生要件である。また、登記に公信力が認められている点もドイツ民法と同じであり、善意で土地登記簿の登記を信頼し、これに基づいて所有権またはその他の物権を取得した者は、その取得を保護される（ZGB 第973条）。

---

5) 我妻『物権法』49頁。
6) OR 第184条（一般的な権利及び義務）
　第1項　売買契約により、売主は買主に対し目的物を引き渡し、所有権を調達すべき義務を負担し、買主は売主に対し売買代金を支払うべき義務を負担する。
7) ZGB 第656条（取得・登記）
　第1項　土地所有権を取得するためには、登記簿に登記することを要する。
　第2項　先占、相続、公用徴収、強制執行、判決による取得者は、登記をする前に既に所有権を取得し、登記により処分権を取得する。
8) ZGB 第714条（譲渡・占有移転）
　1項　動産の所有権を譲渡するには、取得者への占有移転を要する。

スイス法上、物権的合意という文言はどこにも出てこないが、学説では、不動産でも動産でも、所有権移転の際には、売買契約とは別個の物権的合意が存在し、不動産の場合には、売主の登記所に対する意思表示の中に見られるものと解されている[9]。しかし、スイス民法上、物権行為の無因性は存在しない。即ち、物権の登記が不正によってなされたときには、その瑕疵を知り、または知り得べき第三者は登記を援用しえず（ZGB第974条1項）、また、法律上の原因なくして、または、有効ではない法律行為に基づいてなされた登記は真正ではないとされるので（同条2項）、有因主義である。

《ポイント》
　ドイツと同様の形式主義を採用したスイス民法においては、なぜ、無因性という考え方がないのだろうか。検討してみよう。

3　フランス民法

　フランス民法には、そもそも、物権行為という考え方それ自体が存在しない。それゆえ、債権契約により、物権変動の効果が発生する。このように、フランスでは意思主義が貫徹されているので、論理必然的に有因主義となるようにも思われる。しかし、わが国の学説における理解は、少し異なる。即ち、フランスにおいて、所有権が債権の効力として移転・取得されるということは、所有権移転行為が観念的な債権契約に吸収され、単に債権の効果として構成されるに過ぎないと解されている。このような理解から、フランスでは、債権契約から分化独立した物権取引行為は存在せず、そのまま1個の契約（債権的合意）に包摂されるので[10]、そもそも、有因・無因は問題として存在しえないものと捉えられている[11]。

《ポイント》
　物権行為の独自性、無因性（抽象性）は、どのような法制度から発生したのか。わが国の意思主義・対抗要件主義との関係はどのように考えられるのか。

---

9) 石田穣『物権法』112頁を参照。
10) 川島『新版理論』199—201頁。
11) 川島『新版理論』207頁。

第5項　物権変動の効力発生時期

❶　物権変動の効力発生要件に関する学説の対立構造

（1）法律行為による物権変動の要件――問題提起

　法律行為によって所有権を移転し、あるいは抵当権を設定するなどの物権変動を発生させるための要件としては、以下の3つが考えられる。

　①当事者が物権変動を生じさせようとする意思表示をしたこと、

　②目的物が現存し、かつ特定した物でなければならないこと、

　③当事者に物権変動を生じさせる権限があるなど、物権変動の発生につき、法律上の障害がないこと、である。

　このうち、②と③は客観的に判断しうる。しかし、①は目的物が不動産であるか動産であるか、物権変動の内容が所有権の移転であるか制限物権の設定であるか等によって差異があり、容易に判断しうる場合と判断しえない場合とがある。例えば、抵当権設定契約の場合には、何らかの原因によって発生した債権（種類は問わない。）が存在し、当事者が抵当権設定の意思表示を行えば、それだけで物権変動が発生する（第176条）。しかし、不動産の売買など、所有権を移転する契約の場合には、実務上の問題がある。例えば、分譲住宅の販売において、契約締結と同時に同時履行関係である目的物の引渡しと代金の支払とが完了した場合には、その売買契約によって所有権の移転が発生したことが分かる。しかしながら、代金支払、引渡し、登記などが契約締結と同時に行われず、後日に留保された場合（これが一般的である。）には、問題となる。

　この場合には、

　①契約締結時に所有権を移転させるという意思表示なのか、

　②後日行われる代金支払、引渡し、登記まで所有権移転は留保されるのか、といった場合分けが可能である。

　更に、②は、

　　ア）代金支払や引渡しの時点で、改めて物権の移転だけを行う意思なのか、

　　イ）代金支払や引渡し等の事実が発生した段階において、改めて何らの行為をすることなく、当然に所有権移転が行われるのか、といった場合分けが可能である。そこで、この場合分けに応じた解釈問題が発生する。

《ポイント》
　物権変動の効力発生時期に関する前提について、理解しよう。

(2) 物権行為独自性否定説 (通説・判例)

　物権変動の時期について、民法制定当初は、フランス民法の考え方と同様、別段の形式を踏むことなくして、単に当事者の意思を重んじ、引渡しをも要件とすることなく[12]、その意思表示のみによって物権の設定・移転の効力を生ずるものと解していた[13]。しかし、その後、ドイツ法系の学者から、物権を設定・移転するためには物権的意思表示を必要とし、これは債権的意思表示とは異なるものと主張され[14]、あるいは、物権行為独自性説を強硬に主張する学説の影響力が強かったため[15]、一時は物権行為独自性説が通説化した。

---

12) ここでの「引渡し」の意味は、ローマ法の時代には、売買では目的物の引渡しによって所有権を移転するというのが所有者の意思であるという考え方があり（Gaius D. 4，1，1，9，3）、フランス民法は、このローマ法の制度を直接継受し、売買は引渡債務と代金支払債務とで構成され（CC 第1582条）、本来は、この債務関係の履行によって所有権が移転するから、所有権の移転には、必然的に「引渡し」が必要となる。しかし、フランス民法は売買における引渡義務を緩和し、「売買は、引渡し・代金支払義務の履行がなくとも、物及び代金の合意によって当事者間では完全であり、買主を所有者とする」と規定する（CC 第1583条）。また、「物の引渡債務は契約当事者の合意のみによって完了する」ともされ（CC 第1138条）、契約時の「引渡済み条項」によって既に合意による引渡しが完了するという商慣習もある。その結果、フランス民法は、不動産売買の場合にも「当事者間の契約だけで所有権が確定的に移転する」という法制度になった。したがって、ボアソナード博士を介して、フランス民法典がわが国に継受されたときには、所有権移転の要件として、引渡しという形式的な要件は不要とされたのである。

13) 梅『要義二』6頁。また、岡松参太郎『註釈民法理由（中巻）』14頁も、ドイツ法の形式主義は種々不便な点があるので、本法は、フランス法の意思主義を採用し、当事者の便宜を図り、当事者の意思のみによって物権を設定・移転しうることとするのを原則としたと述べている。

14) 川名『要論』7頁以下。

15) 石坂音四郎「物権ノ設定移転ニ関スル我國法ノ主義」『民法研究第二巻』15―29頁、中島玉吉『釈義二物権上』32頁は、わが民法は意思主義を採るが、この意思表示とは債権的意思表示ではなく、物権的意思表示のことであると述べている。また、石田（文）『物権法論』40頁以下は、第176条の意思表示をそのまま物権的意思表示とは解しえないとするが、当事者の契約内容が物権の設定・移転請求権ではなく、物権の設定・移転を直接の内容とする場合には、これが物権的意思表示としての物権行為であると述べ、債権行為からの独立性を論じている。

しかし、その後、末弘嚴太郎博士が、意思主義は形式主義に対する反動として生まれた主義であり、実際上、公示を物権変動の要件としないならば、特別の物権行為を要求する必要は少しもないと主張し[16]、我妻榮博士がこれを追認したことによって[17]、物権行為独自性否定説が通説となった。

判例[18]は、原則として、物権変動に関する意思表示の時点で物権変動の効力が発生し（第176条）、その時点において物権変動の効果を生ずるのに何らかの法律上の障碍（不特定物売買、条件付売買、他人物売買など）があるときには、法律上の障碍がなくなったときにその効力が発生するものと解している。また、例外として、当事者の別段の意思表示（特約）が明らかな場合には、その意思に従うものと解している。

これら判例・通説の見解は、わが民法における意思主義に適した解釈として評価されている[19]。しかし、その後、物権行為独自性説が息を吹き返し、物権行為独自性否定説の立場からも、通説・判例に対して批判が展開され、再度、一大論争を巻き起こした。

《ポイント》
　わが国において、物権行為独自性説が一時隆盛を奮った原因について、検討してみよう。

---

16) 末弘『物権法上』86頁。
17) 我妻＝有泉『新訂物権』60頁。
18) 判例は、民法施行前の時代から、既にフランス法系の解釈を採用していた。大判明治28年11月7日民録1輯4巻28頁は、特定物を目的とする単純なる売買にして結約者間に特約なき限りは、売買契約の成立と同時にその所有権は直ちに売主より買主に移転するを以て普通売買の法則とするとし、故に代金の支払、目的物件の引渡しの如きは毫もその所有権の移転に関係を有しないとして、停止条件付売買は条件の成就すると同時に売買契約が有効に成立するから、条件が成就すれば、その目的物件の所有権が直ちに売主より買主に移転すると判示していた。

　また、大判明治30年6月7日民録3輯6巻25頁は、売買契約は代価の全部もしくは一部の支払をしない間は完成しないとする慣習・法理は存しないものとし、不動産の売買はその登記をしなければ第三者に対抗しえないが、当事者間では売買契約締結と同時に目的物の所有権は買主に移転するとした。

　判例は、このようにフランス流の意思主義からスタートし、後掲する大判大正2年10月25日民録19輯857頁へと繋がるのである。
19) 我妻＝有泉『新訂物権』60頁。

（3）取引慣行に基づく批判

　まず、「原則として、契約時に所有権が移転する」という通説・判例の解釈に対して、わが国古来の取引慣行などから考えると、現実離れした解釈であるという批判がある。その理由は、現実にわが国で行われている不動産売買の実務では、登記もしくは引渡し、代金支払等の行為が行われたときに所有権が移転するという取引慣行ないし取引界の一般的な社会通念が存在すると主張する[20]。

（ア）物権行為独自性説

　まず、所有権の移転は売主・買主間に何らかの外部的徴表のあったときにみられるといい、その代表として、代金支払、引渡し、登記を掲げる。そして、当事者間においてこのような行為が約定されたときには、これを物権行為と称するといい、これが第176条において予定されている行為であるという。また、この物権行為は、売買契約とともになされるのではなく、外部的徴表を伴う行為とともになされるのを原則とするという。ここに売買契約（債権契約）から別個独立した物権契約という概念を認める。

（イ）対価的牽連関係説

　次に、物権行為独自性説は物権行為の存在ということの理論的意義を理解していないとして、これを否定した上で、同時履行関係（第533条）を重視する理論構成を展開する学説がある。理論の内容は、物権変動は当事者の債権契約的関係の一部分に過ぎず、物権行為は独立の存在性を持たず、「物権変動の内容は、契約上の債権関係によって定まる（より正確に言えば債権関係はすなわち物権関係である）」と構成し、有償契約の最も本質的な内容は、対価的給付の相互規定的牽連関係、即ち「同時履行の抗弁権」（第533条）であるとして、取引界では代金の支払と登記または引渡しとが同時に交換されるのを常とするが、同時履行の原則が支配する限り、登記または引渡しがなくても、代金支払があれば売買目的物の所有権は移転するものと主張し、これが徳川時代以来のわが国の取引慣行であるという[21]。

---

20) 末川『物権法』66頁以下は、物権行為独自性説の立場から、登記、引渡し、代金支払という外部的徴表を物権行為の内容として、所有権移転の原因として理論構成した。

21) 川島『新版理論』222—224頁は江戸徳川時代からの旧慣を尊重する考え方であり、こ

ただ、対価的牽連関係説に対しては、有償性原理に該当するのは代金支払部分のみであり、代金支払がなされず、引渡しや登記がなされた時点で所有権の移転を認めるのは有償性原理に基づくとはいえず、これは与信行為に基づく所有権移転であるという批判がある[22]。また、引渡しが先履行された場合の説明がつかず、また、同時履行関係は、請求権の履行関係に牽連性を持たせるだけで、物権変動とは無関係であり、この点は理論の混同であるとして、批判されている[23]。更に、そもそも、第176条がフランス民法第1138条等を継受したものであるとすれば、原則として契約締結と同時に所有権が移転し、また、不特定物の売買など、所有権移転について障碍があれば、その障碍がなくなったときに移転するのであり、当事者間の特約や慣習の存在によって所有権移転時期を変えうるはずであり（CC第1138条は強行規定ではない。）、なにゆえに有償性原理を持ち出してまで物権行為独自性説と理論構成を異にする必要があるのか理解に苦しむという批判もある[24]。

（4）物権変動の時期確定不要説
（ア）理論構成

次に、通説・判例への批判として、所有権移転の時期を確定することの意義を疑問視し、そもそも理論的にその確定が可能なのかという疑問を提起する学説がある[25]。この学説は、まず、この問題に関する理論の実益に関する

の旧慣が代金の支払を中心に考えていたことから、これが実務界の常識的な取扱いであることを主張する。川島説とほぼ同じ考え方を示すものとして、舟橋『物権法』86—87頁がある。

22）原島重義「特定物売買と所有権移転時期」民法の判例（有斐閣、第3版、1979年）51頁（55頁）。

23）近江『講義II』59—61頁。

24）滝沢（聿）『物権変動』182頁以下、同『物権変動の理論II』79頁以下。滝沢博士は、このような原則に対する修正説を論ずるのであれば、解釈論上は、むしろ、ドイツ法からの解釈として、物権行為独自性説を唱える末川説のほうが、正当であると述べている。

25）鈴木禄彌「特定物売買における所有権移転の時期」『契約法大系II贈与・売買』（有斐閣、1962年）96頁、同『物権法の研究』109頁。同様の見解として、林良平「動産売買における所有権移転の時期」私法24号（1965年）27頁、柚木馨編『注釈民法（14）債権（5）〔柚木馨〕』（有斐閣、1966年）84—86頁がある。この段階的移転説を妥当と評価する学説として、星野『概論II』37頁がある。星野博士は、わが民法その他の法律には明文の規定がかなりあるから、基本的にはこの説が妥当であり、各具体的な効果につ

疑問を提起する。例えば、AからBに不動産が売買され、これが完全に履行されるまでの間は、所有権がAにあるかBにあるかは重要な問題ではないという。その理由は、①当事者間にて問題となる危険負担（第534条）や果実収取権（第575条）の移転は契約によって定まり、AまたはBの債権者との関係は対抗要件の有無によって定まるとし、②買主Bから転得したCは、Bを経由して所有権を取得したといわなくとも、Bの請求権を代位行使しうるのであり（第423条）、また、有効な取引関係に立たない第三者に対する関係でも、買主Bは、損害賠償と妨害排除を請求しうるとし、まだ登記の残っているAも返還請求しうる、という。それゆえ、いずれに所有権があっても、AとBは、各々自己の利益保全が可能になるという。また、理論上も、所有権移転時期の確定は物権と債権とを峻別せず、登記を成立要件としないわが民法の下では不可能であるという。そして、所有権の法的効果と考えられる各種の機能は、時を異にして売主から買主に移行するものと解し、強いて所有権移転を問題とするならば、売買契約締結・代金支払・引渡し・登記等の過程を通じて、「所有権がなし崩し的に売主から買主へと移転して行く」と結論づける[26]。

（イ）批判的考察

物権変動の時期確定不要説は、実用法学的意味からは、筋の通っているかのような考え方であるが、所有権移転時期の確定という問題は、全く意味がないともいえない。例えば、危険負担（第534条以下）の問題は、売主が所有

いて判断するのがよいと述べる。そして、物権変動と一口にいっても、契約の態様により、また、目的物の種類、当事者の職業等によって分けて考える必要があり、多くの場合には、法律行為の解釈の問題であるという。

これに対して、原島博士は、個別的な解決処理方法によっても万全ではないので、これで処理しきれない問題への対策として、予備的・一括的処理基準を設ける必要はあり、これが所有権移転時期の問題であるという。また、段階的移転説は、所有権のみならず、すべての物権について適用するという考え方であり、これでは、徒に概念の混乱を招くものと批判する。舟橋諄一編『注釈民法（6）物権（1）〔原島重義〕』137頁参照。

[26] 鈴木（禄）博士が主張した「段階的所有権移転説」は、夙にデンマークの法学者クルーセ博士が論じた「相対的所有権移転説」とほぼ同一に帰する。クルーセ博士の見解については、我妻「クルーセ著『所有権論』」『民法研究Ⅲ』231頁（245—246頁）、石口『物権法』129頁を参照。

権留保をしている場合には適用がなく、果実収取権の問題は、買主が代金を支払った場合には、未引渡目的物から発生した果実が売主に帰属する旨の第575条1項は適用されないものと解されている。

また、この所有権移転時期の確定には意味がないという見解に対しては、次のような批判がある[27]。①AがBに物を売買した場合に、BがCに質入れや賃貸ができるか否かは、Bにその権限、即ち、所有権があるか否かに関わってくるのではないか、②BがCに動産を転売し、CがDへ転売した場合において、原所有者AがCを相手方として、所有権がBに移転していないことを理由として、所有権侵害に基づく損害賠償を請求するときには、CがA・B間の取引の事情を知っており、Cが善意取得（即時取得）しないとすれば、AからBへ所有権が移転したか否かが結果を左右する決め手になるのではないか、③不法行為における土地工作物責任（第717条）、物権的請求権の行使者などの問題については、所有権の所在が無意味とは言えないのではないか、などである。

したがって、所有権移転の時期という問題は、所有権取得の問題と全く関係がないということはできない。

《ポイント》
（1）物権変動の意思表示と物権の移転、設定という効果発生のプロセスを理解しよう。
（2）物権行為の独自性とはいかなる考え方か。
（3）この考え方を否定する判例・通説は、何を根拠とするのかについて考察し、理解しよう。
（4）物権行為の独自性及び類似の考え方は、取引の実情に合致しているか。
（5）これが取引の実情と合致していると解するとして、では、なぜ、判例・通説はこの考え方を採用しないのか。

（5）小　括

それでは、物権変動の時期という問題に関して、これまで掲げてきた判例や学説の見解のうち、いずれの立場が妥当性を有するのであろうか。結論としては、いずれの見解も、その正当性や妥当性を明確に判断しえないという理論状況にある。それは以下の理由による。

まず、代金支払の完了によって所有権が移転するという契約によって当事

27）原島・前掲『民法の判例』53頁。

者の意思が明らかな場合には、その意思によるのが妥当であり（私的自治の原則）、当事者の意思が明らかでない場合には、業界における取引慣行を重視する必要がある（商慣習法の尊重）。

次に、当事者の別段の意思表示も取引慣行もない場合には、民法の制度に戻って（第176条）、当事者双方の意思表示の合致した契約締結時に所有権移転が行われたと見るのが公平と解される（意思表示の補完）。

このように、通説・判例の解釈を弾力的に運用すれば、従来の物権行為独自性説や対価的牽連関係説から強烈に浴びせられた批判は、何ら批判すべき事柄にはあたらないと言いうる。これらの学説は、「契約による所有権移転」の範疇に入るべきものだからである。即ち、所有権は原則として契約時に移転し、当事者間に合意ある場合に限り、別の時期に移転するものと解するのであれば、これで十分である。

次に、物権行為独自性説については、売買契約は、債権契約の中に既に物権的合意が含まれている、いわば複合的な契約と解される。それゆえ、売買契約においては物権行為の独自性を考慮する必要はない。しかし、抵当権設定契約の場合には、債権的合意（債権契約）である金銭消費貸借契約とは別の抵当権設定契約という物権的合意（物権契約）を締結するのであるから（ただし、付従性があり、独立性はないが）、この場合には、形式的には、物権行為は独自に締結されることになり、契約類型によって、物権行為の独自性が肯定されるべき場合というのは、結局、否定しえない。しかし、この点は、所有権移転時期の問題とは別問題である。

更に、物権変動の時期確定不要説については、特に結論部分である「なし崩し的に移転」という部分に関して、物権法の大原則である一物一権主義、物権法定主義との関係において問題があり、この点は容認しえない。この理論構成は、所有権の分割を認めるという見解に基づいている[28]。ライザー博士は、ドイツの通説たる所有権留保売買における留保買主の期待権理論を前提とし、期待権とは、体系上権利に分類すべき物権であり、この物権は、物権の取得をその目的とし、完全権たる所有権取得の「前段階（Vorstufe）」であ

---

28) 例えば、Ludwig Raiser,『物権的期待（Dingliche Anwartschaften）』(1961) など。

ると主張する[29]。また、ライザー博士は、留保売主の権利と留保買主の権利が全体的に見て完全な所有権を生み出す場合には、両者は共に「所有者」であり、譲渡人である留保売主の法的地位は、既に予め取得者に譲渡された権限によって弱められているものと解し、留保売主は、所有権の一部、即ち、期間的な所有権（zeitliches Eigentum）を有しているに過ぎないとして、結局、所有権留保売買の当事者は、「事前の所有者と事後の所有者」になるものと主張する[30]。しかし、ドイツでも、1個の所有権が数人に分属されることは沿革上ありえないという理由により、分割所有権理論は否定されており[31]、理論的な根拠に薄い。

また、所有権の権能である使用権、収益権、処分権は、あくまでも所有権に内在する権能であり、言うなれば、所有権を構成する諸要素であって、これらを分割して所有権を移転した、あるいは所有権が分属したなどということはできず、所有権が少しずつ移転するなど、本来的にありえない話である[32]。例えば、所有者が地上権を設定するという行為は、所有者が、所有権に基づいて、一定の期間、土地の利用権能を地上権者に与える（信頼関係に基づいて委譲する）のであり、所有権のうち使用権を分割して付与するのではない。抵当権設定の場合にはより顕著であり、所有者が、金融信用を得て、その担保として融資者に抵当権を設定する行為は、所有者が抵当権者に処分権を与えるのではなく、設定者との約定における債務不履行、信用危殆状況な

---

29) Raiser, a. a. O., S.64.
30) Raiser, a. a. O., S.53-54. 詳細は、石口『物権法』131頁を参照。
31) W. Flume,「留保買主の法的地位（Die Rechtsstellung des Vorbehaltskäufers）」AcP 161, S. 385ff.（S. 391, S. 394-395）、及び A. Blomeyer, Die Rechtsstellung des Vorbehaltskäufers, AcP 162(1963), S. 193ff.(S. 194). 詳細は、石口『物権法』131頁を参照。なお、ライザー博士の分割所有権理論とその批判的考察に関しては、石口修「留保所有権の譲渡と譲受人の法的地位」千葉大学法学論集第28巻1・2号（2013年）（39）頁（〔67〕頁以下）における留保買主の期待権に関する論述を参照。
32) 同様の見解として、鷹巣信孝「物権変動論の法理的検討・上」佐賀大学経済論集22巻4号（1989年）111頁（132頁）がある。また、宮崎俊行「物権変動の時期」『民法の争点』（1978年）82頁（83頁）は、段階的移転説は民法第176条及びその背後にある法意識とかけ離れたものであり、そこでの所有権とこの説のいう所有権とは異質なものであり、現行法の下では無理な説であると評している。

ど、停止条件が成就したときに、抵当権者が抵当不動産の処分権能（競売申立権、あるいは特約による任意売却権）を取得するという契約であり、この行為からは、どこにも所有者が処分権を分割して抵当権者に与えるという行為態様は出てこない。

以上の意味において、所有権の分属状態を説く学説の根拠は薄い。なお、譲渡担保権の設定に関しても同様の問題があるが、この点については所有権留保の問題と類似し、また、別稿においても展開したので、再説しない[33]。

《ポイント》
物権変動の時期確定不要説の論拠である「なし崩し的所有権の移転」とは、どのような意義を有する考え方であるのか、また、分割所有権説との関係についても、理解しよう。

❷ 物権変動の効力発生時期に関する判例法理
（1）特定物の売買等、物権変動の効力発生要件を充足している場合

〔設例2－2－1〕
　Bは自己の所有する土地甲と地上の建物（乙・丙）をAに売買し、その内容は、代金1600万円、「土地及び右宅地内に建設してある建物一切並びに諸式一切現状のままで」、代金は契約時に600万円を、次に中間金400万円を支払い、残金600万円は引渡しと同時に支払うこととした。
　Aは、1000万円まで支払い、引渡日に600万円を用意してBに提供したが、Bは言を左右にして引渡しを先延ばしにし、あるいは「丙建物は売っていない」などと難癖を付けて引渡しをしない。
　その後、履行期から5か月が経過した頃、Bは、突如、Aの出張中に内容証明郵便で「残金600万円を1週間以内に支払え。さもなくば、契約を解除する。」と通知した。1週間後、Aは出張から帰り、この通知を見てBに連絡したところ、Bは、「契約は解除されたので、貴方とは無関係だ」という。Aはどうしたらよいだろうか。

---

33) 石口『物権法』132―134頁、同『要論Ⅲ』246―247頁を参照。

〔設例〕では、いつの時点でAに不動産の所有権が移転しているのかという点が争点となる。所有権が移転していれば、Bは所有権の所在を争いえないので、Aの所有不動産を管理しているに過ぎず、売主として、引渡債務を負うにすぎないからである。

判例は、特定物を目的とする売買契約においては、将来、所有権を移転するという特約のない限り、契約締結と同時に所有権移転の効力を生ずるとした[34]。本件では、契約締結時に土地及びこれら地上物の全部の所有権が買主Aに移転し（第176条）、売主Bは買主Aの所有物の占有者となるので、Bは、引渡しまでの間、善管注意義務を負う（第400条）。もはや、両者の間には、代金支払と不動産の引渡しという同時履行関係（第533条）が残るのみである。しかも、Aが残代金の履行を提供しても（第493条）、Bは言を左右にして引渡しを先に延ばしており、Bは履行遅滞の状況にあると言いうる（第412条）。即ち、Aには履行遅滞に基づく解除権（第541条）や損害賠償請求権（第415条）が発生するが、Aの履行提供の効果として、Bにはもはや同時履行の抗弁権（第533条）さえ存在しない。Bは残代金と引き換えに不動産をAに引き渡さなければならない。したがって、AはBに対して、残代金600万円の支払と同時に、不動産全部の引渡しを請求しうる。

この判例法理は、他の事例にも応用されている。

① 特定物の遺贈については、遺言が効力を生ずるときに所有権移転の効力が生ずる[35]。

② 売買予約については、予約完結の意思表示によって売買が成立すると同時に、所有権が移転する[36]。

③ 他人の所有する特定物の売買については、売主の所有権取得と同時に買主に所有権が移転する[37]。

---

34) 大判大正2年10月25日民録19輯857頁、大判大正10年6月9日民録27輯1122頁、最判昭和33年6月20日民集12巻10号1585頁。
35) 大判大正5年11月8日民録22輯2078頁、大判大正10年5月30日民録27輯983頁：いずれも特定の債権の遺贈に関する判例であるが、意味は同じである。
36) 大判大正7年9月16日民録24輯1699頁。
37) 最判昭和40年11月19日民集19巻8号2003頁：特定物たる船舶売買の事案である。

④借地借家法上の建物買取請求権などの形成権については、その請求の一方的意思表示がされた時に売買契約が成立し、同時に所有権移転の効力が生ずる[38]。

⑤第三者のためにする売買契約については、第三者による受益の意思表示によって、所有権移転の効力が生ずる[39]。

⑥荷為替付で物品を発送する売買の場合、例えば、売主が運送業者の発行した貨物引換証に荷為替を付して商品を発送する場合には、特段の事情がない限り、買主が金融機関の呈示する貨物引換証と引き換えに代金を支払い、商品を受領するまでは、その所有権は依然として売主に属する[40]。

他方、所有権移転の時期について、特約のある場合、即ち、契約当事者が特に登記または代金支払時に物権変動を生じさせる旨を定めたときには、その意思に従うとされた[41]。このような特約のある場合には、その時点において改めて物権変動を目的とする意思表示をする趣旨なのか、それとも、この特約を停止条件として、当然に物権変動を生じさせる趣旨なのかという点が問題となるが、通説は、「各場合について決定すべきだが、停止条件的に解すべきである」としている[42]。

（2）不特定物の売買等、物権変動の効力発生要件を充足していない場合
（ア）不特定物の売買

〔設例2－2－2〕
　AはBに亜鉛華を500万円で販売し、Bの取引相手であるCの元へ直送して、代金は、半額をB振出の約束手形で、残額をC振出の約束手形で支払うこととして、Aはそれぞれの約束手形を受領した。しかし、Bが支払不能に陥ったので、Aは、Cに対し、残代金を請求した。また、

---

38) 大判昭和7年1月26日民集11巻169頁。
39) 大判明治41年9月22日民録14輯907頁、大判昭和5年10月2日民集9巻930頁。
40) 大判昭和3年10月11日民集7巻903頁。なお、荷為替に関しては、石口『物権法』143―145頁を参照。
41) 大判明治37年10月28日民録10輯1309頁（地上権設定の事案）。大判大正7年9月11日民録24輯1675頁（再売買の予約の事案）。
42) 我妻＝有泉『新訂物権』62頁。

Cが目的物を転売したとして、Cに残代金相当損害金の支払を請求した。このAの請求は認められるだろうか。

　不特定物（種類物）売買の場合には、目的物が特定しないと債権の目的にならないので、特定する必要がある（第401条2項）。種類物の特定は、所有権の移転や危険負担（第534条）につながるので、持参債務の場合には、相手方（またはその指定した場所）の領域内に持参した時にその効力を生ずる。そこで、不特定物売買における物権変動に関して、判例は、不特定物を売買契約の目的とした場合において、目的物が第三者へ直送されたときには、その直送時に目的物が特定し、所有権が移転するとした[43]。
　本件の場合には、AはBに販売し、第三者Cに直送した時に不特定物が特定して、その時点で所有権が買主B（あるいはB・C間の約定によりC）に移転している。Aの売買の相手方はBであるから、代金はBからのみ回収しうる。また、既にAに所有権がない以上、Cの転売行為は所有権侵害にもならない。したがって、AはCに対して何も請求しえない。

（イ）選択給付の場合
　選択によって目的物が定まる物の給付行為については、その選択時に所有権が移転する[44]。

（ウ）誤信による他人物売買
　売買の当事者間において、第三者である他人の所有物を売買の目的とすることができる（第560条）。売主が、自己の所有物と誤信したような場合でも、他人物売買であることに変わりはないので、売買契約としては有効に成立する（第562条）。この場合には、売主が、目的物の所有権など、処分権を取得した時に、所有権が買主に当然に移転する[45]。

---

[43] 最判昭和35年6月24日民集14巻8号1528頁。
[44] 東京高判昭和23年3月26日高裁民集1巻1号78頁：不動産の不特定遺贈につき、目的物を選択し、引渡しを完了したという事案である。
　①相続人は、その不特定物を特定し、受遺者に完全な所有権を移転する義務を負い、受遺者はその給付に対する債権的請求権を有する。
　②遺言執行者が相続人に課せられた遺贈義務の履行として目的物を特定した時に初めて、その所有権が受遺者に移転する。

（エ）代理権のない委任

委任契約の受任者が、受任事務の履行として不動産を購入した場合において、代金分の金銭を受任者が委任者から受領していたときには、委任者は所有権移転の物権的意思表示を予め行ったものと推定され、受任者の所有権取得と同時に、所有権は委任者に移転する[46]。

第3節 不動産に関する物権変動と公示——第177条論

第1項 不動産物権変動における公示——不動産登記制度
❶ 登記の意義

登記とは、一定の物権的法律事実（土地・建物の発生・完成など）や、物権的法律行為による権利の変動（売買・贈与、地上権や抵当権の設定、遺贈等）を登記簿上に公示する手段である。登記制度は、登記という公示方法を用いて、物権取引の安全に寄与することを目的として創出された。第177条は、「不動産に関する物権の得喪及び変更は、不動産登記法その他の登記に関する法律の定める所に従い、その登記をしなければ、第三者に対抗することができない」と規定し、この規定を受けて、不動産登記法に登記手続を定める。

❷ 登記制度史

わが国の登記制度は、地租（現在の固定資産税）を徴収する目的から、土地の所有者を確定する必要があり、そのため、1872（明治5）年に地券制度が創設されたのが端緒である。地券は所有者が誰であるかを表象する証券であったため、土地を担保に入れる際には、地券を預け入れる必要があった。しかし、これでは、土地所有権を預け入れるのと同じであり、信託的譲渡になる。そこで、担保目的に適合させるため、1873（明治6）年、フランス抵当法理論に倣った「地所質入書入規則」（太政官布告第18号）を制定した[47]。

---

45) 大判大正8年7月5日民録25輯1258頁。
46) 大判大正4年10月16日民録21輯1705頁。
47) 地券制度に関しては、近江幸治『担保制度の研究』42頁以下を参照。なお、地所質入書入規則については、石口『物権法』151—152頁を参照。

他方、明治初年以来、地券・公証制度が採用され、土地に関する権利関係を把握していたが、戸長の管理する公証簿の管理が杜撰であり、公証担当の公吏、戸長、筆生（書記）による犯罪も頻発したように、この制度には欠陥が多かった[48]。そこで、登記制度の根本的な欠陥是正と本格的な抵当権創設の要請もあり、政府は、1881（明治14）年から登記法に関する調査を開始し[49]、土地台帳を基本とした登記制度が創設され、1886（明治19）年に旧登記法[50]が制定された。登記法は、対象物件及び取引の種類によって分かれていた各種公証制度を一本化し、近代的な構造の登記簿を創設して、これに不動産に関する物権変動を登記することとし、物的編成による登記簿制度を創出した。また、原則として一筆一用紙主義を採りつつ、例外としての合録を広汎に認めた。登記事項は旧公証制度を継承し、売買譲渡及び質入書入とし、新たに「執行上の抵当」（差押え、仮差押えなど）を加えただけで、用益物権は含まれなかった。登記簿は、地所登記簿、建物登記簿、船舶登記簿の3種とした。登記事務は町村戸長から登記官吏に移管され、治安裁判所ならびに司法大臣の指定する所を登記所とし、政府所管は内務行政から司法行政に転換し、登記税を伴っていた[51]。

その後、1896（明治29）年、民法典の制定に伴い、1899（明治32）年に不動産登記法が制定され、今日の改正法に至る[52]。明治32年の不動産登記法は、旧登記法の欠陥を是正すべく、一不動産一登記用紙主義を徹底したが、登記用紙の区分が四区ないし五区と多く不便であった。そこで、1913（大正2）年に表題部・甲区・乙区という制度に改正された。

不動産登記法も幾たびかの重要な改正を経た。大きな改正として、1960（昭和35）年の台帳と登記簿の一元化がある。これにより、土地台帳・家屋台帳

---

[48] 福島正夫『日本資本主義の発達と私法』225頁。同「旧登記法の制定とその意義（1）」法協57巻8号（1939年）85頁以下。

[49] 福島『日本資本主義』前註同頁。同・前註論文及び「日本における不動産登記制度の歴史」法時24巻3号（1952年）11頁。

[50] 明治19年8月11日法律第1号。民法が現代語化される前の第177条に所謂「登記法ノ定ムル所ニ従ヒ」の登記法は、この旧登記法を指す。

[51] 以上、旧登記法の内容に関しては、福島『日本資本主義』226頁参照。

[52] 近江『講義Ⅱ』123—124頁参照。

制度を廃止して登記簿に一元化し、台帳を登記簿の表題部に移転したので、不動産登記簿を見れば土地・建物の物理的状況と権利の状況が一目瞭然となった。しかし、公示機能が不十分な家屋台帳がそのまま移記されたので、現実には建物の公示は不十分であった。土地台帳・家屋台帳は、現在、固定資産税を賦課・徴収する市区町村に置かれ、課税台帳とされている（地方税第380条：但し現在は電磁的記録である）。

《ポイント》
わが国における登記制度の沿革について、理解しよう。

❸ 登記簿

（１）登記簿の意味

改正前の不動産登記法による「登記簿」は、登記用紙をバインダー式の「簿冊」に編綴する記録方式であった。しかし、現行の不動産登記法では、登記とは、相対する契約当事者（代理人・承継人を含む）以外の第三者に対抗するための権利公示方法として、登記所（法務局、地方法務局またはその支局、出張所）備え付けの登記簿（磁気ディスク）に記録することを言う（不登第2条9号参照）。これは、2004（平成16）年の法改正により、登記申請の方式が電子申請となったので、登記簿も電磁記録となったのである。これにより、土地登記簿と建物登記簿という簿冊特有の区別もなくなった。一括して「不動産登記情報（土地または建物）」という。オンライン化されていない登記所（非オンライン庁）もあったが、2008（平成20）年7月14日にすべてオンライン化された。

（２）登記簿の形式

登記簿は、表題部（不登第2条7号）と権利部（同条8号）に分かれる。登記の内容を登記記録といい、この区分に応じて作成される（不登第12条）。

（ア）表題部

表題部は、登記記録のうち、表示に関する登記（表示登記）が記録される部分であり（不登第2条7号、第27条）、土地及び建物の物理的状況（所在、地番などから、土地の分・合筆、建物の合体など、ならびにそれらの変更・更正を含む。）を表示する登記である。土地については、土地の所在（市区郡町村、字）、地

番、地目、地積が表示され（不登第34条1項）、建物については、建物の所在及び地番、家屋番号、種類・構造・床面積、建物の名称（マンションなど名称のあるとき）、附属建物（あるときは所在から床面積までの項目を入れる）、建物が共用部分・団地共用部分であるか否か、建物が区分建物であるときにはこれが属する一棟の建物の構造・床面積、同様に一棟の建物の名称、区分建物の敷地権が表示される（不登第44条）。

表示登記は、登記官の職権でもなしうる（不登第28条）。表示登記の申請や職権登記の場合に、必要と認めるときには、登記官は表示登記の事項に関して調査しうる（同法第29条）。

(イ) 権利部

権利部は、登記記録のうち、権利に関する登記が記録される部分であり（不登第2条8号、第59条）、「権利部（甲区）」と「権利部（乙区）」とに分かれ、甲区には所有権に関する事項（買戻特約を含む。）が、乙区には所有権以外の権利（用益権〔賃借権、採石権を含む。〕、担保権など。）に関する事項が記録される（不登規第4条4項）。

権利に関する登記（権利登記）の登記事項は、登記の目的、受付年月日及び受付番号、登記原因及びその日付、権利者の氏名または名称及び住所、登記名義人が2人以上あるときには名義人ごとの持分、登記の目的である権利の消滅に関する定めがあるときにはその定め、共有物分割禁止の定め（共有物不分割特約〔民法第256条1項ただし書〕、遺言による分割禁止〔同第908条〕、家庭裁判所による分割禁止〔同第907条3項〕）があるときにはその定め、債権者代位権（第423条）による代位申請の場合には代位者の氏名または名称及び住所ならびに代位原因などである。

所有権の保存登記は、表題部所有者またはその相続人など一般承継人、確認判決によって所有権を確認された者、収用による所有権取得者などでなければ、申請しえない（不登第74条）。

《ポイント》
「登記簿」の意味、内容について理解しよう。

❹ 登記手続

（1） 登記申請一般

登記は、法令に別段の定めがある場合を除き、当事者の申請または官庁もしくは公署の嘱託によってなされる（不登第16条）。代理人による申請の場合に、本人の死亡、法人の合併消滅、本人たる受託者の信託任務の終了があっても、登記申請代理権は消滅せず、また、法定代理人の死亡または代理権の消滅・変更によっても消滅しない（同法第17条）。

登記申請は、パソコンなど電子情報処理組織を使用する方法か、または、登記申請に必要な情報（申請情報）を記載した書面（磁気ディスクを含む）を提出する方法により、不動産を識別するために必要な事項、申請人の氏名または名称、登記の目的、その他の申請情報を登記所に提供してしなければならない（同法第18条）。

（2） 権利に関する登記の特則

権利登記の申請は、法令に別段の定めがある場合を除き、登記権利者及び登記義務者が共同してしなければならない（共同申請の原則：不登第60条）。例外として、登記手続を命じる確定判決による登記申請、相続または法人の合併による権利移転の登記申請は、登記権利者が単独で申請しうる（同法第63条）。

権利登記の申請において、申請人は、法令に別段の定めがある場合を除き、その申請情報と併せて、登記原因を証する情報（契約書など）を提供しなければならない（同法第61条）。従来は、登記原因を証する書面（登記原因証書）の提出は任意であり、その代わりに申請書副本を提出し、これに「登記済」印が押印され、登記済証とされたが、虚偽表示による登記申請を防止するため、2004年の改正法により、登記原因証明情報の添付が義務づけられた。また、権利登記を共同申請する場合には、原則として、その申請情報と併せて、登記義務者の登記識別情報（従前の「登記済証」）を提供しなければならない（同法第22条本文）。本人の意思確認のため、従前から登記済証（通称「権利証」）の添付が義務づけられていたが、電子申請に鑑み、登記識別情報と、名称が変更された。

また、申請人が正当な理由により登記識別情報を提供しえないときには、

登記官は、法務省令で定める方法により、登記義務者に対し、当該申請があった旨、及び当該申請の内容が真実であると思量するときは法務省令で定める期間内に法務省令で定めるところによりその旨の申出をすべき旨を通知しなければならず、当該期間内は、この申出がない限り、登記官は登記しえない（同法第23条1項）。従前の「保証書による登記申請」制度が廃止され、この事前通知制度に変わっただけである。

また、申請人が自ら登記権利者となる場合において、登記が完了したときには、原則として、登記官は、速やかに申請人に対し、当該権利の登記に関する登記識別情報を通知しなければならない（同法第21条本文）。

（3）形式的審査主義

権利登記は当事者の申請または官公署の嘱託がなければできず、職権ではなしえない。しかし、申請を無条件に受理して登記手続をするのもまた妥当ではない。それゆえ、登記官による審査が必要となる。この審査は、本人確認（不登第24条）、申請却下事由の確認（同法第25条1号〜13号）のみであり、これらは表示登記に関する調査以外、登記官が窓口で審査しうるものばかりである。つまり、登記申請の内容たる権利変動が実体関係に符合するか否かの審査は行わない。判例は、審査事項に抵触しない限り、登記官は申請を受理しなければならないとしている[53]。したがって、わが国の登記官による審査は形式審査に過ぎない。

《ポイント》
　登記における形式的審査主義について、理解しよう。

（4）登記しうる権利

不動産登記法第3条は、登記の可能な権利として、所有権、地上権、永小作権、地役権、先取特権、質権、抵当権、賃借権、採石権を限定して列挙している。登記は、不動産の表示、または不動産に関するこれら列挙された権利の保存、設定、移転、変更、処分の制限又は消滅について行われる（不登第3条本文）。

---

53) 最判昭和35年4月21日民集14巻6号963頁。

(5) 仮登記

(ア) 仮登記の意義

登記申請手続に不備がある場合、または、現在の物権変動ではなく、将来一定の条件が成就することによって物権変動の効力が生ずる場合には、登記しえないので（第177条参照）、「仮登記」によって、将来発生する物権変動の効力を予め保全しておく（不登第105条1号、2号）。

(イ) 仮登記の類型

(a) 法第105条1号仮登記

登記しうる権利（不登第3条）の保存登記などがある場合において、その保存等に係る登記申請をするために登記所に対し提供が義務づけられる情報のうち、不登法第25条9号の登記識別情報（不登第22条本文）、登記原因証明情報（同法第61条）、不登法に基づく命令もしくはその他の法令の規定により、申請情報と併せて提供義務のある情報のうち、法務省令で定めるものを提供しえないときには、仮登記しうる。例えば、農地の現状変更に関して知事の許可を要する場合において（農地第4条〔農地転用〕、第5条〔農地転用と処分〕）、売買契約は締結したものの、知事の許可証が下りない間における買主の権利保全のために仮登記をする。

(b) 法第105条2号仮登記

登記しうる権利（不登第3条）の設定、移転、変更または消滅に関して、始期付または停止条件付の請求権、その他将来の確定が見込まれる請求権を保全しようとするときにも、仮登記しうる。例えば、

1) 不動産物権の変動を目的とする請求権を保全するとき、その他その請求権が将来において確定すべきものであるとき（例えば売買予約完結権）、

2) 請求権が始期付きまたは停止条件付きであるとき（例えば消費貸借の予約の場合に、金銭授受により生ずべき債権担保のための抵当権設定請求権）、

3) その他、将来確定すべき権利を保全するとき（例えば選択債権の場合に、選択前の所有権移転請求権）、など、将来一定の時期に本契約を予定している場合には、その所有権移転請求権を保全するために仮登記がなされる。

《ポイント》
　仮登記の意義、類型について、理解しよう。

（ウ）仮登記の申請

　仮登記は、①仮登記義務者の承諾があるとき、②仮登記を命ずる処分があるときには、権利者が単独で申請しうる（不登第107条1項）。仮登記を命ずる処分は、仮登記権利者の申立てにより、裁判所が行う（同法第108条1項）。この申立てをするときには、仮登記権利者は仮登記の原因となる事実を疎明しなければならない（同条2項）。また、仮登記を権利者と義務者が共同で申請する場合には、登記識別情報は不要である（同法第107条2項）。

（エ）仮登記の効力

　いずれの仮登記も、本契約後、仮登記を本登記にすることによって、仮登記の順位が本登記の順位となるので（不登第106条）、仮登記後における権利変動の権利者に対抗しうる（順位保全の効力）。仮登記のままでは対抗力はなく[54]、本登記を経由しても、仮登記の効力は仮登記時まで遡及しない[55]。仮登記時の順位が保全されるのみである。したがって、仮登記権利者が停止条件付代物弁済契約に基づき土地所有権を取得し、仮登記に基づく本登記を経由しても、対抗に遡及効はないので、劣後権利者は仮登記時に遡って本登記以前の権原に基づく土地の占有につき、不法占有者とは扱われず、損害賠償責任を負うこともない[56]。

　また、所有権に関する仮登記を本登記にする場合において、登記上利害関係を有する者が存在するときには、同人から承諾を得なければ、本登記手続をなしえない（同法第109条1項）。そして、本登記される場合には、登記官は職権で第三者の権利に関する登記を抹消しなければならない。

《ポイント》
（1）仮登記の効力について理解しよう。
（2）仮登記のままで何か効力があるか、仮登記を本登記にしたときに本登記の効力（対抗力）が遡及するのかなど、検討してみよう。

---

[54] 最判昭和38年10月8日民集17巻9号1182頁、同昭和63年12月1日民集42巻10号719頁。
[55] 最判昭和54年9月11日判時944号52頁。
[56] 前掲最判昭和54年9月11日。なお、仮登記の効力に関して、詳細は、石口『物権法』158―163頁を参照。

(6) 付記登記

　付記登記とは、独立した登記として認められず、本登記の順位番号が与えられない登記について、主登記の順位番号に「付記何号」を付加する方法によって記録される登記である（不登規第148条）。付記登記は、①登記名義人の表示変更・更正登記、②所有権以外の権利の移転登記、③買戻特約の登記など（不登規第3条）、権利登記のうち、既になされた権利の登記と一体をなすものとして公示する必要のある登記である（不登第4条2項参照）。

《ポイント》
　登記手続の意味、登記の種類について理解しよう。特に、本登記、仮登記、付記登記の意味について、まとめて理解しよう。

5　登記された権利の順位

　同一の不動産について登記した権利の順位は、法令に別段の定めがある場合を除き、登記の前後による（不登第4条1項）。登記の前後は、登記記録の同一の区にした登記相互間については順位番号、別の区にした登記相互間については受付番号による（不登規第2条1項）。例えば、Aの所有地にBに地上権設定登記がされ、このAの土地がAからCに売却され、所有権移転登記がされたとする。これらの登記は、Bの地上権が乙区、Cの所有権取得が甲区である。いずれの登記が先になされたかは、登記の日付から明らかであるが、登記簿上の権利の順位は、その明瞭を期するため、別の区の登記相互間では、通し番号たる受付番号の順とした。ただし、この受付番号は1年ごとに更新されるので（不登規第56条3項）、正確には、受付年月日と受付番号の順である。付記登記の順位は主登記の順位により、同一の主登記に係る付記登記の順位はその前後による（不登第4条2項）。

《ポイント》
　登記の順位は何のためにあるのかという観点から、登記制度について理解しよう。

6　登記事項証明書等の交付

　何人も、登記官に対し手数料を納付して、登記記録に記録されている事項の全部または一部を証明した書面（登記事項証明書）、ならびに登記事項の概

要を記載した書面の交付を請求しうる（不登第119条）。これら登記事項証明書の交付請求は、原則として、当該不動産の管轄登記所以外の登記所の登記官に対してもなしうる（同条5項）。登記所に備え付けの地図、建物所在図または地図に準ずる図面の交付請求（不登第120条）、あるいは、登記簿附属書類の交付請求（同法第121条）も、同様の手続で行使しうる。しかし、地図や登記簿附属書類の交付請求は、別管轄の登記所の登記官には交付請求しえない（不登第119条5項は同第120条、第121条に準用がない）。

《ポイント》
登記事項証明書の意味、目的について、理解しよう。

❼ 登記の有効要件
（1）登記の形式的要件
（ア）総　説

登記は物権変動の第三者対抗要件であるから（第177条）、登記が有効であり、権利に対抗力その他の効力を認めるためには、その登記が不動産登記法の手続に適合していなければならない（登記の形式的要件）。登記は、磁気ディスクで調整された登記簿（不登第2条9号）への情報の記録である。適法に登記申請しても、登記官が登記簿に記録しない限り、登記にならない。一度登記されると、何らかの理由によって抹消されても、有効な抹消手続でなければ、抹消は無効であるから、登記の回復手続を執りうる。権利登記の抹消を回復するときには、利害関係人の承諾を得なければならない（不登第72条）。しかし、第三者が違法・不当に登記を抹消した場合に登記回復を請求するときには、登記上の利害関係人は承諾を拒みえない[57]。この解釈は、第三者による不当抹消がなければ、登記は継続して存在し、対抗力も存続するという意味から導かれる。それゆえ、登記抹消に関して権利者に帰責事由があるときには、対抗力も消滅する[58]。

---

57) 最大判昭和43年12月4日民集22巻13号2855頁：適法な本登記が権利者不知の間に不法に抹消された場合でも物権の対抗力は失われず、一旦適法にされた本登記の権利者は、その物権に基づき、不法に抹消された本登記の回復登記が許され、登記上利害関係ある第三者に対し登記手続への承諾を請求しうる。

次に、登記簿の火災等による滅失の場合には、改正前は「登記官による滅失回復登記」という制度があった（不登旧第23条）。しかし、2004年の改正により、登記記録の全部または一部が滅失したときには、法務大臣が一定の期間を定めて登記官に必要な処分を命じうるという制度になった（不登第13条）。この「一定の期間」を経過した場合の取扱いについて、判例は、この期間が経過しても対抗力は失われないとした[59]。しかし、この判例に対しては、有力な反対説がある[60]。なお、不動産登記法の認めない事項は、実体法上は有効と見られる特約でも、登記法で認めていないので、登記しても無効である[61]。

《ポイント》
　登記の違法・不当抹消や、登記簿の火災・天災による滅失の場合には、登記の効力はどのように扱われるのか。

(イ) 二重登記
(a) 総　説

土地は古くから租税の目的とされ、明瞭に登記されてきたので、二重登記の問題は生じない。建物は建築が終わる頃に不動産となり、建物所有権が新たに発生して初めて登記簿が作成され、建物が表示登記される。そこで、例えば、従前から建物が同一土地上に存在するが、これに大改造を施し、新築

---

58) 最判昭和42年9月1日民集21巻7号1755頁：登記権利者が委任した司法書士の錯誤によって申請した登記の抹消は、登記官吏の過誤による抹消や、登記権利者以外の者の申請による抹消と同一に論じられない。本件の場合には、取引の安全を保護するため、権利者は第三者対抗力を喪失する。
59) 最判昭和34年7月24日民集13巻8号1196頁。
60) 我妻＝有泉『新訂物権』124頁は、登記は不動産の権利状態を不断に公示するところに長所があるから、現に効力を有する登記簿の記載面に現れていない事項は、その登記の記載をたどって他の部分の記載や閉鎖登記簿などを調べれば分かるものであっても、対抗力を失うものと解すべきだと言う。
61) 例えば、地上権設定登記に「譲渡・転貸を禁ずる」、「譲渡・転貸は所有者の承諾を要する」など、処分禁止・制限特約を登記したような場合である。永小作権に関する第272条ただし書は処分禁止特約を有効とし、不動産登記法も同条を受けているが（不登第79条3号）、地上権には規定がないので、たとえ登記がなされても、無効登記であり、認められない。

のように見え、しかも、従前の建物の滅失登記もされないため、二重登記の状況を作出することがある。この場合でも、新築時における表示登記の申請に係る登記官の現地調査で確認すればよいのだが、現地確認が綿密に行われないと、この点は見過ごされがちである。この場合には、登記実務としては、新築の登記を活かし、従前の建物は滅失登記申請をして片付けうる（滅失による登記簿の閉鎖）。

二重登記の作出後も、従前の建物に表示登記だけが存在し、現地と登記の現況が大きく異なっている場合において、従前の表示登記が更正の許されない程度であるときには、その表示登記は無効登記となる。この場合には、新たに表示登記からやり直すことになるが、二重登記があるので、後から申請したほうを活かす。これに対して、先行表示登記の更正が許される範囲であれば、後続表示登記は無効登記として処理される（登記の先占的効力）。

（b）個別問題

二重登記において、権利者相互間の権利関係の有無が問題となるケースは、形式上、①別人の表示登記の二重登記、②別人の表示と権利保存の二重登記、③別人の権利保存の二重登記、④同一人の権利保存の二重登記、である。これらの場合には、従来は、①、③、④は登記が先の方、②は権利登記を経由した方を有効な登記とし、他方を無効の登記として職権で抹消すべきものとしていた[62]。形式審査主義を重視した解釈である。しかし、権利に関しては、実体法的に見て、真実、権利者と思しき証拠を有する者が権利者であるから、形式審査だけで処理するのは妥当ではない。実体法上の権利関係を踏まえ、実質的に審査して処理すべきである。

判例は、同一建物に二重表示登記がされた場合において、先行表示登記の申請人や、その登記を基礎とする所有権保存登記の名義人は、その地位に基づき、後続の表示登記や所有権保存登記の抹消登記を請求しえないとした[63]。

---

[62] 登記実務は、二重表示登記の場合には先行登記を有効とし、後続登記を無効として職権抹消する（昭和37年10月4日民事甲第2820号民事局長通達・登記関係先例集追加編Ⅲ 994頁）。先例なき場合には、第177条に基づき、権利登記のある方を有効とする。幾代通『不動産登記法』480頁以下。

[63] 最判平成3年7月18日判時1395号63頁。

判例は、必ずしも表示登記の先後によって先行登記名義人が後続登記名義人の登記抹消を請求しうるわけではないと言う。また、判例は、甲建物に抵当権を設定後、設定者が勝手に甲建物の滅失による抹消登記を経由し、別の乙建物として登記した場合には、乙建物の登記が甲建物の抵当権を妨害しているとして、抵当権者からの甲建物の滅失登記の抹消と乙建物の登記抹消請求を認めた[64]。これら判例法理は、いずれも実体的な権利関係の存否を判断材料としており、この意味において、近時の判例は実体法主義に傾いていると言える[65]。

《ポイント》
　二重登記の登記としての有効性は、何を基準として判断されるのだろうか。

(ウ) 表題部「所有者」が真の「所有者」ではない場合

表題部には「所有者欄」があり、ここに「所有者何某」と記載された者が所有権保存登記の申請者となる（不登第74条1項1号）。しかし、これが真実の所有者と異なる場合に問題が生ずる。登記実務では、表題部に表示された内容が「事実」として処理されるので、たとえ真実の所有者でも、表題部に所有者と記載されていない者からの所有権保存登記の申請は不適法として却下される。この場合には、登記実務は、表題部所有者が取引関係に全く関与したことのない者であるときには更正登記を許すが、同人が従前の所有者であるときには表題部所有者の名義で保存登記した上で、移転登記すべきものとする[66]。

(エ) 登記手続の瑕疵

(a) 総　説

登記手続は、不動産登記法の規定に従った適法のものであることを要する。しかし、それは手続上の瑕疵の程度にもよる。手続に瑕疵ある登記はすべて

---

64) 最判平成6年5月12日民集48巻4号1005頁：本件の場合には、根抵当権者は、根抵当権に基づく妨害排除請求として、乙建物の所有名義人に対し、乙建物の表示登記及び所有権保存登記の抹消登記手続を、甲建物の所有名義人であった者に対し、甲建物の滅失登記の抹消登記手続を請求しうる。
65) 同旨の見解として、山野目『不動産登記法』390—391頁がある。
66) 『不動産登記書式精義（上巻）』156頁参照。

無効登記であり、対抗力を認めないとするのは早計である。既に申請され、受理された登記は、実体的な権利関係に符合するか否かで判断される（通説）[67]。しかし、実体関係に符合した登記でも、登記意思の存在は必要である。それゆえ、偽造文書による登記（登記意思の欠缺）、無権代理、制限行為能力など、登記しないことについて正当な理由があるときには、当事者間で抹消登記を請求しうる。この限りにおいて、実体関係に符合する登記でも、無効としうる[68]。

《ポイント》
　登記手続の瑕疵（欠陥）の意味について、理解しよう。

（b）登記情報の瑕疵

　登記代理人の申請における代理権限証明情報（不登令第7条1項2号）、未成年者の登記申請における親権者の同意情報（同令同条5号ハ）などが欠けていたのに、登記申請が受理され、登記された場合における登記の効力について問題となる。旧法下の判例は、登記が実際の権利関係と符合する限りにおいて有効であり、抹消登記を請求しえないとした[69]。また、印鑑証明書の日付が変造された場合でも、結論は変わらない[70]。手続上の軽微な瑕疵が見落とされ、登記されても、登記と実体が符合していれば不問に付するということである。

《ポイント》
　登記情報の瑕疵とは何か。検討してみよう。

---

67) 我妻＝有泉『新訂物権』127頁以下、舟橋『物権法』116頁、同『不動産登記法』148頁、柚木馨『判例物権法總論』136頁、幾代通『不動産登記法』179頁、杉之原舜一『不動産登記法』65頁以下など。
68) 舟橋『物権法』116頁。
69) 大判昭和3年5月25日新聞2876号9頁：代理権限証書の添付を欠き、申請書の記載にも瑕疵があったという事案。
　　最判昭和37年3月16日民集16巻3号567頁（親権者の同意書を欠く登記）：手続の形式的違法性から登記を抹消すると、登記を信頼して取引した第三者の利益を害し、不動産取引の安全を害するおそれがあるからである。
70) 最判昭和34年7月14日民集13巻7号1005頁：印鑑証明は文書に押した印影が本人のものであり、文書作成者が本人に相違ないことを証明するものであり、変造されても申請者の意思に基づくことに変わりはないので、瑕疵が軽微な違反に過ぎない場合には、登記の効力を妨げない。

（c）申請人の権限・能力上の瑕疵

登記申請代理人に代理権がなかった場合について、判例は、実体的な権利関係が本人の意思に基づいて有効に成立し、登記がこれに符合するときには、当該登記は有効であり、対抗力を有するとした[71]。また、実体的な権利関係が表見代理規定によって相手方がその有効性を主張しうる場合には、その実体関係に符合する登記は有効である[72]。また、無権代理行為を本人が追認した場合にも、既に行われた登記がそのまま有効となる[73]。更に、制限行為能力者が単独で行った登記の効力について、判例は、取り消すべき行為でも取り消さなければ有効であるという前提に立ち、既に登記官吏に受理され、登記された以上、無効とは言えないとした[74]。

《ポイント》
登記を申請した代理人に代理権がなかったというケースについて、その登記の効力とともに検討してみよう。

（d）偽造文書による登記

偽造文書によって登記申請され、登記が完了した場合における登記の効力について、判例は、「その登記の記載が実体的法律関係に符合し、かつ、登記義務者においてその登記を拒みうる特段の事情がなく、登記権利者において当該登記申請が適法であると信ずるにつき正当の事由があるときは、登記義

---

71) 大判昭和18年1月29日民集22巻1頁：登記当時には代理権が消滅していても、登記された事項は真実に合するものであるから、抹消請求しえない。
　　最判昭和31年7月27日民集10巻8号1122頁：対抗力の有無は、登記による公示が現在の真実の権利状態に符合するものか否かによって決すべきである。
72) 最判昭和37年5月24日民集16巻7号1251頁：本件根抵当権設定契約は表見代理規定（第110条）により実体上の効力を生じ、その設定登記も実体上の権利関係に符合する。Xに登記意思がなくとも、表見代理人Aに登記意思があるから、登記に伴う私法上の法律効果はXに帰属する。Xは、根抵当権設定登記の抹消を請求しえない。
73) 最判昭和42年10月27日民集21巻8号2136頁：無権代理人が抵当権設定登記手続をし、その旨の登記がされても、本人たる登記義務者がその設定行為を追認し、登記の記載が実体上の権利関係と符合したときには、登記義務者は、その登記の無効を主張しえない。
74) 大判昭和10年2月25日民集14巻226頁：16歳の年少者でも意思能力を有するから、特別代理人によらず、未成年者自身が登記申請しても、登記官吏がこれを受理しその登記が完了された以上、無効のものとは言えない。

務者は登記の無効を主張しえない」と判示している[75]。判例は、ここでもまた登記と実体との符合を登記の有効性を認める要件としている。

　以上から、登記申請に形式上の不備があっても、これが受理され、登記されたときには、登記が実体と符合している限り、その抹消登記を請求しえないこととなる。

《ポイント》
　偽造文書による登記でも有効とされることはあるか。検討してみよう。

(2) 登記の実質的要件
(ア) 総　説

〔設例2-3-1〕
（1）A不動産は、建売住宅の専門業者であるところ、建築した家屋について、すべて、買主の氏名で表示登記をし、保存登記をしている。このような登記は許されるだろうか。
（2）Aは、Bに土地を売却したが、Bがすぐに転売するというので、所有権移転登記は、Aから第三者Cに直接移転した。このような登記は許されるだろうか。

　登記が有効であるためには、登記簿に表示された不動産が現存し、かつ、登記に符合する実体上の権利関係ないし権利変動が存在しなければならない（登記の実質的要件）。不動産に関する物権の得喪及び変更は、不動産登記法その他の登記に関する法律の定めるところに従い、その登記をしなければ、第三者に対抗しえない（第177条）。不動産登記関係法令は、個々の不動産を正確に表示し（不登第27条～第58条〔表示に関する登記〕）、その物権変動の過程（例えば、所有権がAからB、BからCへと移転した旨）と物権変動の態様（贈与か、売買か、解除による復帰かなど）をそのままの形で登記することを理想としている（不登令第3条〔申請情報〕、不登第29条〔登記官の調査権〕）。

　しかし、従来、わが国では、登録免許税や贈与税の税率が高額となること、

---

75) 最判昭和41年11月18日民集20巻9号1827頁。

信用不安を覆い隠すこと、登記手続が煩雑であること、登記官は登記に関する実質的な審査権を有せず、形式が調っていさえすれば必ず受理しなければならないこと（不登第25条〔申請却下事由〕）などの理由から、物権変動の事実を省略し（〔設例〕（1）冒頭省略登記、（2）中間省略登記。登記の流用など）、あるいは、物権変動の態様を故意に違うものとする（贈与や譲渡担保を売買とするなど）登記が多かった。

　このような事態は、不動産登記関係法令の意図するところではない。また、登記制度の作用ないし機能を著しく低下させる。なぜなら、不動産登記に公信力の認められないわが国の法制では、不動産取引に入ろうとする者は、通常、登記簿の記載を鵜呑みにせず、実体関係を調べるが、登記簿に記載された登記原因さえ真実の権利内容を公示していないのでは、この調査自体が著しく困難になるからである。そのため、原則として、そのような真実の権利関係を如実に反映していない登記は一切無効であり、対抗力を生じないものと考えるべきである[76]。

　しかし、判例は、違法であるにも関わらず、現に登記されてしまった中間省略登記の効力を緩和し、登記は不動産に関する現在の真実の権利状態を公示していれば、そこに至るまでの過程や態様を如実に反映していなくとも、なお制度の目的を達するものという判断を示してきた[77]。学説も、このような登記を無効とすることによって生ずる取引の不安は耐えられないとして、中間省略登記を容認してきた[78]。

　しかしながら、このような登記は本来的に好ましいものではない。当事者が真実の権利変動の過程または態様について、実体関係と符合しない登記を改めるよう請求したときには、当事者が合意したといった特段の事情のない

76）大判大正5年2月2日民録22輯74頁：未登記不動産は売主が所有権を登記（現行不登第74条、第75条）した後でなければ、買主は売買による所有権取得を登記しえず、買主は売買による所有権の取得を登記しなければ、その取得を第三者に対抗しえないとして、第三所有者から買主への中間省略登記を無効とした。大審院は、本判決までは厳格な態度を示していた。

77）大判大正5年9月12日民録22輯1702頁：第三者から直接に登記を受けた買主が、中間省略は登記官吏を欺瞞して行った登記であり無効であると主張したという事案。

78）我妻＝有泉『新訂物権』131頁。

限り、この請求は認めるべきである[79]。2004年の不動産登記法は、虚偽・不実の登記を防止するため、登記申請時に提出が任意であった登記原因証書の添付について（旧不登第40条）、登記原因証明情報の提供を義務づけた（不登第61条）。これで法律上は中間省略登記を封じ込めたこととなる[80]。不動産がA・B・Cと転々売買されたときには、A・B、B・C間の売買契約書を添付しなければならないので、この添付なくしてAからCへの所有権移転登記を申請することは、申請却下事由となる（不登第25条8号）。

ところが、この規定に関して業界団体からの猛反対があり、法務省は、これを受けて、中間省略登記と同様の効果を得るための便法として、第三者Cのためにする所有権移転登記申請（第三者のためにする契約類型）、または、買主Bの地位を転得者Cに譲渡するという所有権移転登記申請（契約上の地位の譲渡類型）を認める登記先例を公表した[81]。このほか、売買予約をして、その予約完結権を最終譲受人に譲渡するという方法も考えられる。

《ポイント》
登記原因を真実とは異なるものとして登記した場合における登記の効力について、検討してみよう。また、そのような登記はどうして行われるのかについても、検討してみよう。

（イ）登記と一致する不動産の不存在

建物が実在しないか、まだ完成していないのに、所有権保存登記が存在しても、その登記は無効である[82]。しかし、建物の所有権保存登記及び抵当権設定登記の当時は未完成でも、その当時、客観的に建物と認定しうる程度に達していれば、これらの登記は有効とされる[83]。

次に、登記の表示と不動産の現状とが一致しない場合が問題となる。判例

---

79) 我妻＝有泉『新訂物権』131頁。
80) 近江『講義Ⅱ』132頁参照。
81) 平成19年1月12日法務省民二第52号民事局民事第二課長通知：民事月報第62巻第2号（2007年）193頁参照。
82) 大判昭和3年7月3日裁判例（民事）2巻44頁：本件保存登記は建物の建築準備中にされたものであり、全然虚無の建物に対してされたものである。後に完成した建物のほとんどは異なる地番に存在し、その建坪も異なるから、本件保存登記は建物の保存登記として完全に無効である。
83) 大判昭和10年1月17日新聞3800号11頁。

は、その表示が大体において事実と一致し、事実を彷彿させるに足るものであれば、更正登記しうるので有効であるが、反対に、事実を彷彿することさえ不能である程事実と懸隔した登記では、その後補正して事実と一致したとしても、無効とした[84]。

　この点について、学説は、表示内容と実際との齟齬がどの程度に達すれば同一性を損ね、登記が無効になるかは、社会通念によって決する[85]ほかはないが、土地は地番と地積が決定的な事項だと言い、建物は、所在、種類、構造、床面積などの諸因子を総合的に考慮すると言う[86]。

　また、判例は、具体的には、建物の所在地番が多少違っていたという事案において、多少の誤謬は軽微な誤りであり、更正登記を施せば足りるとして、更正登記前でも第三者に対する対抗力に変わりはないとした[87]。そして、判例は、登記の表示と実際との相違が軽微である場合に更正登記で補正しうるか否かは、諸般の事情を調査して初めてこれを決しうる具体的な事案と解している[88]。また、判例は、建物が移築改造等によって構造坪数等に変更を生じたためその登記簿上の表示と符合しなくなった場合でも、移築改造後の建物が登記簿上の地番と同一の地番に存し、かつ、従前の建物との同一性が認められ、登記簿上の表示が移築改造後の建物の表示と認められれば、この建物について有効な登記が存在するものとした[89]。しかし、判例は、滅失した

---

[84] 大判昭和4年4月6日民集8巻384頁。
[85] 我妻＝有泉『新訂物権』132頁、舟橋『物権法』106頁。
[86] 我妻＝有泉『新訂物権』132頁。
[87] 大判明治38年12月18日民録11輯1772頁：建物の所在地番の枝番号の2を1と誤ったという事案。更正前でも、登記は有効であるとした。大判昭和2年6月30日新聞2744号12頁も同種事案で同種の判示である。
　最大判昭和40年3月17日民集19巻2号453頁：同種事案において、建物の種類、構造、床面積等の記載と相俟ち、その登記の表示全体において、当該建物の同一性を認識し得る程度の軽微な誤りであり、簡単に更正登記しうる場合には、建物保護法の「登記シタル建物ヲ有スル」場合にあたるから、借地権は対抗力を有するとした。
[88] 大判昭和10年10月1日民集14巻1671頁。
[89] 最判昭和31年7月20日民集10巻8号1045頁：建物を同一地番の敷地上の約7.2～9.1メートル西方に牽引・移動し、大規模な増改築を施したという事案において、社会通念上、従前の建物との同一性を失わないものとして、本文のような内容を判示した。

建物の登記を新築建物の登記としては流用しえないとした[90]。

《ポイント》
(1) 建物の所在地番、構造・床面積など、建物の表題部登記における表示と実際とが一致しない場合における登記の効力について、検討してみよう。
(2) また、そのような場合には、登記官はどのような対応をするべきだろうか。併せて、検討してみよう。

(ウ) 登記と一致する権利または権利変動の不存在

ここでは、権利主体の不存在という問題がある。権利能力なき社団名義の登記は法律上は虚無人名義の登記であり、無効である[91]。したがって、この場合には、代表者個人名義または代表役員数名の共有などで登記されることが多い[92]。次に、登記名義人として登記された名義人が実は無権利者であったという場合にも、その登記は無効である[93]。更に、権利内容につき、登記と実際との間に不一致があっても、登記の誤記が原因であることが登記簿の別の記載から明らかであるときには、その登記は実際どおりの効力を有する[94]。最後に、抵当権設定登記の流用に関する問題もあるが、担保物権法の問題でもあるから、そちらに譲る[95]。

---

90) 最判昭和40年5月4日民集19巻4号797頁：理由は、旧建物が滅失した以上、その後の登記は真実に符合せず、新建物について新たな保存登記がなされて1個の不動産に二重の登記が存在するに至るとか、その他登記簿上の権利関係の錯雑・不明確をきたすなど、不動産登記の公示性をみだすおそれがあり、制度の本質に反するからである。
91) 東京高判昭和27年1月28日高裁民集5巻9号353頁：法人格を有しない社団たるY協会は私法上の権利の主体となりえず、自己の名を以て本件不動産の所有権を取得しえない。実体上の権利を取得しえないY協会は登記権利者とはなりえず、Y協会を登記権利者とする所有権移転登記は無効である。
92) 最判昭和39年10月15日民集18巻8号1671頁：権利能力なき社団については、その実質的権利者たる構成員全部の名を登記できない結果として、その代表者名義をもって不動産登記簿に登記するよりほかに方法がない。
93) 大判昭和7年9月27日法学2巻470頁：非所有者Y_1が建物を自己所有として保存登記をし、Y_2のため抵当権設定を約しその登記をしても、Y_2は抵当権を取得しない。
94) 大判大正14年12月21日民集4巻723頁：第一順位の抵当権の被担保債権額2万8407円が登記簿に8407円と誤記されたが、債権額が2万8407円であることが他の記載から判明するときには、該金額を担保する抵当権として第三者に対抗しうる。
95) 石口『要論Ⅲ』115—116頁を参照。

(エ) 登記が権利変動の過程または態様と一致しない場合
(a) 中間省略登記

　A・B・Cと所有権が移転したにも関わらず、登記はAからCへと移転するという中間省略登記がなされた場合には、現在の所有権登記は現在の所有者Cと符合する。しかし、AからB、BからCへという物権変動の過程は正しく公示されていない。この違法ではあるが、現在の権利状態を正しく表している登記の効力は、有効とされる。第177条が登記をしなければ物権変動を第三者に対抗しえないとする理想からいえば、物権変動の過程もそのまま正しく登記に反映されるべきである。しかし、既になされた中間省略登記を無効とすることにより、真実の権利者やその後の譲受人の利益を侵害することになると、登記制度の目的である取引の安全が脅かされる。

　そこで、不動産物権変動の過程をありのままに反映するという登記制度の理想を貫徹するのか、それとも、現在の権利状況が正しく反映されていれば足りるということで妥協するのかという問題が生ずる。

　現行不動産登記制度は、登記原因証明情報の提供を義務づけたので（不登第61条）、もはや、中間省略登記の効力に関する判例法理の探究など不要になったとも言えるが、従来の理論状況の確認として考察する意義はある。

　この問題について、判例は、当初こそ中間省略登記を無効と解していたが、比較的古くから、「不動産ニ関スル現在ノ真実ナル権利状態ヲ公示シ登記ノ立法上ノ目的ヲ達スルニ足ルヲ以テ法律ノ許ス所ナルコト明瞭」であるとして、その有効性を強調してきた[96]。また。判例は、甲・乙・丙三者の合意、特に中間者乙の同意を有効要件としており[97]、その同意があれば、比較的容易に買主丙から登記名義人甲への登記請求を認めてきた[98]。最高裁も、中間省略登記請求は原則として許されないものとするが、例外的に、登記名義人甲と中間者乙の同意を中間省略登記の「有効要件」としており、それらの者の

---

96) 前掲大判大正5年9月12日。
97) 前掲大判大正5年9月12日、大判大正11年3月25日民集1巻130頁、大判昭和8年3月15日民集12巻366頁。
98) 大判大正8年5月16日民録25輯776頁：中間省略登記の契約が成立している以上は、その登記請求もまたこれを認めなければならない。

同意がないときには、債権者代位権により中間者乙への移転登記を訴求し、その後、乙から丙への移転登記を申請すべきであり、これは、物権変動の経過をそのまま登記簿に反映させようとする不動産登記法の建前に照らし当然のことであるという原則論を展開した[99]。しかし、最高裁は、中間者乙の同意がなかった場合でも、乙が自分を経由せよと請求することにつき、客観的な利益がないときには、既になされた中間省略登記の抹消登記手続を請求しえないとした[100]。

　学説は、判例法理に賛意を表明するものの、中間者の同意という要件については、そのような同意がなくとも、「実態上の権利変動がある限りその登記はなお対抗力を持ち、これに基づいてなされた第三者の登記もまた有効であると解すべきである」[101]という。しかし、登記は取引の安全を担保すべき制度であるから、中間省略登記後、登記上利害関係を有する第三者が現れた後は、中間者の同意のない中間省略登記であっても、第三者保護という観点から、現在の権利状態に符合する登記として、その効力を認めるべきであるという見解[102]も有力である。

　旧来の通説を概観した限りにおいては、中間省略登記（手続）は原則として無効であるが、既になされてしまった中間省略登記の場合には、諸般の事情を考慮して、登記と実体とが一致しているときには、敢えて無効とはしないという取扱いが定着していた。この点は、判例と学説との一致を見ている。登記名義人甲と中間者乙の同意があれば、請求は可能であり、同意が得られ

---

99) 最判昭和40年9月21日民集19巻6号1560頁。
100) 最判昭和35年4月21日民集14巻6号946頁：原審は、中間者が不動産の譲渡にあたり、省略の同意も不同意の意思も表明した事実がなくとも、客観的に登記の省略によって害されるべき利益が毫も存在せず、かつ中間者がその前者に対して有する登記権利者としての権利を保全するに適切な方法を講じないで譲渡したときには、その後に至り、自己の同意又は承認のないことを理由として中間省略登記の抹消を請求しえないと判示した。最高裁は、この原審判決を支持したものである。
101) 我妻＝有泉『新訂物権』135頁。
102) 舟橋『物権法』111—113頁参照。舟橋博士は、中間者乙が同意した中間省略登記について、実行者は無効を主張する正当な利益を有しない結果、中間省略登記は有効なものと扱われ、丙からの転得者丁は登記上利害関係を有する者であり、丁を保護するためにも中間省略登記は有効として扱うべきものと主張する。

ない場合には、甲に対しては乙の有する登記請求権を代位行使し（第423条）、乙に対しては丙の有する登記請求権を行使すればよい。

　ただ、中間者乙の同意の要否という問題について、近時の学説は、乙の同意を得るのが著しく困難である場合には、中間者の同意なき中間省略登記の有効性を示唆するものがある[103]。

《ポイント》
（１）所謂「中間省略登記」の有効性について、検討してみよう。
（２）また、このような登記は、現行の不動産登記法においても可能かどうかについても、検討してみよう。

（ｂ）冒頭省略登記

　未登記不動産の譲受人は、自己の名で表示登記、保存登記をすることができるだろうか。つまり、旧所有者の氏名が登記簿上に現れることのない冒頭省略登記は登記としての効力を有するのか。中古住宅のみならず、新築住宅でも起こりうる問題である。判例は、古くから、この譲受人のする冒頭省略登記の有効性を認めてきた[104]。また、既に表示登記を経由している場合には、所有権保存登記の申請は表題部に所有者と備忘記録的に表示された者、またはその相続人その他の一般承継人に限られるが（不登第74条1項1号）、何も登記手続をしていない未登記建物の場合には、現在の所有者であれば、自ら表示登記をして保存登記しうる。

《ポイント》
　冒頭省略登記とはどのような登記なのか、また、どのような目的で行われるのか、検討してみよう。

---

[103] 中間者乙の同意を得るのが困難な場合とは、例えば、乙について相続が発生し、それから長い年月が経過して、関係者が多数に及び、関係者の全部が登記記録面に登場するような登記手続を経由することが著しく煩瑣であり、また、登記記録の一覧性を害するような場合が想定されている。この点については、谷口知平「判評」判評37号（1961年）8─9頁、山野目『不動産登記法』302─303頁参照。

[104] 大判明治37年9月21日民録10輯1136頁：大審院は、「未登記の建物につき所有権を取得した者は、仮令その取得の権原が譲渡であっても、移転登記を受けずに直ちに保存登記をすることを妨げない」という。この判例法理は、大判大正8年2月6日民録25輯68頁など多数の判例が踏襲している。

（c）相続の介在

　被相続人から不動産を譲り受けたが、所有権移転登記前に譲渡人が死亡したので、相続人が相続登記を経由した後に、譲受人が相続人に対し、所有権移転登記を求めたという事案がある。この事案において、判例は、譲受人は相続人に対し相続登記の抹消を求める必要はなく、相続人において、直接、譲受人に所有権移転登記をすべきものとした[105]。また、相続開始後、相続人が相続不動産を譲渡し、被相続人名義のまま、譲受人に所有権移転登記をしたという事案において、判例は、この登記の有効性を認めた[106]。いずれも相続介在型の中間省略登記を認めたものである。その理由は、相続登記は必ずしも無効の登記ではなく、譲受人が所有権移転登記義務の承継人たる相続人より移転登記を受けるにあたり、相続人を登記名義人として登記を受けるのと、被相続人を登記名義人として登記を受けるのとは、その権利の取得を公示する目的を達するにおいて何ら違いはないからである。登記が現在の権利状態を正確に反映している以上、当該登記は有効であるという判例法理がここでもまた踏襲されている。

（d）権利変動の態様と異なる登記

１）抹消登記に代わる所有権移転登記

　例えば、虚偽表示その他の無効な原因に基づいてなされた登記は無効であり、本来は、抹消登記をすべきであるところ、これをせずに移転登記をした場合における登記の効力はどのように解すべきであろうか。

　判例は、この場合にも、現在の権利状態との一致を理由として、登記の有

---

105) 大判大正 15 年 4 月 30 日民集 5 巻 344 頁：相続人は被相続人の法律上の地位の承継者としてその権利義務を包括的に承継する者であるから、相続人は被相続人の登記義務をも承継し、譲受人に対し所有権移転の登記手続をすべき義務を負担する。相続人が該不動産につき既に相続登記をした場合には、譲受人は直ちに相続人に対し譲渡の登記手続を求めうる。

106) 大判昭和 15 年 6 月 1 日民集 19 巻 944 頁：相続人が一旦自己名義に相続登記をすることを省略し、便宜上、登記簿上の所有名義人たる被相続人から直接買主に所有権移転登記をしても、無効とは言えない。

　最判昭和 29 年 12 月 24 日民集 8 巻 12 号 2292 頁：登記は真実の権利関係に合致するから有効である。

効性を認めてきた[107]。そして、この判例法理は、買戻しを原因とする物権の遡及的復帰についても、同様に解されてきた[108]。

従来の通説も、本来は抹消登記請求をすべきであるが、移転登記請求をしても、有効であるとして、この判例法理を認め、買戻しのみならず、解除・取消の場合も同様に解すべきであるという[109]。

更に、判例は、贈与による所有権移転登記について、売買を原因としてなされた登記の効力についても、所有権移転という効果を生じている点において変わりはなく、根本の点において符合しているとして、このような登記を有効としている[110]。

虚偽登記を抹消して原所有者に登記を戻し、更に、真正な登記名義人に移転登記をするということは、迂路である。それならば、移転登記の方法によって事案の一回的な解決を図ったほうが真正な登記名義人の保護にも資する。それゆえ、「真正な登記名義の回復」という登記原因によって、移転登記をするという便法が採用されているのである。

２）「真正な登記名義の回復」による登記の問題点

確かに、判例に現れた事案のように、やむをえない場合には、このような登記を認める実益はある。しかし、登記実務は、判決や和解調書に基づかない共同申請による真正な登記名義の回復を登記原因とする所有権移転登記の申請を認め[111]、また、甲名義に所有権保存登記がなされている建物について、

---

107) 大判明治38年6月16日民録11輯975頁（通謀虚偽表示の事案）：実際所有権を移転することなく表面のみ不動産の所有名義を他人に移しその登記を得た者を旧に復するため自己の所有名義に書き換えを請求するは、即ち、登記簿上所有権移転の登記を求めるものであるから、是等もまた不動産登記法第１条（現行法第３条）所有権移転の項に包含させる法意である。

　大判大正8年9月1日民録25輯1548頁：大判明治38年6月16日と同旨。

108) 大判大正5年4月11日民録22輯691頁：不動産の買戻しがあったことを原因とする登記は再売買の登記と同じく所有権移転の登記をすべきものとする（大判明治37年6月15日参看）。理由は、買戻権は売主が買主の支払った代金及び契約の費用を返還して売買契約を解除する権利にほかならず、これを行使した実体上の効果は再売買と同様であり、いずれも所有権移転の登記を以て公示の目的を達するに足るからである。

109) 我妻＝有泉『新訂物権』135—136頁、舟橋『物権法』115頁。

110) 大判大正5年12月13日民録22輯2411頁。

甲・乙双方の申請により、登記原因を「真正な登記名義の回復」とする所有権移転登記の申請まで認めた[112]。これは、虚偽登記を助長する手段にもなりうる。例えば、甲から乙、乙から丙へ転々譲渡があっても、乙・丙間の所有権移転について甲が異議を述べないという合意をして、丙が、甲から丙へという事実上の中間省略登記を「真正な登記名義の回復」を原因として登記申請することを認めることを意味する。これは、中間者乙の同意書を添付してなされる甲・丙間の中間省略登記の申請については申請情報と原因証明情報との不一致を理由として却下する（不登第25条8号）という登記実務[113]に対する潜脱手段として用いられる。それゆえ、判決による真正な登記名義の回復を認めるのはともかく、当事者による任意共同申請の場合にもこの登記申請を認めるのは行き過ぎであるとして、登記実務を批判する学説もある[114]。

中間省略登記を野放しにするような登記先例については見直すべきであるが、近時、判例は、真正な登記名義の回復を登記原因としてする中間省略登記請求を否定した[115]。真正な登記名義の回復による登記の部分的な制限である。

---

111) 昭和39年2月17日民三発第125号民事局第三課長回答・先例集追Ⅳ 10頁。
112) 昭和39年4月9日民事甲第1505号民事局長回答・先例集追Ⅳ 106頁。
113) 山本進一「解説」『不動産登記先例百選』（有斐閣、第2版、1982年）44頁。また、近時の裁判例（東京高判平成20年3月27日平成19年（行コ）第234号裁判所ウェブサイト掲載）も、この考え方を維持している。東京高裁は、申請情報と原因証明情報との不一致を申請却下事由（不登第25条8号）とすることを追認した。
114) 石田（喜）『物権変動論』154頁以下は、この点を痛烈に批判する。また、七戸克彦「不動産物権変動における公示の原則の動揺（2）」民事研修605号（2007年）2頁（16頁以下）も多分に批判的である。
115) 最判平成22年12月16日民集64巻8号2050頁:「不動産の所有権が、元の所有者から中間者に、次いで中間者から現在の所有者に、順次移転したにもかかわらず、登記名義がなお元の所有者の下に残っている場合において、現在の所有者が元の所有者に対し、元の所有者から現在の所有者に対する真正な登記名義の回復を原因とする所有権移転登記手続を請求することは、物権変動の過程を忠実に登記記録に反映させようとする不動産登記法の原則に照らし、許されないものというべきである。」最高裁は、このように判示して、真正な登記名義の回復という登記原因を利用した中間省略登記請求を否定した。詳細は、石口修「『真正な登記名義の回復』による中間省略登記」法経論集（愛知大学）第192号（2012年）85頁以下を参照。

《ポイント》
　虚偽表示など、無効な原因によって登記が行われた場合において、これを回復する手段として、抹消登記ではなく、所有権移転登記をするという判例及び登記実務について、その理由を検討してみよう。

❽ 登記請求権
（1）登記請求権の意義

〔設例2－3－2〕
　不動産がAからBへ、BからCへと転々売買されたが、所有権の登記はまだAにある。CはAに直接所有権移転登記を請求することができるだろうか。

　不動産に関する物権変動は、登記をして権利関係を確定し、あるいは保全しておかないと、権利関係が不安定になり、第三者の権利を害することにもつながる。例えば、①不動産を購入したが所有権移転登記を経由していないとか、②自宅を新築したが、建築業者自身が表示登記をしてしまい、建築主が所有権を保存登記しえないとか（不登第74条）、③売却した不動産の所有権移転登記をしないでいたら、固定資産税が賦課されたとか、である。このように、不動産登記は、積極・消極に利害関係を醸し出す。したがって、権利変動に関して登記に協力すべき契約上の債務があり、あるいは、その債務者が、登記に関して障害があることを承知していながら、その障害の除去に協力すべき義務を果たさない場合には、権利者には、積極的に登記への協力を求める権利が認められる。このような権利を実体法上の登記請求権（登記協力請求権）といい、これに対応する相手方の義務を実体法上の登記義務（登記協力義務）という。
　登記請求権の性質については、①契約上の債務（債権的請求権）、②物権変動の効果実現のための請求権（物権的請求権）、③その効果実現を阻む障害の除去請求権（準物権的請求権）など、その法的構成は種々考えられる。このような実体法上の登記請求権を登記記録として実現するには、登記法上の手続を践まなければならない。登記は、権利部の相当区への登記記録上の利益（プ

ラスの権利変動）を受ける登記権利者と、登記記録上の不利益（マイナスの権利変動）を受ける登記義務者との共同申請が原則である（不登第60条）。つまり、登記義務者の権利が登記されていなければならない。

〔設例〕のように、不動産がAからB、BからCへと譲渡されたが、登記がAにある場合には、転得者Cは取得者Bに対して実体法上の登記請求権を有する。しかし、不動産登記法上、Bは未登記であり、登記義務者としての資格を欠いているので、CはBに対して登記法上の登記請求権を有しない。それゆえ、この場合には、Cは、債権者代位権（第423条）を使って、Bに代位して、Aに対しBへの登記を請求し、その上で、Bから登記を移転するしかない。したがって、登記請求権は、実体法上の裏付けが必要であるとともに、不動産登記法の考え方と登記実務に則して認められ、あるいは制約を受ける。

《ポイント》
登記請求権とはどのような意義を有するのか。実体法上の意義と手続上の意義の両面から考えてみよう。

（2）登記請求権の発生原因
（ア）一元的構成・多元的構成

登記請求権の性質及び態様は種々構成されるが、従来、その意味を一元的にとらえようとする考え方と、多元的にとらえようとする考え方との対立があった。判例は、事案に応じて多元的な説明を行う（多元的構成説）。即ち、①実体的な権利変動に応じて登記請求権が発生する[116]、②当事者間の特約によっても登記請求権が発生する[117]、③実体上の権利関係と登記簿上の権利関係とが符合しない場合に、これを符合させるため、実体上の権利の効力として登記請求権が発生する[118]（一種の物権的請求権であり、時効消滅しない。）と

---

116) 最判昭和36年4月28日民集15巻4号1230頁：不動産につき甲、乙、丙と順次所有権が移転したとして順次所有権移転登記がなされた場合において、各所有権移転行為が無効であるときには、甲は乙、丙に対し各所有権移転登記の抹消登記請求権を有するが、乙も丙に対し抹消登記請求権を有する。

117) 大判大正10年4月12日民録27輯703頁：中間省略登記を約定することは、法令の規定に反せず、公の秩序または善良の風俗に反するものでもないので、有効である。

118) 大判大正7年5月13日民録24輯957頁：買主より売主に対する土地所有権移転登記請求権は普通の債権のように消滅時効の適用を受けるものではない（大判大正5年4

いう具合にである。

従来の多数説は一元的構成説である。しかし、これにも、①実体的な権利の効力として生ずる一種の物権的請求権と解する説（判例の③と同じ）と、②実体的な権利変動に応じて生ずる請求権（債権的登記請求権）と解する説（判例の①と同じ）との対立がある。

登記を対抗要件とする民法の構成に忠実に解釈すれば、不動産の二重譲渡の場合には、いずれの取得者も実体的な権利を有するが、いずれをも同時に実現するのは不可能である。したがって、登記請求権を実体的な権利変動に応じて生ずる請求権と解する考え方（判例の①と学説の②）が正当である。しかし、この通説が、登記請求権は実体的な権利関係と登記とを符合させるために、「登記制度の理想と技術的制約の下に認められる権利」と解しつつ、一元的説明、多元的説明自体からは必ずしも大きな差を生じないとして、登記請求権の存否が実体的審査を経た判決によって判断される場合と、形式的審査しか受けない申請手続の中で判断される場合との差異に注目しながら、「類型的な整理をすることが肝要である」[119]と主張して以来、類型的に考察する説が通説となっている。類型は多元的であるから、通説たる類型説は多元的構成に帰する。

《ポイント》
登記請求権の発生原因に関する一元説・多元説には、どのような意味があるのだろうか。検討してみよう。

（イ）登記請求権の発生類型
（a）実体的な物権変動が発生したのにこれに応じた登記がない場合
1）不動産売買による所有権移転

A・B間で不動産の売買契約を締結すれば、BはAに対し所有権移転登記請求権を取得する。売主Aの登記協力ないし移転義務は、買主Bの取得した所有権を第三者に対抗しうる完全な権利にするという義務であるから、登記

月1日参照）。登記請求権は所有権の効力として当然所有者に属し、この請求権は不動産の所有権と運命をともにする。

119) 我妻＝有泉『新訂物権』139頁は、星野『概論Ⅱ』49頁を引用しつつ、このように主張する。現在では、この類型的考察に対しては異論を見ない。

協力義務は売主Aの債務と構成してよい。したがって、売主Aが代金を受領していないときには、売主Aは、買主Bに対し、登記に協力するのと引き換えに代金を支払えと請求しうる。この意味では、代金の完済を得ていない売主Aは、買主Bに対し、同時履行の抗弁権（第533条）を有する[120]。そして、この抗弁権は時効消滅しない（抗弁権の永久性）。

　この場合に、不動産が買主Bから第三者Cへ転売されても、Bの登記請求権は存続する。A・C間には直接の契約関係がないので、CはAに対して登記請求権を有しない。つまり、実体的な権利変動の過程と異なる登記を請求する権利は、原則として認められない。しかし、A・B・Cの合意の下で行われた中間省略登記、あるいは、現行不登法の下で考案された手続（第三者CのためにするA・Bによる登記申請、もしくはBの買主という地位のCへの移転による登記申請など）をする場合には、実体的な権利変動の過程と異なる登記も認められうる。

　2）被相続人からの譲受人

　BがAから不動産を買い受けたが、売主Aが死亡したので、Bが登記を受けていない場合には、買主Bは、亡Aの相続人Cに対し、所有権移転登記請求権を有する。相続人Cは被相続人Aの地位を包括的に承継するからである。しかし、相続人Cが当該不動産について相続登記をした場合にはどうなるのであろうか。本来は、Cに相続登記を抹消させた上で、Bへの移転登記を請求すべきである。しかし、この場合において、判例は、相続人Cから買主Bへの直接の移転登記を認めている[121]。その理由は、譲受人Bが相続人Cから移転登記を受けるのと、被相続人Aから移転登記を受けるのとで、権利取得を公示する上では、何ら変わりがないからである。

　また、この場合における譲渡の目的物が未登記不動産であった場合において、相続人Cが自ら所有権保存登記を経由したときには、買主Bは相続人Cから移転登記を受けるのみである[122]。

---

120) 我妻＝有泉『新訂物権』139頁。
121) 大判大正15年4月30日民集5巻344頁。
122) 大判大正7年6月18日民録24輯1185頁（未登記の土地を贈与したという事案）：その理由は、被相続人が既に他人に贈与した土地につき相続人がその所有者として保存

3）未登記家屋の売買

未登記家屋を売買した場合には、どのように解すべきであろうか。この場合には、買主は、売主に対し、所有権保存登記をし、移転登記するよう請求しうる。しかし、買主は、所有権を有することの確定判決により（不登第74条2号）、自ら表示登記と保存登記を申請しうる（同第75条、不登規第157条）。この場合の判決は、確認または給付の確定判決である[123]。

4）抵当権の消滅など

抵当権が債務者の弁済その他の事由によって消滅した場合には、原則として、抵当権設定者に抹消登記請求権が発生する。形式的には、所有者（設定者）が登記権利者であり、一番抵当権者が登記義務者となるからである。しかし、抵当権が複数設定されていたときには、後順位抵当権者にも先順位抵当権の消滅に伴う順位上昇という抹消登記請求の実益があるので、後順位抵当権者に抵当権設定登記の抹消登記請求権を認めるべきである[124]。

5）抵当権設定登記後における抵当権設定契約の取消

所有者が抵当権を設定した後に、何らかの取消原因に基づいて、抵当権の設定行為を取り消した場合には、抵当権者に対し、その抹消登記手続を請求しうる。また、この請求権は、抵当不動産を第三者に譲渡した後の取消の場合でも、失われない[125]。

《ポイント》
民法上の物権変動があったにもかかわらず、これと対応した登記がない場合における登記請求権の存否について、類型別に整理し、理解しよう。

登記をし、移転登記をするのは、実質的には真実に符合しないが、実際に処する適当の方法として是認すべきであり、登記当事者の利害から見ても、贈与者と受贈者との間に移転登記をしたのと経済上の効果においては異なる所がなく、このために当事者に何らの不利益を来すこともないからである。

123）大判大正15年6月23日民集5巻536頁。
124）昭和31年12月24日民事甲2916号民事局長電報回答参照。
125）大判明治39年6月1日民録12輯893頁：抵当権を設定した債務者が抵当不動産を他へ売り渡したときには、債務者は買主に対し不動産を負担のない状態へとすべき責任があり、抵当権者に対し抵当権の登記抹消請求をするにつき正当な利益を有する者であるから、抵当権の登記抹消請求権がある。

(b) 実体的な物権変動が生じていないのに生じたかのような登記がある場合

1) 非所有者による所有権登記

Aが所有しているはずの不動産について、何ら物権変動がないのに、Bに所有権移転登記がなされた場合には、AはBに対し登記請求権を有する。これは、Bの偽造文書による登記、虚偽表示による登記、登記官の過誤などによって生ずる。これらの場合には、登記が実体と一致していないので、当然の措置である。

この場合の登記請求の内容は、通常は、現在の形式的な登記名義人に対する抹消登記請求である[126]。判例は、抹消登記でも移転登記でもよいとするが[127]、正しいとはいえない。しかし、A・B間の通謀虚偽表示に基づいてBに所有権移転登記が経由された後に、Bが善意のC銀行から融資を受け、Cのために抵当権設定登記を経由した場合において、Cが善意であれば、Cの抵当権設定登記は保護されるので（第94条2項）、Aは、Cの抵当権がついたまま、Bから移転登記で所有権を戻すしかない。これは、実体法上の制度との関連において、また、登記法の手続上、やむを得ない[128]。

2) 非権利者による制限物権の登記

Aの所有する土地に、何ら原因なく、B名義の地上権設定登記が経由されている場合には、AはBに対し抹消登記請求権を有する。また、AがB銀行から融資を受け、抵当権設定登記を経由した後に、Aが借入金を完済した場合には、AはB銀行に対し、抹消登記請求権を有する。しかし、この場合に

---

126) 我妻＝有泉『新訂物権』144頁は、この場合における請求権の内容は、原則として抹消請求であって、移転登記を請求しえないと解すべきであるとして、判例法理に反対する。

127) 大判大正10年6月13日民録27輯1155頁。本判決以後の判例は、抹消登記でも移転登記でもよいと解しているが、むしろ、移転登記を積極的に肯定してきた。例えば、大判昭和16年6月20日民集20巻888頁、最判昭和30年7月5日民集9巻9号1002頁、最判昭和34年2月12日民集13巻2号91頁は、いずれも、登記協力義務の履行として、真正所有者は所有権に基づき所有名義人に対し所有権移転登記請求をなしうるとしている。

128) 我妻＝有泉『新訂物権』144頁。

は、実務上、B銀行はAに対し債権証書と抵当権設定の登記済証を交付し、A自身に抵当権設定登記の抹消登記手続をさせることが多い。

3）登記の不法抹消

AがBとの設定契約により、Aの所有する土地に地上権を設定し、登記を経由した後に、設定者Aまたは第三者CがBの地上権設定登記を不法に抹消した場合には、BはAに登記の回復を請求しうる。

第三者Cによる不法抹消の場合には、Cに回復行為をさせるべきであるかのようであるが、登記手続上の登記権利者Bは登記手続上の登記義務者Aに登記をさせるしかない。しかし、この手続に要した費用は、AはCに損害賠償として請求しうる。

この場合における登記の回復については、登記上利害関係を有する第三者の存在が考えられるので、登記回復請求をする際には、当該第三者の承諾があるときに限り、申請しうる（不登第72条）。つまり、当該第三者から承諾書を得ないと、登記を回復しえない。しかし、これでは不都合なので、判例は、抵当権設定登記が抵当権者の知らない間に不法に抹消された場合には、登記上利害関係を有する第三者は、抵当権者のする回復登記手続に必要な承諾を拒みえないと判示した[129]。

登記が不法に抹消された場合における回復手続は、抹消登記の抹消登記請求ではない。この場合には、抹消登記の回復登記制度がある。抹消回復登記申請を受けた登記官は、回復登記をするとともに、次に、抹消に係る登記と同一の登記をしなければならない（不登規第155条）。例えば、抵当権の登記が2件存在する場合において、順位1番の抵当権設定登記が不法に抹消されたときには、まず、乙区3番の位置に回復登記をする（「順位番号1番の抵当権の回復」と記入する。原因は「錯誤」とする）。次に、抹消された順位1番の抵当権設定登記をそのままその3番の位置に移記することにより、不法抹消された順位1番の抵当権設定登記が回復されたという登記記録が事実として残る

---

129) 最判昭和36年6月16日民集15巻6号1592頁：抹消登記が不法に行われたものである以上、その回復登記の有無にかかわらず第三者は抵当権登記の対抗力を否認しえない立場にあり、回復登記がなされることによって何ら実体上の損失を被ることにはならないから、実体関係に符合させるための回復登記手続に対する承諾を拒み得ない。

のである。

《ポイント》
　民法上の物権変動がないにもかかわらず、これと対応したかのような登記がある場合における登記請求権の存否について、類型別に整理し、理解しよう。

（c）登記簿の滅失による回復登記

　登記簿が火災や地震などにより滅失した場合の措置としては、滅失回復登記がある。法務大臣は、登記記録の全部または一部が滅失したときには、登記官に対し、一定の期間（3か月を下回らない期間）を定めて、当該登記記録の回復に必要な処分を命じうる（不登第13条）。しかし、このような不測の事態に備えて、法務大臣は、登記記録に記録されている事項（共同担保目録及び信託目録に記録されている事項を含む。）と同一の事項を記録する副登記記録を調整する（不登規第9条1項）。それゆえ、この滅失回復登記は、この副登記記録も失われたような事態の際に行われる。

《ポイント》
　登記簿が火災によって焼失し、水害によって流失し、登記簿が滅失した場合における登記簿・登記記録の回復方法について、不登法改正前の「簿冊登記簿の回復」とは全く異なるという点について理解しよう。

第2項　登記なくして対抗しえない第三者——第177条総論

1　民法第177条における「第三者」の範囲

（1）第三者の意義

　一般に、「第三者」とは、当事者及びその包括承継人（相続人・相続財産法人〔第951条〕）以外の者のことをいう。それゆえ、第177条に所謂「第三者」についても、第一義的には、当該物権変動の当事者及びその包括承継人以外の者を指していう文言と解してよい。したがって、第三者に該当しない者に対しては、物権変動を対抗するに際して、登記その他の対抗要件は不要である。
　また、不動産登記法第5条は「登記がないことを主張することができない第三者」を法定している。それゆえ、これに該当する者に対しても、物権変動を対抗するに際して登記は不要である。この点は、「背信的悪意者」の箇所で詳述する。

（2）民法第177条の「第三者」

（ア）起草者及び初期の学説・判例——無制限説

起草者[130]及び初期の学説[131]は、第177条の形式的な文理解釈により、同条には第三者の範囲について何ら制限する字句のないことを理由として、無制限説を唱えていた。

（イ）明治41年連合部判決——制限説

その後、この解釈の不当性が意識された結果、判例は、第177条の第三者とは、当事者もしくはその包括承継人以外の者で、不動産に関する物権の得喪及び変更について登記の欠缺を主張する正当の利益を有する者を指称するとして、その範囲を限定し、正当な権原によらずに権利を主張する無権利者や不法行為者は第177条の第三者から除外すべきものとした[132]。この考え

---

130) 梅『訂正増補要義二』17頁以下。梅博士は、当事者及びその包括承継人を除外し、特定承継人を第三者に包含することは固より疑いを容れないと述べ（同書18頁）、第177条の対象は「單ニ不動産ニ付キ権利ヲ有スル第三者ノミナラス一切ノ第三者ヲシテ皆登記ニ由リテ不動産上ノ権利ノ状態ヲ詳カニスル」ことにしたと述べている。

131) 富井『原論二』61—62頁。富井博士も梅博士と同様、第三者とは当事者及びその包括承継人以外の者を言い、一般債権者、制限物権（地上権、永小作権等）の設定者たる土地所有者とその制限物権の譲受人らはすべて「第三者」であるとした。また、不法占有者、故意・過失により物権の目的物を滅失・毀損した者も、登記または引渡しのない間は、不動産の譲受人は不法行為者に対して損害賠償を請求しえないとして、判例の制限説に反対する。

更に、岡松參太郎『註釈民法理由中巻』16頁も、当事者及びこれと同一視すべき者（例として相続人）以外の者を第三者として、広く解している。

132) 大連判明治41年12月15日民録14輯1276頁：民法第177条は、同一の不動産に関して正当の権利もしくは利益を有する第三者に対し、登記によって物権の得喪及び変更の事情を知悉させ、これにより、不慮の損害を免れさせるために存するものであるから、条文には特に第三者の意義を制限する文言がない。しかし、自ずから多少制限すべきであり、不動産に関する物権の得喪及び変更について利害関係のない者は本条の第三者に該当しない。

本条制定の理由から見て、その規定した保障を享受するにつき直接利害関係を有しない者は除外すべきである。<u>本条に所謂第三者とは、当事者もしくはその包括承継人ではなく、不動産に関する物権の得喪及び変更の登記欠缺を主張する正当の利益を有する者を指称するものと定めうる</u>。即ち、①同一の不動産に関する所有権・抵当権等の物権または賃借権を正当の権原によって取得した者、②同一の不動産を差し押さえた債権者もしくはその差押えについて配当加入を申し立てた債権者は、皆均しく所謂第三者であ

方を制限説といい、この解釈により、不法行為者や不法占有者はもちろん、虚偽表示の当事者のような無権利者に対しても、物権取得者は登記なくして対抗しうるようになった。

(ウ) 明治41年連合部判決以後の学説
(a) 鳩山説

　判例法により制限説が確定した後も、実質的な理由から無制限説を主張する学説が現れた。例えば、建物がAからBに譲渡されたが、譲受人Bが未登記の間に当該建物が第三者Cの故意・過失によって滅失・毀損した場合には、制限説によると、未登記の譲受人Bは不法行為者Cに対し損害賠償を請求しうる。しかし、不法行為者Cが登記名義人Aを真正所有者と誤信して同人に損害賠償金を支払ったときには、Bへの賠償義務が残ることから、Cに二重弁済の危険が生じてしまう。この説は、このような事例における実際的な考慮と画一性の要求という理論的な考慮から、制限説は不当な結果を招きうるとして、無制限説を支持すると言う[133]。

(b) 制限説の通説化

　しかし、1921（大正10）年に末弘嚴太郎博士が制限説を強力に主張して以来[134]、制限説は徐々に通説化した。また、鳩山説の疑問に答えるかのように、不法行為者Cに生ずべき二重弁済の危険に対しては、債権の準占有者に対する弁済（第478条）を適用することによってCを救済すれば足りるという学説[135]が現れた。これを契機として、制限説が通説化し、無制限説を唱える学

　　る。これに反して、同一の不動産に関し、正当の権原によらずに権利を主張し（無権利者）、あるいは、不法行為によって損害を加えた者の類は第三者ではない。
133) 鳩山秀夫「不動産物権の得喪変更に関する公信主義及び公示主義を論ず」法協第33巻7号、9号、12号（1915年）所収、同『民法研究第二巻』1頁以下（特に24頁以下〔公示主義の理由〕、42頁以下〔第三者の意義〕、57頁以下〔本稿の引用部分〕）、我妻『物権法（現代法学全集21巻）』（日本評論社、1929年）124頁以下、石田（文）『物権法論』（1932年版）117頁以下（特に121頁以下）。
134) 末弘『物権法』159頁以下（165頁以下で明治41年連合部判決を正当として承認する）。
135) 舟橋諄一「登記の欠缺を主張しうべき『第三者』について」『加藤先生還暦祝賀論文集』（有斐閣、1932年）639頁（662頁以下）。舟橋博士は、所有権登記の存在は不法行為に基づく損害賠償請求権の「権利者らしき外形」（債権の準占有者）であり、この外観を

説はなくなった[136]。そもそも、無制限説を貫徹すると、家屋の所有者AがBに売買により所有権を移転したが、登記を経由する前に、第三者Cが当該家屋を滅失・損傷した場合に、BがCに対して損害賠償請求をしたときには、Bには登記がないので、BはCに対し損害賠償請求権を有しないというCの主張を許す結果となり、不当である。結局、制限説の妥当性に疑いはないのである。

《ポイント》
　第177条の第三者の範囲について、無制限説を採った場合と、制限説を採った場合とでは、どのような点において、「第三者」の取扱いが異なるのか。検討してみよう。

(3) 対抗しえない「第三者」の類型
(ア) 両立しえない権利者相互間
(a) 物権取得者
1) 所有権の取得

　Aの所有する土地をBが売買により買い受けたが、登記を経由しない間に、CがAから何らかの物権を取得し、登記を経由したとする。このCの物権取得はAに対抗しうるが、Aは未登記なので、Cに所有権を対抗しえず、Cの物権取得を否認しえない（第177条）。物権には排他性があるから、1つの物について2つの所有権は成立しえない。したがって、Cが登記を経由した場合において、Cの取得した物権が所有権であるときには、Bが所有権を取得する見込みはなくなる。

2) 制限物権の取得

　次に、BがAから取得した物権が地上権や抵当権などの制限物権であったという場合において、CがAから所有権を取得して登記を経由したときには、

　　信じて（善意で）弁済した者は保護に値すると主張する。ここで、「自己のためにする意思」（第180条、第205条）の存在が問題となるが、舟橋博士は客観説を採るので問題はないと言う。
136) 学説の変遷については、舟橋・前掲「論文」641頁以下、同『物権法』178―179頁、我妻『物権法』96―97頁などを参照。我妻博士は、制限説に与した後も、「この標準だけで正確に範囲を決定し得るとは思っていない。この大きな標準の下に、できるだけ類型的な場合についての規準を示すことが必要である」と論じ、自身も第177条の第三者の類型化を試みる（我妻・同書97頁以下）。

未登記のBは制限物権を取得しえなくなる。CはAから何ら制限のない所有権を取得したからである。また、CがAからBと同様に地上権の設定を受け、登記を経由したときには、物権の排他性から、Cが地上権者となり、未登記のBは地上権者となりえない。また、Cが地上権者として登記した場合において、Bが従前に抵当権を取得していても、Bが未登記のときには、Bは、Cの地上権という負担を甘受しなければならない。更に、Cが取得した物権が抵当権の場合において、Bが未登記抵当権者であるときには、Cが先に設定登記を経由すれば、Cが第1順位の抵当権者となる。Bは先順位であることをCに対抗しえない。更にまた、Cが取得し登記した物権が抵当権であり、BがAから所有権や地上権を取得したが未登記である場合には、Aの所有する土地にCの抵当権が設定されたことになる。Bはその後に登記しても、Cの抵当権が優先するので、Cが抵当権を実行すれば、Bは物権を失う。

　物権が地役権の場合には、更に複雑になる。BがAから地役権の設定を受けたが、未登記である場合には、Bから要役地の所有権を取得したDは、承役地所有者たるAやその承継人Cに対し、原則として、地役権を対抗しえない。しかし、通行地役権が設定された場合において、地役権の行使が継続的になされていたときには、地役権の行使の状況がその外観によって明らかであるから、承役地所有者たるAはもちろんのこと、その承継人Cも、Dの通行地役権の存在を否定することは許されない[137]。通行地役権は、相隣関係と

---

137) 最判平成10年2月13日民集52巻1号65頁：通行地役権の承役地が譲渡された場合において、譲渡時に承役地が要役地の所有者によって継続的に通路として使用されていることがその位置、形状、構造等の物理的状況から客観的に明らかであり、かつ、譲受人がそのことを認識していたか又は認識することが可能であったときは、承役地の譲受人は、通行地役権の設定を知らなかったとしても、特段の事情がない限り、地役権設定登記の欠缺を主張するについて正当な利益を有する第三者に当たらない。

　最判平成10年12月18日民集52巻9号1975頁も、同様の理由から未登記通行地役権の対抗力を認めた。この点は競売による売却でも同様である。最判平成25年2月26日民集67巻2号297頁は、承役地が担保不動産競売によって売却された場合に、最先順位の抵当権設定時に、既に設定されていた通行地役権の承役地が要役地の所有者によって継続的に通路として使用されていることがその位置、形状、構造等の物理的状況から客観的に明らかであり、かつ、その抵当権者がそのことを認識していたか又は認識することが可能であったときは、特段の事情がない限り、登記がなくとも、通行地役権

して認められた、いわば法定地役権たる囲繞地通行権を約定地役権にまで高めたという制度であり、通路の開設と通行という事実が公示性を有するので、このような解釈が成り立つのである。

3）二重譲渡・設定の間における相続の介在

BがAから物権を取得した後に、CがAの相続人から物権を取得した場合でも、前段の内容は全く変わらない。BとCとは対抗関係になる。相続は包括承継であり、相続人は被相続人の地位をそのまま承継するのを原則とするからである。

4）未登記建物の譲渡

Aが自己の所有する未登記の建物をBに売買し、Bに所有権を移転したが、Bが保存登記を経由しないうちに、Aが所有権保存登記をして、Cに二重譲渡し、あるいは、Cに抵当権を設定し、Cが登記を経由した場合には、未登記のBはCに対抗しえない。

5）「善意の第三者」保護制度の適用

物権の譲渡人Aが無権利者である場合には、BがAから物権を取得しても、Bは原則として物権を取得しえない。しかし、Bが善意の第三者であるときには、真正所有者Cは、Bの物権取得を甘受しなければならない場合がある。A・C間に虚偽表示ないしこれに類似する状況があった場合、あるいは、A・C間に詐欺の事実があった場合において、Bは、Aが虚偽表示による取得者（無効な法律行為による取得者で無権利者）であり、あるいは、詐欺者で、法律行為を取り消される者であるという事情を知らずに（善意で）、Aと物権変動を生ずる行為をした者であるときには、Bは善意の第三者保護規定により、制度上の保護を受ける（第94条2項、第96条3項）。

《ポイント》

物権取得者相互間において、対抗関係はどのように発生するのだろうか。類型毎に検討してみよう。

は売却によっては消滅せず、通行地役権者は、買受人に対し、通行地役権を主張しうると判示した。

（b）物権変動の発生・未登記の間に同一不動産につき賃借権などの債権を取得した者

　Aが自己の所有する土地をCに賃貸したままでBに売却した場合において、Cが土地賃借権の登記も建物の登記も経由しておらず、Bに対抗しえないときでも、Bが未登記であれば、BもまたCに対抗しえない。それゆえ、Bが登記を経由する前に、借地権者Cが地上建物の登記を経由すれば、CはBに借地権を対抗しうる（借地借家第10条）。したがって、この場合にも、最初からBとCは対抗関係にある。

　この場合において、Cの権利が、将来所有権を取得することを予定する債権であるときでも、類似の問題となる。CがAとの間において売買や代物弁済を予約した場合である。Cが仮登記を経由しておらず、AからのBも未登記であるときには、互いに権利を主張しえない。しかし、CがBよりも先に仮登記を経由すれば（不登第105条）、仮登記の順位保全効により、本登記をした時点から、Cは、仮登記の順位によって、Bに対抗しうる（同法第106条）。この場合も、賃借権と同様、債権が物権関係に影響を及ぼすケースの1つである。

（c）物権変動の発生による未登記権利者と一般債権者との関係

　Aの所有する不動産について、Bが物権を取得しても、未登記では、BはAの一般債権者に対してさえ対抗しえない。例えば、Bが未登記抵当権者でも、抵当権の存在が確定判決により、あるいは、公証人の公証によって証明されれば、抵当権の実行を申し立てうる（民執第181条1項1号、同項2号）。

　しかし、抵当権の優先弁済効は登記によって公示されるので、その優先弁済の順位は登記の順位による（第373条）。したがって、未登記抵当権者は、他の抵当権者には対抗しえない。のみならず、未登記抵当権者は、一般債権者にも対抗しえない。もし、未登記抵当権者が登記なくして一般債権者に対抗しうるものとすると、取引の安全を害するからである。

　判例は、かつて、物権取得者でも、未登記の間は、当該不動産を差し押さえ、あるいは配当加入した一般債権者には登記なくして対抗しえないが、それら以外の一般債権者には登記なくして対抗しうるものとした[138]。しかし、差押債権者の債権の効力がそれ以外の一般債権者よりも強力になるわけでは

ないので[139]、この解釈には無理があった。そのため、判例は、その後、見解を改め、未登記抵当権者は一般債権者に対しても対抗しえないとした[140]。

(イ) 特定の物権者に対して契約上の地位を有する者

例えば、Aの所有する土地について、Bが土地賃借権（借地権）を有する場合である。この場合に、Bが土地賃借権の登記（第605条）、または地上建物の登記（借地借家第10条）を有するときには、Aに対抗しうる。のみならず、Bは、Aから土地を譲り受けたCにも対抗しうる。

それでは、Cは、賃貸人としての権利をBに対して主張し、行使しうるだろうか。そのためには、Cは土地所有者としての地位を確実なものとするために、所有権移転登記を必要とするだろうか。

賃貸人（債務者）の地位の移転は、賃貸人の義務の内容に変化がないから、賃借人の承諾（同意）は不要と解されている[141]。賃借人としては、目的物の使用・収益が保全されれば何ら問題はなく、この意味において、賃貸人の債務には個人的色彩は弱く、所有者が誰であっても、その債務を履行しうるからである[142]。しかし、賃貸人の地位の移転でも、経済取引の客観化という意味において、契約の個人的色彩よりも、契約における経済的基礎を重視して、相手方である賃借人に不利益を与えない限りでの自由移転を認めるという観点が重要なのではないだろうか。この意味において、賃借人の承認程度は求

---

138) 大判大正4年7月12日民録21輯1126頁：未だ差押えまたは配当加入をせずに、単に債権者たるに過ぎない者は民法第177条の第三者ではない。
139) 我妻＝有泉『新訂物権』158頁。
140) 大判昭和11年7月31日民集15巻1587頁：XはAのBとC（連帯債務者）に対する債権をAから譲り受け、債権譲渡の対抗要件を具備した。Yは、その前にBに金員を貸し付け、C所有の不動産につき抵当権の設定を受けた（未登記）。Yは抵当不動産を相当価額でCから買い受け、その代金を貸付元利金の一部と相殺した。Xは、C・Y間の行為を詐害行為として、Yに対し売買契約の取消と登記の抹消を求めた。
 判旨「債務者の財産に対し物上担保権を有する者が相当価額で目的物を買い取り、その代金と自己の債権とを決済することは、特別の事情のない限り、詐害行為にならない。しかし、これは担保物権につき対抗要件を具備する場合に限る。」Yの未登記抵当権はXに対抗しえないので、詐害行為となる。
141) 近江『講義Ⅳ』284―285頁、内田『民法Ⅲ』245頁。
142) 最判昭和46年4月23日民集25巻3号388頁。

めるべきものと思われる[143]。特に、新賃貸人による不当な地代・家賃の値上げ、対抗力のない賃貸借を排除する目的での売買[144]などを考慮すると、対抗力のない賃借権の場合には、賃貸人の地位の移転にも賃借人の承認程度は要するものと解すべきである[145]。

次に、賃貸人の地位の移転に関する対抗要件は、登記（第177条）とされており[146]、債権譲渡の対抗要件（第467条）は適用されない。しかし、この場合における登記の意味は、対抗要件としての登記ではない。借地権者Bが対抗要件を充たしている場合には（第605条または借地借家第10条）、Bと土地の新所有者Cとの対抗関係は既に決しているからである。したがって、Cが賃貸人としての地位をBに対して「対抗する」というが、これは、Cへの所有権の帰属ならびに賃貸人としての地位を確定するという意味での登記である（学説に所謂「権利保護資格要件としての登記」）。そして、この場合に、Cに登記を要求する理由は、不動産物権がAからCに移転したという確実な事実の証明であり、賃料など、債務負担の相手方を確定するという意味では、Bの立場を確実にするためでもある[147]。

---

143) 我妻『新訂債権』581頁。
144) 最後の所有者が賃貸人の地位の移転を受けなければ、賃借権は消滅する。前掲最判昭和46年4月23日は、対抗力なき賃借権の事案において、この結論を認めたが、このような結論は不当である。
145) 学説には、新旧所有者の賃貸借引受けの合意はあるも、賃借人の同意を得られない場合につき、賃借人の意思を尊重し、賃貸人の地位は移転せず、この場合には、新所有者は、旧所有者に代位して、賃借人に賃料を請求すればよく、賃借人も旧所有者に代位して、新所有者に使用収益請求権を行使すればよいという説もある（加藤雅信『新民法大系Ⅳ契約法』346—347頁）。
146) 最判昭和49年3月19日民集28巻2号325頁：借地上に登記ある建物を所有するYは、宅地の所有権の得喪につき利害関係を有する第三者であるから、第177条の規定上、XはYに対し本件宅地の所有権の移転につきその登記を経由しなければこれをYに対抗しえず、したがって、賃貸人たる地位（賃料請求権）を主張しえない。
147) 我妻＝有泉『新訂物権』159頁。民法改正草案は、この判例・通説を制度化し、登記による賃借人への対抗とした（草案第605条の2第3項）。しかし、この局面は賃貸人の地位の移転であり、本来は第467条1項の通知・承諾を要する場面であるとして、登記プラス通知・承諾を要件と解すべきとの見解もある（平野『物権法』84—85頁）。

第3節　不動産に関する物権変動と公示——第177条論　　*115*

（4）「対抗」の意義をめぐる学説の展開
（ア）総　説

　本段では、第177条の対抗要件制度をめぐる学説について検討する[148]。

　わが民法は、フランス民法の法制度を承継し、第176条は意思表示による物権変動の成立（意思主義）を、第177条は不動産に関する物権変動の登記による第三者への対抗（対抗要件主義）を、それぞれ規定する。例えば、Aの所有する不動産の所有権をBに移転すると、譲渡人Aは所有権を失い、譲受人Bが所有権を取得するので、譲渡人Aは無権利者となる（第176条の効果）。しかし、この第一譲受人Bが登記を経由せずに不動産を使用・収益していたところ、Aからの第二譲受人Cが所有権移転登記を経由したときには、第二譲受人CはBに対する対抗力を取得する（第177条の効果）。この場合に、Cは所有権を取得しうるのか、その地位は、どのような理論によって説明されるのかという問題が生ずる。

　この問題について、従来のフランス民法の通説的解釈によると、譲渡人Aと第一譲受人Bとの意思表示によって、Bに確定的に所有権が移転するが、Bが未登記の間に、第二譲受人Cが登記を経由したことにより、譲渡人Aの無権利が治癒され、Cが所有者として扱われる。このような考え方が基本にあり、特に近時、わが国の学説は、第176条を意識して、この「無権利の法理」に基づく構成に立ち、フランス民法の解釈を意識しつつ理論構成を行うものが多い。他方、旧来の通説・判例は、不動産に関する物権変動は、登記を経由しなければ、所有権移転という物権変動の効果が発生しないというドイツ民法の考え方を対抗要件主義の中に一部採り入れ、第176条によって所有権は移転するが（あるいは完全には移転せず）、第177条によって登記をしなければ、所有権の帰属が確定しないという理論（相対的無効説、不完全物権変動説）を構成し、多重譲渡の物権的な有効性を力説してきた。以下、学説を分類・整理し、内容について紹介しつつ検討する。

---

148) 学説の分類及び紹介は、舟橋『物権法』141頁以下、原島『注釈民法（6）』245頁以下、舟橋・徳本編『新版注釈民法（6）物権（1）〔原島・児玉〕』502頁以下、近江『講義Ⅱ』69—73頁、松井『物権法』73—78頁、平野『物権法』70—72頁、松尾・古積『物権・担保物権法〔松尾弘〕』77—78頁などを参照。

(イ) 学説の分類

(a) 第三者主張説

1）否認権説

この説は、第二譲受人Ｃが登記を取得した時点で、第一譲受人Ｂの所有権取得を否認する地位を第二譲受人Ｃに与え、Ｃがこの否認権を行使すると、その反射的効果として、Ｂは相対的に所有権を失い、Ｃだけが所有者になるという考え方である[149]。大審院時代の判例にも同様のものがある[150]。

この考え方に対しては、第二譲受人Ｃは第一譲受人Ｂの存在を知らないのが普通であるから、この否認権の行使という点は、第一譲受人Ｂからの権利主張に対し、いわば抗弁的に行使されるに過ぎず、所有権取得のための積極的な権利ではないという批判が考えられる[151]。

2）反対事実主張説

この説は、物権変動は当事者間では完全に有効であるが、登記を経由した第二譲受人Ｃが未登記の第一譲受人Ｂの物権変動とは両立しえない事実（反対または相容れない事実）を主張した場合には、Ｂの所有権取得はその効力を

---

149) 中島『釈義二物權上』65—67頁、柚木『判例物權法總論』178—180頁参照。柚木博士以前の学説でも、石田（文）『物權法論』110頁以下は、登記をしなければ対抗しえないという意味は、登記を経由しないうちは互いに物権変動の事実を否認しうるという意味であると論じていた。柚木博士は、中島博士の説に倣い、更に理論化したものである。

150) 大判明治45年6月28日民録18輯670頁：「第177条の規定は不動産に関する物権の得喪変更があった場合に登記の欠缺を主張する正当の利益を有する第三者を保護するために設けたものであるから、登記の欠缺につき利益を有する第三者は同条の保護を受けんと欲する趣旨を主張しなければ、同条の適用を受けることはできない。」

大判大正7年11月14日民録24輯2178頁：「地所建物の売買を第三者に対して主張するには登記法の定める所に従い登記することを要するとした法規はその登記の欠缺を主張しうる第三者の利益を保護するという趣旨であるから、第三者において該法規の保護を受けんとするには右対抗条件の欠缺を主張する所がなければならない。」

151) 中島（玉）博士は否認権を抗弁権と解し、その行使により、物権の効力を阻却しうるとする。中島（玉）『釈義二物權上』67—68頁を参照。

また、積極的な権利ではないという批判を予想してか、柚木『判例物權法』178頁以下は、登記を経由した第三者は、この登記により、自己の利益取得行為と抵触するすべての者の物権変動を否認する意思を表示したものと解するといい、必ずしも第三者が特定の物権変動の存在を知り、これを否認することを要しないとする。つまり、登記が否認の意思表示であることから、積極的な否認行為を予想してはいないというのである。

失う（物権変動がなかったことになる。）と解するものである[152]。判例もこの説を採ったものがあるとされる[153]。

　この説に対しては、双方未登記の間は意味がないという批判が考えられる。しかし、この説を支持する論者からは、双方未登記の場合には、共に主張しえないのだから、「対抗」とは無関係であり、対抗要件主義は、意思主義の下での理論的な不都合を回避するための法技術であり、この説のような考え方の上に成り立つものだという[154]。

（b）法定取得─失権説

　この説は、第一譲受人Bは売買によって所有権を取得するが、第二譲受人Cが登記を経由したことにより、譲渡人Aの無権利は治癒され、Cが法定承継取得し、その効果として、Bは所有権を失うものと構成する[155]。この考え方は、近代フランス民法の解釈から必然的に生じた理論構成である。

　論者は、第一譲渡による譲渡人の無権利という状況が第二譲受人の登記によって治癒されると解することにより、無権利の法理からの脱却を図る。ただし、当初は、論者も第二譲渡行為は無効と解していた[156]。しかし、「無効」と言うと、当事者間においても履行請求権が生じないので、登記請求権も生

---

152) 末弘『物権法上』154頁、舟橋『物権法』146頁以下参照。
153) 大判大正5年12月25日民録22輯2504頁：「民法第177条は第三者に抗弁権を与える趣旨ではない。苟も、登記なしとの事実ある以上、第三者に対し権利の得喪変更を主張しえないというのであり、第三者が登記欠缺を主張するに及んで初めてこの点について判断すべしというのではない。」本判決について、末弘博士は、当事者が反対事実を主張している以上、殊更に登記欠缺の事実を主張する必要はないと判示していることから、反対事実主張説に拠っているという。末弘『物権法上』154─155頁の註49参照。
154) 近江『講義Ⅱ』71頁。同旨のものとして、松尾・古積『物権・担保物権〔松尾〕』79頁がある（松尾教授は、「優先的効力説」と称する）。
155) 滝沢（聿）『物権変動』122頁以下，130頁以下を参照。
156) 滝沢（聿）『物権変動』140─141頁参照。ここでは、第二譲受人の登記は、二重譲渡による譲渡人の無権利という契約の無効原因を不問にする効果を持つと明言する。その後、この点に関する批判を受けたものの、無権利譲渡人には二重譲渡の権限がないが、無権利者からの取得が生じうるという趣旨であるとした（同書223頁註（a）参照）。しかし、その後は、実質的に無効に近いという表現を採用している。この点を明確に表したものとして、滝沢（聿）『物権変動Ⅱ』112頁参照。後者は、前者の理論的説明と理論の変遷過程を明確にするとともに、その後の理論の進展をまとめたものである。

じないこととなり、第二譲受人は、かなり不安定な地位に置かれる。したがって、この場合には、わが国では他人物売買として有効と解するか（フランス民法では「意思表示による物権変動」が厳格であるため、他人の所有物を売買することはできない。ある意味、ローマ法の「Nemo plus...」原則が厳格に適用されている。）、または、第二譲受人との物権的合意部分は第三者（第一譲受人）との関係において相対的に無効であるが、債権的合意部分、即ち、契約は全体として一部有効であり、登記の権利確定的効力によって、無効部分の瑕疵が治癒されて、第二譲受人が晴れて所有者になるものと解すべきである。しかし、論者は、フランス法の正権原理論を引き合いに出し、第二譲受人Cには譲渡人Aと契約を締結するという権限があり、登記はこの履行であるという。

　私見は、「法定取得―失権説」に概ね賛同する。しかし、この説の論者が、譲受人双方が未登記の際は、第一譲受人Bに優先的な効力を与える[157]と論じている点には賛同しえない[158]。「登記をしなければ対抗しえない」という制度上、いかなる優先権を与えるのか明らかにしていないが、おそらくは、第二譲受人Cが登記を経由するまでの、Bの所有者としての地位・効力は保全されるという意味であろう。しかし、このように解すると、例えば、DがBから不動産を賃借し、EがCから同じ不動産を賃借した場合には、Dの賃借権を優先的に取り扱うというのであろうか。Dの賃借権は所有権において優先権を有するBから取得したものだからである。しかしながら、現実に、Eが先に賃借権について対抗要件を充たした場合には、EがDに優先するものとして扱われる。このように、対抗関係にあるものについて、殊更に優劣関係を擬制すると、その後の関係にまで影響を及ぼすので、妥当ではない。

　したがって、このBとCとの関係もまた、互いに優劣関係はないものとして扱うべきである。この説自体、登記後の優先効を第二譲受人Cに与えるに過ぎないからである。論者の主張するフランス法流の、第一譲受人は完全に有効な契約による取得者であり、第二譲受人は無効な契約による取得者であるので、原則として、前者が本来的所有者であり、後者は無権利者であると

---

157) 滝沢（聿）『物権変動』265頁。
158) 同様の批判をするものとして、松尾・古積『物権・担保物権（松尾）』79頁がある。

いう位置づけは理解しうる。しかし、第二譲受人は通常は善意であり（この意味において、契約は無効とは解されない。）、また、同人にも登記請求権を認めるのであれば159)、登記までは互いに優先権を保有しないものと解するのが基本である。論者も、このような批判に応え、近時、両者未登記の場合には、権利の確定を留保するといい、改説というか、柔軟な姿勢を示した160)。法定取得―失権説に対しては、種々の批判があるものの161)、私見としては、基本的な理論構成として、この説の妥当性は高いものと見ている162)。

（c）公信力説

この説は、第一譲受人Bが所有権を取得するので、譲渡人Aは無権利者となるという点から出発する考え方（無権利の法理）である。第二譲受人Cの地位は、Aの登記を信頼し、Cが善意・無過失で登記を取得した時点において、取引安全の保護を目的とする登記制度への信頼を公信力をもって保護し、例外的にCに所有権を取得させるべきものと解している163)。

公信力説に基づく近時の代表的な見解は、第一譲受人Bの登記欠缺を帰責事由と見て、第二譲受人Cの善意・無過失との比較衡量により、登記を獲得したCを所有者とする164)。他方、この考え方を多少修正し、Cは登記を経由しなくとも善意・無過失で所有権を取得するが、BとCの排他性に基づく主張は全く同等の力を持ち（Bは承継取得者、Cは原始取得者）、その間に優劣をつけられないので、登記を善意で取得したCを保護するという一風変わった対抗問題として捉える考え方がある165)。

---

159) 滝沢（聿）『物権変動』266頁。
160) 滝沢（聿）『物権変動Ⅱ』114頁、200頁。
161) 「法定取得―失権説」に対する批判とこれに対する回答に関しては、滝沢（聿）『物権変動』268頁以下、同『物権変動Ⅱ』105頁以下に詳細に掲げられている。
162) 平野『物権法』72頁も法定取得・失権説を支持している。
163) 古くは、岡村玄治「民法第百七十七条ニ所謂第三者ノ意義ヲ論シ債権ノ不可侵性排他性ニ及フ」法学志林17巻6号（1915年）1頁以下が、この立場から、登記の公信力による承継的原始取得を論じていた。
164) 篠塚昭次「物権の二重譲渡」『論争民法学1』14頁（24―26頁）参照。また、石田喜久夫「対抗問題から公信力へ」『物権変動論』175頁以下は、公信力説に積極的に賛同し、結論としては、公信の原則の適用として、第192条と同様に解すべきであると言う。
165) 半田正夫『不動産取引法の研究』3頁（特に16頁以下）参照。半田（正）教授は、

公信力説に対しては、わが登記制度には公信力は認められないという点から、また、公信的な効果というにしては、登記を要するとし、あるいは別の論者が譲受人相互間を対抗関係と見ているという点において、公示に対する信頼（公信的信頼）の効果（保護）となっていないという批判がある[166]。また、権利者Aからの取得者である第一譲受人Bと無権利者Aからの取得者である第二譲受人Cとを同列に論ずるという点において、権利移転の経緯を軽視するものである[167]、という批判もある。

（d）債権的効果説

この説は、ドイツ民法の形式主義そのままの考え方を採用し、登記をしなければ、物権変動の効力が発生しないと解するものである[168]。しかし、この考え方は、意思主義・対抗要件主義の法制を採用した第 176 条、第 177 条の体系に反するという批判を免れない。ただ、この考え方から、登記の権利確定機能が導かれ、後述する不完全物権変動理論へと発展したということは否めない。

（e）相対的無効説

この説は種々に分かれるが、概ね、登記がなくとも当事者間では物権変動の効力が生ずるが、第三者との関係では効力が生じないというものである。古くは、判例もこの解釈を採用していた[169]。

動産における即時取得制度を念頭に置いているようであるが、教授に所謂「命題Ⅱ」において「善意者保護」と唱えており（同書 15 頁）、「無過失」と明言していないところから判断するに、ドイツ民法の「善意取得制度」（BGB 第 932 条以下）を念頭に置いているようである。

166) 近江『講義Ⅱ』72 頁。
167) 松尾・古積『物権・担保物権（松尾）』78 頁。
168) 吾妻光俊「意思表示による物権変動の効力」東京商大法研 2 号 230 頁以下、山中康雄「権利変動論」名大法政 1 巻 3 号（1951 年）288 頁以下、川島『民法Ⅰ』166 頁。現代でも、石田穣『物権法』137 頁以下がこの考え方を採っている。
169) 大判明治 34 年 2 月 22 日民録 7 輯 2 巻 101 頁：売買により不動産を取得するも、登記を経由しないものは、その効力は単に売買当事者間の関係に止まり、これを以て第三者に対抗しえない。大判明治 39 年 4 月 25 日民録 12 輯 660 頁も同様の文言である。
　大判明治 42 年 10 月 22 日刑録 15 輯 1433 頁：不動産に関する物権の得喪変更は当事者間においては意思表示のみによりその効力を生ずと雖も、第三者に対してその効力を有せしむるには、必ず登記をしなければならない。その登記なき以上は、第三者はその

1）川名説

この説は、第177条の趣旨は、第三者BとCは、いずれも登記をしなければ物権変動の効力が生じないと解すべきであり、このように解さないと、AがBに不動産を譲渡した後、未登記の間に、AがCに二重譲渡した場合には、CにはBの所有権が移転することとなり、この結果はいかにもおかしいからだと主張する。そして、通説（後掲「富井説」）は、Bが未登記の場合に、Cに対して自分が所有者だと主張しえないところ、第三者CがBを所有者と認めるのは構わないと言うが、この点も疑問であると言う[170]。

2）富井説

この説は、登記または引渡しを怠ると、第三者との関係においては物権変動の効力が生じないが、第三者の側からこれを主張（承認）しうるとする。富井博士は、この関係について、AがBに不動産を譲渡した後、未登記の間に、Aが当該不動産をCに賃貸し、賃借権を登記したという事案を想定しており、この場合には、BはCに対抗しえない（明渡しを請求しえない）が、Cの側からはBの所有権を認め、Aに対して借賃の支払を拒否しうるものと論じている[171]。

3）末川説

この説は、物権行為独自性説に立脚している。末川博士は、物権変動は意思表示のみでその効力が生ずるが、その確定は登記または引渡しによるという前提に立ち、この制限により、物権変動は相対的効力しか生じないという。そして、第177条の意味は、当事者間において意思表示のみで生じた物権変動も、登記または引渡しがなければ、第三者に対する関係では、その効力を否定するという意味と解している[172]。つまり、第三者相互間では、物権変動は相対的に無効と取り扱われるという。ただ、富井説と同様、Cの側から、A・B間の物権変動を承認することはかまわないと言う。

得喪変更なきものとみなし、前権利者との間に有効に得喪変更の意思表示をなしうる。

170）川名『要論』14—15頁。ほかに、松波・仁保・仁井田『帝國民法正解第弍巻』145—147頁がある。
171）富井『原論二』59頁。
172）末川『物権法』90頁以下（95頁）参照。

4）関係的所有権説

この説は、物権変動は当事者間では完全に有効であり、第三者に対しては無効であるが、これは、譲渡人Aの地位が、譲受人Bに対する内部関係では無権利者であるのに対し、第三者Cに対する外部関係では、関係的所有権という物権を保有すると解することにより、Cが所有権を取得しうるものと説明する[173]。次に掲げる不完全物権変動説と似ているが、当事者間における物権変動の有効を説く点だけが異なる。この説に依拠した判例もある[174]。

(f) 不完全（不確定）物権変動説

この説は、登記のない限り、当事者間においても物権変動は完全な効力を生じないという前提に立つ。即ち、およそ権利の帰属というものは、必ずしも物権に限らず、債権でも、本来は排他的であるはずだが、公示の原則の適用として対抗要件制度が採られている限り、完全に排他的な物権変動を生ぜず、したがって、譲渡人も完全な無権利者にはならないという。つまり、第176条は意思表示のみによって所有権の移転を生ずると定めるが、その効力は第177条及び第178条によって制限されるのであり、対抗要件（登記または引渡し）を備えることによって、初めて、物権は排他的に譲受人に帰属するものと主張する[175]。この意味において、譲渡人は第一譲渡によっても無権利者にはならず、二重譲渡はいずれも完全に有効に成立するが、対抗要件を具備しない間は、その譲受人のいずれもが、完全には物権を取得していないことになる。このように、物権取得者が登記または引渡しを経由するまでは有効に物権を取得していないという意味において、この説は、不完全物権変動説といわれてきた。

---

173) 中川善之助「相続と登記」『相続法の諸問題』166頁以下。
174) 大連判大正15年2月1日民集5巻44頁：譲渡人は甲との関係においては不動産の所有者ではないが、譲渡の登記がないから、甲はその所有権取得をもって甲と反対もしくは相容れない権利を取得しその登記をした第三者乙に対抗しえないので、譲渡人が同一不動産を更に乙に譲渡し登記をしたとすれば、乙は完全な所有権を取得するので、乙は甲の登記欠缺を主張する正当の利益を有する第三者である。譲渡人は譲渡の登記がない結果、甲に対する譲渡によって不動産の所有権を失わず、乙に対する関係では、依然所有者であり、関係的所有権を有する。
175) 我妻＝有泉『新訂物権』149頁。

この説は、ドイツの形式主義に依拠しているが、登記の効力を権利確定機能と捉え、当事者間でも第176条の意思表示だけでは物権変動の効力が完遂されていないものと解する。しかし、登記をするまでは当事者間でも物権変動が確定的に発生していないのであれば、むしろ、登記をするまでは物権変動の効力発生が停止している、即ち、登記が効力発生の停止条件となっていると、明確に論じたほうが分かりやすい（実質的には停止条件付物権変動という意味と遠くはない）。このように解するのであれば、ドイツの形式主義と同様の理論構成となる。

不完全物権変動説は、意思表示により物権変動の効力が発生すると規定する第176条の解釈として妥当ではない。しかし、最高裁は、基本的にこの説に依拠している[176]。

（g）訴訟法的構成説

1）裁判規範説

この説は、第176条は当事者間の裁判における物権の帰属に関する争いに適用され、第177条は第三者との争いに適用される規範であり、この制度の目的は、個別具体的な訴訟の解決を図るという点に尽きるのであり、理論的な問題については、一切捨象されるという考え方である[177]。

この説に対しては、裁判規範というだけで、個々の法規の具体的説明を回避することはできないはずであるという批判がある[178]。

---

176) 最判昭和33年10月14日民集12巻14号3111頁：土地の元所有者Aが土地をBに贈与しても、その旨の登記手続をしない間は完全に排他性ある権利変動を生ぜず、Aも完全な無権利者とはならないから、Aと法律上同一の地位にあるものといえる相続人Cから土地を買受けその旨の登記を得たXは、第177条の第三者に該当し（大連判大正15年2月1日民集5巻44頁参照）、Bから更に本件土地の贈与を受けたYは登記がない以上所有権取得をXに対抗しえない。

本判決は、大正15年連合部判決を引用しており、学説上の分類であれば、同判決は関係的所有権説であるが、本判決の理論構成は不完全物権変動説である。本判決以後、最高裁は我妻説に拠っている。

177) 宮崎俊行「不動産物権二重譲渡の理論」法学研究（慶応義塾大学）27巻1号（1954年）30頁以下。

178) 滝沢（聿）『物権変動』30頁。

2）法定証拠説

　この説は、民法が裁判規範であるという観点から、第177条を裁判所が判決の基礎である事実認定をするに際して、第三者に一定の法定証拠を与えた規定であると解し、登記は、内容上両立しえない物権変動行為において、いずれの物権変動行為が先になされたかを証明するための法定証拠であるという考え方である。この考え方を適用する結果、第一譲受人Bと第二譲受人Cとの間で訴訟になった場合において、登記を経由したCが所有権の譲受人であると主張するときには、自ら登記を経由したことを主張・立証するか否かにかかわらず、Cが譲受人であることを主張・立証する以上、裁判所は、自由心証主義により、Cを譲受人と認めてよいということになる[179]。

　この説に対しては、両者が未登記の場合には、先に譲り受けたBが勝つという結論を採ることになり[180]、通説・判例と全く異なる構成となるところに重大な問題点があるという批判がある[181]。

（ウ）第177条学説のまとめ

　以上のように、不動産物権変動における「対抗」の意義については、古くから、多種の学説と判例があり、百花繚乱の観を呈してきた。第176条と第177条とは連動して一体化した制度であると理解されているものの、最高裁は、第176条の文言解釈にさえ反する不完全物権変動説に依拠し続けてきた。判例が不完全物権変動説を採用して以来、実務でも動きがなく、意思表示による物権変動の効力発生と対抗との関係をめぐり、わが国の解釈は混迷を極めてきた。しかし、近時は、学説では無権利的な構成が主流を占めているという状況にある。

《ポイント》
　第177条の「対抗」の意義をめぐる諸学説の見解について、検討してみよう。

---

179) 安達三季生「177条の第三者」柚木・谷口・加藤『判例演習物権法』45頁（50—51頁）。古くは、石坂音四郎「意思表示以外ノ原因ニ基ク不動産物権変動ト登記（二）」法学協会雑誌35巻3号（1917年）61頁以下があるが、ここでは、安達教授の説を掲げた。安達教授によると、この登記法定証拠説の意味合いは、時効学説のうち、時効援用の意義における一定期間の経過を法定証拠とする見解と軌を一にするものだという。
180) 安達『判例演習物権法』52頁参照。
181) 原島『注釈民法（6）』249頁。

（5）第三者からする「承認」の取扱い

第 177 条の「対抗」の意義に関する最後の問題として、二重譲渡の場合における第二譲受人Ｃなど、登記を経由した第三者が、未登記の第一譲受人Ｂの取得した所有権の効力について、これを承認した場合の取扱いについて検討する。

この問題の状況は、二重の物権変動が生じた場合において、物権取得者のいずれもが登記を経由していない場合にも生ずるが、上記のように、第一譲受人Ｂが所有権を取得した旨を第二譲受人Ｃに対して主張した場合において、登記を経由したＣが自己の所有権取得を抗弁として主張せず、反対に、Ｂの所有権取得を承認する場合が典型的と解されるので、このような問題状況とした次第である。そして、「承認」の意義については、学説でも様々であるが、承認の効力については、ほとんどの学説がこれを肯定してきた[182]。学説は、登記欠缺者に対する物権取得の承認を利益の放棄と捉えている[183]。この点は、夙に大審院の古い判例が示していたところであり[184]、多くの学説は、これに追随したものといえよう。

《ポイント》
第 177 条の「対抗」の意義について、第三者（例えば、第二譲受人）が最初の取得者（第一譲受人）の物権取得を承認する行為をどのように捉えるのであろうか。検討してみよう。

（6）「善意悪意不問説」と「悪意者排除説」——主観的要素の適否
（ア）善意・悪意不問説の端緒

旧来の通説は、第 177 条の第三者に関して、物権変動の対抗要件を具備していれば、善意・悪意を問わないと解してきた。他方、旧民法では、登記に

[182) 原島『注釈民法（6）』254 頁、原島・児玉『新版注釈民法（6）』518 頁、中島（玉）『釈義物権篇上』65 頁、木弘『物権法上』155 頁、末川『物権法』97 頁、我妻『物権法』95 頁、舟橋『物権法』148 頁など通説である。
183) 原島『注釈民法（6）』254 頁、原島・児玉『新版注釈民法（6）』518 頁以下参照。
184) 大判明治 39 年 10 月 10 日民録 12 輯 1219 頁：第 177 条は無効と規定せず単に対抗しえないと規定する。この規定は暗に第三者が対抗する権利を放棄するときは物権の得喪変更はその第三者に対して効力あることを示し、第三者は、その意思表示のみで対抗の権利を放棄するのも、その物権の得喪及び変更につき利害関係を有する者と契約してこれを承認するのも妨げない。

よって保護される第三者は善意者に限られていた（財産編第350条）[185]。この規定によると、悪意者は第177条の第三者ではない。しかし、現行民法の起草者は、この考え方を採用しなかった。即ち、第177条は第176条の意思表示による物権変動の原則を制限する規定であり、登記によって公示手続を尽くした以上は、「第三者カ善意タルト悪意タルトヲ問ハス總テ之ヲ以テ有効ニ對抗スルコトヲ得ヘシ」[186]とされた（善意・悪意不問説の端緒）。その理由は必ずしも明らかではないが、他の起草者は、①善意・悪意の区別は難しい、②法律関係が錯雑となる、③登記によって権利確定と思いきや悪意認定により逆戻りでは法律関係が錯雑となる、などと説明し[187]、このような理由から、善意・悪意を不問とするかのような現行第177条が成立したのである。この考え方から、判例は、既に明治期から、形式的な文言解釈によって第三者の善意・悪意不問を表明し、今日に至っている[188]。

---

185) この規定はフランス民法の解釈からの帰結である。ボアソナード博士のプロジェ（初版）の翻訳書であるボアソナード氏起稿『註釈民法草案財産編・人権之部（三）』（出版年不明）の「第三百六十八條ヨリ第三百七十八條迄ノ註釈ノ續キ」27頁以下（特に31頁以下）の第370条（財産編第350条の第一草案）註釈によると、本条は第一の譲渡によって既に無権利者となった譲渡人（外見ノ所有者＝外見ノ本主）との間で「善意で」合意し、証書を取得した第二譲受人を念頭に置く。では、なぜ善意の第二譲受人が登記によって保護されるのか。それは、占有を有する者から取得したからである。占有は性質上登記しえないが、「占有ノ公ケナルハ有益ニ登記ノ式ニ代ハルモノト看做スコトヲ得ヘシ」と言う（同・32―33頁）。
186) 廣中俊雄編著『民法修正案（前三編）の理由書』219頁参照。本条の起草委員たる穂積陳重博士は、登記によって物権変動に絶対的な効力を付与するため、第三者の善意、悪意は規定しなかったと述べている（『法典調査会民法議事速記録一』584頁）。
187) この理由づけは、『法典調査会民法議事速記録一』583頁以下には現れていない。梅『要義二』（初版）8頁以下は、登記があれば物権変動の事実を知りうべきものであり、登記がなければこれを知り得ないとするので、善意・悪意の区別をしなかったと述べている。また、富井『原論二』63頁は、第三者の善意を要件とすると、善悪に関して争議を生じ、挙証が困難であるため、善意者が悪意者と認定されるかも知れないので、法律は、第三者の利益とともに取引安全を保障するために、善意・悪意の区別を採用しなかったと述べている。富井博士は続けて、しかし、この理由は充分に価値あるものとは言えないという。その理由は、登記も引渡しもない権利者は第三者の悪意を証明するのが当然であり、そのために第三者に損害を来す危険はほとんどないからだと論じた上で、立法論としては非難を免れないと述べている。この意味において、富井博士は、悪意者排除説に理解を示していた。

(イ) 悪意者排除説の端緒

しかし、旧民法以来の「対抗関係プラス善意者のみの保護」という立法の伝統があり、また、抑も不動産物権変動の対抗要件たる登記制度が取引の安全を標榜し、第三者保護に資するという制度設計であるならば、本質論として、第一譲受人の登記欠缺を理由として、同人の所有権取得を否認する第三者には、「善意」が要求されて然るべきである。このような理由から、必然的に「悪意者排除説」もまた有力説として存続してきた[189]。

(ウ) 自由競争原理主義の端緒

その後、善意・悪意不問説の論者は、第177条の趣旨は取引による権利変動の明確性を期し、これによって取引の安全と敏活化を図るという点にあるという点を主張し始めた。そして、資本主義経済社会における自由競争の尊重という思想ないし発想（自由競争原理）から、経済活動であれば、先行契約の存在を知っているという程度の単純悪意者は不問に付するという新たな「善意・悪意不問説」が通説化していった[190]。

---

188) 判例は、大判明治33年7月9日（民録6輯7巻31頁〔33頁〕）が、民法第177条の「法意ハ第三者ノ意思善意ニ出テタルヤ否ヤヲ問フヘキ精神ニ非サルコトハ善意ノ第三者ト云ハスシテ単ニ第三者トノミアルヲ以テ之ヲ推知スヘシ」と判示して以来、善意・悪意不問説を維持してきた。教科書などによく引用される大判明治45年6月1日（民録18輯569頁）は、不動産に関する物権の得喪変更は登記をしなければ第三者に対抗しえないことは民法第177条に規定する所にして、第三者の意思の善悪に関わらないという。最高裁は、最判昭和35年11月29日（民集14巻13号2869頁）が善意・悪意不問を大審院からの判例法理として踏襲して以来、今日に至っている。

189) 柚木馨『判例物権法總論（旧版）』（巌松堂書店、1934年）128頁は、明治41年連合部判決が取引安全を標榜する以上、「苟も同一不動産上に既に物権の得喪及び変更ありし事状を知悉せる第三者に本條による保護を與ふべき理由を認め得ない」と論じていた（新版〔有斐閣、1955年〕200頁では善意・悪意不問説に改説）。また、岡村・前掲「論文」志林17巻6号1頁（11頁）も、悪意の第三者が不測の損害を被ることはあり得ないという理由から、悪意者排除説を展開していた。更に、石本雅男「二重売買における対抗の問題―忘れられた根本の理論―」『末川先生追悼論集　法と権利1』（民商第78巻臨増、有斐閣、1978年）156頁以下所収は、第177条の立法趣旨について、梅博士の見解（『訂正増補民法要義巻之二物権編』）を引き合いに出しつつ、悪意者排除説を展開している。

190) 有泉亨「民法第一七七條と悪意の第三者」法協第56巻8号（1938年）1577頁（1586頁以下）は、権利変動の明確性を確保し、取引の安全と敏活化を図るという目的のため

(エ) 判例による権利濫用法理、公序良俗法理の適用

判例は、第三者Cが、借地上に借地権者Bの所有する建物があることを知りながら、Bが借地権の対抗要件を具備していないことを奇貨として、土地所有者Aから土地を買い受け、所有権移転登記を経由した上で、Bに対して建物収去・土地明渡しを請求することは権利の濫用にあたり許されないと解するものが現れた[191]。また、二重譲渡の事案において、第二譲受人が第一譲受人に対して恨みを晴らすためという認識をもって土地を横領する意図に基づいて譲り受けた場合には、公序良俗違反を理由として、そのような第二譲受人を第177条の第三者から排除するという判例も現れた[192]。

後掲する近時の学説は、これらの判例を含む背信的悪意者排除に関する判例は、実質的に悪意者排除と何ら区別がつかないとして、敢えて背信的悪意などという必要はないという。

確かに、判例は、昭和30年代において既に不動産登記法第5条(当時は同法第4条、第5条)の「登記欠缺を主張しえない第三者」を援用し、悪意者のうち、特に背信性を有するものについては、第177条の第三者から除外してきたという実績を有している。しかし、不登法第5条の「登記欠缺を主張しえない第三者」から、「背信的悪意者排除」への過程は若干の期間を経ており、その過程における、いわば過渡的な理論として、判例が、本来的に背信的悪意者として認定されるべきものについて、「権利濫用法理」を用いて、権利行

には、悪意の第三者が保護されてもやむをえないという。また、第177条の評価は画一的・形式的に行うべきものであり、個別行為の違法性に着目して不法行為の成否を問題とすることは不法行為法独自の問題であり、両者は別問題として処理すべきものとする。そして、第177条の第三者は悪意でも不法行為は成立しない(違法性はない)と論じている(同・1593頁以下)。

191) 最判昭和38年5月24日民集17巻5号639頁:借地上の建物の登記を妨害した土地所有者から土地を譲り受けて借地権者に建物収去・土地明渡しを請求した行為を権利濫用であるとした。

最判昭和43年9月3日民集22巻9号1817頁:借地が2筆に分かれており、その一方に建物のないことを奇貨として土地を廉価で譲り受け、借地権者に対し、建物収去・土地明渡を請求することは、借地権者の営業ならびに生活に多大の損失と脅威を与え、自分は巨利を博する結果を招来するものであるから、権利の濫用として許されない。

192) 最判昭和36年4月27日民集15巻4号901頁。

使者を排除してきたという評価もなされている[193]。

この点について、判例法理を類型別に考察すると、この時期における権利濫用法理の適用は、必ずしも背信的悪意者排除理論への橋渡し役などではないということが分かる。判例においては、公序良俗違反は別として、背信的悪意者に該当するか否かが微妙なケースや、これに該当しないと思しきケースについて、権利濫用法理（客観的構成説）が用いられているのである[194]。

したがって、権利濫用法理を使った事案は、単なる過渡的な理論構成などではなく、背信的悪意者排除理論と両立するものと思われる。

その他、学説は、公信力説、重過失者排除説、第94条2項類推適用説などがあるが、これらについては後述する。

《ポイント》
判例・通説である「善意・悪意不問説」と、有力説である「悪意者排除説」とは、どのように関わっているのだろうか。検討してみよう。

2 登記なくして対抗しうる第三者（第177条の適用外の者）

(1) 総　説

前段とは反対に、本段では第177条の第三者の範囲から除外される者の類型について検討する。判例（明治41年大審院連合部判決）の掲げた基準によると、除外類型には、①実質的無権利者、②不法行為者（不法占有者を含む。）、があり、また、不動産登記法第5条は、③「登記のないことを主張しえない第三者」として、登記受託者と詐欺・強迫による登記妨害者を掲げる。そして、不動産登記法に掲げられた者のうち、登記受託者は、登記の当事者（登記権利者・義務者）から登記を依頼されたにも関わらず、その依頼者の期待を裏

---

193) 星野英一「判評（最判昭和43年9月3日）」法協第87巻1号（1970年）100頁（103—104頁）は、この理論上の変遷は、背信的悪意者排除理論が確立されるまでの過渡的な理論であると指摘する。
194) 例えば、借地権の対抗要件を充たしていない借地権者に対する所有者からの土地明渡請求であっても権利濫用となりうるものと判示した最判平成9年7月1日（民集51巻6号2251頁）などがこれに該当する。この点について、詳細は、石口修「借家権・看板設置権と不動産所有権との関係について（前編）」法経論集（愛知大学）第199号（2014年）35頁（90頁以下）を参照。

切り、自ら当該不動産の登記を取得したという点において、背信性ある者と指定され、形式上、対抗関係にあるような者に対して、「登記のないことを主張しえない者」とされている。そして、判例は、このような背信性ある者を類型化して、④背信的悪意者と称してきた。

（2）背信的悪意者排除理論の構築
（ア）問題の所在

第177条は、立法趣旨からも明らかなように、二重譲渡による紛争解決にあたり、対抗関係にある当事者間では、その優劣関係の解決について、登記の有無という基準を用いている。そのため、第三者の善意・悪意という主観的要素については特に問題としていない（「善意・悪意不問説」判例・通説）。

〔設例2－3－3〕
　Aは自己所有の不動産を売買契約によりBに譲渡し、Bがその所有権を取得したが、登記をしていないのをいいことに、AはCとも売買契約を締結し、Cは所有権移転登記をした。
　この場合は、常にBはCに対抗することができないのだろうか。

〔設例〕の場合には、Cは登記を経由しているので、Bに対し所有権の取得を対抗しうる（第177条）。Aとの関係では、両者ともに所有者であるが、Bの所有権は未登記であり、対抗力なき所有権である。したがって、第三者Cとの間では排他性を有しない。そうすると、BからAに対し債務不履行（履行不能）の責任を問いうるに過ぎない。しかし、元々、このような迷惑な事件を引き起こすような譲渡人Aに賠償能力があるとは考えられないので、Aへの責任追及は意味がない。また、Cが単純悪意者、即ち、A・B間の売買を単に知っていただけでは、Cが登記を経由しているので、結論に変わりはない。更に、このような単純な二重譲渡ケースでは、契約自由の原則が働くので、この程度では違法とはされない。Cの行為は通常の自由な経済活動（自由競争）の範囲内と認定されるからである。

しかし、形式的に対抗要件を具備した第二譲受人Cが、形式的に対抗関係に立つ第一譲受人Bの登記欠缺を知りつつ、原所有者Aから二重に所有権を

取得した場合において、第二譲受人Ｃの取得行為の態様自体が信義則（第１条２項）に反するとき、あるいは、ＣがＢに対し高値買取りや土地明渡請求をするなど、違法・不当な要求をしたときには、少なくとも、自由競争の枠を超えた行為であり、許すべきではない。それゆえ、このような場合には、ＣのＢに対する請求に対し、信義則・権利濫用法理などを適用して、第二譲受人Ｃの対抗力を切断し、Ｃに登記があっても、Ｂには対抗しえないと解する必要がある。

（イ）背信的悪意者の認定
（ａ）理論の前提

〔設例２－３－４〕
　前記〔設例〕で、Ｂより先に登記を経由したＣが、実は、Ｂから登記手続を依頼された代理人である司法書士であるとしたら、前記〔設例〕は、どのような問題になるだろうか。

　Ｃは、登記を依頼されたＡからＢへの登記をせずに、ＡからＣへの登記、即ち、Ｂに対する背信的な裏切り行為をした者である。この場合には、Ｃの行為は信義誠実の原則（第１条２項）に違反する。のみならず、不動産登記法によると、Ｃは、Ｂに対し、Ｂに登記のないこと（登記の欠缺）を理由として、自己の所有権取得を主張しえない（不登第５条２項）。また、Ｃが、Ｂに対し、詐欺または強迫によって登記申請を妨害した者である場合も同様である（同法同条１項）。現在の判例・通説である「背信的悪意者排除説」は、この制度に端を発している。以下、理論の形成過程について説明する。

（ｂ）信義則に基づく悪意者排除説
　善意・悪意不問説と悪意者排除説との論争の渦中において、学説から、信義則に基づく悪意者排除説が唱えられた[195]。この説は、自由競争原理を前提

---

195) 牧野英一『民法の基本問題第四編―信義則に關する若干の考察―』（有斐閣、1936）196頁以下（「第六章信義則と第三者」、特に226頁以下、229頁）。牧野博士は、自由競争原理は信義則の制限の下において機能するに過ぎないものと解し、悪意者のうち、信義則・権利濫用法理の適用を受ける者は第177条の第三者から排除されるが、それ以外

とすると、悪意者でも登記を経由すれば法律の保護を受けるが、第二譲受人Cが第一譲受人Bを害する目的で事を進めた場合には、信義誠実の原則を前提とする権利濫用法理を適用し、第二譲受人Cを第177条の第三者から除外すべきものという考え方である。また、この学説は、不動産登記法が登記の欠缺を主張しえない第三者を法定している理由は、登記欠缺の主張が信義誠実の原則上許されないことが特に顕著な場合だからと主張した。そして、悪意者排除説の論者も、この信義則説の影響を受けた結果、「信義則適用・悪意者排除説」を唱え、程なく、「背信的悪意者排除説」を唱えるようになった[196]。

（c）判例法理

学説の提唱した背信的悪意者排除説は、昭和30年代から最高裁でも採用された。判例は、「第三者が登記の欠缺を主張するにつき正当な利益を有しない場合とは、当該第三者に、不動産登記法第4条、第5条（いずれも現行不登第5条。以下同様〔筆者註〕。）により登記の欠缺を主張することの許されない事由がある場合、その他これに類するような登記の欠缺を主張することが信義に反すると認められる事由がある場合に限るもの」と判示し[197]、その後も、「不動産登記法4条または5条のような明文に該当する事由がなくても、少なくともこれに類する程度の背信的悪意者は第177条の第三者から除外さるべき」ものと判示した[198]。

そうすると、〔設例〕の行為によって登記を経由した第二取得者Cは、「背信的悪意者」として、第177条の「第三者」から除外される。この意味において、Cは、登記を経由しても、形式的に対抗関係に立つBに対し、自己の

の悪意者はなお第177条の第三者として保護すべきものと論じている。
196) 舟橋博士は、牧野博士の信義則説に影響された結果、『不動産登記法（新法学全集）』（日本評論社、1937年）75頁において改説され、悪意者排除説を原則とするも、「ただ、その行動が具体的事情との関連において、社会生活上一般に許容せられるものと認められるかぎり―すなはちその行動が誠実信義の原則に反せぬと認められるかぎり―悪意なるもなほ第三者に該当しうる」と論じ、更に、『物権法』182頁以下においては、より明確に背信的悪意者排除説を唱えるに至った。
197) 最判昭和31年4月24日民集10巻4号417頁。
198) 最判昭和40年12月21日民集19巻9号2221頁：第177条にいう第三者については、一般的にはその善意・悪意を問わないという前提に立ちつつ、背信的悪意者は第177条の第三者から除外されるべきであるという。

所有権取得を対抗しえない。次に、判例に現れた具体例について検討する。

〔設例 2 - 3 - 5〕
　ある土地がAからBに売買されたところ、登記漏れの土地があることに気づいたCが、当該土地を売主Aから廉価で買い受け、所有権移転登記を経由した上で、これを第一買主Bに高額で売りつけようとした。しかし、Bはこれを断ったので、CがBに対し、所有権の確認を求め訴訟を提起した。この場合には、Bには登記がないので、Cに対抗することはできないのだろうか。

〔設例〕の問題について、判例は、実体上、物権変動があった事実を知る者において物権変動に関する登記の欠缺を主張することが信義に反するものと認められるような事情がある場合には、かかる背信的悪意者は、登記の欠缺を主張するについて正当な利益を有しない者であり、第177条の第三者に当たらないとした。そして、所在不明で未登記となった土地を購入し、これを未登記の所有者Bに高値で買取請求をしたCを背信的悪意者として排除した[199]。

背信的悪意者排除理論とは、形式的に対抗関係に立つ者が、他方の者に対して、違法・不当な請求をするなど、信義則に反するような状況に立っている場合には、その対抗力を切断し、他方に対して登記の欠缺を主張し、自己の物権変動の対抗力を主張することを許さないとする考え方である。制度としては、不動産登記法第5条に現れており、判例及び学説によって発展した理論である。第177条は、その立法趣旨からも明らかなように、二重譲渡による紛争解決にあたり、登記による優劣を基準とし、そのため、第三者の善意・悪意という主観的要素を問題としていない。しかし、この立法趣旨は、必ずしも公平の原則に適うものではない。そこで、背信的悪意者排除説が採用され始めたのである。

この法理は、不動産登記法第5条（改正前第4条、第5条）に掲げられてい

---

[199] 最判昭和43年8月2日民集22巻8号1571頁。

るような不法行為者（詐欺・強迫による登記妨害者）ないし背信者（登記受託者）に関する規定を類推適用し、あるいは、信義則（第1条2項）違反、権利濫用（第1条3項）、公序良俗違反（第90条）、といった一般基準を適用して、徐々に形成されていった。そして、昭和43年最判は、客観的・形式的に見て第177条の第三者に該当する資格を備えている登記保有者でも、自分より前の物権変動の存在とその物権変動における登記欠缺の事実を知っており（悪意）、しかも、第一譲受人の登記の欠缺を主張するにつき、信義則に反するような事情があれば、当該第二譲受人が、たとえ登記を経由したとしても、同人は第177条の第三者から排除されるという法理を確立した。

その具体的な事案は、第一譲受人が既に土地の引渡しを受け、占有・使用しているという一方で、他方、第二譲受人が、第一譲受人に日頃から怨みを持ち、それを晴らそうという不当な動機に基づいて行動し、本件や前掲した宇奈月温泉事件[200]のように、土地を廉価で買って、第一譲受人に高く売りつけようとし、それが奏功しない場合には立退き請求をするといった信義則違反・権利濫用に該当するような違法性ある動機をもって行動したケースである。

しかし、背信的悪意者排除説は、二重譲渡によって2つの物権変動が発生し、第177条の対抗関係者相互間では善意・悪意を不問とするという前提に立ち、第177条の枠内で処理しようとする二段物権変動説ないし不完全物権変動説を前提としていることから、批判もある。判例・通説を批判する代表的な学説として、判例の認定基準は実質的には「悪意」であると解する悪意者排除説や、有過失者を保護する必要はないという観点から、第三者に善意・無過失を要求する公信力説ないし過失者排除説などがある。

（ウ）背信的悪意者排除説と対峙する学説

（a）学説の背景──自由競争原理説への批判

背信的悪意者排除理論は、第177条の第三者には善意・悪意（主観的要素）が不問であるという前提（立法趣旨）があり、また、自由競争原理という、本来的に第177条の立法趣旨とは無関係なはずの仮装原理をも前提としてい

---

[200] 大判昭和10年10月5日民集14巻1965頁。

第3節　不動産に関する物権変動と公示——第177条論

る。それゆえ、多くの学説は、これらの考え方について批判してきた。

　特に近時は、自由競争原理への批判について、その論調が厳しくなっている。例えば、第三者による債権侵害の一例として不動産の二重売買事案を掲げ、第二買主Ｃは第一買主Ｂの債権（給付請求権）を侵害する不法行為者であると断定し、その理由として、売主Ａの債務履行を不履行へと導く行為をしているからだとして、自由競争原理説を鋭く批判する学説があり[201]、少なからず賛同を得ている。

　確かに、資本主義経済社会では、契約における自由競争原理が働くので、その名の下での経済活動であれば何をしても許されるというのは行き過ぎた議論である。また、「自由競争はフェアーに行われなければならず、神の前で良心に恥じないやり方で競争すべきであるというのが、資本主義の倫理ではないのか」という傾聴すべき批判もある[202]。更に、譲渡人Ａを「占有者（占有代理人）」、第一譲受人Ｂを「所有者」とするならば、第二譲受人Ｃは、「横領罪」（刑法第252条）の成立要件さえ満たすことにもなる[203]。

　しかし、不動産売買の実務では、第一に代金を完済し、その確認後、第二に引渡しを行い（この時点で所有権が移転する。）、漸く、第三に所有権移転登記手続をして、履行行為が完了する。Ａ・Ｂ間で売買契約を締結し、手付金を授受したに過ぎず、ＢがＡに売買代金を提供しておらず、ＡがＢに土地を引き渡してもおらず、まだ売主Ａが占有しているときには、第三者Ｃにとっては有利に展開する。この場合には、ＡがＢに違約金の支払を覚悟の上で（手付金の倍返しをして）、第三者Ｃと売買を締結するというのは、相手方選択の自由の範囲内での経済活動として許されるべき行動である（第557条参照）。したがって、不動産売買など、物権変動の局面では、譲渡人Ａからすれば、

---

201) 潮見佳男『プラクティス民法債権総論』（信山社、第4版、2012）542—544頁。これに対して、佐久間毅『民法の基礎2物権』79頁は、自由競争原理とその限界を論じつつも、だからこそ、不登法第5条や背信的悪意者排除理論があるとして、判例法理を支持している。

202) 石田（喜）『物権変動論』182頁。石田喜久夫博士は、マックス・ヴェーバーの『プロテスタンティズムの倫理と資本主義の精神』の一節をを引用しつつ、本文のように主張する。

203) 内田『民法Ⅰ』458頁。

なお自由競争原理は働いているものと思われる[204]。

以上の意味において、安易な自由競争原理否定説は、積極的な不動産取引の否定につながるおそれさえある。やはり、物権取引の関係に不法行為理論を採り入れるには、その前提において無理があるように思われる。

(b) 悪意者排除説

悪意者排除説は、これまで判例法理で確立されてきた背信的悪意者排除理論に対し、これは実際の基準として機能していないという前提に立つ。

この説の論者は、判例に現れた事案は、①第二譲受人が当事者に準ずる地位にあるケース（当事者に準じて給付義務に服する者〔承継人または履行補助者〕か、または不登法第5条のような第三者資格を欠く者という準当事者類型）、②第二譲受人の取得時における行為態様が不当であるケース（第二譲受人に故意・過失という違法性がある不当競争類型）に大別しうると言う。そして、前者の場合には、第二譲受人は当事者または第三者から除外されるので、善意・悪意は問題とならずに第一譲受人が優先し、後者の場合には、前主の処分権限の欠缺について第二譲受人が善意か悪意かが実質的判断基準になっていると分析して、判例は、実質的には悪意者排除説なのだと主張する[205]。

確かに、従来の判例・裁判例の中には、悪意のみを理由として判断を下したという事案があるようにも見える。しかし、その多くは信義則違反、権利

---

[204] 現に判例は、潮見教授が不法行為の成立を強く主張する二重譲渡の第二買主でさえ、善意・悪意不問説に基づき、第一買主に対する不法行為の成立を否定している（最判昭和30年5月31日民集9巻6号774頁以来、これに反する判例は現れていない）。この点は、有泉・前掲「論文」法協第56巻8号1577頁（1593頁以下）が、第177条の評価は画一的・形式的に行うべきものであり、不法行為の成否は別問題として処理すべきものとして、第177条の第三者は悪意でも不法行為は成立しないと論じていたことと軌を一にしている。

[205] 松岡久和「判例における背信的悪意者排除論の実相」奥田昌道編『現代私法学の課題と展望・中』（有斐閣、1982年）65頁（特に113頁以下）、同「民法一七七条の第三者・再論」前田達明編『民事法理論の諸問題・下巻』（成文堂、1995年）185頁（特に202頁以下）、同「物権法講義―8」法学セミナー678号（2011年）85―86頁参照。ほぼ同様の立論として、石田（喜）『物権変動論』175頁以下、半田（吉）「背信的悪意者排除論の再検討」ジュリスト813号（1984年）81頁以下がある。これらの見解は、従来の悪意者排除説とは異なり、背信的悪意者排除説の存在意義に対して切り込むものである。

濫用、公序良俗違反、違法・不当な動機など、他の考慮要素を判断材料としつつ、最終的な判断を下しており[206]、概ね悪意のみを基準として判断を下しているると断ずるのは、拙速さを免れない。

（c）公信力説（過失者排除説）

公信力説は、原所有者Aから最初に取得したBが完全に所有者であるが、原所有者Aから二重に取得した第三者Cが善意・無過失である場合には、例外的にCを所有者とするか、または、Cが善意・無過失で登記を経由した時に、Cを所有者とするという考え方であり、Cが軽過失者であっても保護に値しないという立場である[207]。それゆえ、背信的悪意者という概念とは相容れない過失者排除説となる。しかし、この説の論者は、善意者保護という立場であることから、「公信力説に基づく悪意者排除説」となる[208]。

近時、善意転得者保護という観点から、公信力説を擁護する説が唱えられている。即ち、公示（外観）を信頼した者は保護に値すると解する反面、悪意者は保護に値しない、特に、フランス法に所謂「フロード（fraude）」を行った者は悪意プラスアルファの「害意」があるということで、このような意味における「悪意者排除説」を展開する[209]。しかし、フロード行為は、むしろ

---

206) 佐久間『基礎2』83—84頁は、判例を示しつつ、類型別に考察する。佐久間教授によると、第三者Cの主観的事情だけで判断するのではなく、取得者Bの客観的事情とこれに対するCの認識可能性の程度を勘案して、Cの主張の当否を判断すべきだということになる。
207) 篠塚『論争民法学1』24—26頁。
208) 半田（正）『不動産取引法』25頁以下。
209) 鎌田薫「不動産二重売買における第二買主の悪意と取引の安全」比較法学9巻2号（1974年）31頁（118頁以下）。フランスでは、破棄院1968年3月22日判決以降、フロード（背信的悪意者排除）理論よりも、「フォート（過失責任）理論」（CC第1382条）によって悪意・有過失の第二買主の権利取得を認めない（悪意者排除）。鎌田教授は、従来の判例が第二買主固有のフロードを重視していたのに対し、破棄院1968年判決により、民事責任説（過失責任主義）へと転換したと解している（鎌田・前掲論文・比較法学9巻2号91—94頁参照）。しかし、鎌田教授は、フロードもフォートも個々人において相対的に判断すべきものと主張し、これによって、善意転得者は保護されると主張する（同論文・95頁以下）。ちなみに、滝沢聿代教授は、破棄院1992年5月11日判決を引用しつつ、フランスの背信的悪意者排除理論から悪意者排除理論への転換について批判し、フランスの判例が物権変動にフォート理論を採り入れた点について、これは仮装の理論に過ぎず、権利承継の論理を放棄しているために、物権法の理論となりえていないとい

背信的悪意者排除理論であり、悪意者排除を標榜するのであれば、フォート (faute) 理論（過失責任主義）による主張が正しいものと思われる。

しかしながら、対抗要件レベルの判断について、善意・悪意、過失責任概念という当事者の主観的要素及び不法行為概念を差し挟むこと自体、資本主義経済社会における自由競争[210]を完全に封鎖する議論である。フォート理論は不法行為の理論であり、物権行為に不法行為理論を持ち込むのは、適切とはいえない[211]。確かに、背信的悪意者排除説においても、不登法第5条の「詐欺・強迫による登記妨害者」という不法行為者を念頭に置く。しかし、これは背信性を基礎づけるための一要件に過ぎず、真正面から不法行為の成否を判断するものではない。更に、抑も、たとえフォート理論を説いたとしても、公信力説は「登記に対する信頼の保護」を標榜するという点において、公証制度に基づく登記という制度上の要請から登記に公信力を認めるという本来的な公信力とは意味が異なる。この点においても妥当性を欠く。

（d）重過失者排除説

この説は、基本的に悪意者排除説に立つ論者が、登記に公信力を与えるという公信力説への疑問から、第二譲受人が第一譲受人による物権取得を知りつつ、二重に物権を取得するという行為それ自体は通常は悪意に起因するが、仮に第一譲受人の存在を知らない場合でも、現地検分等の懈怠など、不動産に関する取引秩序に反するような重大な過失に起因するような場合には、単純な過失と区別するという意味において、登記欠缺の主張を許すべきではないという[212]。

　う点に根本的な問題があると指摘する。滝沢（聿）『物権変動Ⅱ』183頁参照。
210) 半田正夫教授は、二重譲渡の第一譲受人Bが既に引渡しを受けた後は、二重債権契約の範疇に入らず、Bは完全に所有者であるから、自由競争原理の名の下に第二譲受人の存在を合法的に取り扱うのは誤りであると主張される（半田『不動産取引法』29—30、35—36頁）。しかし、Bが登記を経由しないうちは、完全にA・B間の債権・債務関係は終了しておらず、まだAに登記の履行義務が残っている。このように解するのであれば、AがBに違約金を支払ってまでCと取引することは許されるものと思われる。
211) 近江『講義Ⅱ』86頁は、「民法不動産法においては、『悪意』を問題とする論理性は存在しない」と主張している。
212) 半田（吉）・前掲論文・ジュリスト813号85頁。

(e) 過失者排除説

次に、近時、急速に有力化している「過失者排除説」がある。公信力説を標榜してきた研究者のうち、少なからざる者が、フランスの判例法理の変遷に応じてフロード理論やフォート理論に傾倒し、過失者排除説に移行している。ここで紹介する説は、真正面からフランスの理論を引き合いに出していないので、別掲する。

まず、第二譲受人は、原則として、第一譲受人の地位を譲渡人との契約締結により侵害しているとして、この第二譲受人が保護されるためには、第一譲受人の存在について、善意・無過失の立場に限られるという説がある。この見解は、自由競争原理を否定し、また、判例の立場は実質的には悪意者排除であるという前提において、通常、第二譲受人は、登記簿を確認し、現地検分をした上で、契約に臨むものであり、このような調査をすれば、第一譲受人の存在を確認しうるのであり、このような合理的な調査を怠った第二譲受人は保護に値しないという。つまり、第一譲受人の存在について、悪意者はおろか、善意者であっても、そのような調査をしない者には過失を認定し、同人は正常な取引者ではないという位置づけを行っている[213]。

また同様に、自由競争原理は、売主が第一譲受人に売るか、第二譲受人に売るかという局面においてのみ機能するのであり、第一譲受人に売った後で第二譲受人に売るなどというのは、横領を奨励するに等しいとして、第二譲受人が悪意者や過失者である場合には、これを排除すべきものと解する説がある[214]。

(f) 第94条2項類推適用説

次に、無権利説を徹底すると、第一譲受人Bが完全所有者であり、原所有者Aからの第二譲受人Cは所有者とはなりえない。この説は、このような前提に立ち、Bに登記がなく、無権利者となった譲渡人Aに登記があるという状況は、虚偽表示に準ずる状況であるとして、第二譲受人Cが善意もしくは善意・無過失である場合に限り、Cが保護されるという。

---

213) 松岡「物権法講義」法セミ678号86頁、682号93頁。
214) 内田『民法Ⅰ』458—459頁。

第94条2項を類推適用するということは、公信力説とは異なり、本来は登記の有無とは無関係にＣが保護されるはずである。しかし、論者は、この問題について、本来は第177条の問題として処理すべきであるが、第177条の問題とすると、判例法上、第三者に善意・無過失を求めえないので、敢えて、第94条2項を類推適用するのだという[215]。

しかし、善意・悪意、過失という主観的な要素と対抗という局面は、そもそも、場面が異なるというべきである。第177条のレベルで考察する限り、原則として、主観的な要素を入れる必要はない。主観的な要素を入れるとすれば、背信的悪意者排除という例外的措置として、悪意者に「背信性」があるとき、即ち、信義則・権利濫用法理の適用という局面における、またその限りでの「客観的違法性」を根拠づけるために入れられる1つの要素に過ぎず、またそれで十分である。

《ポイント》
　判例は、善意・悪意不問説に立脚し、ただし、第三者が背信的悪意者であるときには、当該第三者は第177条の第三者から除外するという構成である。しかし、この解釈に反対する学説は、どのような立場から判例を批判しているのだろうか。検討してみよう。

(エ) 背信的悪意者からの転得者の地位——排除基準の絶対性と相対性

判例の背信的悪意者認定基準は、「信義則違反」が中心となっており、この考え方から判断すると、信義則違反により、背信的悪意者である第二譲受人Ｃには所有権の取得を認めないかのような印象を受ける。確かに、第二の売買を公序良俗違反によって絶対無効とするという取扱いをすれば（第90条参照）、第二譲受人Ｃは完全に無権利者である（絶対的無効構成）。しかし、信義則違反を理由として、単に対抗力のみを認めないとする取扱いであれば、第二の売買は一応有効なものとして扱われ、背信的悪意者である第二譲受人Ｃ

---

215) 川井健『不動産物権変動の公示と公信』28頁以下参照。川井博士は、背信的悪意者排除説の登場により従来の悪意者排除説は存在意義を失い、制限説の不徹底により悪意者を保護したことの不都合を解消したものと解している。また、公信力説に理解を示しつつ、第94条2項類推適用説を採用し、重過失者排除（善意・無重過失者保護）説を唱える学説として、米倉明「債権譲渡禁止特約の効力に関する一疑問（3）」北大法学論集第23巻3号（1973年）540頁（582頁以下）がある。米倉博士は、登記簿検査と現況調査の両方とも怠った者は重過失者であると言う。

にも所有権の取得を認めるという取扱いになる（相対的無効構成）。
　この問題は、背信的悪意者からの転得者という事案について大変大きな問題となる。この場合において、背信的悪意者たる第二譲受人Ｃに所有権の取得が認められなければ、同人からの転得者Ｄに何ら非難されるような事由がなくとも、無権利者からの転得となり、このような転得者には特定承継による所有権取得を認めえないからである。しかし、背信的悪意を個々人の属性と見て個別に判断するという相対的構成を採れば、個別契約の有効性は担保されるので、背信的悪意者からの転得者の法的保護が図られる[216]。次の事例で具体的に検討してみよう。

〔設例２－３－６〕
　Ａは都市計画道路用地として、Ｂ市に甲土地を売却したが、分筆登記手続に過誤が生じ、架空の乙土地として登記され、所在も不明であった。Ｃはこれを調査して、乙土地を特定し、Ａから格安で買い受け、乙土地は、その後、Ｃ、Ｄ、と転売され、登記を経由した。Ｄは、Ｂ市からの明渡請求に対し、「この土地は市道ではない」と主張して、バリケードを張り、小屋を作って土地を占拠している。Ｂ市はＤに対して強制的に明渡しを請求できるだろうか。

（ａ）判例による相対的構成説の採用

　この問題について、判例は、相対的構成説を採用し、所有者ＡからＢが不動産を買い受け、その登記が未了の間にＣが当該不動産をＡから二重に買い

---

[216] 東京高判昭和57年8月31日下裁民集33巻5〜8号968頁：背信的悪意論は、信義則の理念に基づいて背信的悪意者を登記制度の庇護の下から排斥せんとする法理であるから、登記欠缺者と背信的悪意者間の法律関係について相対的に適用されるべきものであり、善意の中間取得者の介在によって、その適用が左右される性質のものではない。悪意の遮断を認めると、善意の第三者を介在させることにより背信的悪意者が免責されるという不当な結果を認めることになるからである。
　なお、本判決以前でも、学説は、背信的悪意者の認定については相対的に決すべきものと解し、同人からの転得者についても同様に相対的にのみ決すべきものと主張していた。舟橋『物権法』185―186頁参照。

受け、更にCから転得者Dが買い受けて登記を完了した場合に、たとえCが背信的悪意者にあたるとしても、Dは、Bに対する関係でD自身が背信的悪意者と評価されるのでない限り、当該不動産の所有権取得をもってBに対抗しうるものとした[217]。その理由は、①第一買主Bは背信的悪意者Cに登記なくして対抗しうるにとどまり、A・C間の売買の無効をもたらすものではない、②登記を経由した第二買主Cが第177条の第三者から排除されるか否かは、第二買主Cと第一買主Bとの間で相対的に判断されるべき事柄だからである。この平成8年最判が登場して以来、学説も、相対的構成説が主流になっている[218]。

（b）善意者の介在

次に、この相対的効力構成を決定づける要因として、背信的悪意者の前取得者が善意者である場合に問題となる。従前は、このような善意者が介在した場合でも、善意者からの転得者たる背信的悪意者の物権取得及び対抗力を認めないと、善意者に売主の担保責任が及んでしまうという理由から（第561条参照）、この場合には背信的悪意者の物権取得を容認するという解釈があった。しかし、この帰結は妥当ではない。背信的悪意者は第一譲受人との関係において対抗力を認められない地位にあるのに、善意者が介在したからといって、この結論が変わるわけではないからである。それゆえ、背信的悪意者の認定は、あくまでも、対抗関係者である第一譲受人との間において相対的にのみ決すべきであり、この場合でも、相対的効力構成説が妥当と解される[219]。また、このような背信的悪意者は、善意の売主に対し、担保責任を追及する権利を有しないものと解すべきである。善意の売主は自身のなすべき義務を果たしており、背信的悪意者が結果として物権を取得しえないのは、同人が背信性を有することの効果だからである。したがって、この場合には、

---

217) 最判平成8年10月29日民集50巻9号2506頁。
218) 近江『講義Ⅱ』87-88頁、内田『民法Ⅰ（第3版）』456頁、同『民法Ⅰ（第4版）』462頁は好意的である。
219) 近江『講義Ⅱ』88頁。なお、この問題について、善意者の介在によっても、背信的悪意は遮断されないものと解し、背信的悪意は相対的にのみ判断すべきものと明確に判示した前掲東京高判昭和57年8月31日を参照。

民法の予定する追奪担保責任の範疇から外れるものと解すべきである。

〔設例〕の事案のように、第一買主B市と背信的悪意者Cとの関係は、Cが登記を経由しても、B市には対抗しえない。また、Dが登記を経由しても、Dが背信的悪意者であれば、DはB市に対抗しえないのである。もちろん、Dが背信的悪意者ではなく、Dに登記があれば、B市に対抗しうる。

この問題については、近時、悪意者排除説が有力に主張されている[220]。しかし、背信的悪意者排除理論は信義則違反を根拠として、背信的悪意者の登記から相対的に対抗力だけを失わせるという構成である。このように解すると、基本的に善意・悪意不問説を踏襲しつつも、信義則と相対的効力で構成する判例法理に敢えて反対する理由はないものと思われる。

《ポイント》
　背信的悪意者を第177条の「第三者」から排除することには、どのような意味があるのだろうか。背信的悪意者からの転得者との関係を視野に入れつつ、検討してみよう。

(3) 実質的無権利者

次に、第177条の第三者から除外される類型として、当該不動産に関して実質的に権利を有しない第三者がある。類型的には、これを実質的無権利者という。例えば、Aの所有する不動産について、Bが勝手に物権変動があったとする書類を偽造して、Bに所有権移転登記を経由しても、抑も原因関係を欠く行為であり、無効な登記である。それゆえ、このような行為を経て登記を経由したBは、「実質的無権利者」として、第177条の第三者から除外される。この点は、虚偽表示（第94条）の当事者として、所有者Aから所有権移転登記を受けた仮装買主Bの場合も同様である。いずれの場合でも、中間者Bの取得原因も登記も無効であるから、所有者Aは、転得者Cの所有権移転登記について抹消登記を請求するか、または、「真正な登記名義の回復」を登記原因として、Cに対し、所有権移転登記を請求しうる。ただし、この場合において、AにBの不実登記の作出に関して帰責性（故意・過失による関与、承認・放置による意思的関与など）があり、Cが善意もしくは善意・無過失であ

---

[220] 内田『民法Ⅰ（第3版）』454—455頁は、公示は、利害関係を持つ他人に権利の存在を知らせるためにするものだから、権利の存在を知っている悪意の第三者には、公示の必要はないので、悪意の第三者は第177条の第三者から外れるという。

るときには、第94条2項を適用または類推適用して、Ｃの所有権取得を認めることになる。

（4）不法行為者

　第177条の第三者から除外される最後の類型として、不法行為者がある。例えば、ＢがＡ詐欺または強迫行為によって不動産の所有者Ａから物権変動を導き、所有権移転登記を経由しても、原所有者Ａは法律行為を取り消しうる（第96条）。このような不法な原因によって登記を保有する者は、原所有者Ａに対し、登記の欠缺を主張する正当な利益を有しないから、登記名義人は第177条の第三者から除外される。また、詐欺または強迫によって登記の申請を妨げた第三者はその登記がないことを主張しえない（不登第5条1項）。この規定は、その解釈として、前例の原所有者Ａから詐欺または強迫によって登記名義を取得したＢにも拡張適用すべきであり、このような者を含めた不法行為者一般について、第177条の第三者から除外すべきである。

　このように解すると、例えば、ＢがＡから土地を買い受けたが、未登記のときでも、取得者Ｂは、土地を不法占拠するＣに対しては、登記がなくとも、土地の明渡しや損害賠償（賃料相当損害金の支払）を請求しうる。また、土地所有者のみならず、その土地について物権を有する者、ならびに、賃借権を有するに過ぎない者であっても、不法占拠者Ｃを排除する際には、対抗要件を備える必要はないと解すべきである（ただし、賃借権については、債権の相対的効力という性質上の問題はあるが是認すべきである）。

　更に、ＢがＡから建物を取得したが、所有権移転登記を経由しないうちに、第三者Ｃによって放火され、建物が全焼した場合には、取得者Ｂは、Ｃに対して損害賠償を請求しうるが、ＣはＢに登記のないことを主張する正当な利益を有しない第三者であるから、「Ｂには登記がないので所有者ではない」とは主張しえない。もっとも、この点は、未登記建物を購入したＢが放火者Ｃに対して損害賠償を請求しうることと対比して考えれば、当然のことである。この場合において、取得者が複数人あり、所有者を確定しえないときには、Ｃは誰に賠償したらよいのか分からないという問題もあろう。しかし、その場合には、Ｃは債権者不確知を理由として法務局に供託すれば済む問題であり、不法行為者に対して何らかの請求をする場合に、所有者に登記を要求す

る理由にはならない。

《ポイント》
　前掲した明治41年の第三者制限連合部判決以来、判例上、第177条の第三者から除外される者（登記がなくとも対抗しうる第三者）が類型化されているが、この除外例について、類型別に整理し、理解しよう。

第3項　登記を必要とする物権変動
❶　総　説

　近代法は、不動産に関する物権変動をすべて登記に反映させようという理想に基づいて立法されているので、この公示の原則に基づいて、あらゆる種類の物権変動について登記を必要とすることが望ましい。不動産物権の現状がすべて登記簿に反映されることにより、不特定多数人の関与を予定する不動産取引の信頼性を確保し、その円滑な発展に寄与するからである。しかし、登記を第三者に対する「対抗要件」とするわが民法の法形式からは、物権変動の発生と登記との関係をどのように見るかによって、自ずと限界を画し、その結果、除外例を認めることとなる。

　立法例を参照すると、ドイツでは、物権的合意と登記を不動産に関する物権変動の効力発生要件とするという原則（形式主義）があるところ、この原則が適用されるのは、意思表示による物権変動（不動産及び不動産上の権利の処分、変更）に限られる（BGB第873条1項）。したがって、相続、公用徴収、その他法律上当然に生ずる物権変動については、登記がなくても、物権変動の効力が生ずる。ただし、これらの場合でも、その後の処分行為によって発生する物権変動については、登記をしなければその効力が生じないので、結局、物権変動は登記と一致することになる。

　わが民法の解釈としても、当初は、物権の変動を第三者に対抗するためには、登記を必要とするも、それは、意思表示による物権変動に限定されるべきものと解されていた。しかし、旧法制度における隠居や入夫婚姻[221]など、

221）民法旧第736条：女戸主カ入夫婚姻ヲ為シタルトキハ入夫ハ其家ノ戸主トナル。但当事者カ婚姻ノ当時反対ノ意思ヲ表示シタルトキハ此限ニ在ラス。
　民法旧第788条：妻ハ婚姻ニ因リテ夫ノ家ニ入ル。入夫及ヒ婿養子ハ妻ノ家ニ入ル。
　民法旧第964条：

生前相続を認めていた時代の制度を妥当に処理するという必要性から、大審院は、明治41（1908）年の連合部判決によって、この点を改め、すべての不動産物権変動に関して登記を必要とするものと解するに至った[222]。その反面、大審院は、第177条の「登記をしなければ対抗しえない第三者」の範囲について、同日の連合部判決によって、「不動産に関する物権の得喪及び変更の登記欠缺を主張するにつき正当の利益を有する者に限る」という制限説を採用した[223]。

　この解釈は、一方では、不動産に関する物権変動のすべてを登記に反映させようという理想を追求しながら（登記法上の理想）、他方では、登記がなければ対抗しえない第三者（第177条）を妥当な範囲に制限することに決したということであり（実体法上の妥当性）、これは、物権法における理想と現実との調整を図った解釈ということができる[224]。

　　家督相続ハ左ノ事由ニ因リテ生ス。
　　一　戸主ノ死亡、隠居又ハ国籍喪失
　　二　戸主カ婚姻又ハ養子縁組ノ取消ニ因リテ其家ヲ去ルタルトキ
　　三　女戸主ノ入夫婚姻又ハ入夫ノ離婚
[222]　大連判明治41年12月15日民録14輯1301頁：第177条の規定は第176条の意思表示による物権の設定及び移転の場合に限りこれを適用すべきものとし、意思表示によらずして物権を移転する場合にはこれを適用しないものとすることはできない。何となれば、第177条の規定は、同一の不動産に関して正当の権利もしくは利益を有する第三者をして登記によって物権の得喪及び変更の事情を知悉し、以て不慮の損害を免れさせるために存するものであり、畢竟、第三者保護の規定であることはその法意に徴して毫も疑いを容れない。而して、右第三者にあっては、物権の得喪及び変更が当事者の意思表示により生じたと、これによらずに家督相続の如き法律の規定により生じたとは、毫も異なる所はないから、その間に区別を設け、前者の場合にはこれに対抗するには登記を要するものとし、後者の場合には登記を要しないものとする理由はないからである。
[223]　大連判明治41年12月15日民録14輯1276頁。
[224]　以上、我妻＝有泉『新訂物権』92—93頁参照。

❷ 意思表示による物権変動と登記

（1）総　説

　贈与、売買、地上権や抵当権の設定、遺贈などのように、物権の設定または移転に関する意思表示があれば、その時点から物権変動の効果が発生し（第176条）[225]、この物権変動の効果を第三者に対抗するためには、登記を必要とする（第177条）。他方、これらの法律行為が将来の一定の条件成就に係らしめられ、その成就の時点からその効力が発生する場合には、予め、仮登記を経由することによって、その仮登記以後、条件成就の前に利害関係に入った第三者に対抗するための効果を生じさせうる（第129条、不登第105条）。ただし、対抗の効果を生じさせるには、仮登記に基づく本登記を経由しなければならず（不登第106条、第109条）、仮登記のままでは対抗力のある登記にはならない（前述した「第1項 不動産物権変動における公示―不動産登記制度」、「4．登記手続」、「（5）仮登記」79頁を参照）。

（2）遡及効のある物権変動

（ア）総　説

　当事者の意思表示による停止条件の遡及効（第127条3項）、無権代理行為における追認の遡及効（第116条）、選択債権における選択の遡及効（第411条）などは、意思表示によって物権変動の効果を遡及的に生じさせうるが、

---

225) わが民法が物権変動における意思主義を継受したフランス民法（CC）には、意思表示による物権変動規定が各種用意され、本段の考察に不可欠な規定がある。

　まず、CC第1138条は、「物を引き渡す債務は、契約当事者の合意のみによって完了する」と規定し（1項）、また、「その債務は、引渡しが全く行われなくとも、その物が引き渡されるべき時から、直ちに債権者を所有権者とし、この者に物の危険を負担させる」と規定する（2項本文）。

　次に、CC第1582条は、「売買は一方が物を引き渡す義務を負い、他方が代金を支払う義務を負う契約である」と規定する。また、第1583条は、「売買は、物が未だ引き渡されず、代金が未だ支払われなかったとしても、その物及び代金について合意が成立すれば当事者間では完了し、所有権は売主に対する関係では当然に買主に取得される」と規定する。したがって、売買契約後、引渡しや代金支払がない状況でも、合意（契約書）の中に引渡しと代金が明記されていれば、買主が所有者とみなされる。

　また、そもそも、フランスでは、ローマ法時代の慣行を継受した「引渡済み条項」が公正証書中に規定され、引渡しは形骸化・観念化しているので、予め合意されたことになる。これらの点については、滝沢（聿）『物権変動』95頁以下を参照。

これらの物権変動については、登記や仮登記を経由することによって、第三者に対抗しうる（仮登記は本登記時から対抗力を取得する）。もちろん、登記をしなければ、第三者に対抗しえない。民法は、無権代理行為の追認と選択債権の選択は、第三者の権利を害することができないと規定する（第116条ただし書、第411条ただし書）。これら規定の解釈について、通説は、不動産物権変動に関する限り、その権利関係に関する優劣は登記によって決すべきものと解している[226]。

（イ）無権代理行為の追認による遡及効

〔設例2－3－7〕
　A所有の不動産が無権代理人BによってCに売却されたが、他方、A自身も同一の不動産をDに売却した。この場合において、AがBの行為を追認すると、いずれの売買が優先するだろうか。

　このケースでは、AがBの無権代理行為を追認することにより、二重譲渡と同じ状態が生ずる。無権代理人Bの相手方Cが登記を取得したときには、CがDに優先する。他方、Dが登記したときには、DがCに優先する。そして、いずれも登記のないうちは、先に登記を備えた者が他方に優先する。

〔設例2－3－8〕
　次に、CとDがともに対抗要件を備えたというケースについて考える。例えば、〔設例2－3－7〕において、B・C間の売買目的物が不動産ではなく、立木であり、B・C間の立木売買について、Cが明認方法を施し、その後、AがDに立木とともに土地（山林）を売買し、Dに所有権移

---

[226] 我妻＝有泉『新訂物権』95頁参照。なお、以下の問題についても、同書同頁以下を参照。

第3節　不動産に関する物権変動と公示——第177条論

転登記を経由したという場合には、CとDとの関係は、どのように考えるべきであろうか。

このケースでは、AがDに土地を売買し、Dに所有権移転登記を経由した後に、AがBの無権代理行為を追認すると、立木については、Bの相手方Cが先に対抗要件を備えたことになる。しかし、この場合には、追認の遡及効を制限する第116条ただし書が適用され、第三者Dの権利を害するような追認をなしえないので、土地の所有権移転登記を経由したDが優先する。

(ウ) 選択債権における目的物選択の遡及効

〔設例2－3－9〕
　A・C間において、甲と乙という2個の不動産のうち、選択によって定まる1個を給付するという売買契約（選択債権契約）をした後、所有者Aが甲土地をDに売却した。この場合には、Cは甲土地を選択することができるだろうか。

選択債権とは、債権の目的が数個の給付中から選択によって定まるときの債権・債務関係のことを言い、選択権は債務者（本件では売キA）に属する（第406条）。このケースにおいて、A・C間で甲不動産が選択されたときには、この選択債権の相手方Cと選択以前に甲不動産につき所有権を取得した第三者Dとの関係も登記の先後によるべきものと解されている。

しかし、このケースのように、Cが選択債権をDの土地取得よりも前に取得した場合には、Cは選択債権（将来所有権を取得するという請求権）を保全す

るために仮登記をすることによって(不登第105条2号)、順位を保全しうる(同法第106条)。この仮登記があれば、選択債権の存在を公示するので、遡及効制限規定(第411条ただし書)の適用はない。

　Cが選択債権を保全するための仮登記を経由していないときには、第411条ただし書が適用され、Cの選択の効果は、その前に第三者Dが登記を経由することによって制限されるので、Dに選択の効果を主張しえない。もちろん、Dの登記がCの仮登記に遅れれば、Cは本登記を経由することによって、Dに対抗しうる。

　このように、遡及効を伴う物権変動に関しては、利害関係を有する第三者との間において、その遡及効を制限する必要性がある(「ただし、第三者の権利を害することはできない」という条文がある。)。しかし、利害関係ある第三者の側でも、自己の物権変動について、対抗力を備える必要があり(講学上、「権利保護資格要件としての登記」と称される。)、遡及効の制限と登記との間において、バランスのとれた解釈が展開されている。意思表示の遡及効を制限する規定は、詐欺による法律行為の取消でも見られるが(第96条3項)、この場合には、第三者の物権取得に関する利害関係のみを顧慮すべき遡及効制限規定とは異なり、その前提として、瑕疵ある意思表示における表意者本人の事情と善意の第三者との関係という特別な解釈が必要となるので、次段において、別途の問題として論ずる必要がある。

《ポイント》
　遡及効を伴う物権変動と第三者の登記との関係、特に、「ただし、第三者の権利を害することはできない」型の単純遡及効制限規定との関係について理解しよう。

第4項　第177条各論〔1〕意思表示の失効に関連する物権変動
❶　法律行為の取消と登記
(1) 問題の所在

〔設例2-3-10〕
　未成年者Aが自らの意思でBから借金をして、それ以前に相続によって自分の所有名義になっていた土地に抵当権を設定した場合、あるいは、

自分の所有名義の土地を自らの意思でBに売って代金を取得した場合には、これらの契約は取り消すことができる法律行為である（第5条2項）。
　取り消すことができる法律行為は、取り消すまでは有効に成立しているが、取り消されると、締結時に遡って「無効」という取扱いを受ける（第121条）。そうすると、法律行為が取り消される前、あるいは取り消された後に、前記Bから更に物権変動を受けた第三者Cと取消権者Aとの法律関係はどのように処理されるのだろうか。

　制限行為能力、詐欺・強迫（瑕疵ある意思表示）を原因として法律行為が取り消されると、契約関係及び物権変動は、遡及的に無効となる（第121条）。この場合の無効は、本来的な「無効」とは異なり、取消によって法律行為が遡及的に失効するという意味である。例えば、4月1日に売買契約を締結したが、これが上記の理由で5月1日に取り消されたときには、売買契約は、その締結日である4月1日に遡って効力を失う。この場合には、4月1日から5月1日に取り消されるまでは法律行為が「有効」であることから、物権取得者から更に物権を転得する者が現れうる。ここに「第三者関係」が発生する。取消の効果による法律関係は、意思表示による物権変動（第176条）となるのか、また、登記との関係は通常の意思表示による物権変動の場合と区別する必要があるのかが問題となる。ここでは、取消権者と第三者との関係について、取消権者の側から考察する。
　具体的な問題としては、第三者が取消前に現れた場合と、第三者が取消後に現れた場合とに分けて考える。前者の問題は、取消権者AがBとの契約を取り消す前に、第三者Cが取得者Bから物権を転得した場合であり、この場合に取消があると、その遡及効によって、第三者Cの物権取得に直接的な影響を及ぼす。また、後者の問題は、取消権者Aが取得者Bとの契約を取り消した後に、第三者CがBから物権を取得した場合であり、この場合には、取消後にもかかわらず、Bに何らかの物権者らしい外観（登記による物権の公示）が残っている場合があり（登記を元に戻さなければ、物権の名義はBのままである。）、そこで、取消権者Aと転得者Cとの法律関係が問題となる。

《ポイント》
「法律行為の取消と登記」という問題の前提について、理解しよう。

（2）取消権者の地位
（ア）取消前における取消権者の地位

> 〔設例2－3－11〕
> AがBの所有する土地について設定された1番抵当権を放棄し、その設定登記も抹消した。その後、Cが1番抵当権の設定を受け、登記を経由した。しかし、元の1番抵当権者Aが抵当権の放棄を取り消した。AはCに対抗することができるだろうか。

　法律行為を取り消す前の取消権者は、将来、法律行為を取り消すことによって、その締結時にまで遡及して物権を取得するという意味において、停止条件付の権利を有する者と類似している。しかし、取消による物権変動は、買戻しなどと異なり[227]、予め登記しえない。それゆえ、取消の意思表示より前の法律関係は、取消の遡及効（第121条）の範囲によって決せられる。つまり、詐欺のように、遡及効が制限される場合（詐欺取消には第96条3項により善意の第三者に対抗しえないという遡及効制限規定がある。改正草案では善意・無過失。）以外、即ち、強迫、制限行為能力を理由とする取消の場合には、遡及効が絶対的効力をもって貫徹される[228]。したがって、取り消されると、契約は遡及的に消滅し、当事者間においては、取消による物権の復帰を登記なく

---

[227] 買戻権は売主が将来の解除権を留保するという意味を有しており、一種の解除権であるから、買戻権者から買戻義務者に対する意思表示によって行使される（第540条）。即ち、買戻しは原売買契約を解除し、原所有者に所有権を復帰させる制度であるから、意思表示による物権変動である。
[228] 大判昭和4年2月20日民集8巻59頁：「債権及び抵当権の放棄行為を強迫による意思表示として適法に取り消したとすれば、その効力として放棄行為は始めより無効となり、嘗て放棄行為がなかったと同一に帰する。」
　大判昭和10年11月14日新聞3922号8頁：未成年者の親権者が親族会の同意を得ずに行った訴訟上の和解について、特別代理人がその和解を取り消したが、取消前に目的不動産を第三者が転得していた。この場合には、取消の遡及効を認め、訴訟上の和解が法律行為として取り消されたときには、訴訟行為としても効力を失う。

して対抗しうる。

〔設例〕では、Aが抵当権の放棄をBの詐欺を理由として取り消した場合には、その取消の効果を善意の第三者には対抗しえない（第96条3項）[229]。それゆえ、AはCが善意の場合にはCに優先しえず、Aの抵当権は2番抵当権として復活しうるに過ぎない。しかし、Aが制限行為能力や強迫を理由として取り消した場合には、AはCに優先する（第96条3項の反対解釈）。つまり、Aの1番抵当権が復活することの効果として、Cの抵当権は2番に格下げとなる[230]。

〔設例2－3－12〕
　不動産がAからB、BからCと転々譲渡され、各人に所有権移転登記が経由された後に、AがBとの売買契約を強迫を理由として取り消した。
　Aは取消をCに対抗することができるだろうか。

AがBとの間の譲渡行為をBの強迫や制限行為能力を理由として取り消すと、遡及効を制限する規定がないので、Bは遡及的に無権利者となる（第121条）。それゆえ、Cは所有権を取得しなかったことになる。したがって、転得者Cは、Aの所有権に基づく返還請求に応じるしかない。これは、Cから更に転々譲渡行為があり、それぞれの取得者が所有権移転登記を経由した場合でも、何ら変わりはない。このように、詐欺以外の事由による取消は、取消前に現れた第三者に対し、絶対的効力をもって対抗しうるという判例法理

---

229) 第96条3項の立法趣旨は、被詐欺者は、通常、多少なりとも何らかの過失によって欺されることが多く、この場合に取消が自由に行われてしまうと、詐欺の事情を知らない第三者に多大な損失を被らせる結果となり妥当ではないところ、反対に、第三者の立場を尊重すると、被詐欺者は多大な損失を被るが、善意の第三者と過失ある被詐欺者とを比較衡量すると、善意者を保護すべきであるという理由から、民法は、詐欺による意思表示の取消による無効をもって、善意の第三者には対抗しえないとしたのである（梅『要義一〔訂増版〕』235頁）。しかし、過失ある取消権者との相関関係と解するのであれば、第三者には善意のみならず、無過失まで求めるべきである。この意味において、第96条3項に関する今般の改正草案が「善意・無過失」としたのは正当である。
230) 我妻『物権法』72頁。

が形成された。

《ポイント》
法律行為の取消前の第三者と取消権者との関係について、検討してみよう。

(イ) 取消後における取消権者の地位——旧所有者と第三者との関係
〔問題提起〕
取消後は、取消権者は、登記がなければ、取消以後に取引関係に入った第三者には対抗しえないのであろうか。

> 〔設例 2 – 3 –13〕
> AがBとの間の不動産売買契約を取り消しただけで、Bから所有権の登記を回復しない間に、CがBから買い受け、所有権移転登記をした。
> AはCに対して所有権の復帰を対抗することができるだろうか。

(a) 判例法理
判例は、抵当権の放棄につき、強迫を理由として取り消したというケースにおいて、第三者の出現が取消の前後を問わず、また第三者の善意・悪意を問わず、当該第三者に対抗しうると判示した[231]。この強迫取消に関する昭和4年大判は、取消の遡及効に対して絶対的効力を与え、債権と抵当権の譲受人が「登記上利害関係を有するに至った日（抵当権譲渡登記のあった日）が前記取消のあった日の前であると後であるとによってその結果を異にすべきでないことは取消の効力より観て当然のことに属する」と解している。この点は、取消後は対抗関係（登記なくしては対抗しえない）と解する従来の通説と完全に異なっている[232]。

しかし、判例は、詐欺取消の場合には、取消時以後に物権を取得した第三

---

[231] 大判昭和4年2月20日民集8巻59頁：強迫による取消の効力は第三者の善意・悪意を問わず、これに対抗しうべきものとして、抵当権設定登記の抹消後に抵当権の設定を受け、その登記を経由した者に対し、取消によって回復した第一順位の抵当権をもって対抗しうべきものと解し、この点は取消の遡及効から当然であると判示した。

[232] 我妻『物権法』73頁は、登記に公信力のない制度上、取消後の第三者との関係は、対抗関係と解すべきものと主張する。

者との関係は公示の原則に従うという通説（対抗関係説）[233]の立場と一致している（大判昭和17年9月30日民集21巻911頁など）。しかし、強迫取消に関する昭和4年大判は、取消の遡及効を徹底するという見解を示している。

この判例法理の相違点について、近時の学説は、昭和4年大判の見解（遡及効貫徹説）が判例の基本的な立場であり、詐欺の場合には、例外的に、取消前に利害関係に立った善意の第三者について遡及効を制限する第96条3項を適用し、取消後に利害関係に立った第三者には復帰的物権変動との対抗関係（第177条）が適用されていると説明する[234]。なお、判例は、国税滞納処分による公売の取消後に落札者が第三者に不動産を譲渡し、その後も転々譲渡があったという事案において、取消の遡及効を否定し、復帰的物権変動説に基づいて、二重譲渡構成を採用している[235]。

（b）取消後の第三者に関する従来の学説

1）対抗関係説（基本的通説）

従来の通説は、取消は無効の場合と異なり、物権変動のあったことは事実であり、それが遡及効によって初めからなかったかのように扱われるに過ぎないという前提に立つ。対抗関係説は、取消の効果として発生した「復帰的物権変動」を登記しえたにもかかわらず、登記をそのままにしておいた（登

---

[233] 我妻＝有泉『新訂物権』96―97頁。

[234] 松尾弘「物権変動における『対抗の法理』と『無権利の法理』との間（4・完）」慶應法学第13号（2009年）187頁（196―197頁）。

[235] 最判昭和32年6月7日民集11巻6号999頁：「国税滞納処分における公売による不動産所有権の移転に関しても民法177条の適用あるものと解すべきことは、当裁判所の判例の趣旨に照し明らかである。」「所有権の回復について登記を経由しなかったXは、公売処分取消の後に、本件不動産の所有権を譲受けたYらに対抗し得ない。……公売処分の取消によりXに所有権が復帰したのち、さらに、Y₁に譲渡したのは、民法177条の関係では、あたかもAがこれをXとY₁に対し、いわゆる二重譲渡をした場合と異なるところはないからである。」

本判決の取扱いについて、平井一雄教授は、取消制度は私的自治の原則からの帰結であるから、公売処分の取消事案の射程は取消後の第三者一般には及ばないものと解し（平井「遡及的無効と登記」法セミ212号（1973年）130頁〔131頁〕）、廣中博士は、昭和4年大判の否定につながるものと解しており（廣中『物権法』129頁）、争いがある。なお、内田『民法Ⅰ』82頁は、昭和17年大判と昭和32年最判とを同レベルと解し、ともに対抗関係説に立つものと位置づけている。

記懈怠の）状態で、取消後に当該不動産に関して新たに取引関係に立った第三者に対抗しうると解することは、あまりにも第三者の権利を害するものであり、是認しえないとして、この場合におけるAとCとの関係は対抗関係になると主張した。それゆえ、この「通説」によると、取消権者Aは先に登記したCに対抗しえないこととなる[236]。

その後の学説は紛糾を極め、有力説は、①対抗関係説（通説）を支持しつつ、これに疑問を提起し、あるいはこれを修正するものと、②遡及効を徹底して主張するもの（無権利構成説）、に分かれている。

2）対抗関係説を補充・修正する学説

2-1）舟橋説

舟橋博士は、通説が何ら公示のない取消の前後によって区別し、「取消前の第三者」は取消の遡及効（遡及的無効：第121条）によって、たとえ登記を得ていても、無権利者からの譲り受けであり、「無効（取消による失効）」と解していながら、「取消後の第三者」は「有効」に所有権を取得し、旧所有者とは対抗関係に立つものと解する点について疑問を抱き（取消の遡及効に関する疑問）、この点について合理性がないと主張する[237]。

2-2）廣中説

廣中博士は、第三者の登場が取消前でも取消後でも対抗問題として処理すべきであると主張する。取消権者が取り消すべき行為に基づく物権変動の有効性を解消するか維持するかの選択の自由を現実に有するに至った時点、即ち、強迫を免れ、詐欺を発見し、制限行為能力者が追認しうる状態になった時以後に、取引によって物権を取得した者と取消権者とは、取消権の行使が、第三者の出現の前後を問わず、いずれも対抗関係に立つと言う。しかし、この場合でも、背信的悪意者は排除すべきものとする[238]。

---

236) 我妻『物權法』73頁、我妻＝有泉『新訂物權』97頁、末川『物權法』121―122頁、柚木馨『判例物權法總論』118頁。

237) 舟橋『物權法』162―163頁。舟橋教授は、このように疑いを抱きながらも、通説を支持する理由として、「通説の立場は、本来相容れない取消の遡及効と公示の原則について、やむなく、その妥協を、取消ないし返還請求の時の前後によって区別するという点に求めたにすぎないのであって、この意味で、通説の結論を是認するわけである」と述べている。

2-3）鈴木（禄）説

鈴木博士は、廣中説と類似するが、対抗関係となる時期を修正し、取消権発生の原因が止み、かつ、取消権者Aが取消の理由を知ったとき以降に取引関係に入った第三者Cとの間では、Aは登記なくして取消による物権変動を対抗しえないものとする[239]。

3）無権利構成説

3-1）川島説

川島博士は、第177条の問題ではないと主張し、公示されない取消の前後によって第三者に対する効果を峻別するのではなく、取消後における給付物の返還請求（及び将来の給付の拒絶）、登記抹消請求（原状回復請求）と一体化して考える必要があり、取消、即ち、訴えによる返還請求権行使の時点の前後を基準として第三者に対する効果を峻別すべきものと主張する[240]。

この説によると、第96条3項は給付物の返還請求権の行使を制限する規定であり、「第三者」は、取消、即ち、返還請求の時までに利害関係を生じたすべての第三者だとされる[241]。更に、第96条3項は、取消の前後を問わず、詐欺による意思表示があったことを知らないすべての第三者を保護する趣旨と解すべきではないかと論じた[242]。

3-2）四宮説

四宮博士は、制限行為能力、詐欺・強迫を理由とする取消の遡及効は当初の意思表示に瑕疵があるためであって、解除とは異なり、取り消された場合には初めから無効である（第121条）という前提に立つ。当該行為が錯誤等によって当初から無効である場合と同じく、取り消された行為は、取消前の第三者はもちろん、取消後の第三者との関係でも無効となるとし、登記がなくとも、取消の効果を主張しうるものとして、この問題は対抗問題ではない

---

238) 廣中『物権法』128頁以下。
239) 鈴木（禄）『講義（5訂版）』145—146頁。
240) 川島武宜「判評〔大判昭和17年9月30日〕」『判例民事法昭和17年度』199頁（203—204頁）、同・『民法総則』301頁。
241) 川島博士は、取消の効力を更に登記の有無によって区別するという複雑な構成は民法の予想するところではないという（前掲「判評」『判例民事法昭和17年度』203頁）。
242) 川島『民法総則』301頁。

と主張した[243]。この見解は第94条2項類推適用説へと発展した[244]。即ち、四宮博士は、取消前の第三者は民法の用意した第三者保護規定（第96条3項）で処理し、取消後の第三者は第94条2項類推適用説で処理すべきものだと言う[245]。

3-3）幾代説

幾代通博士は、「取り消しうべき行為の外形たる登記を有効に除去しうる状態になりながら、なおそれを除去せずに放置することは、虚偽表示に準ずる容態である」と解し、「取消権者が自己の行為を取り消しうるものであることを知り、その追認を有効になしうる状況に入った」後に登場し、かつ登記を備えた第三者は、すべて第94条2項の類推適用によって保護すべきものと主張した[246]。

3-4）下森説

下森定教授は、取消前は実体的判断（第三者保護規定の有無）の問題であり、取消後は公信問題であると解し、いずれにしても、対抗問題は生じないと解し、むしろ、対抗問題と捉えるのは不当であると主張する。

下森教授は、公信力欠如の修正原理としては、本人の帰責事由と第三者の善意（無過失）のあわせて一本で取引安全を保護しようとする第94条2項類推適用論が民法典の価値判断の体系及び技術構造からみて、もっとも妥当であると言う。また、その適用基準時は原則として取消時であるが、第三者が取消権者の取消懈怠を主張し立証しえたときには、取消権を行使すべきであった時期を基準時とすべきであると言う。そして、取消前は第96条3項を適用し、取消後は第94条2項を類推適用すべきものと主張する[247]。

243）四宮和夫「遡及効と対抗要件」法政理論（新潟大学）9巻3号（1977年）1頁（8—10頁）。
244）四宮「前掲論文」法政理論9巻3号11頁。
245）四宮和夫『民法総則』172—173頁
246）幾代通「法律行為の取消と登記」『民法学の基礎的課題上巻』（有斐閣、1971年）61頁以下（その後、幾代『不動産物権変動と登記』〔一粒社、1986年〕32頁以下に所収）。
247）下森定「『民法96条3項にいう第三者と登記』再論」『民事法学の諸問題』（総合労働研究所、1977年）99頁（136頁）。

4）対抗関係修正説

更に、従来の通説は、取消後の第三者との関係を対抗関係と解する一方で、取消前の第三者との関係においては、第94条2項類推適用を主張する説に変わった。例えば、制限行為能力者や被強迫者が、行為能力者となり、または強迫を免れた後に取り消さずに相当期間が経過した後に第三者が現れてから取り消したという場合には、第96条3項と同様の効果を与えようというのである[248]。

このように、判例・通説から有力説に至るまで理論は錯綜している。取消の効果は法律行為の遡及的失効と原状回復であるから、意思表示による物権変動（第176条）を採用するわが民法の下では、復帰的物権変動説を基調とする考え方に一日の長はあるかのようである。しかし、他方、取消の遡及効を徹底するという原則に立ち帰る無権利構成説の正当性もまた無視することはできない。そして、前掲した物権変動論全般における解釈論を踏まえて考察すると、現在では、無権利構成説が主流派ということになろう。

《ポイント》
法律行為の取消後の第三者と取消権者との関係について、検討してみよう。

（3）詐欺取消における善意の第三者と登記の要否

法律行為の取消のうち、詐欺を原因とする場合には、被詐欺者の帰責性を考慮し、また、取引の安全をも考慮して、その取消を善意の第三者に対抗しえないとする（遡及効の制限〔第96条3項〕）。この第96条3項の適用に関して、従来、善意の第三者には登記が必要かという問題があり、判例・通説と有力学説との間において争いがある。

〔設例2－3－14〕
　BはAをだまして農地を取得し、知事の許可（農地第5条）を得る前に所有権移転の仮登記を経由した。Bはこの転用予定農地をCに転売し、所有権移転付記登記を経由した。Aは、Bとの売買を取り消して、Cか

---

[248] 我妻＝有泉『新訂物権〔有泉亨〕』101頁。

ら農地を取り戻すことができるだろうか。

（ア）判例・通説
　Aの取消前に現れた善意の第三者Cには第96条3項を適用する。
　判例・通説は、第三者Cが同条の適用を受けるためには対抗要件を必要とするものと解してきた[249]。この判例法理は、第94条2項の「第三者」には登記不要という一般的な判例法理（大審院[250]、最高裁[251]）とは見解を異にする。

（イ）反対有力説
　しかし、有力説は、被詐欺者（取消権者）Aと善意の第三者Cとは、転々譲渡の前主と後主との関係に立つという理由から、この場合には、善意の第三者Cには登記は不要であると主張してきた[252]。
　〔設例〕は、詐欺による契約の目的物の中に農地法第5条の許可を要する農地があり、農地につき所有権移転の仮登記を経由した後、その契約取消前に、第三者Cが現れたという事案である。同様の事案において、判例は、契約取

---

[249] 大判昭和7年3月18日民集11巻327頁は、善意の動産引渡請求権者が占有改定による引渡しを得たので、第96条3項の善意第三者資格を付与した。本判決当時の通説は、債権的請求権取得者でも所有権取得者でも善意の第三者資格はあるが、対抗要件を備えないうちは保護されないものと解していた（吾妻光俊「本件判批」法協第52巻7号（1934年）1368頁、我妻『新訂總則』312頁）。しかし、その後は反対有力説が多数を占めた。

[250] 大判昭和10年5月31日民集14巻1220頁：仮装譲受人の相続人が抵当権設定登記をしたが、この登記は先代とその相続人（2代目）の姓名が同一であったため、相続登記を省略して行った登記であったので、仮装譲渡人Xが抵当権者Yに対し、登記の無効を主張した。大審院は、Xには登記の無効を主張する利益がないと判示した。

[251] 最判昭和44年5月27日民集23巻6号998頁：第94条1項が通謀虚偽の意思表示を無効とし、2項で、その無効を善意の第三者に対抗しえないとしたのは、外形を信頼した者の権利を保護し、取引の安全を図ることにあると解し、第94条2項を類推適用し、外形を作出した仮装行為者が一般取引の当事者と比べて不利益を被るのは当然の結果であるとして、登記を信頼して取得した第三者の所有権取得を認めた。

[252] 川島「判評」『判例民事法昭和十七年度』203—204頁、下森・前掲論文『薬師寺米寿—民事法学の諸問題』99頁、川島編『注釈民法（3）総則（3）〔下森定〕』230頁、四宮『民法総則』188頁など。四宮博士は、第96条3項は、このCとの関係では、Aの意思表示は取り消されず、Bは有効に権利を取得したものとみなす趣旨であり、取消権者Aと第三者Cとの関係は対抗問題ではないと明言している。

消前に、当該農地に譲渡担保権が設定され、仮登記移転の付記登記がなされた場合には、たとえ当該譲渡担保に対抗力がなくとも、農地売買の許可に基づく本登記経由後は所有権を取得すべき地位にある以上、第96条3項の善意の第三者に該当するものとした[253]。つまり、AはCから農地を取り戻すことはできない。本判決を契機として、この問題について、登記不要説が多数学説を形成したが、その反面、従来の通説は、登記必要説を唱えていた。

(ウ) 通説からの反論

通説は、登記不要説のいうように、善意の第三者Cの保護を全く登記から切り離して考えると、AがBから登記を回復した場合にも、更に遡って、Bの詐欺を媒介としてA→B→Cと転売されたが、登記は終始Aにある場合にも、常にCが優先し、CからAへの登記請求権を認めることになってしまい、妥当ではないと主張し[254]、対立してきた。

(エ) 解釈論

この場合において、善意の第三者に登記を求めようとする考え方は、いかなる理由に基づいているのだろうか。

善意の第三者Cは、取消前に譲渡によって所有権を取得しており、取消の遡及効の影響を受け、所有権を取得しえない状況に追い込まれるべき立場にある。詐欺を原因とする取消の場合には、取消権者Aにも、だまされたという落ち度（帰責事由）があるために、取消に一定の制限を設けたのである。つまり、この問題は、第三者の保護という取引安全法理と、被詐欺者の帰責事由との双方を踏まえて考察すべき問題であり、第94条2項の問題とパラレルに考えうる問題である。元々、取消前に現れた善意の第三者Cと取消権者Aとの関係は、対抗関係に立たないはずであるから、AとCとの関係では、第177条の予定する「対抗要件としての登記」は不要ではないかと解される。

しかし、反面、第177条によると、自己の物権変動を第三者に対抗するため、つまり、自己の権利を第三者に主張し、あるいは、第三者からの主張から権利を保全するためには登記を必要とする。それゆえ、従来の通説が掲げ

---

[253] 最判昭和49年9月26日民集28巻6号1213頁。
[254] 我妻＝有泉『新訂物権』102頁、加藤一郎「取消解除と第三者」法学教室7号（1981年）65頁など。

た反論問題における取消以後のAや、それ以外の第三者との関係では、Cにも登記が必要となる[255]。しかしながら、この後者の見解は、本来、取消権者と善意の第三者との問題ではなく、一般的な物権変動と不特定多数の第三者との問題に帰着するに過ぎない。また、前掲通説からの反論も、第96条3項が「善意第三者保護規定」であるにもかかわらず、通常の遡及効を制限するだけの「第三者保護規定」（無権代理：第116条、選択債権：第411条、解除：第545条1項、遺産分割：第909条の各ただし書を参照）と同一レベルで考えているように思われる。

単なる遡及効制限規定は、一方では第三者Cが既に取得した物権の効力を遡及効によって覆滅させてはならないという趣旨の規定である。しかし他方、この第三者Cによる物権取得の効力を対抗要件具備によって原所有者Aに対して公示し、物権の取得を保全した第三者だけを保護しようという趣旨から、従来の通説は、第三者Cに対抗要件の具備を求めているに過ぎない。

この意味において、真正権利者の帰責事由（故意または過失）と第三者の取引安全保護とをその要件として解釈されている善意第三者保護規定（第94条2項、第96条3項）とは、制度趣旨が異なる。したがって、この問題については、一般的には登記不要説が妥当ということになる。

《ポイント》
取消前の第三者に登記が必要かという問題について、検討してみよう。

❷ 法律行為の解除と登記
（1）債務不履行を理由とする法定解除の場合

〔設例2－3－15〕
　Aは、Bに土地を売ったが、Bが代金を支払わないので解除した。しかし、解除の前に、BがCに転売していた。AはCから土地を取り戻す

---

[255] 星野英一教授によると、「権利主張要件ないし保護要件としての登記」という。「判研（最判昭和49年9月26日）」法協第93巻第5号（1976年）813頁（821頁以下）参照。

第3節　不動産に関する物権変動と公示——第177条論　163

ことができるだろうか。

　取消の場合と同様、契約解除に伴う物権変動を予め登記しえない。解除までに生じた第三者との関係は、解除の遡及効の範囲によって決する[256]。例えば、物権の設定や移転を目的とする契約によりAからBへの物権変動が生じた場合でも、契約の解除によって物権は復帰する。しかし、解除によって第三者の権利を害することはできない（第545条1項ただし書）。

　通説によると、この場合における第三者Cは解除の遡及効を受ける者であることを理由として、解除前に現れた第三者に限定される。また、第三者の善意・悪意は不問と解されているが、物権取得者で、対抗要件を備えた者に限定する[257]。これに対して、解除後の第三者との関係は、対抗要件の問題と解されている[258]。

《ポイント》
　法律行為の解除の前・後に現れた第三者と解除権者との関係について、検討してみよう。

（2）転売後の合意解除（解除契約）と登記

〔設例2−3−16〕
　不動産がA→B→Cというように転々と売買されたが、登記がまだAにある場合において、A・B間で遡及効を有する合意解除をしたときには、この合意解除の効力は転得者Cに及ぶだろうか。

（ア）判例法理

〔設例〕において、判例は、合意解除は第545条の意味における契約の解除

---

256) 我妻＝有泉『新訂物権』102頁。
257) 大判大正10年5月17日民録27輯929頁：本判決は、解除の遡及効による原契約の消滅と復帰的物権変動を認定し、転得者が対抗要件を具備していないときは、原所有者Aと転得者Cとの対抗関係を擬制すると言う。先に転得者Cの所有権取得があり、対抗要件を具備しないうちに解除され、Aに所有権が復帰するという点において、ここに第二の所有権取得があったものと見るので、二重譲渡類似の関係になるという。
258) 大判明治42年10月22日刑録15輯1433頁、大判昭和14年7月7日民集18巻748頁。我妻＝有泉『新訂物権』103頁。

（法定解除）ではないが、合意解除が契約締結時に遡って効力を有するときには、法定解除と同一の効力を有するので、この合意解除は第三者の権利を害しえないとした（第545条1項ただし書）。

また、判例は、合意解除と転買主の登記請求が不動産物権の得喪・変更にかかるときには、第177条の規定を適用する（第三者は登記を要する）という前提に立脚し、転買主による登記請求と原売買契約の合意解除による遡及的消滅との関係について、この解除を制限する第545条1項ただし書を転買主に適用するには、転買主が所有権移転登記を経由している場合に限られると判示し、合意解除の場合にも、法定解除と同様の解釈により、解除の遡及効を受ける第三者が自己の権利を保全するには対抗要件を備えている必要があるとした[259]。

(イ) 学　説

学説は、直接効果説（遡及効説）と非遡及的構成の各説（間接効果・折衷説、契約関係転換説）とが対立する。

登記で問題を決するにあたっては、遡及効を制限するからこそ登記による権利確定を要件とするのであり、非遡及的構成説は、何のために登記を第三取得者に要求するのかが分かりにくい。敢えていえば、解除の前後を問わず、原所有者への所有権の復帰と第三取得者の所有権取得との対抗と解するしかない（前掲大判大正10年5月17日参照）。つまり、解除前に転得者への物権変動が先にあり、その後、解除され、原所有者に所有権が復帰する関係を二重譲渡類似の関係と構成すれば、「対抗要件としての登記」を要する関係となり、第177条の第三者関係と構成しうる。

これに対して、解除前の第三者は遡及効の制限規定で処理し、解除後の第三者は対抗関係で処理するという立場（復帰的物権変動説―対抗関係説）から考えると、解除前は、本来対抗関係にない第三者関係について、殊更に対抗関係を擬制することになり、大いに疑問である（この意味では、制度趣旨は異なるが、形式面からいえば、第96条3項の取消前の善意第三者にも登記は不要で

---

[259] 最判昭和33年6月14日民集12巻9号1449頁：解除前に譲渡されながら未登記の者は第545条1項但書にいう第三者ではないとした。

ある)。

　解除前の第三者に必要とされる登記を権利保護(資格)要件としてとらえる学説もある。これは物権取得後に現れるべき不特定多数の第三者に対する登記による対抗という意味としては理解しうる(登記による権利確定・保全的機能)。しかし、論者が前提とする解除前の第三者や取消前の善意の第三者に特化して登記を要求する理由にはならない。したがって、この解除の効果に関する限り、旧来の通説たる直接効果説と復帰的物権変動、そして、解除前に現れた第三者の保護規定(第545条1項ただし書)は、解除権者の解除の効力を奪うという意味における権利保全機能としての登記具備(権利保護要件ではない)を要件とするという考え方が現行制度に馴染む立論である。

第5項　第177条各論〔2〕相続と登記
❶　問題の所在

　相続は人の死亡によって開始し(第882条)、被相続人の子、配偶者が相続人となり(第887条1項)、これら数人の相続人は共同相続人となり、相続財産はその共有に属する(第898条)。通常、共有財産を分割するには共有物分割の手続が必要である(第256条)。しかし、遺産に関しては、特別に遺産分割協議という手続があり(第906条以下)、その法的効力として、遺産の分割は相続開始の時点に遡ってその効力を生ずると規定する(第909条本文)。相続は意思表示による物権変動ではないが[260]、遺産分割協議は、共有物たる遺産を個人の所有物として分ける話し合いであるから、相続開始に伴う物権変動後における意思表示による物権変動である。この場合において、遺産分割前に相続財産に関して物権を取得した第三者が存在するときには、遺産分割の遡及効を受けることにより、遺産分割の効果が被相続人の死亡時にまで遡

---

260) 周知のように、戦後に改正される前の民法旧規定においては、生前相続制度(隠居による家督相続)が存在しており(旧規定第986条:家督相続人ハ相続開始ノ時ヨリ前戸主ノ有セシ権利義務ヲ承継ス)、このため、隠居し、子に相続させた被相続人から、相続財産を二重に譲渡された第三者と相続人との訴訟が存在したが、判例は、この場合には二重譲渡関係が成立し、両者は対抗関係になるとしていた(大連判明治41年12月15日民録14輯1301頁)。したがって、相続も意思表示による物権変動となりえた。

ることによって、被相続人死亡後の物権変動が否定され、第三者が取得したはずの物権が取得されえない結果となりうる。そこで、遺産分割の遡及効を制限する規定として、「ただし、第三者の権利を害することはできない」とした（第909条ただし書）。

　この形式の遡及効制限規定は、ほかにも、無権代理行為の追認（第116条ただし書）、選択債権の遡及効（第411条ただし書）、解除の遡及効（第545条ただし書）、があり、そのすべてにおいて、不動産の物権変動との関係では、第三者の権利保全要件として、登記が必要と解されている（通説・判例）。

　この通説・判例の立場に従うならば、本項の問題点としても、遺産分割協議との関係において、第909条ただし書の第三者として保護されるためには、登記を必要とする。

《ポイント》
　第177条は、第176条の意思表示による物権変動を受けて、その物権変動を確定させる効果を有するが、相続による物権変動も、第177条の第三者になるのか。

❷　相続開始前の物権行為

〔設例2－3－17〕
　被相続人甲が、生前に、その所有する不動産を乙に売却し、または特定の不動産を丙から購入したが、登記をしないうちに死亡した場合について、
　（1）相続人Aが単独相続による包括承継人である場合と、
　（2）相続人がA・B・Cという共同相続の場合とでは、法律関係はどのように異なるだろうか。

　（1）の場合には、単独の包括承継人Aは、当該物権変動の当事者として、乙から履行を求められ、丙に対して履行を請求する立場にある。それゆえ、いずれの場合でも、対抗要件の有無は問題とはならない。

　（2）の場合には、遺産分割協議の前であれば、（1）と同様の結論、即ち、包括承継人たる3人が平等の割合で物権変動の当事者となる。

この（2）のケースにおいて、相続開始後、3人が遺産分割協議をしたときには、それぞれ分割した財産について、各々に権利義務関係が帰属する（第909条本文：遺産分割協議の遡及効）。それゆえ、購入した不動産の所有権をAに帰属させるという協議が成立した後は、Aだけが、不動産の売主丙に対して登記請求権を有することとなる。

《ポイント》
相続開始前、つまり、生前に所有権を移転し、あるいは制限物権を設定したが、登記・引渡前にその行為者が死亡した場合には、相続人はどのような立場になるか。検討してみよう。

❸ 共同相続開始後の物権変動と登記
（1）遺産分割協議前の第三者との関係

共同相続人A・B・Cが相続した後に、そのうちの誰かが自己の相続分を処分し、あるいは遺産分割、相続放棄、相続人の欠格・廃除などがあると、物権関係に変化が生ずる。

〔設例2－3－18〕
　土地所有者甲が死亡し、A・B・Cが不動産を共同相続した後、遺産分割協議前に、Cが自己の持分権を第三者Dに譲渡し、その後に遺産分割協議が行われ、Aが単独でその不動産を承継取得した。Aは、CからDへ譲渡された持分を取り戻すことができるだろうか。

このケースで、Aが単独で相続することとなったときには、Aは相続開始の時に遡って土地の単独所有権を取得する（第909条本文）。この遺産分割協議の遡及効により、第三者Dは無権利者たるCから持分権を譲り受けたことになり、せっかく取得した持分権を失う。しかし、これでは、第三者Dに不測の損害をもたらし、また、取引の安全を害することにもなり、大変不合理

である。それゆえ、制度上は、第三者Dとの関係では、遡及効が制限を受ける（同条ただし書：第三者の権利を害することはできない。相続法改正前は、遺産の共同所有は合有であり、持分権を処分できないものと解されていた）。通説によると、この場合には、第三者Dには対抗要件（登記）が必要となるが、Dが登記を経由するには、その前に、Aらの共同相続登記が必要である[261]。通常は、持分権を譲渡するCが共同相続登記をした上で、Dへの持分譲渡の登記をする。しかし、DがCの債権者である場合には、DがCに代位して（第423条）、共同相続登記をした上で、Cの持分権について、処分禁止の仮処分手続による登記（不登第111条関連）や、強制競売の申立てによる差押登記（民執第46条1項）がなされる。

《ポイント》
遺産分割協議の遡及効を制限する第909条ただし書の適用について理解しよう。

（2）遺産分割協議後の第三者との関係

〔設例2－3－19〕
　前〔設例〕において、共同相続不動産をAが単独相続するという遺産分割協議がなされたとする。しかし、その登記をしないうちに、Cの債権者Dが共同相続登記の手続を執り、Cの持分に対して差押えや仮処分を行った。AはDに対して対抗することができるだろうか。

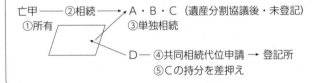

　このケースでは、AはDに対して単独相続の事実を対抗しえない。Aは被相続人甲から直接に単独相続をしたことになる（第909条本文）。これは遺産分割協議に遡及効を認めているからである。この場合には、一度A・B・Cの共同相続が行われ、共同所有状態となった後に、遺産分割協議によって、

261）我妻＝有泉『新訂物権』108頁。

BとCの持分権がAに承継取得されたものと考える。遺産分割協議は、相続開始後における相続人相互間の意思表示による物権変動と解されるからである。このように解すると、遺産分割協議の効果を実効性あるものとすべき所有権移転登記を経由していないので、この場合には、Aと第三取得者Dとは対抗関係にある[262]。判例も同旨である[263]。したがって、未登記のAは、登記を経由した差押債権者Dに対抗しえない。

《ポイント》
遺産分割協議前に共同相続人の1人から土地持分を取得した第三者と、分割協議後に同様に土地持分を取得した第三者の立場はどのように異なるのか。

(3) 他の相続人の同意なき単独相続登記と第三取得者との関係

〔設例2－3－20〕
　特定の不動産について、共同相続人の1人Aが、遺産分割協議前に、ほしいままに単独相続の登記をした後、この不動産を第三者Dに譲渡し、登記を経由した場合において、他の共同相続人BとCは、それぞれ登記なくして自己の持分権をDに対抗することができるだろうか。

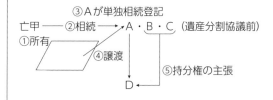

(ア) 判例法理

このケースでは、①相続には第三者が介入する余地はないから、各相続人は共同相続の状態への復帰を請求しうるか、②共同相続状態への復帰は無理だが、共同相続人の各持分権は各相続人に帰属すべき固有の相続権であるから、登記なくして第三者に対抗しうるのか、が問題となる。

---

262) 我妻＝有泉『新訂物権』108頁。
263) 最判昭和46年1月26日民集25巻1号90頁。

判例は、共同相続後、相続人の1人が相続財産たる土地につき単独相続の登記をし、これを第三者に譲渡した場合には、他の共同相続人は、自己の土地共有持分権の範囲内でのみ第三取得者に対抗しうるものとした。また、判例は、他の相続人が共有権に対する妨害排除請求として登記を実体的権利に合致させるための請求は、登記の全部抹消手続ではなく、一部抹消（更正）手続であるとした[264]。また、判例は、共同相続人の1人Aがほしいままに単独相続登記をして、第三者Dから金員を借り入れ、Dのために抵当権を設定し、登記した後、Aが自らDに対し、Bの持分権については、抵当権は無効だと主張することは、信義則に反し、許されないとした[265]。

（イ）学説上の論争
（a）総　説

この問題については学説上の争いがある。第177条の対抗関係で決するのか、それとも、第94条2項類推等の公信的構成で決するのか、錯綜している。共同相続登記の懈怠、あるいは単独相続登記の見過ごしという点に帰責事由という概念を持ち込むのであれば、もはや第177条の対抗関係から脱却し、無権利構成説を出発点として、表見法理ないし権利外観という取引安全保護法理によって、解決すべきである。

（b）無権利構成説

通説は、判例と同じく、単独相続登記を経由したAは自己の持分を超える部分について無権利であるとして、第三者Dも無権利者から処分を受けたものとして無権利者として扱い、Dに所有権取得の登記があっても、登記には公信力が認められず、その結果、BとCの持分の範囲では、Dは第177条の第三者ではないので、BとCは登記なくして自己の持分権をDに対抗しうるものと解する[266]。

---

[264] 最判昭和38年2月22日民集17巻1号235頁：「相続財産に属する不動産につき単独所有権移転の登記をした共同相続人中の乙（Y₁）ならびに乙（Y₁）から単独所有権移転の登記を受けた第三取得者丙（Y₂）に対し、他の共同相続人甲（Xら）は自己の持分を登記なくして対抗しうる。けだし乙（Y₁）の登記は甲（Xら）の持分に関する限り無権利の登記であり、登記に公信力なき結果丙も甲（Xら）の持分に関する限りその権利を取得するに由ないからである（大判大正8年11月3日民録25輯1944頁参照）。」

[265] 最判昭和42年4月7日民集21巻3号551頁。

（c）対抗関係説

これに対して、共有の弾力性と第三者保護との調整を図るべきだという観点から、登記を経由したDとの関係では、他の共同相続人B・Cは登記がなければ対抗しえないという少数説がある。この学説によると、共有は、数個の所有権が互いに制限しあって存在する状態であり、各自の所有権は他の共有者の同じ権利によって縮減されているに過ぎず、その1つが欠けるときには、他の共有持分権が全部について拡張する性質を持っているので、共有不動産についてAに単独相続登記がなされ、他の共有者B・Cの持分権の登記がないときには、所有権について存在する制限物権について登記がなかった場合と同様、第三者Dとの関係では、Aの持分権が拡張しているとされる（所有権の弾力性理論から共有弾力性説といわれる）[267]。この点から、DとB・Cとは対抗関係にあるとされた。

しかし、有泉博士は、無権利構成説からの批判を受け入れ、遺産の共有が分割のための、かつ分割までの合有であること、共同相続人の一人Aのなした相続登記は遺産の共同管理における越権であるという面（表見代理ないし表見代表という要素があるという面）と、他の共同相続人B・Cの側に単独で容易にできる遺産分割前の共同相続登記の懈怠という面（第94条2項の拡張適用論）とを併せ考えると、従来の結論も捨て難く、第三者Dの善意を条件として、これを維持したいと改説した[268]。

（d）第三者保護との調整——解釈論

このような観点からの解決策として〔設例〕のような場合について考察す

---

266) 古くは、石田（文）『物権法論』158頁以下、末川『物権法』126頁以下、柚木『判例物権法總論』124頁があり、その後は、星野『概論Ⅰ』55頁、廣中『物権法』147頁、鈴木（禄）『物権法』333頁、近江『講義Ⅱ』116頁、平野『物権法』111頁など通説であり、これに反対する学説は見られない。この関係を第177条の関係ではないと明言する内田『民法Ⅰ』451頁、山野目『物権法』63頁も同旨と見てよい。

267) 我妻『物権法』75—76頁。我妻＝有泉『新訂物権』111頁、舟橋『物権法』168頁。

268) 我妻＝有泉『新訂物権』113頁。この考え方は、第177条の第三者の箇所において論じたように、二重譲渡の問題において現在のフランスの多数説となっているフォート（過失責任）理論に通ずるものがある。即ち、第二譲受人が有過失の場合には、第一譲受人に対抗しえないという考え方である。しかし、第177条の対抗関係と解しつつ、第三者の善意・悪意を評価に入れる解釈はその出発点において矛盾という誹りを免れない。

ると、通常の場合には、共同相続登記を経由していない他の相続人B・Cについては、この程度では帰責事由（登記懈怠）があるとはいえない。しかし、Aの不実登記を知りつつ黙認したなど、当該登記への意思的関与がある場合には、第94条2項類推適用説を認めるという解釈もありうる。あるいは、A・B・Cが共同生活者であれば、第94条2項とともに第110条を重畳ないし類推適用し、第三者Dについて、この共同生活者における財産管理行為という外形を信頼したという正当事由を認め、この場合において、他の相続人B・Cに不実登記への寄与度が小さいときには、第三者Dに善意かつ無過失まで要求するという理論構成を採ることが妥当であるように思われる。

④ 遺言と登記
（1）遺贈による物権変動と第三者

遺贈は、遺言者が遺言により包括または特定の名義でその財産の全部または一部を処分する行為である（第964条）。この文言によると、遺贈は遺言者の意思表示による処分、即ち、法律行為であり、遺言の効力発生時、即ち、遺言者の死亡と同時に、第176条に所謂「意思表示による物権変動」の効果が生ずる。しかし、包括遺贈の場合には、受遺者は相続人と同一の権利・義務を有するものとされ（第990条）、その結果、受遺者は、相続開始時から被相続人（遺言者）の財産に属した一切の権利・義務を承継することになる（第896条本文）。そうすると、前段の「相続と登記」において論じたことと同様に解釈すればよいので、「遺贈による物権変動と第三者」という問題が生ずるのは、特定遺贈の場合に限られる。

〔設例2－3－21〕
　BはAに遺言を残して死亡した。相続財産の受遺者Aが所有権移転登記を経由しない間に、他の相続人Cの債権者Dが債権者代位権を行使し、共同相続の登記をして、同時に、債務者である相続人Cの持分権を差し押さえ、強制執行を申し立てた。
　当該不動産の受遺者Aは、第三者異議の訴えによってDの強制執行の

このケースで、判例は、遺贈は遺言によって受遺者に財産権を与える遺言者の意思表示にほかならず、遺言者の死亡を不確定期限とするものではあるが、意思表示によって物権変動の効果を生ずる点においては贈与と異なるところはないとして、遺贈が効力を生じた場合においても、遺贈を原因とする所有権移転登記のなされない間は、完全に排他的な権利変動を生じないという理由から、受遺者Aは、差押えの登記を経由した第三者Dに対しては、遺贈の効果を対抗しえないとして、Dの強制執行を排除しえないとした[269]。

　本件の場合には、遺言による贈与という構成だからこそ、物権変動の第三者相互間の問題とされたのであるが、遺言の内容が、相続に係る遺産分割の指定と解される場合には、問題状況が異なる。

《ポイント》
　遺贈を原因とする物権変動による受贈者と第三者とは対抗関係に立つという点について、検討してみよう。

（2）特定の相続人に「相続させる」と記載した遺言の趣旨

〔設例2－3－22〕
　亡Aは「遺言書」で、甲土地はB一家に、乙土地はCに、丙土地はDに、それぞれ「相続させる」旨の意思を表示した。Bは相続人だが、CとDは相続人ではない。この遺言は「遺贈」として有効だろうか。それとも、何か別の効力を生ずるのだろうか。

　このケースで、判例は、相続人以外の者CとDに対して、「某に譲る」と記載した遺言は遺贈であるが、特定の相続人Bに対して、「某の相続とする」と記載した遺言は遺産分割の方法の指定（第908条）に該当するものと解し、この場合には、他の共同相続人も右の遺言に拘束され、これと異なる遺産分割の協議、更には審判もなしえないとして、その効力については、何らの行為

---

[269] 最判昭和39年3月6日民集18巻3号437頁。

を要せずして、被相続人の死亡の時（遺言の効力の生じた時）に直ちに当該遺産が当該相続人に相続により承継されるものとした[270]。

このように、遺言書の記載方法によっては、遺贈にならず、遺産分割の方法や内容をも遺言によって指定しうるものとしたという点において、遺言者の相続財産に関する処分の意思が重視されることになるので、判例は、法の解釈を一歩進めたものと言いうる。

そして、その後の判例は、この趣旨を更に推し進め、本件のような遺言による遺産分割の指定を受けた相続人は、当該相続財産に関しては、登記なくして、第三者に対抗しうるものとした[271]。

（3）「相続させる」とされた特定の相続人が遺言者よりも先に死亡した場合における遺言の効力

〔設例2−3−23〕
亡甲は、土地・建物などを所有していたが、死亡し、妻A、長女B、長男Cが共同相続した。その後、Aは、自分の相続分（土地・建物の持分2分の1）を全部Cに相続させるという内容の公正証書による遺言書を作成した。しかし、CはAよりも前に死亡し、次いで、Aが死亡した。Cには3人の子供D、E、Fがいる。Bは自分に相続権があると主張し

270）最判平成3年4月19日民集45巻4号477頁：本文の判示の前提として、「遺言書において特定の遺産を特定の相続人に「相続させる」趣旨の遺言者の意思が表明されている場合、当該相続人も当該遺産を他の共同相続人と共にではあるが当然相続する地位にあることにかんがみれば、遺言者の意思は、右の各般の事情を配慮して、当該遺産を当該相続人をして、他の共同相続人と共にではなくして、単独で相続させようとする趣旨のものと解するのが当然の合理的な意思解釈というべきであり、遺言書の記載から、その趣旨が遺贈であることが明らかであるか又は遺贈と解すべき特段の事情がない限り、遺贈と解すべきではない」という。

271）最判平成14年6月10日判時1791号59頁：平成3年最判を引用指示しつつ、「このように、「相続させる」趣旨の遺言による権利の移転は、法定相続分又は指定相続分の相続の場合と本質において異なるところはない。そして、法定相続分又は指定相続分の相続による不動産の権利の取得については、登記なくしてその権利を第三者に対抗することができる（最判昭和38年2月22日民集17巻1号235頁、最判平成5年7月19日裁判集民事169号243頁参照）。したがって、本件において、Xは、本件遺言によって取得した不動産又は共有持分権を、登記なくしてYらに対抗することができる」とした。

ている。相続関係はどのようになるのだろうか。

　このケースで、判例は、遺言により遺産を相続させるものとされた推定相続人が遺言者の死亡以前に死亡した場合には、当該「相続させる」旨の遺言に係る条項と遺言書の他の記載との関係、遺言書作成当時の事情及び遺言者の置かれていた状況などから、遺言者が、当該推定相続人の代襲者その他の者に遺産を相続させる旨の意思を有していたとみるべき特段の事情のない限り、その効力を生ずることはないと判示した[272]。そして、本件においては、遺言中に遺産をC以外の者に承継させる意思を推知させる条項はないこと、また、AがCからの遺産承継人について考慮していなかったという事情から、前記「特段の事情」は認められないとした。

　遺贈は、遺言者の死亡以前に受遺者が死亡したときには、その効力を生じない（第994条1項）。つまり、当該受遺者に関する限りにおいて、遺言は失効する。本判決は、この原則を適用したものである。本件の事実関係では、相続人の指定により、事実上、CがAの単独相続人のような形となり、遺言により、他の相続人Bを廃除するかのような形になる。ここまでは、遺留分（第1028条以下）との関係は残るにせよ、遺言者の最終意思の尊重という観点から、許さざるをえない。しかし、本件の場合において、指定相続人Cの死亡後においてもなお遺言の効力を認めると、衡平の原則に基づいて認められる代襲相続により、逆に衡平の原則に反するかのような解釈を認めることとなり、妥当性を欠く。したがって、本件のように、遺言により遺産分割方法の指定を受けた者が単独相続人となる場合において、この相続人が遺言者よ

272）最判平成23年2月22日民集65巻2号699頁：「「相続させる」旨の遺言をした遺言者は、通常、遺言時における特定の推定相続人に当該遺産を取得させる意思を有するにとどまるものと解される。」

　「「相続させる」旨の遺言は、当該遺言により遺産を相続させるものとされた推定相続人が遺言者の死亡以前に死亡した場合には、当該「相続させる」旨の遺言に係る条項と遺言書の他の記載との関係、遺言書作成当時の事情及び遺言者の置かれていた状況などから、遺言者が、上記の場合には、当該推定相続人の代襲者その他の者に遺産を相続させる旨の意思を有していたとみるべき特段の事情のない限り、その効力を生ずることはないと解するのが相当である。」

りも先に死亡したときには、本来の共同相続の形に戻すべきであるという配慮が働く。本判決は、このような配慮から、遺言の失効という原則を適用したものと思われる。

本件では、遺言の内容が相続人の指定であるとしても、遺言が効力を有しないとされた結果、遺言の内容を代襲相続しえない。したがって、〔設例〕の相続関係は、Aの持分権（総財産の2分の1）が共同相続における法定相続分によってBとCに2分の1ずつ振り分けられるので（各4分の1）、既に死亡したCの持分については、子D、E、FがCを代襲相続することとなる（第887条2項）。

《ポイント》
特定の相続人や相続人以外の者に対し、特定の財産を「相続させる」という遺言はどのような意味を有するか、検討してみよう。

⑤ 相続放棄、欠格、廃除と登記

〔設例2－3－24〕
甲が死亡し、A、B、Cが共同相続人となったが、Cが相続を放棄した。その後、相続の登記前に、Cの債権者Dが債権者代位権により共同相続の登記をし、Cの持分を差し押さえた。
相続人A・Bは、このDに対して、Cは相続を放棄した旨を対抗することができるだろうか。

（1）相続放棄と第三者との関係

共同相続人A・B・Cのうち、Cが相続を放棄すると、相続時に遡って共同相続不動産に関するCの持分権はなくなり（第939条参照）、AとBの持分権が各々2分の1となる。この相続放棄による共有持分権の物権変動も、登記をしないと第三者に対抗しえないかが問題となる。

判例は、民法が承認、放棄をすべき期間（第915条）を定めたのは、相続人に権利義務を無条件に承継することを強制しないこととして、相続人の利益を保護しようとしたものであり、同条所定期間内に家庭裁判所に放棄の申述

をすると（第938条）、相続人は相続開始時に遡って相続開始がなかったと同じ地位に置かれることになり、この効力は絶対的であって、何人に対しても、登記なくしてその効力を生ずるものとした[273]。

このように、相続放棄に関しては、遺産分割協議とは異なり、「絶対的効力」を与え、その意思表示を保護している。承認及び放棄の自由は相続人に認められた固有の権利であり、これを害する解釈は許されないとされたのである。この点に関しては、通説も、適法に相続放棄をした者は、全く相続人として現れることはないので、遺産分割協議とはその性質を異にすべきものと解し、相続人の欠格・廃除の場合も放棄と同様の結論になるとしている[274]。

（2）相続欠格、廃除と第三者との関係

〔設例2-3-25〕
　甲が死亡し、妻A、長女B、長男Cが共同相続人となった。Cは、甲の死亡前に甲を強迫し、Cの相続分を相続財産の2分の1とする内容の甲の遺言書を作成させた。甲の死亡と同時に、Cは遺言書があったと言い、AとBはこれが違法・無効な遺言書であることに気がつかないまま、遺言が執行され、不動産に関してCに相続による所有権移転登記がなされた。その後、遺言書は無効であることが判明した。しかし、Cの相続した不動産は既にDに売買され、Dへの所有権移転登記がなされていた。
　AとBは、Dに対し、Cは相続人から除外される者だと主張し、不動産を取り戻すことができるだろうか。

相続欠格は、故意に被相続人または先順位の相続人を死亡させるなどして、刑に処せられた者など、一定の欠格事由に該当する者につき、当該事由の発生によって当然に相続人から除外され、特別の手続を要しないという制度である（第891条1号―5号参照）。相続欠格事由は、相続開始の前後を問わず発生しうる。ただし、遺言書の偽造による相続は、後発的に判明する事由で

---

273) 最判昭和42年1月20日民集21巻1号16頁。
274) 我妻＝有泉『新訂物権』110―111頁。

あるから（第891条5号。2号〔被相続人の殺害を知りつつ告発等をしない者〕も事後的である）、その判明時から相続開始時に遡って欠格の効力が発生する。相続放棄の取扱いに関する判例・通説の見解から、欠格や廃除の場合にも、放棄の場合と同様の問題と解される。

そこで、〔設例〕の問題について考察する。民法の規定によると、Cは最初から相続欠格者となる（第891条4号〔詐欺・強迫による遺言書作成等〕）。相続欠格事由が判明しないまま欠格者が相続し、相続不動産に関して登記を経由し、これを第三者に譲渡して、登記を移転しても、無権利者の処分であり、譲受人は有効に権利を取得しえない。そこで、判例は、欠格者は相続人ではないから、他の相続人は、登記がなくとも、欠格者の処分行為を否定し、登記の抹消を求めうるとした[275]。しかし、欠格事由が相続開始後に生じた場合（同条2号、5号）において、それ以前に欠格者が行った相続財産に関する処分行為については、失踪宣告の取消前に失踪者の表見相続人がした行為に関する第32条1項後段を類推適用し、善意の相手方を保護すべきものと解されている[276]。〔設例〕の場合には、甲の死亡前にCが甲を強迫して遺言書を作成させたという行為により、Cは原始的欠格者とされる。したがって、A・Bは、Dから不動産を取り戻しうる。

次に、相続人からの廃除の場合にも同様に解される。

推定相続人が被相続人の生前、同人を虐待し、もしくは重大な侮辱を加え

---

275) 大判大正3年12月1日民録20輯1019頁：第969条（現行第891条。以下同じ）の各号に掲げた原因の一つある者は当然相続人たる資格を欠くものとし、その原因たる事実発生の時よりこれを欠格者として相続より除斥する旨を定めた法意であるから、故意に被相続人を死に致したる者がその犯罪により刑に処せられた場合には、その処刑以前既に相続した事実ありとしても、処刑の原因たる犯罪の当時より家督相続の欠格者であるから、その相続は当初より相続人たる資格なき者のしたものに属し、全然無効である。

規定の趣旨は、苟もその各号に掲げた原因の一つあるにおいては、その原因たる事実発生の時より相続欠格の効力を生ずるものとし、その原因ある者を当然相続より除斥するにあって、特にその欠格の第三者に対する効力を制限した規定は存しないから、第三者に対しても欠格の原因が生じた時より当然欠格の効力を及ぼすものであり、その効力につき、第三者の意思の善意・悪意もしくは過失の有無を問わない。したがって、善意・無過失の第三者に対しても、相続無効という効力が及ぶ。

276) 我妻＝有泉『新訂物権』110頁及び引用文献参照。

たとき、または推定相続人にその他の著しい非行があったときには、被相続人は、その推定相続人を相続から廃除することを家庭裁判所に請求しうる（第892条）。また、相続人の廃除は、生前の請求以外に、遺言による廃除も認められている。この場合には、遺言執行者は、遺言の効力発生後、遅滞なく、その推定相続人の廃除を家庭裁判所に請求しなければならず、この請求があれば、廃除は、被相続人の死亡時に遡ってその効力を生ずる（第893条）。

善意の第三者との関係については、相続人の廃除の場合にも、欠格の場合と同様に解釈する必要があるだろう。ましてや、遺言による廃除については、第三者には知る術もない。したがって、廃除者による処分行為を事後に失効させるときにも、やはり、善意の相手方を保護する必要がある。

《ポイント》
相続の放棄、欠格、相続人の廃除と第三者との関係について、それぞれの制度の特色と第177条の適用可能性という観点から検討してみよう。

第6項　第177条各論〔3〕取得時効と登記
❶　総　説

近代法は、所有権と占有権とを分離し、ともに物権として認める。また、不動産に関して物権が変動したという事実は、登記によって公示しなければならない。それゆえ、不動産に関する物権の所在については、登記を尊重しなければならない（公示の原則）。

登記名義を有する不動産所有者は、土地に関して税金を支払い、他人に賃貸して地代を徴収し、銀行から融資を受け、銀行に抵当権を設定するなどして、所有者として平穏無事に権利を行使している。ところが、この土地を第三者が一定の要件の下で占有すると、所有権を時効取得してしまう（第162条）。また、不動産の所有権を取得し、登記までしたが、占有していないため、他人が前同様に占有すると、これまた同様の事態が発生し、所有者は所有権を失う。

不動産物権変動における公示の原則を徹底しようという理想からは、不動産の占有だけで時効取得を認める取得時効制度（第162条、第163条）は妥当なものとはいえない[277]。そのため、取得時効の基礎たる自主占有と物権変動

の対抗要件たる登記との間に、ある種のずれを生じさせ、解釈上の難問を提供する。この占有と登記との矛盾・衝突によって、不動産物権変動を目的とする取引に混乱を生じないよう、また、社会的公平を欠かないよう解釈しなければならない。

更に、第176条は、「意思表示による物権変動」を予定し、第177条は同条を承けているので、意思表示によらない時効取得による物権変動は第177条の埒外のようにも見える。しかし他方、判例は、第177条の物権変動はすべての物権変動を指すと言い[278]、制度上及び判例法上の問題点を提供する。

《ポイント》
取得時効と登記という問題の前提について、理解しよう。

❷ 時効準則——従来の判例法理

「取得時効と登記」という問題において、従来の判例法理が示してきた基準は、講学上、確定した準則として位置づけられる。この判例準則は、①取得時効の当事者の認定基準、②取得時効の進行中における不動産の譲渡、③取得時効完成後における不動産の譲渡（対抗関係）、④時効の起算点（任意起算の禁止）、⑤再度の時効完成及び登記後の時効完成、という5つに分類される。以下、これらの準則に関して、検討する。

（1）取得時効の当事者（第1準則）

〔設例2−3−26〕
　Aは自己の所有する土地をBに売却し、引き渡したが、登記は移転していない。その後、本件土地はBから転々譲渡され、現在はCが占有している。その後、Aが死亡し、Dが相続して登記をした。Dは、土地の

---

277) ドイツ民法第900条1項1文は、所有権を獲得していなくとも、登記簿上、土地の所有者として登記を30年間存続させ、その間に土地を自主占有してきた者は、所有権を取得すると規定する。このように、ドイツでは、自主占有と登記を併有することにより、無権利者でも所有権を時効取得する。我妻博士は、わが民法の解釈としても、占有による時効取得と登記による物権取引とを調和させるべきものと主張する。我妻『物権法』76頁参照。
278) 大連判明治41年12月15日民録14輯1301頁。

占有者Cに対し、土地の明渡しを請求したが、Cは取得時効の完成を主張した。このCの主張は認められるだろうか。

　取得時効は、所有の意思をもって、平穏、公然と物の占有を継続し、20年が経過すると完成する（第162条）。ここで問題となるのは、この時効の完成を誰に主張できるのか、その場合に登記を必要とするのかである。
　〔設例〕のCは、Aの相続人Dに対して時効を援用している。Cは、Aからの取得者Bを始めとする譲受人からの転得者であるから、時効完成時の所有者に対して、時効を援用し、所有権の取得を主張することになる。そうすると、DはAの相続人であり、A本人と同視しうるので、Cの主張は認められ、Dに対し、所有権移転登記を請求しうる[279]。AとDは、Cの時効当事者だからである。

《ポイント》
　時効の当事者相互間では、登記なくして対抗しうるという点について、検討してみよう。

（2）取得時効の進行中における不動産の承継、譲渡（第2準則）

〔設例2－3－27〕
　Aは自己の所有する土地をBに売買し、引き渡したが、登記は移転していない。その後、Aが本件土地をCに売買し、Cが登記を経由した。その後、Bが占有し始めてから10年が経過した。
　Bは、Cに対して時効による所有権取得を主張することができるだろうか。

　判例は、時効の進行中に、Bの占有する土地が二重譲渡され、Cが所有権移転登記をしても、Cが時効完成時の所有者であれば、BはCに対して時効取得を主張しうるものとした[280]。
　この判例法理（第2準則）は、売買契約等、AからBへの有効な譲渡行為が

---

[279] 大判大正7年3月2日民録24輯423頁。
[280] 最判昭和35年7月27日民集14巻10号1871頁。

あり、未登記ではあるが、Bが引渡しを受け、自主占有している間に、Aがその不動産をCに二重譲渡し、AからCへの所有権移転登記が行われた場合でも、その後のBの取得時効に関しては当初の占有が継続するものと認めてきた。また、Bがそのまま自主占有を続け、Cから時効中断に該当する権利の主張がないときには、AからBへの引渡時から起算される取得時効が進行し、完成しうる。したがって、Bは時効完成時の所有者たるCに対して所有権移転登記を請求しうるという帰結である。この場合には、Bは、Cが所有権を取得し、登記を経由した時点までは、「他人の物」ではなく、自己の所有物を占有していたことになるが、この点につき、判例は、取得時効の完成の妨げにはならないものと解している[281]。

（3）取得時効完成後における不動産の譲渡（第3準則）

〔設例2－3－28〕
　土地をAから売買により取得し、未登記ながらも占有してきたBに取得時効が完成した。その後、Bが所有者Aから所有権の登記を取得しない間に、AからCへの譲渡行為があり、Cが所有権移転登記をした。
　BはCに対して時効取得を主張することができるだろうか。

　次に、土地の占有者Bに取得時効が完成した後、Bが所有者Aから登記を取得しない間に、AからCへの譲渡行為があり、Cが所有権移転登記を経由すれば、BはCに時効取得を対抗しえなくなる。この場合には、取得時効完成時にAからBへの所有権移転が発生したものとみなし、その後、AからC

281）最判昭和42年7月21日民集21巻6号1643頁：
　　最判昭和46年11月5日民集25巻8号1087頁：当該不動産が売主から第二の買主に二重に売却され、第二の買主に対し所有権移転登記がなされたときには、第二の買主は登記の欠缺を主張するにつき正当の利益を有する第三者である。登記の時に第二の買主が完全に所有権を取得する。その所有権は、売主から第二の買主に直接移転するのであり、売主から一旦第一の買主に移転し、第一の買主から第二の買主に移転するのではなく、第一の買主は当初から全く所有権を取得しなかったことになる。したがって、第一の買主がその買受け後に不動産の占有を取得し、その時から第162条の時効期間を経過したときには、同法条により当該不動産を時効によって取得しうる。

への譲渡行為、即ち、所有権移転があったのであり、あたかも二重譲渡の観を呈するからである[282]。

《ポイント》
時効完成後の第三者と時効取得者とは対抗関係に立つという点について、理解しよう。

〔設例2－3－29〕
前例で、Bが時効取得を主張した土地には通路があり、Bは長年この通路を生活道路として使用してきた。土地の所有権移転登記を経由したCが、この事実を熟知していたときには、Bの時効取得の主張は認められるだろうか。

〔設例〕の場合には、Cは時効完成後の第三者であり、前例の原則どおり、BとCとは対抗関係に立つので（第3準則）、登記のないBはCに対して時効取得を対抗しえない。しかし、Cが当該不動産を譲り受けた時点において、Bが多年にわたり当該不動産を占有してきたという事実を認識しており、Bの登記欠缺を主張することが信義に反すると認められる事情が存在するときには、Cは背信的悪意者に当たるとされ、Bに対抗しえなくなる[283]。即ち、Cが、実体上A・B間の物権変動があった事実を知っており、当該物権変動について、Bの登記の欠缺を主張することが信義に反すると認められる事情がある場合には、Cは登記の欠缺を主張するについて正当な利益を有しない者とされ、このような背信的悪意者は、第177条にいう第三者から除外され

---

282) 大連判大正14年7月8日民集4巻412頁。
　　最判昭和57年2月18日判時1036号68頁：「私権の目的となりうる不動産の取得については、その不動産が未登記であっても、民法第177条の適用があり、取得者は、その旨の登記を経なければ、取得後に当該不動産につき権利を取得した第三者に対し、自己の権利の取得を対抗することができない」。
283) 最判平成18年1月17日民集60巻1号27頁：「甲が時効取得した不動産について、その取得時効完成後に乙が当該不動産の譲渡を受けて所有権移転登記を了した場合において、乙が、当該不動産の譲渡を受けた時点において、甲が多年にわたり当該不動産を占有している事実を認識しており、甲の登記の欠缺を主張することが信義に反するものと認められる事情が存在するときは、乙は背信的悪意者に当たるというべきである。」

る（背信的悪意者排除理論）[284]。

　この理論構成は、Bの行使してきた既存の通行地役権について、継続的な使用を根拠として、その権利存続性を認め、承役地の譲受人Cが通行地役権を否定することは信義則上許されないとするのである。特に、Cの背信性の判断が難しいときには、このような解決方法によることが、結果的妥当性を導くという点に特徴がある。結論としては、少なくとも通行地役権の存続を認めることが妥当な判断となる。したがって、このような認定がされた場合において、Bが取得時効の要件を充足したときには、通路部分の所有権の時効取得（第162条）、少なくとも通行地役権の時効取得（第163条、第283条）が認められることとなる。

《ポイント》
　時効完成後の第三者と時効取得者との関係であっても、第三者が背信的悪意者であるときには、どのように考えるべきか。理由とともに検討してみよう。

（4）時効の起算点（第4準則）

　時効の完成は、その起算点によって左右されるので、時効の完成が第三者Cの登記後になるように起算点を自由に選択することができれば、時効取得者Bは、時効の完成を常にCに対抗しうる。しかし、これを認めると、取得時効による物権の取得は全て登記を必要としないこととなり、第177条の趣旨に反する。そこで、判例は、取得時効の起算点を自由に選択することは許されないとしている[285]。

《ポイント》
　時効の起算点は任意に決められないという理由について、検討してみよう。

284）最判昭和40年12月21日民集19巻9号2221頁、最判昭和43年8月2日民集22巻8号1571頁など。
285）大判昭和14年7月19日民集18巻856頁：時効完成の時期を定める際には、取得時効の基礎たる事実が法律に定めた時効期間以上に継続した場合でも、必ず時効の基礎たる事実の開始された時を起算点として計算し、この完成の時期を決定すべきものであり、取得時効を援用する者において任意にその起算点を選択し、時効完成の時期を早め、あるいは遅くして、対抗要件の存在を不必要とさせることはできない。
　前掲最判昭和35年7月27日も同様の判断をしている。

（5）再度の時効完成、登記後の時効完成（第5準則）

〔設例2－3－30〕
　不動産の占有者Bの取得時効完成後、Cが当該不動産を所有者Aから譲り受け、登記を経由した。Cは、その後もBの自主占有を放置し、Cの登記時から、Bが善意・無過失で10年間占有を継続した。
　Bは時効取得をCに対抗することができるだろうか。

〔設例〕では、Bにおける再度の時効取得の成否が問題となる。この場合には、時効完成後に現れたCの登記によって、Bは時効取得をCに対抗しえなくなる（第177条）。しかし、その後のBの占有継続により、Bは再び時効取得するので（第162条）、Cは時効による物権変動の当事者になり、BはCに対して、時効取得を主張しうるものと解されている[286]。

〔設例2－3－31〕
　Cが所有者Aと売買契約を締結した当時は占有者Bの取得時効完成前であったが、所有権移転登記前に、Bに取得時効が完成し、その後、Cが登記を経由した。Bは時効取得をCに対抗することができるだろうか。

〔設例〕は、第三者CがBの時効完成前に土地を取得したが、登記はBの時効取得後であったという点が問題となる（C取得―B時効―C登記）。

この場合でも、判例は、Bは登記なくしてCに対して時効取得を対抗しうるとした[287]。この場合には、第二買主Cの登記時を基準とすれば、Cは時効完成後の第三者であるようにも見えるが、判例は、登記の前後を問わず、実質的に所有者となった時点で当事者関係を確定させているので、実際には、時効完成前の第三者と同じ結果となる。

286）最判昭和36年7月20日民集15巻7号1903頁。
287）最判昭和42年7月21日民集21巻6号1653頁。

したがって、Cの所有権取得と登記がBの時効完成前の場合でも（C取得―C登記―B時効）、Cは既に土地所有権を取得しており、時効の当事者であるから、Bは時効取得をCに対抗しうる[288]。しかし、このように解すると、登記を経由した取得者Cの取引安全が著しく害されるという理由から、学説は、Cの登記を尊重すべきであり、Cの登記以後は時効の進行を否定すべきであるとして、判例法理を批判している。

《ポイント》
　第三者の登記後に時効が完成したというケースを分析し、この第三者との関係において時効完成を認めるべきか否かについて、検討してみよう。

〔設例2－3－32〕
　Aの土地をBが永年占有し、既に時効が完成していた。しかし、この事実を知らないAは、この土地にC銀行のために抵当権を設定し、登記を経由した。その後、BはAに対して時効を援用し、所有権移転登記を経由した。その後、Bは、Cの抵当権設定から10年経過したとして、再度、土地所有権の時効完成を主張し、Cに抵当権設定登記の抹消を求めた。Bの請求は認められるだろうか。

〔設例〕は、土地の取得時効完成後、時効の援用前に設定され登記された抵当権者Cと時効取得者Bとの争いである。抵当権者Cは、時効完成後の第三者であるから、両者の関係は対抗関係であり、Bよりも先に登記を経由した抵当権者Cが優先する（第177条）。しかし、抵当権設定登記後も時効取得者Bによる土地の占有が継続されたので、Bは、抵当権設定登記時から再度の時効完成を主張しうるかが問題となる。

　この問題について、判例は、Bが最初の時効完成及びその援用によって所有権取得登記を経由した場合には、時効援用者Bは確定的に所有者になるという理由により、再度の時効完成及びその援用を否定した[289]。判例がこの場

---

288) 最判昭和42年7月21日民集21巻6号1643頁。
289) 最判平成15年10月31日判時1846号7頁。

合におけるBの再度の時効完成を否定した理由は、①一度取得時効により不動産を原始取得し、登記を取得すると、不動産所有権を確定的に取得するということ、②その理由から、起算点を後にずらして時効の完成を主張しえない、ということである。

ここでの問題は、Bの取得時効を争う相手方Cが、土地所有者ではなく、土地所有権と併存しうる土地抵当権者だということも考慮する必要がある。つまり、Bが土地を時効取得した当時は、Cの抵当権は設定されておらず、Bの時効取得後、Cの抵当権が設定され、登記されたのであるから、土地の未登記所有者たるBの土地にCの抵当権が存在し、その後、Bの土地所有権の登記がされたことになる。この状況では、BはCに対抗しえない（第177条）。また、土地所有権の登記を経由したBに重ねて所有権取得の時効が完成する余地はない。なぜなら、この場合における再度の時効取得は、BからB自身への主張になるからである。

このような意味において、〔設例2—3—30〕の場合と同様、時効取得者Bが当時の土地所有者Aに対して時効を援用しないまま経過した場合には、Bの時効による土地所有権の取得は確定しないので、この場合には、再度の取得時効が完成したとして、Cに対する時効の援用と土地抵当権設定登記の抹消登記手続請求は認められるべきものとなる[290]。

《ポイント》
　再度の取得時効に関する各種事例について、検討してみよう。

---

[290] 最判平成24年3月16日民集66巻5号2321頁：不動産の取得時効の完成後、所有権移転登記がされることのないまま、第三者が原所有者から抵当権の設定を受けてその登記を了した場合において、不動産の時効取得者たる占有者が、その後引き続き時効取得に必要な期間占有を継続したときには、占有者が抵当権の存在を容認していたなど抵当権の消滅を妨げる特段の事情がない限り、占有者は、不動産を時効取得し、その結果、抵当権は消滅する。

③ 時効準則への批判と学説の展開
(1) 判例法理による不均衡
(ア) 第4準則への批判
(a) 時効期間逆算説からの批判

　時効期間逆算説は、時効制度は本来的に時効援用の時点から遡って時効期間を計算して法定証拠を作るという点にその本来の意義を有すると主張する。この点は、判例が前主の占有を合わせて主張するときにはどの前主からの占有継続を主張するかという選択の自由を認めていることから、既に承認されているものと解し、期間の逆算を否定する判例法理（前掲最判昭和35年7月27日など）を批判する[291]。

　しかし、この説によると、時効期間を超えて自主占有するBは、援用の時期によっては、常に時効完成前の第三者を作出し、何人に対しても登記なくして取得時効を対抗しうることとなるので、登記制度の理想の一端を崩すという批判を免れない。ただ、後述するように、境界紛争型のケースでは、この見解が妥当性を持つことがありうる。

《ポイント》
　時効期間逆算説からの判例法理への批判について、理解しよう。

(b) 起算点任意選択説からの批判

　次に、判例が時効の基礎たる占有開始時を起算点として固定している点を批判する学説がある。この説は、占有が法定の時効期間よりも長く継続した場合には、時効取得者は、時効の起算点を比較的近くに選択し、これによって、第三者の登記以後に時効が完成したという主張を許すべきだという考え方である[292]。このように解すると、占有のみを尊重し、時効取得者は占有を継続する限り登記不要となるという時効期間逆算説と同様になるという批判が考えられる。しかし、論者は、あくまでも登記制度を尊重するという通説の立場に通ずるものと主張する[293]。

---

291) 川島『民法総則』572頁。時効期間逆算説は、末弘『雑記帳上巻』186頁以下で展開され、これを川島博士が法定証拠説の根拠付けとして発展させた理論である。
292) 柚木『判例物權法總論』127頁。
293) 柚木馨「時効取得と登記」『判例演習（物權法）』28頁（32頁）。

《ポイント》
　起算点任意選択説からの判例法理への批判について、理解しよう。

(イ) 占有尊重説 (第2準則) への批判

　判例理論によると、不動産の所有者Aと第三取得者Cとの間において、占有者Bの存在に気づき、その取得時効完成の時期を見計らった上で、AからCへ登記することを阻止しえない。学説は、この点から、判例は時効完成前に売買によってCが所有権を取得していれば、登記が時効完成後でも、Cは実質的に所有者であるから、時効取得者Bに対抗しえないとしているとして、判例の解釈は物権変動の当事者という点に拘泥し、登記を軽視しすぎるとして、判例を批判している[294]。更に、判例理論によれば、第162条2項との関係において、次のような不均衡が生ずると言う。例えば、Bが不動産を18年間自主占有し、これを継続した時点で、所有者Aから第三取得者Cへの所有権移転登記がなされ、その2年後、即ち、20年が経過した後に、Bの時効取得が争われたというケースを想定する。この場合には、Bが占有開始時に善意・無過失であれば、10年の取得時効完成後の登記となり、第177条により、Bは取得時効をCに対抗しえない。これに対して、Bが悪意または有過失であれば、Cの所有権取得及びその登記は20年の取得時効完成前の物権変動となるので、BはCに対して取得時効を主張しうることとなる[295]。それゆえ、判例法理からの帰結について、その妥当性は疑わしいとされる[296]。

(ウ) 二重譲渡における不均衡

　前段のような不均衡は、BのAからBへの取引によって開始した場合には更に際立つという批判がある。例えば、不動産がAからBへと譲渡され、引渡しも済んでいるが、所有権移転登記を経由しない間に9年が経過した時点で、AからCへと二重に譲渡され、登記を経由したとすると、この時

---

[294] 我妻＝有泉『新訂物権』117頁は、前掲最判昭和42年7月21日民集21巻6号1653頁への批判として、このように述べている。

[295] 大判昭和15年11月20日新聞4646号10頁：10年の取得時効と20年の取得時効の両方ともに要件を充足している場合には、取得時効援用権者であるBの有利な方を選択して援用しうる。

[296] 我妻＝有泉『新訂物権』117頁。

点でCは完全な所有者となり、Bは完全に無権利者となる。しかし、判例法理によると、もう1年Bの占有が続くと、Bに取得時効が完成し、Cに対抗しうることになる。つまり、判例によると、二重譲渡により、先に登記を経由したCがBの取得時効に敗れるという結果を招く。これでは、取引安全の原則から登記制度を確立したという立法の趣旨・目的が軽視されてしまい、第177条の存在意義が失われる。この点において、ますます判例法理の妥当性が疑わしくなる[297]。

《ポイント》
　学説は、「判例法理では登記制度を軽視することになり、妥当ではない」と主張する。判例法理はどのような点において登記を軽視し、その結果、どのように妥当性を欠くというのだろうか。検討してみよう。

（2）学説の展開
（ア）登記尊重説
（a）登記による時効中断効理論（登記時効中断説）

　我妻榮博士は、占有者Bの取得時効完成前に、第三者Cが当該不動産について所有権を取得し、その登記を経由すれば、BがCの登記後、更に時効取得に必要な期間の占有を継続しなければ、時効取得の効力を生じないと主張した[298]。その理由は、判例法理によると、占有を重んずる反面、登記制度を軽視し、制度の趣旨に反するからである。この見解によると、前例で第二買主Cの登記に第一買主Bの取得時効の中断効を認めるのと同様となり、第147条と第164条が時効の中断事由を限定している趣旨と抵触・矛盾するという難点がある。

　結論として、判例法理によれば、第177条により、登記によって一旦決着を見た物権変動における対抗関係が、占有者である第一買主Bに取得時効が

---

[297] 我妻＝有泉『新訂物権』117―118頁。
[298] 我妻『物権法』77頁。アプローチは異なるものの、結論として登記時効中断説と同様の見解として、安達三季生「取得時効と登記」志林65巻3号（1968年）1頁以下、良永和隆「取得時効と登記」『現代判例民法学の課題』（法学書院、1988年）264頁がある。安達教授は時効期間の経過を法定証拠とする見解から、良永教授は登記による権利保護機能という見解から、それぞれ立論する。

完成すると、一度は対抗関係において決した所有関係が完全に覆ってしまうという関係を作り出すので、登記を対抗要件とする不動産物権変動の基本原則を根本から揺るがすこととなり、妥当性を欠く。したがって、二重譲渡事案では、その譲渡行為が適法である限り、当初の物権変動における登記の先後によって優劣を決するべきである。我妻説には、なお先行学説としての存在意義がある。

《ポイント》
　第三者の登記に時効中断の効力を与えるという理論構成にはどのようなメリットがあるのだろうか。検討してみよう。

(b) 類型説

　類型説とは、取得時効に関する紛争を類型別に分けると、二重譲渡ケース（第一譲渡は有効だが、未登記という類型。以下、「有効・未登記型」と称する。）が多いという点に鑑み、第一譲受人Ｂの取得から相当年数を経て第二譲受人Ｃが登記を経由したという場合には、第一譲受人Ｂの時効期間満了の前後を問わず、第一譲受人Ｂは登記なくして第二譲受人Ｃに対抗しえないと解する考え方である（Ｃの登記を重視する）。

　この考え方は、①判例法理（第２準則）によると、登記を経由した第二譲受人は未登記の第一譲受人を無視しうるという第177条の考え方と矛盾するという点、ならびに、②第二譲受人が常に目的物の占有状況を調査して取引関係に入らなければならないとすると、第二譲受人に酷であるという理由付けに基づいている。そこで、第一譲受人Ｂは、第二譲受人Ｃが登記を経由した後10年または20年間（過失の有無による区別〔第162条参照〕）更に占有を継続した（再度時効が完成した）場合に限り、第二譲受人Ｃに対し取得時効を援用しうる地位に立つと主張する[299]。

　しかし、境界紛争類型（後掲の図を参照）では、Ａ所有の甲土地の一部たる丙土地が永年Ｂ所有の乙土地の一部とされ、Ｂが１個の土地として占有し利用してきたという場合において、Ａの甲土地の一部がＢによって占有された

---

299) 星野英一「取得時効と登記」『民法論集第４巻』315頁（337—338頁）。この点では、我妻説と同じである。

まま、AからCへ譲渡され、所有権移転登記を経由したときには、Bの長期の占有を尊重し、丙土地について、Bの時効取得を認めるべきだとした。

その理由は、この場合に登記時効中断説を適用すると、平穏無事に生活してきたBの生活環境を壊す結果となり、反対に、第三取得者Cに棚ぼた式の利益を得させることになり、これでは、時効制度の存在理由の1つである法律関係の安定に反する結果を招き、また、民法の根底にある公平の原則に反する結果を招くこととなり、妥当性を欠くからである[300]。

このような第三取得者からの、ある意味、不当な要求に対する防禦方法として、目的不動産が独立の取引の対象とならないような事案では、学説の冒頭に掲げた時効期間逆算説が妥当と解されており[301]、その結果、時効取得者Bは、第三者Cが時効完成時の所有者となるように、時効の起算点を算定して差し支えないものと解される。

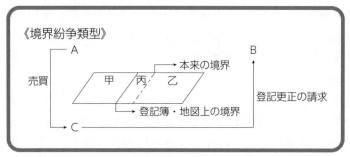

この考え方は、境界紛争型では、時効取得者に登記のないことについての怠慢もなく、また、第三取得者の側に当該土地部分が買受地に含まれているという信頼もない場合が多いので、この場合には、時効取得者の長期の占有を優先させるのが妥当ではないかという星野英一教授の見解[302]が発表されてから広まり、近時は、二重譲渡類型と境界紛争類型とに分けて考える理論構成（類型説）が一般的となっており、広く支持されている[303]。

---

300) 星野「取得時効と登記」『民法論集第4巻』315頁（337—339頁）。
301) 我妻＝有泉『新訂物権』119頁。
302) 星野「取得時効と登記」『民法論集第4巻』338—339頁。
303) 内田『民法Ⅰ』449頁、近江『講義Ⅱ』112頁など。

《ポイント》
　占有者の時効取得と第三者の所有権取得との紛争処理において、二重譲渡類型と境界紛争類型とに分けてその解決を図る類型説の妥当性について、検討してみよう。

(イ) 時効取得者の援用等を基準とする説
(a) 判決確定時基準説
　次に、占有尊重説と登記尊重説との中間に位置するかのような学説がある。時効取得者Bと第三取得者Cとの関係について、取得時効の完成時（時効期間経過時）を基準とする第2準則を修正し、裁判上、時効取得者Bが時効を援用する時（事実審の口頭弁論終結時）までに時効が完成していることを要件とし、Bに対する勝訴判決の確定時を基準として、BとCを対抗関係とするという考え方である[304]。時効取得者は、占有のみを理由として、占有に裏付けられた所有権（ゲヴェーレ的所有権）を取得し（第162条）、時効の効果は時効の援用を停止条件として獲得しうるので（第145条、第144条）、時効援用権を裁判上で行使し、勝訴判決を獲得して初めて時効取得者と認定される。この時点で、ゲヴェーレ的所有権が近代的所有権に転化し、この時以後、第三取得者との間に対抗関係が生ずると解するのである。

(b) 時効援用時基準説
　次に、時効援用の効果として所有権を取得してから以後は、第三取得者との間に対抗関係が発生するという考え方がある[305]。この説も、占有のみを尊重する判例の考え方を修正するという意図を有する。この説は2つに分かれる。
　第1説は、時効の援用による所有権移転と解し、ここから対抗関係が生ずると主張する[306]。第2説は、未登記所有者Bに時効援用によって再度の登記取得の機会が与えられるが、時効援用後も未登記のまま更に占有を継続すると、第二取得者への譲渡・登記移転によって、同人との間に再び二重譲渡に

---

304) 舟橋『物権法』172—173頁。
305) 半田正夫「民法177条における第三者の範囲」『叢書民法総合判例研究⑦』（一粒社、第2版、1982年）1頁（特に61頁以下）。同様の見解として、滝沢（聿）『物権変動Ⅱ』284頁、297頁以下がある。
306) 半田（正）『叢書民法総合判例⑦』63頁。

準ずる関係が生じ、これに第177条を適用すべき状況が生じて、時効取得者に再度の時効援用を許すことも必要になると主張する[307]。いずれの見解も、裁判外での援用を認める。

《ポイント》
　時効取得者の時効の援用を基準時として第三取得者との対抗関係が発生するという学説は、判例法理のどのような部分を修正しようというのだろうか。検討してみよう。

第7項　第177条各論〔4〕公権力の関与する物権変動と登記
1　競売・公売

　競売は、債権者または担保権者が執行裁判所に強制競売または任意競売の手続を申し立て、執行裁判所が競売開始を決定し（民執第45条）、申し立てられた財産について、執行裁判所が換価し、その換価金（売却代金）を配当要求権者に配当するという民事執行手続である（強制競売につき民執第45条以下、担保権の実行による競売（任意競売）につき同法第180条以下を参照。詳細は石口『要論Ⅲ』152頁以下を参照）。

　不動産に関する競売手続は、裁判所で行われる売買であるから、通常の市場での売買による所有権移転と同様、第三者に対抗するには登記を必要とする（民執第82条、第188条。旧民訴第700条、旧競売第33条）[308]。執行裁判所が買受申出人に対して売却許可決定を与えると（民執第69条以下）、買受人は期限までに裁判所書記官に代金を納付しなければならない（同法第78条）。買受人は代金納付と同時に不動産を取得し（同法第79条）、裁判所書記官は所有権移転登記を登記所に嘱託する（同法第82条）。競売による売却でも、本来、所有権移転時期は許可決定時のはずである[309]。しかし、不動産売買の実務で

---

307) 滝沢（聿）『物権変動Ⅱ』284頁。
308) 大判大正8年6月23日民録25輯1090頁：第177条は権利取得者が自由意思で代金を支払って登記手続をする場合と、裁判所の代金納付通知を待って代金を納入して登記手続をする場合とを問わない。
309) 大判明治39年5月11日民録12輯744頁：強制競売では、競落許可決定時に所有権を取得し、登記により、取得時に遡って対抗力を取得する。
　大判昭和12年5月22日民集16巻723頁：抵当権の実行による競売について同じ趣旨である。

は「代金支払による所有権移転」であるから、民事執行法の立法にあたり、代金納付時に権利を取得すると規定した。この場合、通説は、対抗力の発生時期は代金納付時ではなく、登記時から生ずるものと解している[310]。

税務署における国税滞納処分、都道府県・市町村における地方税滞納処分としての不動産の公売による物権変動についても、競売に準じて考えてよい。

《ポイント》
裁判所で行われる競売手続や税務署で行われる公売手続における「不動産の売却」は、第177条の予定する物権変動（所有権移転行為）と同じだろうか。検討してみよう。

❷ 公用徴収

公用徴収とは、国や地方公共団体が公益事業を行うために、正当な補償を支払って、個人の財産権を強制的に取得することである。このような私的所有権の強制的収用は憲法上の要請として明記される（憲法第29条1項、3項）。

土地収用法による収用の場合には、個人の所有する土地を国や地方公共団体が「補償」という形で対価を提供し、個人がこれを収受して、土地所有権を移転するので、売買のような印象を受けるが、性質としては、国などが個人から土地を召し上げる代償として賠償金を支払うという行為なので、時効取得などと同様、原始取得とされる（通説）。しかし、土地の所有名義が変わるという意味では物権変動に変わりはないので、土地収用による物権変動を第三者に対抗するには登記を必要とする。不動産の収用による所有権移転登記は、共同申請（不登第60条）の例外として、起業者が単独で申請しうる（同法第118条1項）。国または地方公共団体が起業者であるときには、官庁または公署は、遅滞なく、所有権移転登記を登記所に嘱託しなければならず（同法同条2項）、また、土地収用によって当該不動産に関する所有権以外の権利は消滅するので、その権利の抹消登記について前2項の登記手続が準用される（同条3項）。

---

310) 我妻＝有泉『新訂物権』104頁は、明治39年と大正12年の大審院判例のように遡及効を認めるべきではないと言い、競売申立入登記（差押登記）の効果として遡及的効果を生じたような結果となるに過ぎないという。

《ポイント》
　土地収用法による収用は、第177条の予定する物権変動と同じだろうか。検討してみよう。

第8項　第177条各論〔5〕その他の物権変動と登記
1　請負建物の新築
（1）請負建物の所有権の帰属

> 〔設例2－3－33〕
> 　AはB建設に建物の建築を依頼し、Bは工事を完成した。あとはAに完成した建物を引き渡して代金を受領するのを待つばかりである。しかし、Aは支払うべき金銭の調達に失敗し、支払ができない状況である。この場合には、完成建物の所有権はAとBのいずれに帰属するだろうか。

　自己の所有する土地または借地上に建物を自ら新築すれば、建築者が建物の所有権を原始取得する。では、他人の労力によって新築させる請負の場合にも、自ら建築した場合と同様に、注文者が建物を原始取得するのだろうか。請負建物の所有権帰属の問題として、古くから議論されてきた。
　この問題について、判例は、請負人Bが主たる材料を供給して工事をした場合には、完成建物の所有権は原則として請負人Bに帰属し、引渡しによって注文者Aに移転するものと解してきた（請負人帰属説）[311]。しかし、この場合でも、当事者の特約により、その他の時期に所有権が移転すると定めることは自由である。例えば、注文者Aが予め代金全額を支払った場合には、建物の完成と同時に注文者Aに所有権が移転するという暗黙の合意が認められ

---

[311] 大判明治37年6月22日民録10輯861頁：請負人が自己の材料を以て他人の土地に建物その他工作物を設ける請負の場合において、仕事の結果その材料を土地に附着させるや否や当然その所有権が土地の上に権利を有する者に移転するものではなく、建物または工作物の所有権はその引渡しを要し、請負人より注文者にこれを引き渡すによって初めて移転すべきことは第637条第1項により明らかである。
　大判大正3年12月26日民録20輯1208頁、大判大正4年5月24日民録21輯803頁も同旨。

る[312]）。また、完成・引渡前に所有権を移転するという特約もありうる[313]）。更に、当事者の意思解釈や建築請負契約の現実から、棟上げ時までに工事代金の半額以上が支払われた場合には、完成建物の所有権は、完成と同時に注文者Ａに帰属するという判例もある[314]）。更に、請負人Ｂが約束手形の交付を受け、建築確認通知書を注文者Ａに交付した場合には、その時点で注文者Ａに所有権を帰属させる黙示の合意が成立したと解する判例もある[315]）。

　これらの判例法理は、民法の物権理論と矛盾せず、当事者意思にも適している[316]）。また、材料供給者帰属構成は、請負人の報酬請求権の担保として大変有用な解釈であり、事実上、不動産工事・保存の先取特権の欠陥を補充するという機能を営む。しかし、建物の完成後、一度でも請負人の所有建物とすると、税法上、請負人に不動産取得税が課税される[317]）。したがって、請負人帰属説によると、請負人に不利益に作用することもある。そこで、請負代金を確保するための手段として、請負人に留置権を認めるという構成もありうる。しかし、建物に関する留置権は、必要な範囲で土地の占有を伴うので、土地抵当権の実行手続への影響が懸念される（商事留置権〔商法第521条〕は破産手続で特別先取特権となり〔破産第66条1項〕、抵当権の障害となる）。したがって、安易に留置権を認めるべきではない。

（2）請負建物の登記

　請負建物の所有権が一旦請負人に帰属した後に注文者に移転するという考え方を採る場合には、物権変動として、登記をしなければ第三者に対抗しえない（第177条）。しかし、この登記手続でも問題が生ずる。

---

312) 大判昭和18年7月20日民集22巻660頁。
313) 大判大正5年12月13日民録22輯2417頁、最判昭和46年3月5日判時628号48頁。
314) 最判昭和44年9月12日判時572号25頁。
315) 前掲最判昭和46年3月5日。
316) 我妻『債権各論中巻二』617頁、近江『講義Ｖ』247—249頁。
317) 地方税法73条の2第2項（不動産取得税）：家屋が新築された場合には、当該家屋について最初の使用または譲渡が行われた日において、家屋の取得がなされたものとみなし、不動産取得税を課税する。ただし、家屋の新築後6か月を経過して最初の使用または譲渡のない場合には、新築日から6か月を経過した日に家屋の取得とみなし、不動産取得税を課税する。

新築建物の所有権を取得した者は、その取得の日から1か月以内に表題登記を申請しなければならない（不登第47条1項）。この場合には、登記簿上は注文者が原始取得者とされ、所有権保存登記をするので（不登第74条1項1号）、請負人の所有の事実は登記に反映されない。また、表題登記を経由していない者は、原則として、所有権保存登記をなしえないので（不登第74条1項1号）、請負人には対抗力取得の途がなくなる。反対に、請負人が表題登記をした場合には、請負人の表題登記を使って、注文者（譲受人）名義の所有権保存登記をすることは認められない（不登第74条1項1号）。しかし、これら登記上の問題は、請負代金が未払の状況でのみの問題である。そこで、建築実務では、代金の完済時に、表題登記の段階から注文者を所有者として登記手続を行い、所有権保存登記を申請している（冒頭省略登記）。不動産登記法も、冒頭省略登記の慣例を予定していると言いうる。

　本項の問題については、請負人帰属説と注文者帰属説との争いがあり、後者も有力である[318]。しかし、請負制度の沿革が製作物供給契約からの発展類型であり、完成物の売買的な要素があるという点を顧慮すると、法理論的には、材料代金の負担を中心に構成すべきである[319]。また、注文者自身が材料を提供し、または代金をある程度支払ったという状況があり、注文者に所有権が原始的に帰属すべき場合には、注文者が建物の原始的所有者であるから、登記を経由しなくとも第三者に対抗しうる[320]。しかし、その後、所有権の帰属に関して争いが生ずることもありうるので、自己防衛的に登記をしておく

---

[318] 注文者帰属説を採る鈴木（禄）『債権法講義』（創文社、4訂版、2001年）659頁、北川善太郎『債権各論』（有斐閣、第3版、2003年）82頁は建物完成時に帰属するとし、水本浩『契約法』（有斐閣、1995年）314頁は不動産として認定される時期に帰属するとし、石田穣『物権法』240頁は時期とは無関係に帰属するなど、理論構成はそれぞれ異なるものの、注文者帰属説としては一致している。

[319] 近江『講義Ⅴ』249頁、内田『民法Ⅱ』（東大出版会、第3版、2011年）278頁も同様の考え方である。このように解すると、出来形払い特約付の建築請負では、その時々で出来形という材料・有形動産の所有権移転が生ずるので、完成ないし不動産認定時に注文者が原始的に所有者となる（最判平成5年10月19日民集47巻8号5061頁）。

[320] 我妻＝有泉『新訂物権』93頁、120頁、舟橋『物権法』174頁は、全く新たに生じた不動産について原始的に取得した所有権には第177条の取引またはこれに準ずる得喪変更がないとして、このように論じている。

必要がある。

《ポイント》
　請負人が新築した建物の所有権は誰に帰属するのかという問題を理解するとともに、第177条の予定する物権変動とどのように関わってくるのかを理解しよう。

❷　処分権能の制限

（1）物権の処分制限

　不動産に関する物権の処分を禁ずる場合には、処分禁止の登記が第三者への対抗要件である（第177条）。種類として、共有物不分割特約（第256条1項ただし書、第908条、不登第59条6号）、永小作権の譲渡・賃貸の禁止（第272条ただし書、不登第79条3号）がある。地上権の譲渡等の禁止を合意しても、登記の方法がないので、これは債権的効力しかなく、第三者に対抗しえない。反対に、賃借人に譲渡・転貸を許す旨の特約は登記しうるので、第三者に対抗しうる（第612条、不登第81条3号）。これらは、登記方法の有無による対抗力の例である。

　他方、処分制限が法律上当然に規定されている場合、例えば、遺言執行者が遺言で指定された場合における相続人の処分制限（第1013条）は、登記の方法はないが、絶対的効力が認められる[321]。したがって、この場合には、相続人が第三者のために相続財産について抵当権を設定し登記を経由しても、その設定契約も登記も無効とされ、受遺者は、遺贈による目的不動産の所有権移転登記を経由しなくとも、第三者に対し所有権の取得を対抗しうる[322]。また、共有持分の譲受人が共有物に関する債務を承継すると解される点も（第254条参照）、これに類似する。これらは、処分制限の登記方法がなくとも、対抗力があるとされる。

《ポイント》
　物権の処分権能の制限と第177条の予定する物権変動との関わり合いについて、検討してみよう。

321）大判昭和5年6月16日民集9巻550頁。
322）最判昭和62年4月23日民集41巻3号474頁。

（2）競売開始決定による処分制限

不動産競売手続の開始が決定されると、裁判所書記官は差押登記を嘱託し（民執第48条1項）、差押登記が実行されると、登記官は裁判所に差押登記の登記事項証明書を送付しなければならない（同条2項）。そして、競売開始決定の送達または差押登記のいずれか早い時期に差押えの効力が発生し（同法第46条1項）、債務者や担保物権の設定者（執行不動産の所有者）に処分禁止の効力が生ずる（同条2項：通常の使用・収益は許される）。債務者たる不動産所有者は処分権を失うが、通常の使用・収益権は認められる。この場合には、競売開始決定、差押登記の嘱託から登記までの間に数日間のタイムラグが生ずるので、登記前に執行不動産の所有者から所有権を譲り受けた第三者に対しても差押えによる処分禁止効が及ぶのかが問題となる。

差押登記は裁判所書記官から登記所へ嘱託されるので、執行債権者には登記懈怠はありえない。しかし、競売開始決定の送達も差押登記もない間は、執行債務者も、その処分の相手方も、競売開始決定の事実を知らないことはありうるので、この間における執行不動産の処分は、執行債権者に対抗しうるものと解される。ただし、執行債務者や処分の相手方が既に強制執行の事実を知っている場合には、処分を保護する必要はないので、競売開始決定後、その送達前または差押登記前の処分行為は、その相手方が悪意の場合には、差押債権者に対抗しえない[323]。

《ポイント》
　競売開始決定による執行不動産の処分制限と第177条の予定する物権変動との関わり合いについて、検討してみよう。

（3）処分禁止の仮処分命令に基づく登記・仮登記

処分禁止の仮処分命令とは、係争物に関する仮処分命令の一種であり、その現状の変更により、債権者が権利を実行しえなくなるおそれがあるとき、または権利の実行に著しい困難を生ずるおそれがあるときに発することがで

---

[323] 鈴木（禄）『講義』147—148頁は、競売開始決定後の処分行為は、原則として差押債権者や競売買受人には対抗しえないが、この原則を無条件に貫徹すると、取引安全を害するおそれがあるので、処分の相手方が善意の場合には、取引安全を考慮し、善意の譲受人は不動産の取得を差押債権者等に対抗しうると言う。

きる（民保第23条1項、第24条）。例えば、不動産売買において、①買主の売主に対する登記協力請求権を保全するため（二重譲渡の防止）、②土地を無権原で占有し建物を所有する者に対する建物収去・土地明渡請求権を保全するため、③強制執行を免れるための所有名義の変更を阻止するため（以上、被告適格の固定化）など、種々のケースで、債務者を相手方として申し立てる。係争物は不動産であると、動産であるとを問わない。処分禁止の仮処分は占有移転禁止の仮処分と一緒に申し立てることが多い。係争物が不動産である場合には、仮処分命令に対抗力を付与し、実効性の高いものとするために、登記手続が用意されている。

　不動産所有権に関する登記請求権を保全する目的で申請する処分禁止の登記、また、所有権以外の権利に関する登記請求権を保全する目的で申請する保全仮登記（仮処分による仮登記）（民保第53条1項、2項、不登第111条以下）にも、権利保全効が認められる（民保第58条1項）。したがって、仮処分債権者が勝訴し、債務者を登記義務者とする所有権移転登記を申請する場合において、処分禁止の登記に遅れる登記があるときには、仮処分債権者は、その抹消登記を単独で請求しうる（不登第111条1項）。また、保全仮登記に基づいて本登記をした場合には、当該本登記の順位は、当該保全仮登記の順位による（不登第112条）。

　処分禁止の登記は、時効取得者が所有者に対して所有権移転登記を請求する場合において、所有者と争う際に、当該所有者が不動産を処分するのを阻止するためにも有用性がある[324]。

《ポイント》
　不動産に関する処分禁止の仮処分命令の意義と、その実効性を担保するための登記制度について、理解しよう。

---

324) 我妻＝有泉『新訂物権』121頁。

3 不動産物権の消滅

〔設例2－3－34〕
　AはBに500万円を融資し、その担保として、Bの所有する土地に抵当権の設定を受け、登記を経由した。A・B間の約定には、BがAに400万円まで弁済したときには、抵当権を消滅させるという解除条件が付されていたが、その条件は登記されていなかった。
　BがAに400万円を弁済した後、AはCに残債権100万円を譲渡し、Cに抵当権の移転付記登記を経由した。BはCに対し、解除条件の成就による抵当権の消滅を主張することができるだろうか。

　不動産に関する物権の消滅も、原則として登記を必要とする物権変動である。物権の消滅は、意思表示による場合も、解除条件の成就による場合もある。いずれも、物権の消滅を第三者に対抗するには抹消登記が必要である。判例に現れた事案として、抵当権の放棄[325]、買戻権の合意による消滅[326]、解除条件の成就による抵当権の消滅[327]、などがある。〔設例〕では、解除条件の登記がないので、BはCに対し抵当権の消滅を対抗しえない。

　また、物権ではないが、登記された土地賃借権（借地権）において、譲渡・転貸の許可が登記されているときには、賃借権の消滅後も、賃貸人がその抹消登記手続をしなければ、権利の消滅を第三者に対抗しえない[328]。

　しかし、抵当債権が弁済その他の事由により消滅した場合には、債権との付従性によって抵当権は絶対的に消滅する。この点は、不動産物権の目的物

---

[325] 大決大正10年3月4日民録27輯404頁。
[326] 大判大正13年4月21日民集3巻191頁：登記の抹消前に買戻権を取得し登記した第三者にはその消滅を対抗しえず、第三者は有効に買戻権を取得しうる。
[327] 大判昭和4年2月23日新聞2957号13頁：解除条件の登記がなければ、抵当債権を譲り受け、抵当権の移転付記登記を経由した者には、解除条件の成就による抵当権の消滅を対抗しえない。
[328] 最判昭和43年10月31日民集22巻10号2350頁：賃貸借契約の解除後に賃借人から賃借権の一部譲渡を受け、賃借権持分移転登記を経由した第三者に対しては、登記をしなければ対抗しえない。

が滅失した場合と同様である。したがって、弁済等による抵当権の消滅は、抹消登記がなくとも、第三者に対抗しうる。

　次に、所有者が地上権を相続した場合のように、混同による消滅も物権変動であるから、原則として、登記をしなければ、第三者に対抗しえない[329]。しかし、抵当権者が所有者となり、所有権移転登記を受けたときには、登記簿の記録上、混同の発生が明らかであるから、抵当権の抹消登記をしなくとも、第三者に対抗しうる[330]。

　次に、不動産質権のように、不動産物権について法定存続期間がある場合において（第360条は10年と法定する。）、存続期間の満了による物権の消滅は、登記がなくとも第三者に対抗しうる。判例は、不動産質権の事案において、公益上の理由から期間の経過による絶対的消滅と認める[331]。しかし、この場合には、期間の経過による消滅が登記から了知しうるという理由が妥当である[332]。

　また、根抵当権の元本確定期日のように（第398条の6、不登第88条2項3号）、物権の存続期間が約定され、登記されているときには、約定どおりの根抵当関係の解消という効果が発生するに過ぎず、登記もされているので、同様に、登記（根抵当権確定の登記）は不要である[333]。

《ポイント》
　物権の消滅も物権変動であることを理解し、また、登記の要否についても理解しよう。

---

329) 大決昭和7年7月19日新聞3452号16頁：混同による消滅後、登記を抹消していない地上権の差押えを認めた。
330) 大判大正11年12月28日民集1巻865頁。
331) 大判大正6年11月3日民録23輯1875頁。
332) 我妻＝有泉『新訂物権』122頁、舟橋『物権法』175頁。
333) 我妻＝有泉『新訂物権』122頁、舟橋『物権法』175頁。

第4節　動産に関する物権変動と公示──第178条論

第1項　対抗要件としての引渡し
❶　「引渡し」の意義

〔設例2−4−1〕
　BはAにパソコンを1台販売し、代金として20万円を受領した。Aが翌日に自家用車で受け取りに来るというので、Bはパソコンを預かっていた。ところが、Bの店員Cが、その事実を知らないまま、Dにそのパソコンを売ってしまい、Dは自宅に持ち帰った。
　AはDに対し、自分の所有するパソコンであることを主張することができるだろうか。

　動産に関する物権の譲渡は、その動産の引渡しがなければ、第三者に対抗しえない（第178条）。動産物権譲渡の対抗要件たる引渡しは、占有の移転を意味する。占有権の取得は代理人によっても可能である（第181条）。民法は、動産物権の譲渡と規定するので、第178条は広く物権の譲渡に適用されるかのようである。しかし、実際上は、「所有権の移転（取消または解除による所有権の復帰を含む。）」に限定される。その理由は、動産物権のうち、占有権（第182条以下、第203条参照）、留置権（第295条、第302条参照）、質権（第344条、第352条、第345条参照）は、占有が権利の成立ないし存続要件だからである（質権の譲渡〔第344条〕、転質〔第345条〕を参照）。また、動産先取特権は対抗要件を必要としない（第306条、第311条参照）。ただ、先取特権の即時取得に関する第319条では「占有」を必要とする。しかし、これは即時取得規定の準用要件であり、動産物権譲渡の対抗要件ではない。
　「引渡し」という行為は、文字通り、現実の占有移転（第182条1項）を意味する。しかし、物権取引の頻繁さは言うに及ばず、その結果、代理占有（第181条以下）という観念的な引渡しが対抗要件として認められてきた[334]。代理占有は従前の占有状態に何ら変更を見ないから、実際上の公示力はない。

しかし、取引現場において、①簡易引渡を回避するため一旦占有を戻してから再び現実に引き渡し、②占有改定を回避するため現実の引渡しをし、その瞬間に元の占有状態に戻す、という行動は無意味であるから、簡易引渡や代理占有が便法として利用されてきた。しかしながら、これらの制度を適用することによって、第三者からは、その外観上、占有の移転は見られない。結局、動産取引の安全は、公示の原則からは確保されえず、公信の原則、即ち、即時取得制度（第192条以下）に頼る以外にはない。

〔設例〕のAは代金を支払った段階で一度は引渡しを受けたものと考えられるので（第183条）、対抗要件を充たす（第178条）。BはAの所有するパソコンを預かっているだけであるから（占有代理人）、Bの店員CがDに売買しても、このパソコンの処分権限はない。Dは無権利者である。したがって、AはDにパソコンの返還と使用利益の返還を請求しうる。ただし、Dに即時取得（第192条）の成立することはありうる。

❷ 引渡し対抗要件主義の例外

動産の物権変動（譲渡）に関する第三者対抗要件は、原則として、「引渡し」である（第178条）。「原則として」とは、例外の存在を意味する。

まず、金銭は、通貨として利用されれば、抽象的には物の価値（交換価値）として体現される。金銭は物質的には有体物であるが、同時に交換価値それ自体でもあるので、物権取引法における「物」ではない。そして、金銭それ自体の価値を把握するのは、まさにその占有者であり、占有者が金銭の所有者として扱われる。したがって、金銭所有権の移転に関しては対抗要件を観念しえず、引渡しは金銭所有権移転の成立要件（効力発生要件）となる[335]。

---

334) 大判明治43年2月25日民録16輯153頁、最判昭和30年6月2日民集9巻7号855頁など多数の判例が、第178条の引渡しは占有改定の方法による引渡しで足りるものと判示してきた。
335) 我妻＝有泉『新訂物権』185—186頁、川島『新版理論』178—180頁、舟橋『物権法』224頁、内田『民法Ｉ〔第4版〕』471頁など、従来の通説である。また、最判昭和39年1月24日判時365号26頁も、金銭を現実に支配する占有者は、その取得理由や占有を正当づける権利の有無を問わず、価値の帰属者（金銭の所有者）とみるべきものと判示している。

次に、動産でも、登記または登録を対抗要件とする物については、引渡しは対抗要件にはならない。登記済の船舶（商法第684条、第686条）、建設機械（建機抵第7条）は登記が対抗要件であり、登録済の自動車（道運車両第5条）、航空機（航空第3条の3）は登録が対抗要件である。その他、農業用動産（農動産第13条）、自動車（自抵第5条）、航空機（航抵第5条）、建設機械（建機抵第7条）の抵当権は、登記または登録が抵当権設定の対抗要件である。

次に、解釈上、抵当不動産の上に存在する従物たる動産や果実にも抵当権の効力が及ぶので（第87条2項、第371条〔ただし、不履行後〕）、不動産に関する抵当権設定登記が従物や果実の対抗要件となる[336]。

更に、無記名債権は動産とみなされる（第86条3項）。無記名の公債・社債、入場券など、無形の財産に証券という形を与え、これを動産として扱うこととし、証券の所有権の帰属によって証券上の権利帰属を決定することとして、取引の安全と迅速性を図っている[337]。しかし、引渡しを譲渡の対抗要件とする第178条によるのでは、有価証券の特殊性に対応しえない。そこで、貨物引換証などは証券の交付（引渡し）を商品譲渡の対抗・効力発生要件とする（商法第574条、第575条〔貨物引換証〕）。それゆえ、証券に化体された無記名債権も、証券の引渡しにより、権利譲渡の効力発生要件とされてきた[338]。そこで、民法改正草案では、無記名債権を証券とし（無記名証券：草案第520条の20）、記名式所持人払証券の規定（草案第520条の13以下）を準用することとし、その譲渡は証券の交付により効力が生ずるものとした。

❸ 代理占有による引渡し

（1）簡易引渡

AがBに寄託中の商品をBに売却した場合には、AがBに引渡しの意思を表示しただけで対抗要件としての引渡行為が完了する。これが簡易の引渡し

---

336) 我妻＝有泉『新訂物権』184頁、末川『物権法』160—161頁、舟橋『物権法』223頁参照。
337) 我妻＝有泉『新訂物権』183頁、鈴木（禄）『講義』192頁。
338) 我妻＝有泉『新訂物権』183—184頁、末川『物権法』161頁、舟橋『物権法』224頁、鈴木（禄）『講義』192頁。

である（第182条2項）。これはAがBに賃貸している商品をBに売却し、引渡しの意思表示をしたという場合でも同様である。それゆえ、これらの場合には、Bは、占有代理人（他主占有）から、所有者（自主占有）へと転換する（第185条）。

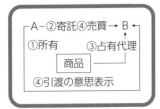

（2）占有改定

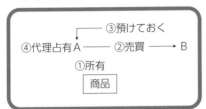

AがB商品をBに売却したが、Bがその商品をAに預けたり、賃貸したりする場合がある。また、譲渡担保権の設定契約は、Aが所有する倉庫内や店舗内の商品の一定量または全部について、Bに所有権を移転し、対抗要件として占有改定による引渡しを用いるという担保権設定行為である。この場合には、譲渡担保の目的物となる商品は、設定者Aが担保権者Bの代理人として直接占有し、一定の価値保存（補充義務）を条件として、BがAの通常の営業の範囲内（営業の常態）においてその商品の販売を許す旨が約定される（転売授権）。占有改定においては、譲渡人Aと譲受人Bとの間で引渡しの意思表示がなされると、Bが占有権を取得するので（第183条）、第178条の「引渡し」をしたことになる。

（3）指図による占有移転

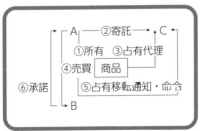

AがCに寄託中の商品を、Cに寄託したままでBに売却し、AがCに対して、以後Bの占有代理人となるよう命じ、買主Bが売主Aにこれを承諾すれば、AからBに対する引渡しは完了する（第184条）。この場合には、占有改定とは異なり、受寄者Cが第三者からの問い合わせに応じるという役割を果たすので、公示機能を有する。

《ポイント》
　動産物権変動の対抗要件たる「引渡し」と各種の簡易な引渡方法との関係について理解

しよう。

第2項　即時取得（公信の原則）
❶　即時取得の意義

　公信の原則とは、契約相手方の権利者らしい外観を信頼して善意・無過失で取引した者は、たとえ、その契約相手方が無権利者でも、その表見的信頼は保護に値するという考え方である。契約関係では、互いに相手方の信頼を尊重しなければならず、信義則の要請に従い、取引相手方を保護しなければならない。それゆえ、契約当事者が、当初の期待に反する出来事に遭遇した場合でも、当初の期待は保護されるべきである。

　前掲した〔設例2－1－2〕（「第1節　物権変動と第三者に対する対抗要件」「第2項　公示の原則と公信の原則」「❷　公信の原則」52-54頁）で、Bが、真正所有者Aから預かっていたカメラを、所有者であるかのような顔をしてCに売却したというケースがあった。この場合において、CがBの所有物と信頼して購入したときには、Cには所有権取得の期待があるので、この信頼を保護しなければならない。これを「取引安全の保護」（「動的安全の保護」）といい、近代法における解釈原理となっている。そして、この考え方を一歩進めると、真正所有者Aに所有権があるとしても、第三取得者Cの所有権取得を認め、その結果、Aは所有権を失うこととなる（静的安全の犠牲）。このように、公信の原則は、AとCを天秤に掛けて、第三者Cの信頼を保護している。この場合には、真正所有者Aから所有権を剥奪してCに与えるのであるから、Cには他に所有者がいたなどということには気づかず、しかも、気づかないという点に過失もないという「善意・無過失」が要求される。

　前例で、買主Cが、取引行為による取得によって、平穏公然と占有を開始し、占有開始時に善意・無過失であった場合には、Cはカメラの所有権を取得する（第192条）。これを即時取得または善意取得という。この制度は、表見代理（第109条、第112条。ただし、第110条については解釈上の争いがある。）、債権の準占有者に対する弁済（第478条）などとともに、公信の原則の具体例である。

❷ 即時取得の要件

　第192条の要件として、第三者Cが、①動産を、②取引行為により、③当該動産の処分権限のない者から占有を承継し、④平穏・公然・善意・無過失で、⑤相手方（譲渡人）の占有を信頼し、第三者自身も占有を取得することが必要である。取得者の占有取得については、代理占有による占有でもよいかという大きな問題があるが、その問題は項を変えて論ずる。

（1）目的物が動産であること

　一般の動産は、すべて即時取得の目的となる。しかし、土地や建物に付合し（第242条）、その一部とみなされるものは、もはや動産ではないので、即時取得の対象から外れる。ここでは、登記・登録制度の適用下にある動産は、すべて即時取得の目的から外れるのかが問題となる。

（ア）立木法の登記ある立木

　この立木は伐採されても抵当権の効力が維持されるが（立木第4条1項）、伐採されて土地から分離された樹木は即時取得の目的となる（同条5項）。

（イ）工場抵当法により登記された工場備え付け動産

　同様に、工場抵当権の効力の及ぶ工場備え付け動産も即時取得の目的となる（工抵第5条）。この規定の趣旨から、同様の制度たる財団抵当一般における財団目録記載動産も即時取得の目的となる[339]。

（ウ）建物の従物

　建物の従物（畳、建具、その他の付属設備）は、一応当該建物から独立した物であるが、建物の効用を高め、また、経済的に一体を成す物として、その譲渡に際しては、建物の登記によって対抗要件を充たす。しかし、従物が建物から分離して取引された場合には、たとえ建物と一緒に譲り受けて引渡しを受けても、登記とは関係なく、即時取得の目的となる[340]。

339）我妻＝有泉『新訂物権』215頁。
　　大判昭和8年5月24日民集12巻1565頁：工場財団を目的とする抵当権はその財団に属する建物に附加して一体を成した物に及ぶが、当該動産の買受者が善意・無過失であれば、第192条の適用がありうる。
　　最判昭和36年9月15日民集15巻8号2172頁も同旨である。
340）我妻＝有泉『新訂物権』215頁。我妻博士は、抵当権の効力の及ぶ抵当不動産の従物の場合にも同様に解すべきであるという。

(エ) 農業動産信用法によって登記された動産

登記された農業用の動産類は登記が対抗要件である。しかし、農業用動産と登記との関係はあまり緊密なものと解されないので、即時取得の目的となる（農動産第13条2項）。農業用動産の抵当権の得喪及び変更は、登記をしなければ善意の第三者に対抗しえない（同条1項）。その登記後でも、即時取得規定の適用は妨げられない（同条2項）。

(オ) 貨物引換証などの証券に化体された商品

証券化体商品についても、証券によらずに、その運送あるいは寄託されたという関係の外に離脱した場合には、即時取得の目的となる[341]。

(カ) 登記船舶、既登記の建設機械など

登記を対抗要件とする船舶や、登記済みの建設機械は、即時取得の目的にはならない。これらは完全に登記によって権利関係が公示されるので、占有を信頼した第三者を保護する必要がないからである。この意味において、登録済み自動車や航空機も即時取得の目的にはならない。しかし、未登録の自動車や[342]、比較的小型の船舶[343]は、即時取得の目的となる。

(キ) 立木、未分離の果実

これらの権利変動は明認方法が対抗要件である。分離を前提として取引されても、未分離の状況では土地の一部であるから、即時取得の目的にはならない。しかし、伐採等により動産となれば、即時取得の目的となる。

(ク) 無記名債権

無記名債権は動産であるが（第86条3項）、これが有価証券化されている場合には商事法規の適用を受けるので（善意取得に関する商法第519条2項、小切手法第21条を参照）、民法の即時取得規定は適用されない。しかし、有価証券ではない入場券や切符、劇場観覧券などは、即時取得の目的となる。

---

341) 我妻＝有泉『新訂物権』215—216頁。

342) 最判昭和45年12月4日民集24巻13号1987頁：未登録の自動車は、取引保護の要請により、一般の動産として民法192条の規定の適用を受ける。

343) 最判昭和41年6月9日民集20巻5号1011頁：総トン数20トン未満の船舶については即時取得の目的となる。本権の適法推定（第188条）により無過失が推定されるので、占有取得者は無過失の立証を要しない。

（ケ）金銭

　金銭の占有に公信力を認めるべきであるという要請は一層強い。ドイツ及びスイスの民法は、金銭と無記名有価証券について盗品・遺失物に関する例外から除外する（BGB 第 935 条 2 項[344]、ZGB 第 935 条[345]）。この趣旨は、盗品や遺失物には善意取得は成立せず、所有者（被害者または遺失主）は占有者に対して回復請求しうるが、当該占有物が金銭や無記名有価証券であるときには、所有者は回復請求しえないということである。その理由は、金銭が盗難に遭ったときに、被害者が金銭の善意取得者に対して無償で返還請求するというのは、いかにも不合理だからである。むしろ、善意取得の対象となるとするほうが常識にかなう。

　もっとも、金銭所有権は抽象的な価値それ自体の化現物であり、物としての個性はない。それゆえ、金銭については所有権を意識することなく、金銭の価値によって化現される価値が金銭の占有とともに移転するものと解してよい。したがって、返還請求についても、特定の金銭の返還請求ではなく、不当利得の返還請求で解決すべきものである[346]。

　従来の判例は[347]、「金銭の所有権は特段の事情のない限り金銭の占有の移転とともに移転する」、つまり、金銭が騙取された場合でも、当該金銭は騙取者の所有になる。この判例法理は、民事事件でも踏襲されている[348]。

---

344) BGB 第 935 条 1 項は、盗難品、遺失物、その他の占有離脱物に関しては善意取得（第 932 条—第 934 条）の適用を除外する。同条 2 項は、「この規定は、金銭または無記名有価証券、ならびに公の競売で譲渡された物については適用しない」と規定するので、金銭には善意取得が適用される。
345) ZGB 第 935 条：「金銭及び無記名有価証券が、その占有者の意思に反して紛失された場合でも、善意取得者に対しては請求しえない。」。
346) 我妻＝有泉『新訂物権』236 頁。
347) 最判昭和 29 年 11 月 5 日刑集 8 巻 11 号 1675 頁・背任罪に関する刑事事件。「金銭は通常物としての個性を有せず、単なる価値そのものと考えるべきであり、価値は金銭の所在に随伴するものであるから、金銭の所有権は特段の事情のないかぎり金銭の占有の移転と共に移転するものと解すべきであって、金銭の占有が移転した以上、たとえ、その占有移転の原因たる契約が法律上無効であっても、その金銭の所有権は占有と同時に相手方に移転するのであり、不当利得返還債権関係を生ずるに過ぎない」。
348) 最判昭和 39 年 1 月 24 日判時 365 号 26 頁：占有による金銭所有権の取得につき最判昭和 29 年 11 月 5 日と同旨。

(2) 取引行為による取得であること

即時取得は、動産取引の安全を保護する制度である。それゆえ、動産について取引行為をして、その結果、占有者から、その動産の占有を取得することが必要である。ここで取引行為というのは、所有権または質権の取得を目的とする行為であるが、意味としては広くとらえられる概念である。例えば、贈与[349]、売買はもちろん、代物弁済、通常の弁済給付、消費貸借が成立するための給付を含む[350]。また、競売による売却手続における買受けを含む。

これに対して、他人の山林を自分のものと誤信して伐採し、動産となった伐木を取得する場合のように、動産を原始的に占有する場合には、取引行為がないので、即時取得は適用されない。また、偶然、相続財産の中に他人の所有する動産がある場合において、これを相続人が相続によって包括承継した場合にも、同様に取引行為がないので、即時取得は成立しない。

(3) 処分権限のない者からの取得であること

次に、処分権限のない者（無権利者）からの取得であることが必要である。この要件は、処分権限ある者からの取得であれば、動産物権の取得に関して何ら問題は生じないから、付せられたものである。ドイツ民法でも、「無権利者からの善意取得」（BGB 第932条〔重過失者は除く〕）が構成されている。

　最判平成15年2月21日民集57巻2号95頁：受任者が取引上受領した金銭の所有権は常に金銭の受領者（占有者）たる受任者に帰属し、受任者は委任者への支払義務を負うにすぎない。

[349] 近江『講義Ⅱ』153—154頁は、「取引」とは対価的牽連関係にある行為をいい、無償行為である贈与は、負担付き贈与を含めて、取引行為にあたらないので、即時取得は無償行為には適用されないと言う。しかし、我妻＝有泉『新訂物権』227—228頁は、即時取得は成立するが、無償取得の場合には、即時取得者は原所有者に対して不当利得返還義務を負担すると言う。

[350] 大判昭和9年4月6日民集13巻492頁は、消費貸借の目的たる金銭が貸主の所有でなくとも、受領した借主が即時取得によりその所有権を取得したときには、消費貸借は成立するものと判示した。他方、盗取・騙取金銭が給付されたときには、給付金銭の即時取得という問題になるので、第192条以下の規定を適用せず、商法第519条、小切手法第21条の善意取得規定を類推適用すべきものという学説（松本烝治『私法論文集第二巻』〔厳松堂、1916年〕580頁〔584—585頁〕）がある。しかし、貨幣には、物としての個性は存在せず、交換価値が化体されたに過ぎないので、貨幣所有権を問題とせず、不当利得返還請求で処理すべきである。我妻＝有泉『新訂物権』235—236頁参照。

善意取得者の相手方（譲渡人）が無権限者の場合とは、単なる借主、質権者、受寄者などが考えられ、あるいは、売買の買主ではあるが、その売買が無効であり、単なる占有者に過ぎないときなどもそうであり、取得者Cが、これらの者が無権限であることを知らずに取引したという場合が多い。例えば、AがBに動産を譲渡し、占有改定によって引渡しを済ませ、無権利者となった後、Aが自分に当該動産の直接占有があるのを利用して、これを第三者Cに譲渡し、現実の引渡しを済ませたという場合には、判例によると、対抗要件の問題ではなく、即時取得の問題になるとされる[351]。

次に、問屋、質権者、執行官など、他人の動産を処分する権限を有する者がした取引において、当該動産の処分権限が欠けているのに、これを処分する権限があるものと誤信して取引した場合にも、即時取得の適用がある。ドイツ商法（HGB）はこの場合への拡張適用を認める（HGB 第 366 条〔動産の善意取得〕）。

更に、代理人Bが自己の権限に基づいて処分した動産が、本人Aの所有物ではなかったという場合にも、相手方Cに即時取得が成立しうる。しかし、処分者Bが制限行為能力者、錯誤者、無権代理人であった場合には、取得者Cが、これらの事実について善意無過失でも、即時取得の適用はない。この場合に即時取得を認めると、制限行為能力者保護規定、意思の欠缺、無権代理制度がその存在意義を失うからである。しかしながら、この取得者Cから更に瑕疵のない法律行為によって譲り受けた第三者Dは、即時取得の適用を受けうる[352]。

（4）取引の当時、平穏・公然・善意・無過失であること

次に、取得者Cが、譲渡人Bの占有を信頼し、この点について過失のないことが必要である。取引は平穏かつ公然と行われることを要するが、この要件は、占有承継時に存在すれば足り、後に悪意となっても即時取得の成否に

---

351) 大判昭和 19 年 2 月 8 日新聞 4898 号 2 頁：Xからの所有権確認請求事件において、先に材木を買い受け、占有改定による引渡しを受けたXが所有権を取得し対抗要件も具備したが、後から同一木材を買い受けて現実に引渡しを受けたYには即時取得が成立しうるものとした。
352) 我妻＝有泉『新訂物権』220 頁。

影響はない。また、占有者には、「善意・平穏・公然」が推定される（第186条1項）。それゆえ、平穏・公然・善意を覆すべき立証責任は原所有者Aにある。また、占有者が占有物について行使する権利は、適法に有するものと推定される（第188条）。それゆえ、譲渡人Bが占有者であり、処分権限のない占有者Bが処分した結果、Bの占有を信頼した取得者Cは、適法な権利行使者（所有者）と推定される占有者Bから取引行為によって取得したのであるから、取得者Cには過失がないと言いうる。それゆえ、即時取得の場合には、第188条によって第三者Cに無過失まで推定されるので、過失の立証責任まで原所有者Aにある[353]。したがって、即時取得の場合には、立証という点において譲受人Cがかなり有利な地位に置かれる。

　判例による過失認定事案は、①立木を買い受ける際、土地の所有権に関して登記簿の調査を怠った取得者[354]、②運送人から玄米を代物弁済として受領した債権者[355]、③運転手仲間からまだ割賦代金が完済されていない中古自動車を買った者（自動車には所有権留保やこれに類するリースが利用されることが多い。）[356]、④紺屋から白木綿を質物として取った質屋（紺屋の白木綿は染め物のために預かっている物であるのが通例である。）[357]、などのケースがあり、近

353）前掲最判昭和41年6月9日：前掲小型船舶の所有権留保売買の事案。
354）大判大正10年2月17日民録27輯329頁：立木法の適用を受けない立木の所有権は地盤所有者に属する。地盤所有権は登記簿を調査すれば容易に知りうる。この調査は取引上必要な注意であるから、この調査を怠った場合には、地盤の所有者以外の者に属すると信じても、その善意につき過失がある。
355）大判昭和5年5月10日新聞3145号12頁：運送業者甲の占有する玄米を代物弁済の目的物として債権者（運送業者）乙の代理人（店員）に引き渡した場合には、代理人が少しの思慮をめぐらせれば、運送店経営の普通の業態にかんがみ、玄米が甲の所有でないという消息は容易に知りうる。
356）大判昭和10年7月9日判決全集1輯20号13頁：自動車販売者とタクシー業者又は運転手との自動車販売は、所有権留保が多く、運転手たるYはこの消息に通じており、通常Aの処分権限の有無を調査すべきであるから、Yが何らの疑念を差し挟まず全幅の信用を措いたことには過失がある。
357）大判大正7年11月8日民録24輯2138頁：質屋営業者たるYは、Aが紺屋業者と知りながら、染色加工の材料たる木綿類数十疋をAから質に取る際に、それはAが他人から染色加工を受託したものか、Aに入質権があるかにつき相当の注意を加えるは当然である。Yがその注意をしなかったことには過失がある。

時では、⑤建設機械の流通に関して比較的詳しい古物商が高額な建設機械を新品で購入した場合に、所有権に関する調査義務を怠ったとされたケースがある[358]。

（5）第三者自身も占有を取得すること

第三者Cが自分への譲渡人である相手方Bの占有を信頼し、Bから占有を承継することが、即時取得の最後の要件である。この場合において、第三取得者Cの占有が現実の占有であるときには、そのまま即時取得が成立するだけであるから、格別問題にならない。

しかし、取得者Cの占有が現実の占有ではなく、占有改定による引渡しの場合には、大いに問題となる。Aの所有する動産をBが賃借し、Bがその動産を第三者Cに譲渡し、CがBの占有を信頼し、Bが所有者であると誤信して譲り受け、引き続きBに賃貸している場合に問題となる。この問題は、占有改定による引渡しでも即時取得が成立するかという問題である。

《ポイント》
　即時取得の成立要件について、判例法理を踏まえて検討してみよう。

❸　代理占有による即時取得の成否

（1）占有改定による即時取得の成否

（ア）所有権の即時取得の場合

AがBに商品を売り、Bに占有改定による引渡しが成立すれば、所有権移転の対抗要件が充たされる（第178条、第183条）。しかし、その後、第三者Cが平穏、公然、善意、無過失で元所有者Aから商品を購入し、現実の引渡しを得た場合には、第三者Cは、所有者Bに対し、即時取得を主張して、所有権の取得を対抗しうる（第192条）。この場合における第三者Cの占有取得が占有改定による引渡しでも即時取得は成立するかが問題となる。この問題について、旧来の有力説はこれを肯定し[359]、従来の判例法理は、これを否定し

---

358) 最判昭和42年4月27日判時492号55頁：古物商Yは土木建設機械も扱う業者である。Yは、少し調査すれば、A建設による本件物件（新品の機械）の処分経緯、所有権の有無を容易に知りえたはずである。これを調査しなかったYには、本件物件の占有を始めるについて過失がある。

てきた[360]。その理由について、事例を検討しつつ説明する。

> 〔設例2−4−2〕
> 　Aが修理に出していたカメラを受け取りにBカメラ店に行ったところ、Bは、Cに売却し、占有改定による引渡しをしたといい、目の前にあるカメラの引渡しを拒絶した。
> 　Aは、善意・無過失のCに所有権があるとして、返還請求を諦めなければならないのだろうか。

〔設例〕のように、Aとしては、目の前に自分のカメラがあるのに、引渡しを断られるなどということは、不合理きわまりない話である。したがって、判例のように、占有状況に何ら変更を見ない占有改定による引渡しでは即時取得は成立しないと考えるべきである。では、次の事例ではどうだろうか。

> 〔設例2−4−3〕
> 　Bカメラ店からカメラを受領したAは、ある日、見知らぬCという人が訪ねてきて、「貴方のカメラは私がBカメラ店から購入し、占有改定によって引渡しを受けたものだから、返してください」といわれた。
> 　AはCにカメラを渡さなければならないのだろうか。

この場合も、AがCにカメラを引き渡さなくてはならないとすると、不合理きわまりない話である。Aは、自分の与り知らないところで行われた売買によって、自分の占有下にある所有物を奪われる結果となるからである。この例でも分かるように、やはり、原則として、占有改定否定説が正当である[361]。では、次の事例ではどうだろうか。

---

359) 我妻榮「占有改定は民法第一九二条の要件を充たすか」『民法研究Ⅲ』148頁（156頁以下）、柚木馨『判例物權法總論』348頁以下など参照。

360) 大判大正5年5月16日民録22輯961頁、最判昭和32年12月27日民集11巻14号2485頁、最判昭和35年2月11日民集14巻2号168頁等参照。

361) 中島（玉）『釈義二物權篇上』184頁、三潴『全訂提要』296頁、末川『物権法』235

〔設例 2 − 4 − 4〕
　Bカメラ店は、Aから預かったカメラをまずCへ、次いでDへと売却し、いずれも占有改定による引渡しをした。C・Dともに善意・無過失である。いずれが優先するのだろうか。

　この場合には、否定説を採ると、C・Dはいずれも他方に優先しない。しかし、いずれかが現実に引渡しを受ければ、その時点で即時取得の要件を充たす。したがって、Cが現実の引渡しを受ければ、Dに優先し、Dが現実の引渡しを受ければ、Cに優先する。

　学説には、C・Dが占有改定による引渡しをした時点で両者ともに不確定的に所有権を即時取得し、現実の引渡しを受けた段階で確定取得になるというものがあり、これを折衷説と呼ぶ[362]。

　しかし、現実の引渡しを受ければ、もはや占有改定による引渡しという状況にはないので、これはこの問題を条件付けて肯定したことにはならない。この状況は、形としては、本来は二重の物権変動が行われ、先にCが占有改定による引渡しで確定的に所有権を取得したが、Dに占有改定による引渡しで即時取得を認めるかという問題と類似する。〔設例〕では、両者ともに無権利者たるBからの取得者であるから、いずれも即時取得の問題となるに過ぎない。肯定説や折衷説は公示原則による物権変動の確定を、現実の占有なくして、公信原則の適用によって破るかのようである。したがって、否定説が正当である。現在では、この問題で肯定説を採る学説は存在せず、否定説と折衷説とが拮抗している。また、折衷説の立場に依拠しながら、取得者相互間に共有的な発想を入れる学説もある[363]。しかし、このような解釈は、そも

　　頁、舟橋『物権法』245頁以下、好美清光「即時取得と占有改定〔判批〕」一橋論叢第41巻第2号（1959年）86頁（90頁以下）、近江『講義Ⅱ』158頁など、判例とともに通説を構成する。
362)　元々肯定説であった我妻榮博士がこの考え方に変更した説なので、「我妻改説」ともいう。我妻『物権法』137—138頁、我妻＝有泉『新訂物権』223—224頁、鈴木（禄）『講義』213—214頁、同『抵当制度の研究』415頁、内田『民法Ⅰ』470頁など参照。
363)　谷口知平「占有改定と即時取得」『判例演習〔物権法〕』93頁（98—99頁）は、複数

そも当事者の合理的意思解釈と相容れないであろう。

(イ) 譲渡担保権の即時取得の場合

学説には、占有改定による即時取得の成否を考える際に、譲渡担保の二重設定を前提とする「類型説」もある。

(a) 廣中説

廣中博士は、無権利者Bからの第二譲受人Dは、本来は第2順位の譲渡担保権者であるところ、Dが現実の引渡しを受けた時点においてもなお善意・無過失であれば、Dは第1順位者となるが、Cも第2順位者として保護すべきであるという[364]。

(b) 槇説

槇博士は、無権利者Bからの担保目的の譲受人CとDは同順位の関係に立つが、善意で自ら客観的な公示方法を獲得し、他方の公示手段を覆したとき、即ち、実行のために善意・無過失で現実の引渡しを受けたときに、その者が初めて即時取得によって優先権を取得するという[365]。

この2つの考え方は、両者とも、譲渡担保権の即時取得の場合には折衷説を基本ととらえ、担保権者相互間の利益調整を図るという考え方である。前者は設定の順序で順位が決まるものの、現実の占有により即時取得を顧慮して順位を確定させるという考え方である。また、後者は占有改定による引渡しの状況ではC・Dとも互いに優先劣後関係にないが、現実の引渡しを受けたほうが第1順位者になるという考え方である。

(c) 譲渡担保における考慮――私見的考察

譲渡担保の設定において占有改定による引渡しに対抗力を付与しているのは、あくまでも「担保のためにする所有権移転」という設定行為に対して対抗力を与えるべきだからである。譲渡担保は、質権の設定について、現実の

の取得者がともに善意無過失で、全員が占有改定による引渡しを受ければ、対抗要件を備えており、この意味では皆平等であり、取得者が2人なら理念的には2分の1の持分を有するので、いずれに属するとしても、帰属を得たほうが他方に対し持分の価格の返還責任を負うと言う。

364) 廣中『物権法』192頁。
365) 槇悌次「即時取得」星野編『民法講座2物権（1）』299頁（325頁）。

占有移転（直接占有の移転）という引渡行為をしなければその効力を生じない（第344条、第345条参照）とされている制度上の不便さを回避するために、商慣習上、占有改定による引渡しを利用するという類型の担保権として考案されたものである。

　占有改定による所有権の即時取得の成否という問題については、基本的には占有改定否定説が正しい解釈論である。しかし、譲渡担保の場合には、所有権の即時取得という占有の外形に対する信頼保護制度の適用ではなく、あくまでも、譲渡担保権設定契約上の占有改定による引渡しという設定における対抗要件の問題でもある[366]。

　この意味において、複数の者が順次に譲渡担保の設定を受けたとしても、それは単なる無権利者からの二重設定の問題であり、ここに即時取得という制度を適用するとしても、それは複数の譲渡担保権を認定することにほかならない。いわば、この場合には、「譲渡担保権の即時取得」という問題なのである。それゆえ、この場合には、所有権の即時取得に特有な「直近取得者の優先」ではなく、あくまでも、その優先順位は設定の順序で決すべきである。つまり、譲渡担保権を念頭に置いたときには、基本的に類型説が妥当ではある。しかし、善意・無過失の第2順位者Dが先に現実の引渡しを受け、譲渡担保権を実行し、目的物を換価処分した場合には、同じく善意・無過失の第1順位者Cは、Dに対し、不意打ち的に不当利得の返還を請求しうるのか、それとも、先に現実の引渡しを受けた第2順位者Dに特別に優先効を付与するのかという難問は残る。この場合には、即時取得の原則には反するが、一応、設定の順序で譲渡担保権の取得だけは認めるのが妥当である。

　実行における優先順位は、換価のために現実の引渡しを受けた者を優先させるべきか、それとも、後順位者からの私的実行は制限すべきものという担

---

366) 近江『講義Ⅱ』158―159頁は、占有改定の対抗要件性を否定するが、譲渡担保権の設定要件としての占有改定を否定するものではない。近江教授は、占有改定による引渡しを対抗要件（第178条）として扱うことを否定する立場なので、現実の引渡しを受けた者が他方に優先するという前掲の横説を妥当ではないという。また、設定の順序で決するという考えを採るのであれば、設定契約において占有改定による引渡しを受けた順によるというべきであるところ、近江教授は、廣中説を引き合いに出し、譲渡担保権者が善意・無過失であるときには、第1順位になるか否かの問題が生ずるという。

保・執行原則を維持すべきかは難しい。しかし、弁済期経過後は、即時取得による所有権取得を重視すべきである。したがって、前者の見解を採るべきであろう。

次に、即時取得の外形を適用するのであれば、現実の引渡しを受ける際にまで善意・無過失である必要はない。譲渡担保の設定時である占有改定による引渡時に善意・無過失であれば足り、その後は善意・悪意を問わず、現実に引渡しを受けた譲渡担保権者が即時取得して優先するものと解すべきである。ただし、権利濫用ないし背信的悪意者に該当するような事由があるときには、たとえ、現実の引渡しを受けたとしても、優先権を剥奪すべきである。

《ポイント》
占有改定による引渡しで即時取得は成立するのかという問題について、①通常の譲渡の事案について検討し、②譲渡担保の事案とどのような点において問題状況が異なるのかという点について、検討してみよう。

（2）指図による占有移転による即時取得の成否

〔設例2－4－5〕
AがBに寄託している商品をCに売却し、BにCへの売却を通知した場合において、CがそのままBを占有代理人として承諾したときには、Cは、その商品の自主占有権を取得する（第184条）。この場合において、AのBへの寄託商品中に第三者D所有の商品が紛れ込んでいたときには、これを購入したCに即時取得は成立するだろうか。

〔設例〕では、A・B間で寄託契約を締結し（第657条）、BがAの所有する商品を預かっているという状況にある。この商品をAが他へ売却したときには、AはBに対し、売却の事実を通知する。また、Aは、買主Cに対しても、Bに寄託中の商品であることを告げ、Cは通常これを承諾する。この状況を「指図による占有移転」といい（第184条）、Cの承諾時から、当該商品に限り、BはCの占有代理人となる。それゆえ、CがBに商品の引渡しを請求してきたら、BはCに引き渡さなければならない。

AがCに売却した商品の中に第三者Dの所有する商品が紛れ込んでいた場

合には、どのような法律構成が考えられるであろうか。Cは、通常、占有代理人BをAの受寄者と信頼し、Aの所有する商品として、平穏、公然、善意・無過失で購入した以上、当然、自分は商品を無事に仕入れたと考える。そして、この期待は保護に値する。そうすると、即時取得（第192条）の可能性が十分に考えられる。

　判例は、この場合には、指図による占有移転により、即時取得の成立にとって必要な引渡しを受けたことになると判示した[367]。占有改定による引渡しでは、代理人による占有といっても、外部からは直接占有者が占有代理人であるという公示は見られない。そこで、占有改定による引渡しの場合において、判例は即時取得の成否に関して反対し続け、学説は紛糾してきた。

　他方、指図による占有移転は、第三者に寄託中の動産というケースを典型例としており、この場合には、所有者かつ間接自主占有者である寄託者から受寄者に対して売却の通知を出し、以後、受寄者は買主のために占有することを表示するのである。それゆえ、受寄者は、所有者と取得者との中間に位置するインフォメーションセンターとして、公示機能を果たしている。

　したがって、占有改定による引渡しの場合とは異なり、指図による占有移転に基づく占有の場合には、即時取得は有効に成立するのである。

《ポイント》
　指図による占有移転による引渡しで即時取得が成立するという理由について、占有改定の場合と比較して検討してみよう。

4　即時取得の効果
（1）動産上の「権利」を取得

　即時取得の効果は、「即時にその動産について行使する権利を取得する」ことである（第192条）。この「権利」とは、取得者がその動産の上に外形上取得する物権である。法文だけを見ると、広く物権を取得するように思われるが、実際上は、所有権と質権のみと解される[368]。

---

367) 最判昭和57年9月7日民集36巻8号1527頁。
368) 我妻『物権法』138頁、我妻＝有泉『新訂物権』226頁。

まず、動産上の物権として、留置権と先取特権について考える。

留置権は、物と債権との牽連性により、法律上当然に成立する担保物権であり（第295条1項）、しかも、目的物が債務者の所有に属する物か否かによって影響を受けない権利である。したがって、占有を信頼するという即時取得を適用する余地はない。

次に、先取特権は、当事者の意思に基づいて成立する物権ではない。したがって、留置権と同様、即時取得を適用する余地はない。確かに、一定の場合において、先取特権を即時取得しうる旨の規定はある（第319条）。しかし、この規定は、不動産の賃貸人、旅館の主人、そして運送人に、その占有下にある賃借人や顧客の所有物について、賃料、宿泊代金、運送料債権を被担保債権とする法定質権を認めるという趣旨の規定であるから、これも法律上特別に認められた制度である。それゆえ、この場合には、質権の場合に含めて考えることとなる。

更に、質権類似の権利として、譲渡担保権の設定がある。無権利者BがAの所有物をCに担保目的で譲渡し、また、Dにも担保目的で譲渡して、両者ともに、占有改定によって引渡しを受けた場合には、設定行為における占有改定による引渡しにより、直接占有の移転を義務づける質権設定を回避しているので、CとDがともに第192条の要件を充たしていれば、原所有者Aとの関係において、両者ともに譲渡担保権者となる（Aは物上保証人と類似の地位となる）。この場合におけるCとDの順位は、設定の順序によると解するのが、近時の譲渡担保権の性質、及び設定の趣旨から見て妥当である。

旧来の所有権的構成の解釈を適用すると、最初に設定を受けたCが即時取得の効果で譲渡担保権者となるが、次の即時取得の効果によって直近のDのみが譲渡担保権者となりそうである。また、担保権的構成説の解釈を適用し、ここで担保権者間に順位をつけるとしても、即時取得によれば、直近の権利者DがCに優先することになる。しかし、この順位は担保権の設定としては不合理である。

そこで、譲渡担保の場合には、無権利者からの設定であるとして、即時取得（公信の原則）を適用するとしても、譲渡担保権の即時取得ということで、本来は、設定行為により対抗要件（占有改定による引渡し）を備えた順序に従っ

て優劣を決めるべきである（Cが1番、Dは2番）。しかし、実行の局面では、即時取得による所有権取得ということで、現実の引渡しを受けた譲渡担保権者による私的実行手続を優先させるべきだという政策的考慮が働く。この場合には、現実の引渡しを受けて私的実行を行った譲渡担保権者を優先させるべきものと思われる。

更に、債権である賃借権について即時取得が成立するか否かが問題となる。無権利者BがCに動産を賃貸した場合には、Cには、Bが所有者らしい外観を有していたので、Bから借り受けたという正当な理由があるようにも思われる。しかし、判例はこれを否定する[369]。通説も、動産賃借権については、それほど取引安全を保護する必要もないとして、判例を支持する[370]。

《ポイント》
即時取得によって取得される「権利」には、どのようなものがあるのか、検討してみよう。

（2）原始取得

即時取得者が取得する所有権または質権は、原始取得である。占有は承継取得であるが、占有に基づいて取得される本権は原始取得となる。その理由は、即時取得者は権利を有する譲渡人からの譲渡行為による取得ではなく、無権利者からの取得であり、本来は権利を取得しえないにもかかわらず、公信の原則からの要請により、権利を取得するからである。それゆえ、即時取得者の権利取得と同時に、原権利者の権利は消滅する。この関係は、時効取得者と原権利者との関係と同じ扱いである。

この意味において、第192条の要件を充たした即時取得者が取得した権利の上に思いも寄らない負担がついていたとすると、取得者の期待に反して不適切な状況を呈するので、原始取得でなければ困るわけである（自分の購入した商品に担保権がついていたという場合を想定してみよう）。ただ、即時取得者が動産上の制限物権に気づいていた（悪意である）場合には、制限付きの所有

---

369) 大判昭和13年1月28日民集17巻1頁：「動産の賃貸借契約に基づく賃借人の権利は民法第192条に「その動産の上に行使する権利」というに当たらないと解するを相当とする」。
370) 我妻＝有泉『新訂物権』226頁。

権を取得するに過ぎない。例えば、当該動産が抵当権の効力の及ぶ目的物に含まれる従物であった場合や（第370条、第87条2項）、当該動産が既に差し押さえられたものであった場合などが、考えられる[371]。

《ポイント》
　即時取得は、売買など、特定の承継行為の中から導かれるのに、どうして、承継取得ではなく、原始取得と解されるのか。検討してみよう。

（3）不当利得の成否

　即時取得者CがAとの所有権を取得すると、その反射的効果として、原所有者Aは所有権を喪失する。この場合において、CがAとの関係において「法律上の原因なく」利得していれば、不当利得の問題が発生しうる（第703条）。

　この場合において、B・C間に売買契約があれば、Cは無権利者たるBに対して代金を支払い、Bが代金を収受しているので、Cは有償取得であり、法律上の原因を有する。そうすると、この場合には、Aとの関係では、即時取得者Cではなく、無権原で譲渡し、代金を収受した譲渡人Bが侵害不当利得の返還義務を負うものと解しうる。

　それでは、CがBから贈与など、無償で取得した場合には、どのように解すべきであろうか。不当利得は、原則として、関係当事者間の財産的価値の移動を公平の原則に基づいて調整しようという趣旨及び目的を有する。他方、即時取得は、「取引の安全保護」のみを目的とする制度である。このように解すると、無償取得者Cの保護を図る必要はなくなる。したがって、たとえCに即時取得の成立を認めたとしても、無償取得者Cの取得は原所有者Aとの関係では法律上の原因を欠くものと見て、不当利得の返還義務を負担すべきものと解するのが正当である[372]。

　次に、B・C間の売買契約があり、その履行として、たまたまBが占有していたAの所有動産をCに引き渡したという場合において、このB・C間の

---

[371] 我妻＝有泉『新訂物権』227頁、鈴木（禄）『物権法の研究』287頁。鈴木禄彌博士は、ドイツ民法第936条2項の「善意取得者がその取得の当時、第三者の権利の存在について善意でないときには、第三者の権利は消滅しない」という規定を引用しつつ、このように主張している。

[372] 我妻＝有泉『新訂物権』227—228頁。

売買が無効であるときには、即時取得は適用されない。Bが有権利者であったとしても、契約が無効では、Cは当該動産を取得しえないからである。しかし、BがCに対して債務を有しないのに、Cに対し、債務の弁済としてA所有の動産を引き渡した場合には、一応、Cは即時取得しうるが、非債弁済として、Bに対し、不当利得の返還義務を負う（第705条）。これは、Bの非債弁済行為が無因行為であるからこそ生ずる問題である。

《ポイント》
　即時取得の効果として、原所有者などは所有権を失うが、取引安全のためとはいえ、所有権を剥奪されるに等しい原所有者の損失において、即時取得者は利得しているのに、原則として、不当利得にはならないと解される。この意味について、検討してみよう。

❺　即時取得の制限規定——盗品・遺失物の特則
（1）盗品・遺失物の回復請求権

〔設例2−4−6〕
　Aは半年前に機械を盗まれたが、その後、Bが犯人であり、Bは、この機械を善意・無過失のCに売却し、現在、Cが占有し使用していることが判明した。AはCから機械を取り戻すことができるだろうか。

（ア）回復請求制度の意義

　即時取得の目的物が盗品または遺失物である場合には、原所有者Aの追及力は即時には消滅しない。無権利者Bからの取得者Cが即時取得の要件を充足した場合において、占有物が盗品または遺失物であるときには、被害者または遺失者は、盗難または遺失の時から2年間、占有者に対して、その物の回復を請求しうるからである（第193条）。これを盗品・遺失物の回復請求権という。第193条の回復請求期間たる2年間の起算点は、原所有者が占有を喪失した日である（通説）。また、期間の性質は除斥期間と解する学説が多数説であるが[373]、回復請求権を「請求権」と解し、時効期間と解する学説もある[374]。更に、返還請求の相手方は、盗難等の後、2年以内に盗品等を現に占

---

373)　我妻＝有泉『新訂物権』234頁。

有している者であり、即時取得者のみならず、即時取得者からの特定承継人を含む（通説）。第193条からは「無償返還」が導かれるが、商人から取得した場合には第194条が適用され、「代価弁償返還」となる。

　盗品等の回復請求制度は、取得者Ｃの取得した動産が盗品または遺失物の場合に限り、即時取得の効果たる公信力を弱めるという効果を有する。その趣旨は、所有者の意思に基づいて占有を与えた場合には即時取得が適用され、所有者の追及権は制限されるが、所有者の意思に基づかない占有移転の場合には、所有者はどこまでも追及しうるというゲルマン法思想に基づいている（しかし、わが民法はドイツ民法のような追及権の完全保障ではなく、フランス民法の弱い保障を継承したに過ぎない）。しかし、公信の原則を適用するならば、盗品・遺失物の場合にのみ公信力を弱くして静的安全を保護するという理由は強くないものと思われる。むしろ、このような規定によって、取引の安全が害される結果を招くことさえありうる[375]。しかしながら、盗品・遺失物の特則は、公信原則の適用により、原権利者の権利消滅という効果との比較衡量の下に存在する制度として位置づければ、なお合理性を有する[376]。

（イ）回復請求権の性質と所有権の帰属

　盗難被害者等の返還請求権の性質については争いがある。この問題は、所有権の帰属という問題と関係する。盗品・遺失物の特則が典型的に現れる事例は、ＡがＢに機械など所有動産を盗まれ、Ｂまたはその特定承継人がこれをＣに売却し、Ｃが占有して使用しているというケースが想定される。この場合において、この特則を適用すると、機械等の原所有者Ａは、即時取得者Ｃに対し、２年間はその返還を請求しうる（第193条）。

　この場合には、①Ａは所有者として返還請求しうるのか、それとも、②即時取得によってＣに所有権が移転したが、盗品または遺失物ということで、

---

374) 舟橋『物権法』253頁。
375) 我妻＝有泉『新訂物権』229頁など、従来の学説の多くは、このように主張し、この制限により、取引安全を強く要求する有価証券の場合には特に不当な規定になると主張する。
376) 舟橋『物権法』250頁。ただ、舟橋博士も、他の学説と同様、有価証券の場合には、盗品・遺失物の特則を認めないほうがよいという。

特別に2年間だけ返還請求しうるのかが問題となる。①の考え方を肯定する学説を「原所有者帰属説」といい、②の考え方を肯定する学説を「取得者帰属説」という。

判例は、大審院時代は原所有者帰属説を採っていた[377]。原所有者が返還請求する場合において、自分が有していない所有権等の権利に基づいて返還請求するというのは不合理だからである。最高裁の判例は、刑事事件において、所有権の帰属問題には直接触れないものの、原所有者Aには第193条に基づく回復請求権があるという理由から、たとえ中間に盗取者から善意で取得した者があっても、なお贓物性は失われず、善意取得者から事情を知りつつ盗品を転売によって取得した者には贓物故買罪（盗品の譲り受け等による罪〔刑法第256条〕）が成立するとしたので[378]、どちらかと言えば、原所有者帰属説である。

学説は、大審院の判例と同様、古くから原所有者帰属説が有力であり[379]、原所有者Aが返還請求権を行使すると、2年間は所有権を失わない（即時取得の成立が2年間は猶予される。）ものと解してきた。しかし他方、学説では、取得者帰属説も有力に展開され[380]、第一に、第192条によって即時取得が成立するが、第二に、第193条によって盗難等による占有喪失から2年間は原所有者に特別の返還請求権が与えられるという両者の権衡を顧慮する考え方が展開されてきた。

---

377) 大判大正10年7月8日民録27輯1373頁：第193条は平穏公然善意無過失に動産の占有を始めた場合でも、その物が盗品または遺失物であるときには、占有者は盗難または遺失の時より2年内に被害者または遺失主より回復の請求を受けないときに限り、初めてその物の上に行使する権利を取得するという趣旨である。

378) 最決昭和34年2月9日刑集13巻1号76頁。

379) 川名『要論』37頁、富井『原論二』707―708頁、石田（文）『物権法論』364頁、廣中『物権法』199頁、石田（喜）『口述物権法』147頁、石田穣『物権法』286頁、内田『民法Ⅰ』478―479頁、山野目『物権法』80頁、松尾・古積『物権担保物権（松尾）』126頁など、近時、再び原所有者帰属説が増えている。なお、松尾教授は、即時取得者の2年間の使用・収益権について、所有者の回復請求を解除条件とする所有権であるとして、所有権の分属を認めている。

380) 末弘『物権法上』272頁、我妻＝有泉『新訂物権』232頁、舟橋『物権法』274頁、末川『物権法』242頁、川井『概論2』99頁、近江『講義Ⅱ』161頁など。

この所有権の帰属という問題から、回復請求権の性質が決められる。

原所有者帰属説を採ると、回復請求は原所有者の所有権に基づく返還請求権の行使と構成される（請求権説）。これに対し、取得者帰属説を採ると、第193条による回復請求権の行使により、占有の回復と同時に本権を回復するものと構成される（形成権説）。このように解すると、取得物が第三者に転売され、あるいはそれ自体が消費されるなどして、即時取得者の手元に存在しないか、あるいは消滅したときには、原所有者には回復請求権も、代価弁償請求権もないものと解され[381]、また、即時取得者が破産した場合でも、原所有者には取戻権は認められないという妥当な解釈が導かれる[382]。

他方、原所有者帰属説を採ると、権利の性質が請求権という構成だけは単純明快であるが、取得者は、2年間は他人の所有物を占有していたことになり、この点は、第192条とやや矛盾する解釈となる（第193条は、「前条の場合において」と規定する）。なおかつ、所有権の取得時期が明確ではなくなるという不可解な結果も生ずる。もっとも、取得者が当該取得物を消費した場合でも、善意占有者の果実収取権により（第189条1項）、侵害不当利得は成立しないので、取得者帰属説を採らなくとも、取得者は保護される。それゆえ、いずれの説を採ったとしても、解釈上は殆ど変わらないという近時の有力説にも説得力がある[383]。この見解からは、第193条と第194条を切り離し、第193条の要件のみの場合には、法律構成の複雑さを避けるために原所有者帰属説を妥当とし、第194条の要件を充足した場合には、取得者は所有権を取得するという解釈が提示される[384]。この学説は、第194条の規定する「市場における買主」と「競売による買主」、そして、「その物と同種の物を販売す

---

381) 最判昭和26年11月27日民集5巻13号775頁：被害者が第194条により回復請求した際に、既に盗品が加工のために消費され、消滅していたときには、回復請求権は消滅するのみならず、被害者は回復に代わる損害賠償をも請求しえない。
382) 我妻＝有泉『新訂物権』232頁。
383) 川島編『注釈民法（7）〔好美清光〕』156—158頁、川島・川井編『新版注釈民法（7）〔同〕』217—220頁は、いずれの見解を採ったとしても、実質的には何ら変わりはないという見解の先駆けをなすものである。
384) 内田『民法Ⅰ』478—479頁、山野目『物権法』80頁は、いずれも第193条の局面では原所有者帰属説に立ち、第194条の局面では取得者帰属説に立つという見解である。

る商人から」の取得者を例外的に捉えている。しかし、取得者の多くは商人から取得したものと思われ、事実上、第193条（第192条）の「取引行為」による取得の場合と区別されるケースは極めて限られる。それゆえ、第193条と第194条とを区別する解釈に実益はあるのかという疑問も生ずる。

《ポイント》
　第193条の回復請求権の意義・要件・効果について、理解しよう。

（2）回復請求と代価の弁償

〔設例2-4-7〕
　前〔設例〕で、被害者Aが取得者Cに機械の返還を請求したところ、Cは自分がBに支払った代金1000万円及びその他の費用の返還を求めてきた。そこで、Aは、この機械をリースで借りたら、月額50万円はすると主張して、半年分300万円の支払を求め、今後も占有を継続すれば、その分のリース料相当額も含めて請求するとして、前記代金との相殺を主張した。Aの主張は認められるだろうか。

（ア）代価弁償の意義・性質と使用利益との関係

　第194条は、「占有者が盗品または遺失物を競売もしくは公の市場において、または、その物と同種の物を販売する商人から、善意で買い受けたときは、被害者または遺失者は、占有者が支払った代価を弁償しなければ、その物を回復することができない。」と規定する。この規定もフランス民法に由来するものである（CC第2277条1項と殆ど同一の規定内容である）。

　この規定は、〔設例〕のように、盗難被害者Aが、現在の占有者かつ即時取得者Cに対し、Cが譲渡人Bに支払った代価を弁償することを返還請求の要件とし、Cは、Aから代価の弁償を受けるまでは、Bから取得した機械のAへの返還を拒絶しうるというものである。いわば、AとCは同時履行の関係に立つ（第533条参照）。この意味において、大審院の判例は、原所有者帰属説に立脚しつつ、Cの代価請求権を抗弁権として把握していた[385]。

---

[385] 大判昭和4年12月11日民集8巻923頁は、第194条は占有者に代価弁償の抗弁権

しかし、学説は、原所有者Aが盗品等の返還を請求する場合には、第194条により、必ず代価を償還しなければならないのであるから、たとえ取得者Cが任意に盗難品等を返還した場合でも、Cは、Aに対し、代価を償還するか、さもなくば、返還した動産の引渡しを請求しうるものと解しており[386]、Cの権利を代価の償還請求権として把握する。

次に、〔設例〕のように、CのAに対する代価支払請求に対して、Aは、当該動産の使用利益の償還を請求しうるだろうか。

判例は、占有者Cは、Aから代金額の弁償の提供があるまでは盗品等の使用・収益を行う権限を有するものとした[387]。

その理由は2つある。第一に、被害者Aは、代価を弁償して盗品を回復するか、盗品の回復をあきらめるかを選択しうるのに対し、占有者Cは、被害者Aが盗品の回復をあきらめた場合には盗品の所有者として占有取得後の使用利益を享受しうるのに、被害者Aが代価の弁償を選択した場合には代価弁償以前の使用利益を喪失するというのでは、占有者Cの地位が著しく不安定になり、両者の保護の均衡を図った第194条の趣旨に反する結果となるという理由である。また、第二に、弁償される代価には利息は含まれないが、この事との均衡上、占有者Cの使用・収益を認めることが両者の公平に適うという理由である。

したがって、原所有者Aは取得者Cに代価を返還しなければならず、使用利益の償還を請求しえない。なお、この判例は、Aからの使用利益の償還請求が認められたら困るということで、裁判の途中でCがAに任意に機械を返還したという事案であるが、このような事情があったとしても、代価の支払

を付与するのみであり、その請求権を付与しないと明言する。この抗弁権説を正面から支持する学説として、鈴木（禄）『物権法の研究』）311頁があり、類似の学説として、松尾・古積『物権担保物権（松尾）』126頁がある。

386) 我妻＝有泉『新訂物権』233頁、末川『物権法』244頁、舟橋『物権法』256—257頁。
387) 最判平成12年6月27日民集54巻5号1737頁：盗品又は遺失物（盗品等）の被害者又は遺失主（被害者等）が盗品等の占有者に対してその物の回復を求めたのに対し、占有者が第194条に基づき支払った代価の弁償があるまで盗品等の引渡しを拒むことができる場合には、占有者は、弁償の提供があるまで盗品等の使用収益を行う権限を有する。

を請求しうることに変わりはないとした。

(イ) 占有者の善意・悪意と果実収取権、使用利益返還義務

平成12年最判の原審（名古屋高判平成10年4月8日）は、第一に、第189条2項を適用し、善意占有者でも本権の訴えで敗訴したときには、訴え提起時から悪意の占有者とみなされるという点、第二に、第190条1項を適用し、悪意の占有者は果実の返還義務を負い、かつ、既に消費し、過失によって損傷したなどの果実の代価を償還すべき義務を負うという点から出発する。原審は、この前提に立ち、本件のような第193条によって盗品の回復を請求される占有者Cも、本権の訴えにおける敗訴者と同様に、使用利益の対価を返還すべき義務を負うとした。しかし、最高裁は、実質的な利益衡量的な判断から、占有者Cの即時取得の効果を重視して、Cに使用利益が属するとした。

この解釈の相違点について考察する。

第189条1項の善意占有者とは、占有者が所有の意思をもって占有していたところ、実は、真の所有者が別に存在していたという場合の無権原占有者のことである。この場合には、占有者の占有すべき権利（本権）は否定され、果実収取権を有せず、占有物に関して無権利者とされるので、法律上の原因を欠き、収取した果実は給付不当利得を構成するはずである（第703条参照）。しかし、善意占有者は、自分を所有者と信じているので、元物から分離した賃料や収穫物などの果実を消費することが容易に予想される。にもかかわらず、その後、占有期間中の果実の返還や不当利得の償還を請求されるものとすると、この占有者にとって、はなはだ酷な結果となるので、せめて善意の間だけは果実の取得を認めることとしたのである（第189条1項）[388]。

この意味における果実には、物の利用も含まれる。それゆえ、利用権を含む本権を有するものと誤信した善意占有者は、善意の間だけは使用利益を返

---

[388] BGB第988条は「自己の所有として、または、実際には自分に現存しない物の使用収益権を行使するため、物の占有者が無償で占有を取得したときには、所有者に対し、不当利得の返還に関する規定に従い、訴訟係属の発生前に収取した使用利益を返還すべき義務を負う」と規定する。これは、無償取得者の不当利得返還義務である。本条を反対文言解釈すると、善意の有償取得者は訴訟係属までの使用利益の返還義務を負わないことになる。

還すべき義務はないが、「果実収取権」の意義に関しては争いがある。

学説は、既に消費した果実の返還義務を免れるだけであり、収取した後、手許に残存している果実については本権者に返還すべきものと解する説[389]と、手許にある果実についても収取権があると解する説[390]とに分かれる。

第189条の制度趣旨は、善意占有者が後に本権者から占有物の返還を迫られたときに、既に消費した果実までを含めて返還義務ありとすると、善意占有者にとって極めて酷な結果となるので、善意者に限ってこれを免除するものである。また、同時に第190条1項の趣旨をも考慮すると、善意占有者は、既に消費し、あるいは損傷または取り損なって無駄になった分の果実返還義務を免れる。それゆえ、取得して手許に残存する果実は、これを本権者に返還すべきものとなる。しかし他方、善意占有者が本権者から訴えられて敗訴すると、悪意の占有者とされ（第189条2項）、果実を返還すべき義務を負い、かつ、既に消費し、過失によって損傷し、または収取を怠った果実の代価を償還すべき義務を負う（第190条1項）。

この規定を本件のような盗品等の取得者に適用すると、第193条、第194条の場合には、原所有者が欲すれば、代価との同時履行関係という条件付ではあるが、通常の返還請求の敗訴と同様の効果たる返還義務が生ずる。したがって、訴訟が提起され、取得者に訴状が送達された段階で、悪意占有者に関する第189条2項が準用されうる。このように解すると、本件の原審のように第189条2項を準用し、取得者に訴え提起時以後の使用利益返還義務が生ずるものと解しうる。この点について、ドイツ民法には明文規定がある[391]。

389）末弘『雑記帳』252頁以下、同『物権法上』256頁、舟橋『物権法』）309―310頁（積極的に果実収取権が認められるのではないという。）、石田穣『物権法』548頁（未消費分の返還を認めても占有者には全く酷ではないという。）、近江『講義Ⅱ』206頁（第191条の善意占有者の現存利益返還義務の趣旨から、返還させるべきだという）。
390）我妻＝有泉『新訂物権』494頁（この限りで不当利得の成立を否定する「法律上の原因」になるという。）、鈴木（禄）『講義』23―24頁。
391）BGB第987条1項は、「占有者は、所有者に対し、訴訟係属の発生後に収取した使用利益を返還しなければならない」と規定する。この規定と前掲第988条を併せ考察すると、善意の有償取得者でも、原所有者からの物の返還請求訴訟係属後に生じた使用利益

第4節　動産に関する物権変動と公示——第178条論　　*233*

　このように解すると、有償取得者が善意占有者として保護されるのは、訴訟係属前の使用利益の返還免除だけであり、訴訟係属後の使用利益は、これを回復者に返還すべきものとなる。この点は、単純計算でも分かる。本件のように、第194条が適用されると、取得者Cが盗品の対価として支払った代価（本件では300万円）を原所有者Aに対して全額返還請求しうるのであり、この代価弁償は原所有者Aの義務である。AはCが使用していた期間（本件では2年10か月）は使用しえず、他の機械を借りていたか、あるいは別の機械を購入するなどして、何とか凌いできたのに、である。しかも、Aに戻ってくる機械は、Cが2年10か月も使用して古くなった機械であり、その価値は減耗している。それゆえ、Aに300万円の支払を命じた平成12年最判は不当と評価される[392]。したがって、本件のような第194条の返還請求と代価弁償という事案においては、第703条と第190条によって、使用利益の返還という結論が導き出されるべきである。

《ポイント》
　盗難の被害者が盗品の買主に返還請求をする場合において、
（1）買主が第192条の要件を充足しているときには、被害者と買主のうち、いずれが所有者であるか、
（2）被害者は、買主に対し、占有期間中の使用料相当額の損害金を請求しうるか、について、検討してみよう。

は、所有者に返還すべきものとなる。
392) 好美清光「本件判批」民商124巻4・5号（2001年）723頁（732—734頁）は、平成12年最判の解釈では、取得者Yは丸儲けする反面、原所有者Xは大損するとして、本判決を批判する。また、鳥谷部茂「本件判評」判評505号（2001年）7頁（9頁）は、本判決は両者の保護の均衡と公平を根拠とするが、そうであれば、使用利益の取得範囲は両当事者の利益が釣り合う一定の範囲に限定されるはずであり、善意占有者というだけで、一定の範囲（占有者が負担する債務）を超える利益をすべて取得しうる理由はなく、この意味において、本判決には問題があると批判する。

第5節　明認方法による公示

第1項　総説

　明認方法は、土地の生育物に対する支配を表象するための手段であり、この意味において、立木の所有権移転に関する意思表示の表れという意味にもつながる。そうすると、明認方法を施すことによって、意思表示による物権変動があり、また、これを公示したことによって、対抗力が発生することになる。

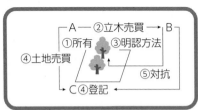

　例えば、図のように、Aが所有する山林の雑木林（立木）だけをBに売買した場合には、立木法による登記のない立木の売買による所有権の公示方法が問題となる。この場合には、立木は土地に付合しているので（第242条）、土地所有権の一構成部分として扱われる。それゆえ、山林に植栽されたままでは、立木自体の独立した所有権は存在しない。したがって、Cに売買されたという土地所有権の登記が、そのまま立木の対抗要件にもなる（第177条）。そこで、A・B間で立木のみを売買した場合には、売買目的物を特定し、立木は既にBに売買されたという事実の証明が必要である。この証明こそ、「明認方法」と呼ばれる公示方法である。したがって、明認方法があれば、BはCに立木の所有権取得を対抗しうる。

　他方、立木法は山林の立木を目的物として抵当権を設定し、金融を獲得するための手段として、制定された法律である。立木を担保にして金融を受けようとしても、その方法がなかったので、土地に生立したままで金融の目的とするには、立木を不動産として取り扱い、その所有権の保存登記を認めた上で、抵当権の設定を認めるという方法が最適と考えられたのである。

　立木所有権の保存登記をすると、立木は、建物と同様、独立した不動産とみなされ、土地の所有者は土地と分離して立木を譲渡し、または抵当権の目的とすることができ、土地所有権または地上権を処分しても、その効力は立木には及ばなくなる（立木第2条）。また、立木の採取については、抵当目的

物となった後でも、当事者の協定した施業方法によって、その樹木の採取を妨げないこととした（同法第3条）。

しかし、林業・材木業界の取引慣行には、立木登記の慣行がなく、「明認方法」が慣行とされ、普及していた。

第2項　明認方法の意義と機能

〔設例2－5－1〕
　Aは山林の立木（立木登記なし）だけをBに売却し、Bは現地に立札を設置し、所有者Bの住所、氏名を明記し、木の幹にBの商号をかたどった焼き印を入れた。その後、Aは山林（土地）を立木とともにCに売買し、所有権移転登記を経由した。Cは山林と立木の所有権をBに対抗することができるだろうか。

山林の立木のみを売買目的物とした場合には、売買した樹木に標識を付し、木の皮を削って、そこに所有者の住所、氏名を明記する、あるいは、木の幹に焼き印を入れるといった伝統的な公示方法がある。材木業界では、この明認方法が取引慣行とされ、登記と同様の効力が認められてきた。

〔設例〕の場合には、AからCへの土地売買・登記の前に、Bが明認方法を施すことにより、第三者Cへの対抗力が発生する。Cが土地と立木を譲り受けた場合でも、Bの明認方法があれば、Bは立木所有権をCに対抗しうる[393]。

明認方法は、本来、土地に付合している生育物が、取引上その土地から分離した存在であることを表示するものである。したがって、明認方法は、土地に生育する樹木や果実の権利変動の公示及び対抗要件ないし手段であり、この意味において、不動産物権変動における登記と同様の機能を営む。

《ポイント》
　明認方法の意義と機能について、理解しよう。

---

[393] 大判大正10年4月14日民録27輯732頁。

第3項　明認方法の効力

❶　明認方法の対抗要件——継続性

〔設例2−5−2〕
　Aは自己の所有する山林をBに売買し、Bは山林の引渡しを受け、所有者として、山林に自らの費用で杉苗を植栽し、明認方法（立札）を施した。その後、Aは、自分に土地（山林）の登記があることを利用して、山林をCに売買し、登記を経由した。このCへの売買時には、Bの明認方法は消滅していた。
　Bは、植栽した立木の所有権をCに対抗することができるだろうか。

　〔設例〕の問題について、判例は、明認方法は、第三者Cの売買による取得時に存続していなければ対抗力がないとして、明認方法が消失していたBはCに立木所有権を対抗しえないとした[394]。

　しかし、杉苗はBが自分で植栽したものであるから、Bの所有物ではないのかという疑問が生ずる。不動産所有者は自己の不動産に従として付合した物の所有権を取得する（第242条）。この規定は、ある不動産を「主物」と見て、この主物に合体して構成部分となった物（付合物）は、主物の所有権に吸収されるという考え方である。しかし、権原によってその物を附属させた他人の権利を妨げない（同条ただし書）。

　本件の場合には、山林の第一買主Bは、自己所有の杉苗を植栽し、成育させ、伐採した。これは正当な権利の行使にほかならない。だが、最高裁は、杉苗所有権は土地所有権に付合するという原則を適用し、第242条ただし書の類推適用を否定した。したがって、Bは、Aから山林（土地）の二重譲渡を

---

[394] 最判昭和35年3月1日民集14巻3号307頁、最判昭和36年5月4日民集15巻5号1253頁。大審院の判例は、稲の差押えの事案において、第242条ただし書の「権原」には対抗要件は不要としたが（大判昭和17年2月24日民集21巻151頁）、昭和35年最判は、稲は数ヶ月で実り、占有関係が明らかであるから、対抗要件は不要であるが、立木は、「成育に数十年を予想し、占有状態も右の意味では通常明白でない山林の立木とは自ずから事情を異にする」として、立木の場合には明認方法を要するとした。

受けたCに土地所有権と立木所有権を対抗しえない。Bは、杉苗及び立木に関する明認方法がなければ、Cに対抗しえないのである。

なお、判例は、Aが山林の立木所有権を留保して、Bに山林を売買し登記を経由した後に、BがCに山林を転売し、登記したという事案においても、Aは、明認方法がなければ、立木所有権をCに対抗しえないとした[395]。理論構成は同じである。

《ポイント》
明認方法は第三者の出現時に存続していなければならないという理由について、検討してみよう。

❷ 立木の二重譲渡・伐木に対する明認方法

〔設例2－5－3〕
AはBに対し、立木登記のない山林の立木を売却した後、Cにも同一の立木を売却した。B・Cともに明認方法を施していない。その後、Bが伐採に着手し、伐木に自己の会社の刻印を押した。Cは自分の所有する立木だとして、Bに対し、伐採の中止を求めた。
Bは、伐木に刻印を押したので、明認方法があるとして、所有権の確認訴訟を提起した。このBの主張は認められるだろうか。

〔設例〕では、立木当時は明認方法はなかったが、伐木になった時点でBが刻印を押したことが明認方法になるかが争点となる。

判例は、立木の買受人が伐木に自己を表示するための刻印を施したとしても、立木当時既に公示方法の欠缺を主張する正当な利益を有していた第三者に対しては、伐木所有権を対抗しえないとして、Bを敗訴させた[396]。この伐採された立木が、山林から搬出され、第三者に引き渡されていたら、通常の動産の売買であるから、引渡しによって対抗力を取得する（第178条）。しか

---

395) 最判昭和34年8月7日民集13巻10号1223頁。
396) 最判昭和37年6月22日民集16巻7号1374頁。

し、本件では、まだ伐採されたままであったから、Bは敗訴したのである。さりとて、Cにも明認方法はないのだから、両者ともに対抗要件を具備していないので、互いに立木所有権の取得を対抗しえない[397]。

　この状況において、判例は、立木当時既に明認方法の欠缺を主張する正当な利益を有していた第三者に対する関係では、伐木等を自ら占有すると否とに関わらず、伐木等の所有権をもって対抗しえないものと判示した。その理由は、その伐木等の所有権は、伐採その他の事実によって立木が伐木等の動産となったことに伴い、立木所有権に基づいて生じたものであり、いわばその延長に過ぎないものであって、立木の所有権取得をもって対抗しえない第三者に対しては、伐木の所有権をもってしても対抗しえない筋合だからである[398]。つまり、判例法理は、立木当時の対抗要件たる明認方法が講じられていない場合には、伐木となってからも、対抗要件が具備されていないというものである。

　この判例法理は、土地に付合して不動産化した立木所有権の対抗要件がそのまま伐木所有権の対抗要件に繋がると解するものである。判例法理を文字通りに解釈すると、立木が伐採され、動産となってからでも、動産所有権移転の対抗要件たる引渡し（第178条）は使えないことになる。

　他方、立木が伐採され、伐木となったときには、伐木の所有権関係は動産の対抗要件によるという有力説がある[399]。

　確かに、伐木は不動産化した立木が形を変えて存在するに過ぎず、また、立木所有権が二重譲渡され、譲渡人自身が伐採したに過ぎないときには、まだ伐木の引渡しは行われていないので（つまり現地に存在する。）、立木所有権の対抗要件がそのまま引き続いているものと解して差し支えない。

　しかし、譲渡人が伐採して譲受人に引き渡したときには、動産としての伐

---

[397] 大判大正8年5月26日民録25輯892頁。
[398] 最判昭和33年7月29日民集12巻12号1879頁。
[399] 舟橋『物権法』265頁。ただ、舟橋教授は、譲受人の一方が自ら伐採し占有しても、その占有取得が譲渡人との間における占有移転行為に基づかない限り、引渡しがあったとはいえないと指摘する。そして、この意味において、昭和33年最判が明認方法を備えない限り、「伐木等を自ら占有すると否とを問わず」第三者に対抗しえないとしたことは立言自体としては正当であるという。

木の引渡しがあるので、引渡しに対抗力を認めるか、あるいは、昭和37年最判が否定した原審判決のように、譲受人が伐木に所有権を示す刻印を施したときには、立木に明認方法を施したものと同視して差し支えないように思われる。

したがって、判例法理が妥当するのは、譲渡人が伐採して引渡しをしていない場合と、立木のまま譲り受けた譲受人が明認方法を施さないまま自ら伐採し、伐採後も明認方法を施さない場合に限られるものと思われる。

《ポイント》
　立木所有権の二重譲渡をめぐる法律問題について、検討し、理解しよう。

❸ 未分離の果実の売買と明認方法

次に、リンゴや蜜柑のような天然果実がその幹から分離される前に売買の目的となったという場合において、買主が第三者に果実所有権を対抗するときにも、立木と同様、買主の明認方法を要するのかという問題がある。

〔設例2－5－4〕
　Bは果樹園を経営し、自己の所有地上で雲洲密柑を作っていた。Aは、果実を樹木にあるままで買い受け、同時に第三者に対し、立札を以て明認させるに足りる行為を行い、その所有権の移転を受けた。
　その後、Bの子Cが、Bの承諾を得ずにDに蜜柑を売却した。その後、Dの債権者Eが、D所有の蜜柑として差し押さえた。
　そこでAは、Eの強制執行に対して、第三者異議の訴え（民執第38条）を提起し、競売手続の不許を求めた。

〔設例〕の問題について、判例は、未分離の果実の売買は有効であり、この売買においても、立木の場合と同様、果実の所有権取得を第三者に対抗するには、明認方法を要すると判示した[400]。

契約当事者の意思表示により、果実のみを売買目的物とした場合には、将

400）大判大正5年9月20日民録22輯1440頁。

来動産となる予定の下に、独立した売買目的物と考える関係上、その所有権移転行為は第三者には全く分からない事柄に属する。それゆえ、二重譲受人や差押債権者等の第三者に対抗するためには、引渡しに代わる明認方法が必要となる。

ところで、果樹という樹木から生ずる果実が未分離の状態である時期に売買の目的になるというのは、法律上どのように説明したらよいのだろうか。

立木は、土地に付合しているので、土地の一部として構成してもよいが、果実は果樹とともに土地に付合しているのであろうか。それとも、将来分離されることを予定している商品であるから、動産予定物として、動産の売買と解して差し支えないのであろうか。

この点について、古い裁判例は、蜜柑が未分離である状態のときには、性質上不動産の一部であると解し、その独立処分を認容することは経済状態上きわめて必要なだけでなく、法令中、その独立処分を禁止していないので、「独立処分ノ有効ナルコトハ明カナリ」と解していた[401]。この考え方は、大正5年大判にも引用されている。

他方、学説は、この判例法理を認める立場と[402]、反対に、独立の動産に準ずべきものと解する立場[403]とに分かれている。しかし、いずれにせよ、未分離果実の独立処分性を否定するという考え方は見られない。

それでは、その理由付けであるが、大正5年大判から読み取る限りでは、次のようにまとめることができる。即ち、

①土地の永小作人や賃借人は、果実の産出と同時に自由に任意処分しうる全権を有しており、この経済性があるからこそ、果樹園（土地）所有者の債権者は果実を差し押さえることはできない、

②果実の土地または草木に対する定着性という物理性により否定すると、取引上の社会観念性に反する、

③しかし、買主の取得は絶対的ではなく、引渡しを受けるか、売主の承諾を得て、いつでもその果実を収取しうるという事実上の状態を作為すると同

---

401) 大阪地判明治44年月日不詳新聞779号21頁。
402) 舟橋『物權法』266頁。
403) 我妻『物權法』126頁、柚木馨『判例物權法總論』267頁。

時に、明認方法を必要とする。

　この判例法理について、学説は、判例が引渡しや引渡しに関する明認方法を求めている点については、「動産であることに拘われたものであって無用のことと思う」と主張した[404]。この意味において、引渡しを前提とすることなく、売買による物権変動があったという事実と、その明認方法を施すことで足りる[405]。未分離の果実を独立処分の客体として認める以上、物権変動とその対抗要件として捉えることになるので、多数学説の解釈が正当である。

第6節　物権の消滅

第1項　物権の消滅原因

　物権が消滅するとは、物権がその存在を失うことである。物権を有する者が物権を他に譲渡した場合には、それは新権利者への物権の移転であり、旧権利者において物権の消滅を来すわけではない。それでは、物権が消滅するとは、どのような状況下において生ずるのだろうか。

　まず、物権の目的となっている物が火災焼失、取り壊しなどで滅失すれば、その物の上に存在する物権も消滅する。のみならず、添附（付合、混和、加工）によって、物が独立存在を失う場合にも、物権としては消滅する。

　次に、所有権は消滅時効に服さないが、その他の物権は、消滅時効の対象とされ、時効によって消滅する（第167条2項）。

　次に、取得時効や即時取得の効果は、取得者の原始取得とされ、この反射的効果として、現在の物権者は物権を失う。この場合における旧物権と新物権との間には同一性がないので、消滅と言われる[406]。

　次に、物権の保有者が物権を放棄した場合には、無主物ないし国有財産に

404）我妻『物権法』126頁。
405）我妻『物権法』126頁、我妻＝有泉『新訂物権』209頁はこのように主張した。その他、末川『物権法』172頁、舟橋『物権法』266頁、河上『講義』161頁、山野目『物権法』93頁など、学説の多数は、いずれも、この場合における明認方法は未分離果実の所有権移転の対抗要件であり、引渡しは対抗要件にならないとして、判例法理に反対している。
406）我妻＝有泉『新訂物権』247頁。

はなっても（第239条）、当該保有者自身の物権は消滅する。

　次に、土地所有者が地上権者を相続した場合、あるいは、地上権者が土地所有者から土地を譲り受けた場合のように、所有権と制限物権が同一人に帰属した場合には、制限物権が所有権に吸収され、通常は不要になる。この意味において、制限物権は消滅する（第179条：物権の混同）。

　最後に、国や地方公共団体が個人の所有する土地を公共事業のために収用し、または使用することが土地収用法などで認められている。この手続で収用された土地は、原始取得扱いとされ、個人の所有権は消滅する。

　民法は、これらのうち、物権編に混同を規定し、総則編に消滅時効を規定した。その他は必要に応じて個別に規定した。例えば、承役地の時効取得に伴う地役権の消滅（第289条）、債権との付従性による抵当権の消滅（第396条）、抵当不動産の時効取得に伴う抵当権の消滅（第397条）、抵当権の目的たる地上権または永小作権の放棄による抵当権者への対抗不能（第398条）などである。

第2項　目的物の滅失

　建物が地震による倒壊、火災による焼失などによって復元しえない場合には、社会通念上、建物の滅失として、「建物という不動産の」所有権は消滅する。しかし、不動産としては滅失しても、破片や残骸は、なお、動産として所有権の客体となる。同様に建物が倒壊して従前の古材を使って復元されても、全く別の建物として復元された場合には、元の建物所有権としては復活しない。同一の特定物として評価しえないからである。なお、抵当権や質権の目的建物が滅失した場合には、交換価値として把握すべき目的がなくなったという意味では、抵当権や質権は消滅する。しかし、火災保険や地震保険に加入していたときには、担保物権の物上代位性によって、保険金請求権に対して物上代位しうる（第372条、第350条、第304条。ただし、学説上の争いはある）。

　土地についても、大地震で地盤がなくなれば、当該の土地所有権は消滅するが、土盛り等によって復元しえた場合には、同一の土地として復活する。しかし、土地の水没については法律の規定や判例によって、その取り扱いに

差異がある。河川の敷地は、流水地以外は私権の目的となる（河川第2条2項）。しかし、敷地が常時水面下にある流水地（流水敷）と化した場合には、所有権の客体としては「滅失」扱いとなる。不動産登記法には「河川区域内の土地が全部滅失した」場合という規定があるが（不登第43条5項）、これは、土地の全部が水没した（流水敷になった）ときのことである[407]。この場合には、河川管理者は遅滞なく土地の滅失登記を嘱託しなければならない（同条3項）。他方、土地が自然力によって海面下の土地となった場合には、海は公共用物であるから、私権の目的ではなくなる。しかし、所有者が当該土地に関して、社会通念上、自然の状態において支配可能性を有しており、かつ、財産的な価値を有するときには、滅失にあたらないとされる[408]。

第3項　消滅時効

　所有権以外の財産権は、20年間行使しないと、時効消滅する（第167条2項）。しかし、占有権は時効消滅しない。占有権は所有権や地上権など占有本権に備わっている権利であり、平常時には、占有権の不行使という事実状態が観念されないからである。しかし、本権が時効消滅すると、占有権もこれに伴って消滅する。

---

407) 山野目『不動産登記法』190頁。
408) 鹿児島地判昭和51年3月31日判時816号12頁：自然現象により私人の所有する土地が海没した場合でも、所有者が当該土地に対して社会通念上自然の状態で支配可能性を有し且つ財産的価値があると認められる場合には、当該土地に対する私人の所有権は失われない。

　最判昭和61年12月16日民集40巻7号1236頁：海は公共用物であり、国の直接の公法的支配管理に服し、特定人による排他的支配は許されないから、自然の状態では、所有権の客体たる土地に当たらない。しかし、国が行政行為などによって一定範囲を区画し、他の海面から区別してこれに対する排他的支配を可能にした上で、その公用を廃止し、私人の所有に帰属させる措置をとった場合の当該区画部分は所有権の客体たる土地に当たる。

　名古屋高判昭和55年8月29日（最判昭和61年12月16日の控訴審）：海面下の土地も、それだけで私権の対象とならないとは言えない。支配可能性と経済的価値を備える限り、私権の客体となりうる。土地が海没によって滅失したと見るか否かは、当該土地が海面下になった経緯、現状、当事者の意図、科学的技術水準などを勘案して、その支配可能性及び経済的価値の有無を判断することによって決めなければならない。

担保物権は債権との付従性により、債権が時効消滅すると（第167条1項）、担保物権も消滅する（第396条）。しかし、根抵当権など、付従性のない担保物権は、債権が時効消滅しても、元本確定期日その他確定事由に該当せず、しかも根担保関係の必要性が存続していれば、その限りで存続する。

第4項　物権の放棄

物権の放棄とは、物権の消滅を目的とする法律行為（単独行為）である。

所有者及び占有者は、所有権や占有権を放棄するという意思を表示することによって放棄の効果を生ずる。この意思表示は、特定人に対して向けられる必要はない。しかし、地上権など、所有権及び占有権以外の物権の放棄は、所有者など、当該物権に関して利害関係を有する者に対して放棄の意思を表示することによって、その効果を生ずる。放棄の効果は物権の消滅であり、この効果を第三者に対抗するには登記（抹消登記）を必要とする（第177条）。

物権の放棄というと、権利者の自由裁量で行えるかのようであるが、実はそうではない。例えば、地上権の放棄は、①存続期間の定めがなく、②別段の慣習もなければ、いつでも放棄しうる。しかし、これは無償の場合であり、地代支払の合意があるときには、③1年前に予告し、または期限到来前の1年分の地代支払を要件として、漸く放棄が許される（第268条1項）。

また、地上権または永小作権を抵当権の目的とした場合において、その地上権等を放棄しても、抵当権者に対しては、その放棄の効果を対抗しえない（第398条）。抵当地上権等の放棄は抵当目的の毀滅行為であるから、もとより許されない（同様の趣旨の規定として、立木第8条、工抵第16条3項がある）。のみならず、前述した地上権の放棄規定を含め、これらの規定の趣旨は、広く権利の放棄一般に適用されるべきである。例えば、借地上の建物に抵当権を設定した場合において、借地権者が借地権を放棄することは、抵当建物の存続に支障を来す行為であるから、許されない[409]。借地権は、抵当建物の従たる権利として、抵当権の効力の及ぶ目的に属するので、その放棄は許され

---

409) 大判大正11年11月24日民集1巻738頁：第三者の権利が存立しえなくなるか、もしくは著しくその価額を減じ、そのために不測の損害を第三者に被らせる場合には、権利者の放棄は第三者に対抗しえない。第398条は、この一適用に外ならない。

第5項　物権の混同
❶ 混同の意義

　物権の混同とは、例えば、土地の所有者AがBに地上権を設定していたところ、AがBを相続し、あるいは、BがAから土地を買い受けた場合のように、所有権と他の物権とが同一人に帰属したときには、原則として、両者を併存させておく必要はないので、他方を消滅扱いにするという制度である。この場合には、所有権を消滅させるわけにはいかないので、地上権を消滅させる（第179条1項本文）。所有権はいわば完全権であり、地上権は制限物権であるから、地上権が所有権に吸収される形になるのである。

　しかし、この制度には重要な例外がある。即ち、その物（前例の土地）、または当該他の物権（前例の地上権）が第三者の権利の目的であるときには、当該他の物権は消滅しないものとされるのである（同条1項ただし書）。

　以下、この例外の場合について、詳細に検討する。

❷ 例外的存続〔1〕所有権と制限物権との混同
（1）物が第三者の権利の目的であるとき

　「その物が第三者の権利の目的であるとき」とは、例えば、Cの所有する土地にA・Bが借地権を共有している場合において、Aが土地所有権をCから取得したときである。この場合には、Aは土地所有者となって、借地権はAには不要と解されるが、Aの借地権の共有持分権を消滅させず、借地権は全体として存続する[410]。

　また、AがBの所有する土地に抵当権の設定を受け、Cが同一の土地に後順位の抵当権の設定を受け、いずれも登記を経由している場合において、Aがその土地所有権を取得したときには、Aの抵当権は消滅せず、自分の所有する土地に自分の抵当権を有することになる。その結果、Cが抵当権を実行したときには、AはCに優先して弁済を受けることができる。混同の例外で

---

410) 東京高判昭和30年12月24日高裁民集8巻10号739頁（上告事件）。

はあるが、これはAの1番抵当権を消滅させる理由がないからである（Aは1番抵当権を有することによって、いわば所有権の価値を保全しうる）。Aが土地所有権を取得する際に、抵当権設定者Bから代物弁済として取得したときには、Aの抵当債権が消滅しているので、付従性により、抵当権は消滅する。この場合には、債権がないので、抵当権を保留する意味がないからである[411]。

更に、AがBの所有する土地に借地権を有しており、Cが同一土地上に抵当権を有する場合において、Aがその土地所有権を取得したときに、その借地権がCの抵当権に対抗しうるものであれば、Aの借地権は、Cが抵当権を実行したときでも、存続する権利となる[412]。

（2）混同した制限物権が第三者の権利の目的であるとき

例えば、①Bの所有する土地についてAが抵当権の設定を受けた後、Aがこの抵当権をCのために転抵当権の目的としたというケース、あるいは、②Aの抵当権が、その被担保債権とともに、Cに質入れされた（質権設定）というケースが考えられる。この場合において、AがBから土地所有権を取得しても、第三者Cの利益を顧慮しなければならないので、やはり、混同の例外として、抵当権は消滅しない。

Aが地上権者で、この地上権にCのために抵当権を設定した場合も、全く同様である。

（3）借地借家法第15条の例外的自己借地権

借地権を設定する場合において、他の者と共に有することとなるときには、借地権設定者が自らその借地権を有することを妨げない（借地借家第15条1項）。例えば、土地所有者が土地を借地権の目的として不動産事業者に提供し、事業者がその地上に分譲マンションを建設した場合において、土地所有者がその専有部分の所有者になるときが、これに該当する。この場合にも、他の者と共に借地権を有するときには、その借地権は消滅しない（同条2項）。

---

411) 我妻＝有泉『新訂物権』250頁、近江『講義Ⅱ』171頁。
412) 最判昭和46年10月14日民集25巻7号933頁。

❸ 例外的存続〔2〕制限物権とこれを目的とする他の権利との混同

(1) 制限物権が第三者の権利の目的であるとき

例えば、Dの所有する土地について、Bが地上権を有し、Aがこの地上権について抵当権の設定を受け、この地上権についてCが後順位抵当権の設定を受けた場合において、Aが土地所有権を取得したというケースがこれに該当する。この場合にも、混同の例外として、Aの抵当権は消滅しない。

また、AがBの地上権について賃借権を有し、その後、Cがこの地上権について抵当権の設定を受けたという場合に、Aが地上権を取得しても、Aの賃借権は消滅しない。

(2) 混同した権利が第三者の権利の目的であるとき

例えば、Bの地上権についてAが抵当権の設定を受け、Aがこの抵当権をCの転抵当権または質権の目的とした場合がこれに該当する。この場合において、Aがこの地上権を取得しても、Aの抵当権は消滅しない。

また、Bの地上権についてAが賃借権を有し、この賃借権がCの質権の目的となっている場合において、Aが地上権を取得しても、Aの賃借権は消滅しない。

❹ 権利の性質による混同の例外

(1) 占有権

占有権には混同の規定を適用しない（第179条3項）。占有権は、物の占有や権利の行使（準占有）という事実状態を尊重し、これを法的に保護するために、権利概念を認めたものである。占有権は所有権を始めとする本権には原則として存在し、これと併有することを本則とする権利であるから、そもそも、混同という制度に馴染まない。

(2) 鉱業権

鉱業権は土地所有権から完全に独立した権利であるから、このような特殊な用益権は混同によって消滅しないとされる[413]（旧鉱業第15条但書）。

---

413) 我妻＝有泉『新訂物権』252頁。現行鉱業法にはこのような規定はないが、「当然のことである」という。

《ポイント》
物権の混同による消滅の有無について、特に、例外的に存続させる場合について、各制度ごとに理解しよう。

第6項　公用徴収

　公用徴収は、正当な補償という前提の下で、国や地方公共団体が公益事業を行うという公共の利益のために、個人の土地所有権その他の財産権を取得するという制度である。この場合には、国や地方公共団体は個人の財産権を原始取得し、その効果として、個人の私有財産権は消滅する。

　なお、収用制度は、土地収用法のほか、農地法や鉱業法にも規定がある（農地第7条〔農業生産法人が農業生産法人でなくなった場合における買収〕、鉱業第5章土地の使用及び収用〔第101条—第108条〕）。

《ポイント》
　公用徴収によって、物権が消滅するという理由について理解しよう。

第3章 占有権

第1節　占有権の意義と社会的作用

第1項　序説——占有・占有権とは何か

　占有とは、物を所持するという事実状態を意味する。民法は、「自己のためにする意思」をもって「物を所持する」ことにより、占有権を取得すると規定する（第180条）。即ち、占有という事実状態に対して権利としての性格を与え、占有権という物権として構成する。

　占有権の法的効果は、①占有者に対する本権の適法推定（第188条）、②善意占有者の果実収取権（第189条、第190条）、③善意占有者の占有物に関する責任軽減措置（第191条）、④即時取得（第192条）、⑤必要費・有益費の償還請求権（第196条）、⑥占有訴権（第197条以下）、⑦時効取得（第162条以下）、⑧動産物権変動の対抗要件（第178条）、⑨無主物先占（第239条）、⑩遺失物拾得（第240条）、⑪埋蔵物発見（第241条）である。

　これらの法律効果は、有体物の占有もしくは財産権の行使（準占有）という事実状態に占有権という物権を認めたことから生じた社会的作用である。

《ポイント》
　占有権の意義、取得要件について、理解しよう。

第2項　占有制度の沿革

　占有制度は、ローマ法のポッセッシオとゲルマン法のゲヴェーレを源泉とする。いずれも「占有」を意味する。

　ローマ法では、所有権は物の法律的な支配であり、占有は物の事実的な支配であって、両者は完全に分離されていた。占有は、所有権その他の本権の有無とは関係なく、保護の対象とされた[1]。ポッセッシオの機能の中で特に

重要なのは社会の平和維持であり、ここから、占有制度は占有訴権を中心に構成される[2]。

ゲルマン法のゲヴェーレは、所有権を始めとする本権の外部的表象であり、物に対する支配権の表象であって、本権と占有とは一体をなし、分離されない。ゲヴェーレの効力には、①権利防衛的機能（侵害排除）、②権利実現的機能（返還請求）、③権利移転的機能があった[3]。

第3項　占有権の性質と社会的作用

1　占有の構成要素——意思（心素）と所持（体素）

占有は、物が人の事実的な支配下にあるという状態のことであり、この状態は、人による所持という客観的な関係において認識しうる。この「人が物を占有する」という客観的な状態を法律的に評価し、占有訴権などによって保護するためには、「所持」という客観的な状態のほか、「所有ないし占有の意思」を必要とするかが古くから議論された。

占有には所持（体素）のみで足りるという見解を客観主義といい、所持以外に何らかの意思（心素）を必要とするという見解を主観主義という[4]。

フランス民法やわが国の旧民法は所有者意思説を採用した[5]。現行民法は、「占有権は、自己のためにする意思をもって物を所持することによって取得する」（第180条）と規定し、主観主義の外形を残す。他方、ドイツ民法（BGB第854条1項）[6]、スイス民法（ZGB第919条）[7]、は客観主義を採用した。

---

1) 舟橋『物権法』272頁。
2) 我妻＝有泉『新訂物権』458頁。
3) 我妻＝有泉『新訂物権』458頁、舟橋『物権法』273頁。ポッセッシオとゲヴェーレは、わが民法にも随所に影響を与えている。例えば、本権の適法推定（第188条）はゲヴェーレの権利防衛的機能であり、占有訴権（第197条以下）はポッセッシオを継受した制度である。詳細は、上記文献のほか、石口『物権法』397—400頁を参照。
4) 主観主義、客観主義に関する文献については、石口『物権法』402—404頁を参照。なお、学説の変遷に関しては、我妻＝有泉『新訂物権』462—464頁、舟橋『物権法』278—279頁を参照。
5) 我妻＝有泉『新訂物権』463—464頁、石田穣『物権法』509—510頁、川島・川井編『新版注釈民法（7）〔稲本洋之助〕』12頁参照。
6) BGB第854条（占有の取得）
　第1項　物の占有は、物に関する事実的支配の獲得によって取得される。

占有者に「自己のためにする意思」などを要求する主観主義立法は、占有に関する各種制度において法律要件を狭くする。そこで、個別規定で別の規定を置くか、または、規定の取扱いについて解釈に委ねなければならない。反対に、占有意思を要求しない客観主義立法ならば、各制度に特段の規定を置かなくとも、客観的な所持のみで占有者としての権利を行使しうるので、極めて合理的である。

わが民法は、「自己のためにする意思」(第180条)と立法したために、取得時効の要件として、「所有の意思をもって」(第162条)と、別規定で異なる法律要件を置き、また、その証明責任を緩和する必要から、自主占有者には「所有の意思」を推定する旨の規定(第186条)を置くこととなった。

❷ 占有の権利性

占有は権利なのか、それとも単なる事実に過ぎないのかという問題がある。

しかし、民法上、占有権は占有という事実、即ち、自己のためにする意思をもって物を所持するという事実を法律要件として生ずる1つの物権であることは疑いがないので、この議論は実益が少ない[8]。

第4項　民法上の占有と占有権
❶ 占有権の取得要件

占有権の成立要件として、「自己のためにする意思」と「物の所持」とが必要である(第180条)。しかし、「意思」を厳格に解すると、紛争の生じた際に、意思の存在を証明する必要がある。しかしながら、これは内心の意思であり、外部的な表象を伴わないことから、その証明には大変な困難を伴う。また、証明しえないがために占有の保護を受けられないのでは、社会の平和と秩序を維持するという占有制度の目的を果たしえない。そこで、「解釈」と

---

7) ZGB第919条(占有の定義)
　　第1項　およそ物を事実上支配する者は、占有者である。
　　第2項　地役権及び土地負担において権利を事実上行使することは、物の占有と同様とする。
8) 我妻＝有泉『新訂物権』460頁。

して、「意思」要件を緩和し、占有の社会的作用を全うさせる必要がある[9]。立法主義として客観主義が優ると言われる所以である。

また、民法は、証明の困難さを是正するため、占有者に「所有の意思」を推定している（第186条）。無主物先占（第239条）、家畜外動物の取得（第195条）、時効取得（第162条）など、個別問題において「所有の意思」を要求する場面が多いが、これらの場面において、この推定規定が機能する。

したがって、事実上、「自己のためにする意思」が問題となる局面はほとんどないと言ってよい。

❷ 「所持」に関する問題点
（1）所持の意義

〔設例3－1－1〕
Aは甲土地を所有し、Bは乙土地を所有している。甲と乙との境界線近くにはA所有の大木があり、枝の一群が乙との境界線を越えている。
Aは20年以上も大木の下の乙土地部分を「所持」しているとして、Bに対し、乙土地の一部の所有権の時効取得を主張した。この主張は認められるだろうか。

所持とは、ある物体が特定人の事実上の支配下にあると認められる客観的な状態にあることである。通常は、物を継続的に保持するという状況を意味する。しかし、具体的には、所持の客体とされる物体が動産であるか、不動産であるかによって、事実上の支配と認められるための要件を異にする。所持が認められることの効果として、占有の移転、自主占有権の存在が認められ、その結果、対抗要件の取得（第178条）、取得時効の成立（第162条、第163

---

[9] 我妻＝有泉『新訂物権』464—465頁ほか、多数説は、なるべく客観的に解すべきものと主張する。川島『新版理論』151頁、舟橋『物権法』286頁は、解釈論として、実質的に、意思は占有の客観的事実の中に解消しており、意思の存在は全く構成上の擬制に過ぎないので、占有の要件として掲げる意味がないとして、意思を無視して差し支えないと解している。

条)、無主物先占 (第239条) などの点において有利に働く。

　所持の客体が動産の場合において、この動産を自分で所持するときには、一般に、物理的な支配状態ないし保持が社会観念上も所持として認められる。例えば、自分の居住する家屋内もしくはこれに隣接する郵便受けに投函された郵便物、あるいは、自分の家屋内 (もしくはマンションの共用部分) にある留守用の宅配ロッカーに入れられた宅配小包などについても、所持が認められる。しかし、一時的な貸借、あるいは他人の物を奪って追跡されているという状況では、事実上の支配とは言えないので、所持は成立しない (逃げ切れば、所持が成立する)。

　所持の客体が不動産の場合、特に、建物の場合には、その管理ないし支配状況が比較的に明らかである。例えば、建物の所有者が、この建物に継続的に出入りするために鍵を所持し、施錠していれば、占有状況に全く問題はない。また、所有者が建物への施錠や表札を掛けるなどをせず、占有の表示がなくとも、当該建物が隣家であり、日常的にこれを監視しうる状況にあるときには、建物の所持とみられ、占有権が成立する[10]。

　これに対して、土地の所持の場合には、宅地、農地など、地目に応じて事実上の支配態様が異なる。宅地の場合には、家屋の屋根の下の土地部分には家屋所有者の所持が認められる。しかし、社会通念上、樹木の下の土地部分には樹木所有者の所持は認められない[11]。したがって、〔設例〕の場合には、Aの主張は認められない。農地の場合には、継続的な耕作によって占有が認められる。しかし、農地を交換分合によって取得した場合には、旧農地と新農地で継続的に耕作していれば、新農地への占有継続が認められるが、占有状況としては観念的になる[12]。

---

10) 最判昭和27年2月19日民集6巻2号95頁：家屋に錠をかけてその鍵を所持するとか標札や貼紙などで現実の占有を第三者に表示するなどの「手段を執らなかったからとて、必ずしも所持なしとは言えない。」「X方が隣家であるため、問題の家屋の裏口を常に監視して容易に侵入を制止し得る状況であり、現にYらの侵入に際しXの妻女が制止した事実」が認められる。したがって、Xに本件家屋の所持があったと言える。
11) 大判昭和16年12月12日新聞4753号9頁。
12) 最判昭和54年9月7日民集33巻5号640頁：「農用地の交換分合の前後を通じ両土地について自主占有が継続しているときは、取得時効の成否に関しては両土地の占有期

《ポイント》
　占有権の取得要件である「所持」の意味について理解しよう。

（2）所持と排他性
　次に、占有訴権を行使する前提として、他人を排除するほどの占有事実が必要かという問題、即ち、土地の使用が外形上明確ではなく、排他性ないし恒常性の弱い場合でも、占有訴権が認められるかという問題がある。
　この問題について、裁判例は、空き家が倒壊した後、空地となった土地を一時的に使用していた者が提起した占有の訴えにおいて、その者の占有の事実を認めなかった[13]。これは、土地の使用が一時的であり、排他性のない場合には、所持として認められないということである。

（3）所持機関・占有補助者

〔設例 3 − 1 − 2〕
（1）権利能力なき社団または組合甲の所有する土地において、代表理事Aがおり、その構成員B、C、Dなど多数人が各自権限をもって当該土地で仕事をしている。この場合には、当該土地の真実の所有者Eは、誰を相手に土地の返還請求訴訟を提起したらよいのだろうか。
（2）Aの所有する土地をBが賃借し、借地上にBが建物を建築・所有し、この建物をBがCに賃貸するなど、複数の権利関係が成立する場合には、いずれの者に土地の所持があるのだろうか。

　〔設例〕は、いずれも「所持機関（ないし占有補助者）」という問題である。例えば、法人の所有する土地の使用は現実にはその代表者が行っているが、代表者は法人の機関である。それゆえ、所持は法人自体が有しており、法人が占有権者である。通説は、所持の機関ないし補助者には所持は成立せず、所持は本人についてのみ、1つしか成立しないものと解している[14]。同様に、判例も、組合の所有する土地について、組合の理事は所持の機関に過ぎない

　　間を通算することができる（。）」
13）水戸地判昭和25年6月22日下裁民集1巻6号969頁。
14）我妻＝有泉『新訂物権』466頁。

ので、返還請求の相手方は組合自身であるとした[15]。

〔設例〕（１）の場合には、真正所有者Ｅの返還請求訴訟の相手方は社団や組合であるが、法人格を有しないので、本来は、代表理事であるＡが相手方になるはずである。しかし、民事訴訟法は特別に権利能力なき社団に被告適格を認めている（民訴第29条）。したがって、社団甲が相手方となる。また、この規定の適用は代表者の定めの有無にかかっているので、代表者の定めのある組合にも適用される[16]。

次に、この問題は、企業（会社）と代表取締役との関係でも同様である[17]。また一般に、従業員は会社の占有補助者であり、占有訴権の相手方ではない。しかし、会社を退職した後も占有を継続しているときには、独立した占有者として、占有訴権の相手方になる[18]。

近時、判例は、法人の代表者がその法人から代表者の地位を解任された場合でも、個人としての占有が残っているとして、寺の庫裏の占有を奪われた僧侶（住職）による宗教法人に対する占有回収の訴えを認めた[19]。

❸ 「意思」に関する問題点

民法上、占有権の取得要件として、「所持」のほかに「自己のためにする意思」が必要である（第180条）。しかし、この「意思」要件は、立法主義における客観主義の台頭という意味からも必要性は薄い。

自己のためにする意思とは、物の所持による事実上の利益を自分に帰せしめようとする意思のことをいう[20]。その結果、自分自身のためにする意思と同時に、他人のためにする意思も成立しうる。ここから、「代理人による占有（間接占有）」という概念が生ずる。所有者が所有財産を他人に賃貸するなど、

---

15) 最判昭和31年12月27日裁判集民事24号661頁。
16) 最判昭和37年12月18日民集16巻12号2422頁。
17) 最判昭和32年2月15日民集11巻2号270頁。
18) 最判昭和57年3月30日判時1039号61頁：Ｘ会社は、退職したＡらの意思が表明された時点において、その意思に基づかずに本件店舗に対する所持を失ったといえるから、Ａらに対し、本件店舗の返還を請求しうる。
19) 最判平成10年3月10日判時1683号95頁。
20) 我妻＝有泉『新訂物権』467頁。

他人をして現実（直接）に占有させている場合には、所有者本人は間接占有（間接自主占有）を継続的に保持する。

　また、この意思は、純粋に客観的に観察して、所持があると認められれば、自己のためにする意思があるものと見做される。即ち、その意思の有無は、何らかの占有権原（占有を取得する原因事実）を有する者において、その占有を発生させた原因たる権原の性質により、また、無権原者は、占有に関する事情によって外形的・客観的に決められる[21]。所有者からの財産譲受人、盗人、用益物権者、借地権者、使用借主、留置権者、質権者などは、自己のためにする意思を有するものであり、個別的に意思の有無を顧慮されない。

　また、「意思」は、潜在的・一般的なものでもよい。本人の居住地その他の住所地に設置された郵便受けや宅配ボックスに届けられた郵便物や宅配便などの届け物については、本人の知る・知らないにかかわらず、自己のためにする意思があるものと解される。

　また、「意思」は、自己の責任において他人のために物を所持する者、即ち、運送人[22]、倉庫業者・受寄者、受任者、請負人、破産管財人、財産管理人、遺言執行者、事務管理者、遺失物拾得者、親権者[23]、一時的に管理をした所有

---

21) 最判昭和 58 年 3 月 24 日民集 37 巻 2 号 131 頁：「民法 186 条 1 項の規定は、占有者は所有の意思で占有するものと推定しており、占有者の占有が自主占有にあたらないことを理由に取得時効の成立を争う者は占有が所有の意思のない占有にあたることについての立証責任を負う」。「所有の意思は、占有者の内心の意思によってではなく、占有取得の原因である権原又は占有に関する事情により外形的客観的に定められるべきものである」。「占有者がその性質上所有の意思のないものとされる権原に基づき占有を取得した事実が証明されるか、又は占有者が占有中、真の所有者であれば通常はとらない態度を示し、若しくは所有者であれば当然とるべき行動に出なかったなど、外形的客観的にみて占有者が他人の所有権を排斥して占有する意思を有していなかったものと解される事情が証明されるときは、占有者の内心の意思のいかんを問わず、その所有の意思を否定し、時効による所有権取得の主張を排斥しなければならない。」
22) 大判大正 9 年 10 月 14 日民録 26 輯 1485 頁：「運送人が貨物引換証を発行したときは運送貨物に対し貨物引換証の所持人のために代理占有すると同時に、自己のためにする自主占有権を有する。」
23) 大判昭和 6 年 3 月 31 日民集 10 巻 150 頁：「未成年の子の財産を管理する親権者が子の所有物を所持する場合には、子のためにする意思を以てすると同時にまた自己のためにする意思を以てこれを所持する」。

者[24]などにも存在する。これらの者は、通常、本人たる物の所有者または権利者に直接の利益を帰属させる意思を有し、有償・無償の別もあるが、自己のためにする意思を有するものと見做される。一時的管理をした所有者以外の者については、自主占有権を認めなくとも、他主占有者にも占有訴権が認められているので（第197条後段）、不都合はない。しかし、権利の推定（第188条）については不都合を生じうる[25]。

更に、自己のためにする意思を緩和して解釈するにせよ、この「意思」は、一応、占有権の取得要件である。「意思」が占有継続の要件であるか否かについて争いがあったが、多数説は否定に解する[26]。「意思」は占有権の取得要件であり（第180条）、占有意思の放棄または所持の喪失は消滅原因である（第203条本文）。しかし、多数説は、「所持」があれば、抽象的・観念的に「意思」は認められ、「意思」を積極的に放棄するまでは占有が認められるので、占有意思を占有継続の要件とする必要はないと言う[27]。

最後に、意思能力を有しない者について占有権が成立するかという問題がある。通説は、意思無能力者は占有意思を有しえないので、自らは占有権を取得しえないが、法定代理人または事実上の介護者によって意思が補充されるので、これらの者を占有代理人として占有（間接占有）を取得すると言う[28]。

---

24) 前掲最判昭和27年2月19日：家屋の所有者Xが賃借人Aの置いた占有者Yに対して家屋の返還を求めた。YがXは賃貸人として賃借人Aのため一時的管理、即ちAのためにする意思を以て所持したので占有権の要素たる「心素」を欠くと主張したのに対し、最高裁は、Xに「自己ノ為メニスル意思」を認めた。
25) 我妻＝有泉『新訂物権』469頁。
26) 我妻＝有泉『新訂物権』469頁、舟橋『物権法』288頁など。反対説として、石田穣『物権法』512頁がある。
27) 舟橋『物権法』288頁。我妻＝有泉『新訂物権』469頁は、第180条と第203条から、「占有意思の継続を要するという推論は許されない」と主張する。
28) 我妻＝有泉『新訂物権』469頁。しかし、舟橋『物権法』288頁は、意思無能力者に所持があれば、占有を有しうると言う。

第2節　占有の種類

第1項　単独占有・共同占有

　占有は、単独で占有する場合でも、数人で共同して占有する場合でも、所持と自己のためにする意思があれば、占有と認めて差し支えない。財産の共有者、共同相続人、共同賃借人などは共同占有者である。共同で占有するのであるから、共同占有者である間は各人に独立した占有権はない[29]。

　共同占有者は、占有権を共有するので（準共有〔第264条〕）、占有権の効果規定、例えば、果実の取得（収取権）（第189条）、費用償還請求権（第196条）、占有訴権の行使（第197条以下）など、占有権に基づく権利の行使ごとに、共有規定を類推適用すべきこととなる[30]。ただ、占有訴権は保存行為に該当するので、各占有者に占有訴権がある（第252条ただし書）。

第2項　自主占有・他主占有

1　意　義

　自主占有とは、「所有の意思」による占有であり、それ以外の意思による占有を他主占有という。所有の意思は、所有者として占有する意思であり、所有者と信ずることではない。それゆえ、他人の所有物でも、自分の所有物とする意思があれば、自主占有者である（この意味では盗人も自主占有者である）。自主占有と他主占有とを区別する実益は、取得時効（第162条以下）、無主物の帰属（先占：第239条）、占有者の損害賠償責任（第191条ただし書）などで現れる。

　所有の意思があるか否かは、占有権原の客観的な性質によって決められる。地上権、永小作権、賃借権に基づく占有者には、外形的・客観的に見て、所

---

29) 大判昭和15年11月8日新聞4642号9頁：Y_1は昭和3年3月まで本件不動産を自己の所有物として占有していた。Y_1とXは共同占有者であったが、昭和3年3月にY_1が本件土地の占有を放棄した。その後Xは第162条2項の要件を具備した。Xは単独占有者として、時効完成時の所有者たるY_2に対し、登記なくして時効取得を対抗しうる。
30) 舟橋『物権法』299頁。

有の意思は認められないので、他主占有者である。他主占有者が内心において所有の意思を有していたとしても、自主占有者とは認められない[31]。

しかし、賃借人が賃借物を買い取ったという場合のように[32]、新たな権原により更に所有の意思によって占有を開始したときには、自主占有者となる（第185条後段）。これを「他主占有から自主占有への転換」という。条文上は、他主占有者が、自主占有者に対して所有の意思を表示すれば、その時点から自主占有者になる旨が規定されている（同条前段）。しかし、この場合でも、他主占有者が勝手に占有意思を変更しただけで占有の性質が変わるわけではなく、新たに自主占有者となるべき外形的・客観的な権利取得ないし占有事情といった新たな権原を必要とする。

なお、占有者は自主占有の推定を受ける（「所有の意思」の推定：第186条）。占有は、登記とは異なり、占有態様に応じた権利の種類を公示せず、権原の性質上、自主占有か他主占有かの判定が難しい場合もあるので、物の所持人は、原則として、所有の意思を有するものとしたのである。

《ポイント》
（1）自主占有と他主占有とはその意味においてどのような違いがあるか。
（2）同様に、その効果にはどのような違いがあるか。
（3）他主占有者でも自主占有者になる場合があるか。

❷ 自主占有の取得要件

〔設例3－2－1〕
兄Aは弟Bに対し、自己の所有する土地の利用を許した。Bは地上に建物を建築し、多年にわたり居住し、そこで仕事をしていた。しかし、

---

31) 最判昭和45年6月18日判時600号83頁：占有における所有の意思の有無は、占有取得の原因たる事実によって外形的客観的に定められるから、賃貸借が法律上無効であっても、賃貸借により取得した占有は他主占有である。
32) 最判昭和52年3月3日民集31巻2号157頁：農地の賃借人が所有者から農地を買受け、その代金を支払ったときは、農地調整法4条（現行農地法3条）の知事の許可又は市町村農業委員会の承認手続がなくとも、特段の事情のない限り、買主は売買契約を締結し代金を支払った時に第185条にいう新権原により所有の意思をもって農地の占有を始めたものというべきである。

BはAに所有権移転登記を求めず、土地の固定資産税も支払っていなかった。その後、AもBも死亡し、AをCが、BをDがそれぞれ相続した。CがDに対し建物収去・土地明渡しを求めたところ、Dは時効による所有権の取得を主張した。CとDのうち、いずれの主張が認められるだろうか。

　取得時効は、所有の意思によって平穏、公然と他人の所有物を20年間占有し続けると、占有者が所有権を取得し、占有開始時に善意・無過失であれば、10年の占有継続で所有権を取得する（第162条）。そのため、〔設例〕では、自主占有の有無が争点となる。

　自主占有の取得について、判例は、「所有の意思」は占有権原または占有事情によって外形的・客観的に定められるべきであるが、第186条で推定されるので、自主占有の有無を争う所有者は、占有者の他主占有事情（所有者らしくない外観）について立証責任を負うとした。また、判例は、固定資産税の未負担は他主占有事情の存否の判断において占有に関する外形的・客観的な事実の1つとして意味はあるが、決定的な事実ではないとした[33]。

　しかし、税負担は決定的な事実ではないとしても、自主占有と他主占有とを分ける事情の1つではある。したがって、本件でも、BがAに所有の意思を示した上で、実質的な所有者として固定資産税を支払い、Aがこれに異議を唱えなかったとしたら、Bに自主占有事情が認められるので、Bを相続したDの占有も自主占有と認めてよい。

《ポイント》
　取得時効が完成する要件としての占有者の自主占有を否定する立証責任を負うのは誰か、また、どんな根拠を挙証する必要があるか、検討してみよう。

---

33) 最判平成7年12月15日民集49巻10号3088頁：「所有の意思は、占有者の内心の意思によってではなく、占有取得の原因である権原又は占有に関する事情により外形的客観的に定められるべきものである」。「占有者がその性質上所有の意思のないものとされる権原に基づき占有を取得した事実が証明されるか、又は占有者が占有中、真の所有者であれば通常はとらない態度を示し、若しくは所有者であれば当然とるべき行動に出なかったなど、外形的客観的にみて占有者が他人の所有権を排斥して占有する意思を有していなかったものと解される事情（他主占有事情）が証明されて初めて、その所有の意思を否定することができる」（前掲最判昭和58年3月24日を引用）。

❸ 他主占有から自主占有への転換

〔設例3−2−2〕
　被相続人Aは、所有者Cから甲土地を借りて使用していた。Aの死亡後、相続人Bは土地賃貸借の事実を知らず、Aの生前の言動（「この土地は先祖代々わが家のものだ」）などから、甲土地の所有権を相続したと考えており、所有の意思をもって占有を継続していた。
　この場合に、Bが他の取得時効の要件（第162条）を充足したときには、Bは、Cに対し、土地の時効取得を援用することができるだろうか。

　〔設例〕の問題について、古い判例は、相続は第185条にいう新権原に該当しないという理由から、自主占有への転換は認められないとした[34]。しかし、最高裁は、相続財産の新たな事実的支配による占有開始を認め、相続人による事実的支配の態様によっては自主占有になりうるとした[35]。ただし、自主占有事情の立証責任は相続人にある[36]。

　相続による新権原の取得を認めた昭和46年最判は、相続は第185条の「新権原」ではないが、相続を契機として客観的権利関係に変更を生じたときに

---

34) 大判昭和6年8月7日民集10巻763頁。学説も柚木『判例物権法総論』294頁、末川『物権法』194頁、川島『民法総則』556頁は否定説を唱えた。しかし、石田（文）『物権法論』271頁、299頁は、相続も第185条の占有の性質を変更する一原因であるとし、相続人が所有の意思をもって遺産の占有を開始したときには、自己固有の自主占有を取得すると論じていた。

35) 最判昭和46年11月30日民集25巻8号1437頁：「Xらは、Aの死亡により、本件土地建物に対する同人の占有（他主占有）を相続により承継したばかりでなく、新たに本件土地建物を事実上支配することにより、これに対する占有を開始したものというべく、したがって、仮にXらに所有の意思があるとみられる場合には、Xらは、Aの死亡後、第185条にいう「新権原ニ因リ」本件土地建物の自主占有をするに至ったと解するのを相当とする」。

36) 最判平成8年11月12日民集50巻10号2591頁：「他主占有者の相続人が独自の占有に基づく取得時効の成立を主張する場合において、占有が所有の意思に基づくものといい得るためには、取得時効の成立を争う相手方ではなく、占有者である相続人において、その事実的支配が外形的客観的にみて独自の所有の意思に基づくものと解される事情を自ら証明すべき」である。

は、新権原による占有もありうると解する我妻説に依拠している[37]。

したがって、新権原の発生要件は、原則として、①所有者と被相続人との間で、贈与、売買など、物の所有権を取得したと思しき事情（所有権取得事情）があるか、またはこれに類する約束があったために、②相続人にも、所有権を相続したものと信ずべき外形的・客観的な事情（自主占有事情）のあることが必要である。

学説には、相続は新権原ではないが、相続人固有の占有が客観的態様の変更によって第185条前段の所有意思の表示と見られるときには、自主占有への転換と解する説[38]がある。

また、自主占有の成否は、与えられた状況下において相続が自主占有を生じさせる可能性を規範的観点も交えつつ測定することによって得られる「権原」的要素（第185条後段）と、客観的・外形的な所持の態様の変化に見られる「自主占有の意思の表示」的要素（同条前段）との相関関係に求められると解する説[39]もある。

いずれにせよ、〔設例〕のように、単に、被相続人Aの言動を鵜呑みにした結果として、Bが甲土地を自己の所有と信じて占有していたとしても、それだけでは、Cから賃貸借の事実など、「他主占有事情」が立証されてしまうので、「所有の意思」を欠く占有とされ、取得時効は成立しない。

第3項　善意占有・悪意占有

占有者の善意・悪意という区別は、本権（所有権、地上権、賃借権など）を有しない者が物を占有する場合にのみ用いられる。

善意占有者とは、本権がないのに、本権があるものと誤信しつつ占有する者のことをいい、悪意占有者とは、本権がないことを知り、または、これに疑いを持ちつつ占有する者のことをいう[40]。通常は、善意とは「知らないこ

---

37) 我妻『物権法』319頁。
38) 高木多喜男「相続人の占有権」民商46巻2号（1960年）189頁（214頁）、石田穣『物権法』519頁など。
39) 四宮『民法総則』300頁。
40) 大判大正8年10月13日民録25輯1863頁。

と」であり、「疑いを持つ」程度では善意のままと解されるが、善意占有の効果が短期取得時効（第162条2項）、果実収取権（第189条、第190条）、即時取得（第192条）など、本権を取得する機能という強力なものであることから、占有の場合には厳格に解されている[41]。

　この区別の実益は、取得時効（第162条以下）、即時取得（第192条）、占有者の果実の取得（第189条、第190条）、占有者の損害賠償責任（第191条）、占有者の費用償還請求（第196条）などについて現れる。

　本権を有しない占有者の善意・悪意は個別具体的に決すべき事柄であるが、わが民法は、占有者の善意を推定している（第186条1項）。

《ポイント》
（1）占有者の善意と悪意で、その効果に如何なる違いがあるだろうか。
（2）第186条1項はなぜ占有者に善意の推定をしているのだろうか。

第4項　占有における過失の有無

　占有者の過失の有無によって効果の異なる制度として、短期取得時効（第162条2項）と即時取得（第192条）がある。

　民法上、占有者には善意・平穏・公然は推定されるが（第186条1項）、善意占有者でも、「無過失」は推定されない。しかし、占有者には権利（本権）を適法に保有することが推定されるので（第188条）、占有者の権利者らしい外観を信頼して取引関係に入った即時取得の主張者は、無過失を立証する責任はなく、善意取得者の無過失を争う相手方において、善意占有者に過失があることの立証責任がある[42]。

---

[41] 我妻＝有泉『新訂物権』473頁、舟橋『物権法』297頁など通説である。これに対して、短期取得時効や即時取得は無過失の効果であるとして、善意は「知らないこと」だけでよいという反対説も古くから存在する。この点に関しては、石口『物権法』425頁を参照。

[42] 最判昭和41年6月9日民集20巻5号1011頁：第192条の無過失は、物の譲渡人が権利者たる外観を有していたため、譲受人が譲渡人に外観に対応する権利があるものと誤信し、かつ誤信について過失のないことを言い、占有者が占有物の上に行使する権利はこれを適法に有するものと推定される以上（第188条）、譲受人たる占有取得者の誤信は無過失と推定され、同人には無過失の立証責任はない。我妻＝有泉『新訂物権』221

《ポイント》
（1）占有者に過失がある場合とは、如何なる場合か。
（2）過失占有者に認められない権利として、如何なる権利があるか。
（3）第188条の「権利の適法推定」は、なぜ無過失の認定と関係するのか。
（4）即時取得における「無過失の立証」は誰に課せられるのか。その根拠は何か。

第5項　占有における瑕疵

　占有の承継に関する第187条2項は、前占有者の占有を併せて主張する場合には、その瑕疵をも承継するとして、「瑕疵」という用語を使っている。
　占有における瑕疵とは、第186条や第188条で推定される所有の意思、善意、平穏、公然、本権の適法存在や、占有権の存続要件たる占有の継続性（第203条）がないことを言う。したがって、瑕疵ある占有とは、所有の意思のない、悪意、強暴、隠匿（隠秘）、不適法、不継続の占有である[43]。平穏か、強暴かに関しては、真正な権利者から抗議されたという程度では、強暴とは認定されない[44]。

《ポイント》
　占有の瑕疵の意味と効果について理解しよう。

第6項　自己占有・代理占有

1　代理占有の意義

　占有は他人の所持によっても成立し、占有権は代理人によって取得しうる（第181条）。例えば、BがAのためにある物を所持または占有し、Aがこれによって占有権を取得するというように、ある人（B）が他人（A）に占有を媒介するという関係である。代理占有は、賃貸人や寄託者が賃借人や受寄者に物を占有させても占有権を保有するという点において意義がある。この場

　頁など通説である。即時取得の場合のみならず、一般的に無過失推定を認めるべきものとする見解もある（舟橋『物権法』298頁、於保不二雄『物権法上』178頁）。しかし、第188条による無過失推定は占有への信頼を保護する即時取得の特殊性から認められるので、限定的に解すべきである。

[43] 大判昭和13年4月12日民集17巻675頁：第187条の瑕疵とは占有権が完全な効力を生ずるについて障碍となるべき事実を総称する。

[44] 大判大正5年11月28日民録22輯2320頁。

合の賃貸人などの占有を代理占有（間接占有）といい、直接自分が占有する占有を自己占有という。

代理占有でも、動産物権変動の対抗要件たる引渡し（第178条）として認められる（占有改定〔第183条〕、指図による占有移転〔第184条〕）。

❷ 代理占有の成立要件

代理占有の成立要件について民法に規定はない。しかし、代理占有権の消滅事由に関する第204条の解釈から、①占有代理人の所持（第204条1項3号類推）、②占有代理人の本人のためにする意思（第204条1項2号類推）、③占有代理関係の存在、が導かれる。

（1）占有代理人に所持があること

占有代理人が物の所持を失えば、本人の代理占有権は消滅する（第204条1項3号）。この規定から、占有代理人の所持が代理占有（間接占有）の成立要件となる（第204条1項3号類推）。しかし、会社の機関は占有機関（占有補助者）であり、所持が認められないので、会社に間接占有権は成立しない。

（2）占有代理人に本人のためにする意思があること

占有代理人が、本人に対し、以後自己または第三者のために占有物を所持する意思を表示したときには、代理占有権は消滅する（第204条1項2号）。この規定から、占有代理人が本人のためにする意思によって占有することが、間接占有の成立要件となる（第204条1項2号類推）。

占有代理人の自己のためにする意思と併存する場合には、本人と代理人に自己占有が二重に成立する[45]。例えば、占有代理人が賃借人であるときには、賃借人の占有権は、権原の性質上、賃借権に基づく自己占有であり、同時に成立する本人の自己占有は所有権に基づく自己占有であるから、両者に矛盾する点はない。

（3）占有代理関係（占有媒介関係）が存在すること

占有代理関係は、本人と一定の関係にある者が、本人のためにする意思で物を所持する場合にのみ成立する。この関係は、賃貸借、寄託、地上権、質

45）舟橋『物権法』292頁。

権、譲渡担保権設定契約などの法律行為関係または成年後見などの法定代理関係から導かれる。代理占有は、「本人が、外形上占有すべき権利を有し、所持者がこの権利に基づいて物を所持するために、所持者が本人に対して物の返還義務を負う関係」である[46]。例えば、賃貸借契約が無効であり、あるいは存続期間が満了しても、外形的に賃貸借に基づく占有があれば、占有代理関係は継続する。したがって、代理占有権は代理権の消滅だけでは消滅しない（第204条2項）。

❸ 代理占有の効果

代理占有の効果は、本人が間接占有権を取得することである。間接占有といっても、効果において直接占有と何ら変わりはない。代理人が占有を取得すると同時に、本人は占有権を取得する。その結果、本人のために取得時効の期間が進行し（第162条以下）[47]、動産物権変動の対抗要件を具備し（第178条）、占有訴権を有し（第197条以下）、また、即時取得も成立する（第192条）。更に、占有物の滅失・損傷に関する損害賠償責任（第191条）のほか、土地工作物責任（第717条）も負担する[48]。

間接占有が成立した場合には、占有の善意・悪意[49]、第三者による占有侵奪の有無[50]については、第一に、直接占有者たる代理人によって決められる。しかし、第二に、善意・悪意については、本人によるべき場合もある。即ち、代理人が善意・無過失でも、本人が悪意または有過失であれば、そのような本人を保護する理由はなく（第101条2項類推）、このような場合にまで短期

---

46) 我妻＝有泉『新訂物権』477頁。
47) 大判大正10年11月3日民録27輯1875頁：地上権者の占有は、地上権については自己のためにする占有であるが、所有権については占有者本人のためにする代理占有である以上、取得時効は占有者本人のために依然進行する。
48) 最判昭和31年12月18日民集10巻12号1559頁：賃貸人は設置保存に関する瑕疵に基づく損害について、第717条の占有者として責任を負う。
49) 大判大正11年10月25日民集1巻604頁：「代理人によって占有をなした場合においては、民法第101条の規定を類推し、占有者が善意であるか悪意であるかは、代理人についてこれを定めるべきものとする。」
50) 大判大正11年11月27日民集1巻692頁：賃貸人の占有が侵奪されたか否かは、占有代理人たる賃借人について判定すべきである。

取得時効や即時取得といった善意・無過失の占有者保護規定を適用すべき理由はないからである。

《ポイント》
（1）代理占有の意義、要件、効果について、理解しよう。
（2）占有者の善意・悪意は、本人によって決するべきか、それとも占有代理人によって決するべきか。ケースとともに理解しよう。

第7項　占有に関する推定

① 所有の意思、善意・平穏・公然の推定

　自己のためにする意思によって物を所持する者は占有権を取得する（第180条）。また、占有者は、所有の意思により、善意で、平穏に、かつ公然と占有するものと推定される（第186条1項）。占有制度の機能のうち、社会の平和・秩序の維持の実現という点において、きわめて至当な規定である。

　物が個人の事実的な支配下にある場合において、物の所有に関して紛争の生ずることがある。占有者は自分が所有者と確信していたが、実は所有者ではなかったという場合には、所有権の立証は事実上不可能である。しかし、上記の推定規定により、所有の意思を始めとして、時効取得の主たる要件が推定されるので、この点を争う相手方（所有者）に立証責任が転換される[51]。また、制限物権や債権的利用権を取得時効によって保護する際にも、これらの利用権が善意・平穏・公然と行使されていれば（第163条）、時効取得が認定されやすくなる。したがって、本権を有しない占有者にとって、時効取得の主張がきわめて容易になる。なお、第186条は、権原の性質上、他主占有者には外形的・客観的に所有の意思が認められないという根拠づけにも用いられる[52]。

---

[51] 大判大正元年10月30日民録18輯931頁：占有者が善意に占有することは法律の推定する所であるから、土地所有者が占有者の悪意を立証しなければ、占有者を善意の占有者と推定すべきは当然である。最判昭和54年7月31日判時942号39頁も同旨。

[52] 大判昭和13年5月31日判決全集5輯12号3頁：賃借権に基づく占有者には、占有の権原不明なる場合の意思推定に関する第186条は適用されない。
　前掲最判昭和58年3月24日：外形的客観的にみて占有者が他人の所有権を排斥して占有する意思を有していなかったという事情が証明されるときには、占有者の所有の意

❷ 継続推定

占有者に、前後の両時点で占有した証拠があるときには、占有は、その間継続したものと推定される（第186条2項）。取得時効制度は、永年にわたる占有という事実状態を尊重することにより、永続した社会関係の安定に資するという存在理由を有するので、占有は継続することを要する。しかし、事実として占有があっても、その継続を逐一立証しなければならないとすると、占有者に立証の困難を強いることとなり、妥当ではない。

そこで、占有の開始時と直近の時期における占有の事実が明らかであれば、その期間中の占有は継続していたものと推定される[53]。この規定と所有の意思などの推定規定により、取得時効の援用は全体的にきわめて容易になる。

❸ 「無過失」推定

第186条は無過失を推定していない。所有の意思、善意・平穏・公然は、社会生活の平和維持に役立つが、過失の有無は一般的に推定するための根拠に欠ける。それゆえ、第186条が無過失を除外したのは当然であり、解釈によっても補充すべきではない[54]。判例も同様である[55]。

第3節　占有権の取得

第1項　原始取得

占有権の原始取得とは、自己のためにする意思を有する者が、ある物を自分の事実的支配の中に入れたと認められる客観的な事実が成立することに

思を否定し、時効による所有権取得の主張を排斥しなければならない。
53) 大判昭和7年10月14日裁判例6巻民事277頁（相続の事案）。
54) 我妻＝有泉『新訂物権』479頁。反対説として、舟橋『物権法』298頁、於保『物権法上』178頁がある。
55) 前掲大判大正8年10月13日：第186条1項は無過失を包含せず、時効取得を主張する者は、その時効完成に必要な要件を立証する責任がある。
　　最判昭和43年12月19日裁判集民事93号707頁：「民法162条2項の10年の取得時効を主張する者は、その不動産を自己の所有と信じたことにつき無過失であったことの立証責任を負う」。

よって実現する。例えば、ハンターが獲物を追跡して岩穴に追い込み、入り口を塞いで獲物が逃げ出せない状態にしたときや[56]、海岸に散在する貝殻の払下げを受けた者が公示のための標杭を立てて監視員を置いたとき[57]などには、占有権の原始取得が認められ、無主物の先占取得が成立する（第239条1項）。しかし、不動産の場合には、占有と登記の有無とは無関係であり、登記しただけでは占有は認められず、また、当該土地から泉水を他所へ引用し、湯屋営業をしていても、当該土地を占有していたとは言えない[58]。

《ポイント》
　無主物先占や取得時効による取得はなぜ原始取得なのだろうか。

第2項　承継取得

1　占有譲渡の意義

　占有権は譲渡することができる（第182条1項）。占有は物の所持という事実状態を表示しているので、原始取得に限るとも考えられる。しかし、物の事実的支配状態に占有権という権利が与えられることから、例えば、Aの所持している物をBに引き渡すことにより、Aの事実的支配に起因して、この事実的支配がそのままBに移転し、Bの事実的支配が生ずるとも考えられる。このように解すると、Aの事実的支配とBのそれとが同一性を保ちながら移転するものと解され、ここに占有の承継という観念が認められる。この意味において、占有権の譲渡性は、占有の譲渡性の反映にほかならない[59]。

　占有権の譲渡は、占有権の譲渡契約とその占有権の基礎を構成する占有の移転行為、即ち、動産や不動産の引渡しによって発生する（第182条1項）。他の物権と異なり、原則として、当事者の意思表示のみでは占有権は移転しない。しかし、民法は、占有に関して一定の前提要件が備わっていれば、占有権の移転にも、物の外形的な占有移転を伴わず、当事者の意思表示だけで占有が移転することとした。簡易の引渡し、占有改定、そして、指図による

---

56) 大（刑）判大正14年6月9日刑集4巻378頁（狢・狸事件）。
57) 大判昭和10年9月3日民集14巻1640頁。
58) 大判大正8年5月5日新聞1583号15頁。
59) 我妻＝有泉『新訂物権』480頁、舟橋『物権法』300頁。

占有移転がそれである。

❷ 占有権の譲渡
（1）現実の引渡し
　現実の引渡しとは、占有者が、占有物を現実に引き渡すことによって、占有権を譲渡することである。文字通り、物を引き渡すことであるが、代理占有物でも、物の現実の授受があれば、譲渡人の占有代理人から譲受人に引き渡された場合でも、譲渡人から譲受人の占有代理人に引き渡された場合でも、いずれも現実の引渡しとなる。
　引渡しの態様は、動産・土地・建物などによって異なる。動産は場所の移動を伴い、不動産は利用や管理の移転を常とする[60]。土地は登記済権利証（登記識別情報〔不登規第61条以下〕）の交付、建物は鍵の交付、現実の居住などとされてきたが[61]、慣習による場合もある[62]。

（2）簡易の引渡し
　譲受人またはその代理人が、現に占有物を所持する場合には、占有権の譲渡は、当事者の意思表示のみによってなしうる（第182条2項）。
　譲受人が現に占有物を所持する場合とは、譲受人自身が預かり、あるいは賃借していた物を寄託者や賃貸人から贈与・売買等によって譲り受ける場合が典型例である。所持機関たる従業員が、営業で常用している自転車やオートバイを所有者たる店主から貰い受けた場合にも、本条が適用される（通説）。
　また、譲受人の代理人が現に占有物を所持する場合とは、譲受人の代理人が預かっており、あるいは賃借していた第三者所有の物を譲受人自身が譲り受ける場合が典型例である。例えば、未成年者の法定代理人が第三者から借

---

[60] 大判大正9年12月27日民録26輯2087頁：物の引渡しとは、当事者の一方がその所持、即ち実力的支配に係る物を他方の実力的支配に移属させることをいう。

[61] 大判昭和2年12月17日新聞1211号15頁：贈与契約成立の際その当事者間に目的物たる土地建物の実力的支配をAよりYに移属させるという合意によって引渡しが完了し、Yは自己のためにこれを占有するに至った。

[62] 前掲大判大正9年12月27日：当事者が合意して地方の慣習に従い売買代金の授受により目的立木の引渡しを完了すると定めたことにより、係争立木が買主の実力的支配に移属されたことを認め、引渡しがあったこととしたに外ならない。

りていた自転車を未成年者自身が第三者から貰い受けたような場合である。この場合における本人と代理人との関係は、任意代理、法定代理を問わない。

（3）占有改定

（占有）代理人が、自己の占有物を、以後、本人のために占有する意思を表示したときには、本人はこれによって占有権を取得する（第183条）。この状況は、Aが自己の所有物をBに譲渡した後も、譲渡人Aが引き続きその物を譲受人Bの占有代理人として所持する場合が典型例である。この場合には、Bは代理占有（間接占有）により自主占有権を取得するから、占有権を承継するのである。動産でも不動産でも成立する。在庫商品や機械・備品を目的物とする譲渡担保権の設定契約が典型例であるが[63]、農地の売買と賃貸借を同時に締結し、売主が耕作する場合にも占有改定ありとされた[64]。

この関係は、単純に占有代理関係が成立すればよく、賃貸借など、具体的な原因を必要とせず、譲渡・占有改定の際に成立すれば足りるのであって、予め、代理関係が存在する必要はない[65]。

（4）指図による占有移転

（占有）代理人によって占有する場合において、本人がその代理人に対して、以後、第三者のためにその物を占有することを命じ、その第三者がこれを承諾したときには、その第三者は、占有権を取得する（第184条）。この状況は、本人が占有代理人に対して有する返還請求権を第三者に譲渡することである。それゆえ、客観的・外形的には占有の変動は見られない。例えば、Aが倉庫業者Cに寄託中の商品をBに売買する場合において、引き続きCを占有代理人として預かってもらうときには、この方法が簡便である。また、建物の所有者AがCに賃貸中の建物をBに売買し、あるいは質入れする場合にも便利である[66]。

---

63) 最判昭和30年6月2日民集9巻7号855頁：売渡担保契約がなされ債務者が引き続き担保物件を占有している場合には、債務者は占有改定により爾後債権者のために占有し、債権者はこれによって占有権を取得する。
64) 最判昭和28年7月3日裁判集民事9号631頁。
65) 大判大正4年9月29日民録21輯1532頁：第183条に「代理人が云云」とあるのは改定者の所持する物につき本人が間接占有権を有する状態について立言したに過ぎず、改定者が予め代理人たることを要する法意ではない。

指図による占有移転の成立要件は、①譲渡人と譲受人との間における占有権譲渡の合意があること、②譲渡人が占有代理人に対し、第三者（譲受人B）のために占有することを命じること、が必要となるだけであり、占有代理人（直接占有者）Ｃの意思表示は不要である。それゆえ、占有代理人がこの命令に従わなかった場合でも、占有移転の効果を生ずる。指図による占有移転は、譲渡人と譲受人との間の約定と占有代理人への命令のみによって行われるのであり、占有代理人には何ら利害関係がないからである[67]。そして、動産物権変動の対抗要件である引渡しの時期は、占有代理人に対する指図のあった時であり、この時の前後によって対抗関係を決する。

《ポイント》
占有移転の態様、それぞれの意味・内容について、理解しよう。

❸ 占有権の相続

（１）相続による占有承継の原則

占有権の相続について、ドイツ（BGB 第 857 条）[68]、スイス（ZGB 第 560 条）[69]、フランス（CC 第 724 条）[70]、いずれの民法も、相続人の包括承継という原則に基づいて、占有の承継を明文で認めている。わが民法上、占有権の相続に関しては規定がない。しかし、被相続人の事実的支配下にあった物は、包括承

---

[66] 大判昭和 9 年 6 月 2 日民集 13 巻 931 頁：質権の目的たる不動産が他人に賃貸されている場合には、質権設定者たる賃貸人が賃借人に対し、以後、質権者のために該不動産を占有すべき旨を命じ、賃借人がこれを承諾することにより、以後賃貸借は質権者との間に効力を生じ、質権者が賃料を取収する権利を取得する。

[67] 大判明治 36 年 3 月 5 日民録 9 輯 234 頁：第 184 条の第三者の承諾とは、本人がその代理人に対し第三者のために占有物を占有すべき旨を命じ、第三者がこれを承諾することをいう。第 178 条は第三者が自ら権利を有し譲渡の目的物たる動産につき利害関係を有する場合に限り適用すべきものであり、寄託者のために物を保管する受寄者は、寄託物につき何らの利害関係を有しないので、第 178 条の第三者ではない。

[68] BGB 第 857 条（相続性）：占有は、相続人へ承継される。

[69] ZGB 第 560 条によると、相続人は被相続人の死亡とともに法律上全ての相続財産を取得し（1 項）、法律上の例外を除き、占有は相続人に承継される（2 項）。

[70] CC 第 724 条第 1 項は、法律によって指定された相続人は、被相続人のすべての財産権、即ち、その権利及び訴権を取得するものと規定する。

継の原則により、相続人の支配に承継される。したがって、占有権も承継される[71]。

判例も古くからこの理により、相続人による当然の占有承継を認め、相続人が相続の事実を知らない場合でも、当然に占有の承継を認めてきた[72]。したがって、被相続人が生前に占有し管理していた財産は、相続開始後、当然に相続人の占有管理下に移転する。現実に相続財産を占有管理する必要はない。のみならず、相続の開始、特定の相続財産の存在・所在を知ることさえ必要ではない[73]。

（2）例外的不承継

次に、被相続人が他人に貸していた物をその他人に遺贈した場合や、相続財産が事故により相続人とともに海底深く沈んだような場合、あるいは、相続人が予め占有権を放棄した場合のように、相続人の占有取得を妨げる事情が存在する場合には、相続人に占有権は移転しない。

❹ 占有権承継の効果

（1）占有権の二面性

次に、占有権が承継された場合の効果、即ち、承継人の有する占有の二面性が問題となる。占有承継人は、一面、前主の占有と同一性を有する占有を承継し、他面、自分が新たな占有を開始したという側面を有する。占有は、その時々における事実状態であるから、この事実状態が数人に転々と承継されて継続する場合には、その占有は、継続した1つの事実状態ではあるが、その各々の占有者独自の事実状態と見ることもできる。これを「占有の分離・併合」という。第187条1項が、占有者の承継人はその選択に従い自己の占有のみを主張し、または自己の占有に前の占有者の占有を併せて主張しうると規定するのは、まさに、この趣旨である。

例えば、前主の占有権原が賃借権（他主占有）の場合には、取得時効の要件

---

71) 我妻＝有泉『新訂物権』484頁。
72) 大判明治39年4月16日刑録12輯472頁、最判昭和44年10月30日民集23巻10号1881頁。
73) 我妻＝有泉『新訂物権』484頁。

たる「所有の意思」を欠くので、占有承継人が自主占有者であれば、自分の占有のみを主張することとなる。反対に、前主が自主占有の場合には、承継人は、自分の占有期間が時効期間に足りない分だけ補充しうる。

しかし、前主の占有を併せて主張する場合には、前主の占有の瑕疵をも承継する（第187条2項）。例えば、Aが悪意その他の瑕疵ある占有を15年間継続した後に、Bが善意・無過失で10年間占有した場合には、Bは自分の占有のみで短期取得時効の完成を主張しうる。しかし、B自身の占有期間が10年に満たない場合には、占有期間が5年以上あれば、Aが悪意でも自主占有であれば、合算で20年以上となり、Bは取得時効の完成を主張しうる。そして、この占有承継は、前主が転々と数人ある場合には、前主の占有のみならず、前主より前の数人分の占有を併合することも自由である[74]。

また、第187条は、占有の本質に適合する規定であるから、特定承継と包括承継とを区別することなく、包括的に適用される。かつて判例は、相続の包括承継性に固執し、相続人が自己の占有のみを取り出して占有を主張することは許されないとしたが、最高裁は、解釈を改めた[75]。占有における瑕疵の有無については、相続人のもとでの変更もありうるので、相続人に第187条を適用すべきは当然である。

《ポイント》
　占有には二面性があるという意味を理解するとともに、占有選択の自由についても理解しよう。

---

[74] 大判大正6年11月8日民録23輯1772頁：第187条の選択は選択権があるという趣旨である。前主が数人ある場合には、特定の前主以下の前主の占有を併せ主張しうる。一度総前主の占有を併せ主張した場合でも、これを変更し、自己の占有のみを主張することも妨げない。

[75] 最判昭和37年5月18日民集16巻5号1073頁：相続人Cの先々代Aが悪意で、先代Bが善意・無過失であり、Cが先代Bの占有だけを承継すれば、10年の取得時効が完成するという事案である。最高裁は、187条1項は相続のような包括承継の場合にも適用され、相続人は必ずしも被相続人の占有に関する善意悪意の地位をそのまま承継するのではなく、その選択に従い自己の占有のみを主張し又は被相続人の占有に自己の占有を併せて主張することができるとして、善意・無過失の先代Bのみの占有承継を認めた。

（2）占有の選択による取得時効の成否

（ア）善意・無過失占有者による選択

　Aが他人の所有する不動産を悪意や有過失で10年間自主占有して死亡し、相続人Bが善意・無過失で5年間自主占有した後に死亡した場合において、Bの相続人Cが善意・無過失で5年間自主占有したときには、CはAからの占有を選択しても、Bからの占有を選択しても、いずれも時効取得しうる。しかし、Aの占有期間が10年に満たない場合には、Aからの占有承継では時効取得しえないところ、善意・無過失者Bからの占有承継ならば、通算で10年間となり、時効取得しうる。

（イ）悪意占有者による善意・無過失占有の承継

　では、Aが善意・無過失で5年間自主占有した後にBが承継し、Bが悪意または有過失で5年間自主占有した場合でも、10年の時効取得が認められるのかという問題がある。

　この問題について、判例は、古くから前主の善意・悪意のみを判断すれば足り、前主が善意・無過失であれば、後主の善意・悪意は不問に付すという解釈を示して、この問題を肯定的に解釈し[76]、最高裁もこの解釈を肯定してきた[77]。

　これに対して、学説は、判例法理に反対する説が多数説である[78]。しかし、取得時効は原始取得であり、第162条2項の要件が「占有開始時における善意・無過失」であることから、BがAからの占有を承継する意思を表明している以上、Aの占有開始時を時効の基礎たる事実と評価すればよいとして、

---

76) 大判明治44年4月7日民録17輯187頁：不動産を時効取得するには、占有者の意思の善悪及び過失の有無は、その占有開始時にその如何を審究すべきことが第162条2項に規定され、この規定は占有者の承継人がその前主の占有を併せて主張する場合でも異ならず、最初の前主が善意・無過失であれば、後主の善意・悪意を判断する必要はない。

77) 最判昭和53年3月6日民集32巻2号135頁：10年の取得時効の要件としての占有者の善意・無過失の存否については、その主張にかかる最初の占有者につきその占有開始の時点で判定すれば足りる。

78) 我妻＝有泉『新訂物権〔有泉亨〕』486—487頁、四宮『民法総則』304頁、幾代『民法総則』498頁、石田（喜）『口述物権法』251頁、内田『民法Ⅰ』414—415頁など、多数説である。

判例の見解を正当と解する有力説もある[79]）。

（ウ）代理占有が消滅した場合

　代理人による占有の場合において、この占有権が消滅し、本人が自己占有を回復したときには、第187条が適用されるのかという問題がある。即ち、この場合にも占有の承継があるのかという問題である。

　この問題について、判例は、第101条を類推適用し、本人が善意か否かは代理人によって決すべきものという理由から、第187条の適用を否定し[80]）、学説の多くも、占有の承継がないという理由から、否定説が主流であった[81]）。しかし、この場合には占有の分離を認め、本人に自己占有が移転したものと解し、第187条を適用してよいと解する有力説も存在した[82]）。近時は、本人に自己占有が生じた場合には、種々の利害関係を形成し、この利害関係は占有の承継と同様に保護すべきものという理由から、第187条を類推して、本人に選択権を認めるべきだという有力説もある[83]）。

　代理人が悪意占有であり、本人が善意・無過失占有である場合には、本人に選択権を認めるのが妥当である。しかし他方、代理人の悪意事情を顧慮して、当初、両者の占有を悪意占有とし、それが本人の直接占有を契機として善意・無過失占有に変わったと解するのであれば、否定説でも解釈上は何ら変わりはない。ただし、第187条を類推し、選択権を肯定するという解釈を採ったほうがわかりやすい。

《ポイント》
（1）占有者が善意・無過失の場合と、悪意の場合における選択の効果について理解しよう。

79）近江『講義Ｉ』382—383頁、石田穣『物権法』540—541頁。
80）大判大正11年10月25日民集1巻604頁：代理人による占有の場合には、第101条の場合と選を異にすべき理由はないので、同条を類推し、占有者が善意か悪意かは代理人につきこれを定めるべきものと解するを相当とする。
81）舟橋『物権法』307頁は、この場合には占有の承継はなく、代理人が悪意で、本人が善意・無過失であった場合には、本人も最初は悪意で、後に善意・無過失になった場合と同様に解すれば足りるという。このように解すると、実際の運用については、肯定説との差異はなくなる。
82）我妻＝有泉『新訂物権』487頁。
83）石田穣『物権法』539頁。

（2）代理人による占有の場合についても、（1）の点について考えてみよう。

第4節　占有権の効力

第1項　序説

占有権の法律効果は、占有制度上、①本権の適法保有推定（第188条）、②善意占有者の果実収取権（第189条、第190条）、③善意占有者の占有物に関する滅失・損傷責任の軽減（第191条）、④即時取得（第192条以下）、⑤必要費・有益費の償還請求権（第196条）、⑥占有訴権（第197条以下）として現れる。また、その他の制度上は、⑦時効取得（第162条、第163条）、⑧動産物権変動の対抗要件（第178条）、⑨無主物先占（第239条）、⑩遺失物拾得（第240条）、⑪埋蔵物発見（第241条）などである。

第2項　本権の適法保有推定

❶　第188条の適用——動産に限るか

占有者が占有物について行使する権利は、適法に有するものと推定される（第188条）。この規定の趣旨は、占有の現状を一応正しいものとする一方で、他方、占有は多くの場合に真実の権利状態に合致する蓋然性を有するものとして取り扱うことにより、占有者に適法な占有権原（本権）の存在を認めるということである。ドイツ民法[84]及びスイス民法[85]は、動産の占有者に所有権を推定している。

本条の適用範囲について、通説は、占有物が不動産の場合には、権利の存在を公示する登記制度が用意されているので、第188条が適用されるのは、占有はあるが、全く登記のない不動産に限られるものと解している[86]。不動産物権の場合には、登記の存在によって権利存在の推定力を与えるべきだからである[87]。立法例も、ドイツ民法[88]及びスイス民法[89]は、明文で、登記名義

---

84) BGB 第1006条第1項1文：動産の占有者のため、その占有者は物の所有者と推定する。
85) ZGB 第930条第1項：動産の占有者は、その所有者であると推定する。
86) 我妻＝有泉『新訂物権』490頁、舟橋『物権法』213頁。

人について権利推定力を認めている。

　この通説・判例に対しては、第一次的には登記に推定力が働くが、第二次的に登記による権利推定力が真実の権利関係の証明などによって破られた場合には、占有者に権利推定力が働くはずだと主張する少数有力説がある[90]。

❷ 権利推定の効果
（1）推定の範囲

〔設例3－4－1〕
　Aは甲土地を先代から相続によって取得した。甲土地上にはBが何ら権原なくして乙建物を所有しており、CはBから乙建物を賃借し、居住している。AはCに対し、土地を無権原で占有しているとして、乙建物からの退去と甲土地の返還を求めた。これに対して、Cは、BがAから土地を無償で借りたと話していたと主張している。
　AのCに対する請求は認められるだろうか。

　判例[91]及び通説[92]によると、「占有物について行使する権利」（第188条）とは、物権だけではなく、占有を正当とするすべての権利を含むものとされる。占有者は所有の意思を有するものと推定されるので（第186条1項）、通常は、

87）最判昭和34年1月8日民集13巻1号1頁。
88）BGB第891条第1項：ある者のため、登記簿上に権利を登記したときは、その者に権利があるものと推定する。
89）ZGB第937条第1項：登記簿に登記された土地に関しては、権利の推定及び占有に基づく訴えは、その登記された者についてのみ、存在する。
90）鈴木（禄）『講義』90頁、近江『講義Ⅱ』202頁など。
91）大判大正4年4月27日民録21輯590頁：占有者は第188条により占有物上に行使する権利は適法と推定される。動産の賃借権を主張し占有する者は、反証なき限り賃借権者という推定を受けるので、動産の所有権を譲り受けた者に対し、引渡しの欠缺を理由として所有権の取得を否認するにつき正当の利益を有し、第178条の第三者に該当する。
92）我妻＝有泉『新訂物権』490頁、舟橋『物権法』308頁、鈴木（禄）『講義』89頁など参照。

所有権を有するものと推定される[93]。また、過去の占有者は、その者が占有していた期間は、その占有によって推定される権利を適法に有していたものと推定される。条文はないが、判例は古くからこれを認める[94]。

次に、土地の所有者から権利の設定を受けて占有していたところ、その所有者との間で、土地利用権に関して紛争が発生したときにも、「権利の適法保有推定」は働くのかという問題がある。立法例として、スイス民法には、制限物権などを有するとして動産を占有する権利を主張する占有者の権利自体は推定されるが、その占有者は、その物を入手した相手方である当の本人（所有者等）に対しては、その権利の推定を主張しえない旨の規定がある（ZGB第931条2項）。通説は、この規定の趣旨から、このような場合には、一般の原則に従って権利の存在を主張する者に立証責任を課すべきであると論じており[95]、判例も同趣旨である[96]。

では、〔設例〕のように、他人の所有地上の建物の占有者Cが土地の所有者Aに対し、土地の占有正権原を主張する場合には、第188条の適法推定は適用されるだろうか。

判例は、他人の不動産を占有する正権原を有することの立証責任は、その権原を主張する者にあるものと解し、この場合には、占有者は第188条の適法推定をもって所有者に対抗しえないと判示した[97]。他人の土地を賃借し、その地上に建物を建築して、これを所有する場合には、この現況から、借地権の登記がなくとも、借地権を有するという推定が働く。しかし、〔設例〕では、土地の無権利者Bがその地上に建築し所有する建物をCが賃借し居住する場合において、Cの土地占有正権原の存否が争われている。この場合には、土地所有者AがCの占有者Cの正権原を否定し、争っている以上、第188条の適

---

93) 大判大正13年9月25日新聞2323号15頁：占有者には、第186条の推定と、第188条の権利適法推定がなされるから、土地占有者がその所有権を主張する本訴においては、占有者は適法に所有権を有するものと推定される。
94) 大判明治38年5月11日民録11輯701頁：現時ある物件の所有名義者は反証なき以上は既往にあってもその所有者たりしものと推定すべきは普通の法則である。
95) 我妻＝有泉『新訂物権』491頁。
96) 大判大正6年11月13日民録23輯1776頁。
97) 最判昭和35年3月1日民集14巻3号327頁。

法推定規定を適用して立証責任を転換するというのは何とも不合理な話である。判例は、前登記名義人と現登記名義人との所有権取得登記に関する事案において、権利推定効を否定し、現登記名義人に所有権取得に関する立証責任を負わせた[98]。

(2) 推定の効果
(ア) 推定の直接的効果

第188条の推定は、占有者に本権が適法に存在することである。それゆえ、占有者は、自分が占有していることを立証しさえすればよい。この意味において、相手方は、占有者に本権(占有正権原)の存在しないことを立証する必要があり、この立証が果たされれば、占有者の本権推定は破られる。

しかし、占有者が物を取得した相手先が訴訟の相手方であるときには、本権の推定は適用されないので、この場合には、占有正権原の存在について、占有者自身が立証しなければならず、具体的には、適法に契約によって取得したことなどを立証しなければならない[99]。

(イ) 推定は占有者の利益に働くとは限らない

例えば、Aが自己の所有する家屋をBに賃貸し、Bが賃借人として居住しているというケースについて考える。この場合において、Bが家賃を滞納したときには、家屋の賃貸人Aには不動産賃貸の先取特権が成立する(第312条)。このAの先取特権の目的物は、借家人Bの所有する動産(第312条)からBが備え付けた動産にまで広く及ぶ(第313条2項)。それゆえ、その目的物は、Bの居住家屋内に存するすべての家具・調度品であり、借家が店舗・事務所、工場などであれば、機械・設備、備品類まで、かなり広範囲の動産が先取特権の目的物となる。この場合には、借家人Bのテリトリー内に存在する動産類はすべてBの占有下にあるからこそ、Aの先取特権の目的物とな

---

98) 最判昭和38年10月15日民集17巻11号1497頁:「一般の場合には、登記簿上の不動産所有名義人は反証のない限りその不動産を所有するものと推定すべきである。けれども、登記簿上の不動産の直接の前所有名義人が現所有名義人に対し当該所有権の移転を争う場合には、その推定をなすべきではなく、現所有名義人が前所有名義人から所有権を取得したことを立証すべき責任を有する(。)」

99) 前掲最判昭和38年10月15日。

り、ここで第 188 条により、B が適法に占有物（動産）の本権である所有権を有するものと推定される。したがって、これらが他人の所有物でも、必然的に先取特権の目的物となる。そして、この本権推定の効果として、占有者 B に自己の所有物ではないことの立証責任が課せられる。この意味において、第 188 条は占有者の不利益にも働く。

しかも、その占有物の中に第三者 C の所有物があっても、A が善意・無過失のときには、A が先取特権を即時取得してしまう（第 319 条）。したがって、B が自己の所有物ではないことを、また、C が自己の所有物であることを証明しえたとしても、結局、賃貸人かつ先取特権者たる A に屈することとなる。

（ウ）推定の効果は第三者にも及ぶ

例えば、債権者が債務者の占有する物を差し押さえる場合には、債務者の所有物と推定するという効果を援用しうる[100]。また、真正所有者が占有者である賃借人に対し、所有権に基づいて返還請求してきた場合には、賃借人は賃貸人の所有物と推定するという効果を援用しうる[101]。

《ポイント》
占有者の行使する権利の適法保有推定（第 188 条）の意義、適用、効果について理解しよう。また、不動産登記の権利適法推定という問題についても考えてみよう。

第 3 項　占有者の果実取得（収取）権

1　善意占有者の果実取得（収取）権

（1）意義・制度趣旨

占有者に正当な占有権原がなかった場合における処理として、果実の取得がある。占有者が所有の意思によって占有していたが、実は、真の所有者が存在していたので、占有すべき権利（本権）が否定され、不動産の返還を請求された場合などにおける問題である。このような場合でも、善意の占有者は、占有物から生ずる果実を取得する（第 189 条 1 項）。

---

100) 我妻＝有泉『新訂物権』493 頁。
101) 末川『物権法』218 頁、舟橋『物権法』309 頁。しかし、この場合において、真正所有者が賃貸人に占有正権原のないことを主張・立証したときには、賃借人の側において、賃貸人の占有正権原を立証しなければならない。

善意占有者は、果実を収取するための本権を有せず、占有物に関しては無権利者であるから、法律上の原因を欠き、収取した果実は不当利得を構成するはずである（第703条）。しかし、このような占有者は元物から分離した賃料や収穫物といった果実を消費することが予定されているにもかかわらず、後に返還請求を受けるべきものとすると、この占有者にとっては、はなはだ酷な結果となるので、せめて善意占有の間だけは果実の取得を認めることとしたのである（第189条1項）[102]。

（2）果実収取権の要件

占有者が善意か否かを判定する時期は、「果実収取権の認定（果実の帰属）基準」による。天然果実は、元物から分離する時における収取権者への帰属であり（第89条1項）、法定果実は、収取権の存続する期間の日割で計算して取得する（同条2項）。それゆえ、天然果実は「分離時の善意」により、法定果実は「善意であった期間の日割計算」によって取得すべきものとなる。

次に、善意占有者が本権の訴えによって敗訴したときには、その訴え提起の時から、悪意占有者とみなされる（第189条2項）。例えば、所有者Aから占有者Bに対して所有権登記の抹消登記手続請求や筆界確定訴訟が提起され、Aが勝訴した場合には、たとえ、Bが自分では本権者であると確信していたとしても、敗訴した以上、この裁判開始時以後の果実収取権を認めるのは妥当性を欠くからである。

しかし、この措置は、「悪意の擬制」であり、果実の収取（取得）という利得を正当なものとするのか、それとも不当なものとするのかという、いわば住み分けを行うものである。それゆえ、判例は、本権の訴えによって敗訴しただけでは「故意・過失」という不法行為の要件は成立しないとして、敗訴占有者に不法行為責任（賃料相当損害金の返還義務）を課していない[103]。したがって、不法行為責任を認めるためには、更に、その要件たる故意・過失の認定が必要である[104]。

---

102) BGB第988条によると、善意の有償取得者は訴訟係属までの使用利益の返還義務を負わないとされる。
103) 最判昭和32年1月31日民集11巻1号170頁。
104) この点については、我妻＝有泉『新訂物権』495頁、舟橋『物権法』310頁、鈴木（禄）

（3）果実収取権の効果

　果実は天然・法定の両果実であるところ、物の利用も果実と同視される。この意味において、利用権を含む本権を有するものと誤信した善意占有者は、利用の対価たる利得を返還すべき義務はない[105]。

　それでは、「果実収取権」はどのような意味を有するのであろうか。

　学説上は、既に消費した果実の返還義務を免れるだけであり、収取後、手許に残存する果実は本権者に返還すべきものと解する説[106]と、手許にある果実にも収取権があると解する説[107]とが対立関係にある。

　第189条の制度趣旨は、既に費消した果実までを含めて返還義務ありとすると、善意占有者にとって極めて酷な結果となるので、善意者に限って返還を免除するものである。この趣旨を顧慮し、また、第190条1項の趣旨をも勘案すると、善意占有者は、既に費消し、あるいは損傷または取り損なって無駄になった分の果実返還義務を免れるものと解すべきである。したがって、取得して手許に残存する果実は、これを本権者に返還すべきである。しかし、善意占有者が本権者から訴えられて敗訴すると、悪意占有者とされ（第189条2項）、果実を返還すべき義務を負い、かつ、既に消費し、過失によって損傷し、または収取を怠った果実の代価を償還する義務を負う（第190条1項）。ドイツ民法には、有償取得者でも訴え提起後の果実返還義務を負うという規定がある[108]。この意味において、有償取得者が善意占有者として保護されるのは、訴訟係属前までの使用利益の返還免除だけであり、訴訟係属後の使用利益は、これを返還すべきものということになる。

　　『講義』）24―25頁、近江『講義Ⅱ』206―207頁など参照。
105）大判大正14年1月20日民集4巻1頁。
106）末弘『雑記帳』252頁以下、同『物権法上』256頁、舟橋『物権法』309―310頁、石田穣『物権法』548頁、近江『講義Ⅱ』206頁。
107）我妻＝有泉『新訂物権』494頁、鈴木（禄）『講義』23―24頁。
108）BGB第987条1項は、「占有者は、所有者に対して、訴訟係属の発生後に収取した使用利益を返還しなければならない」と規定する。この規定と前掲した第988条の規定を併せ考察すると、善意の有償取得者でも、原所有者からの物の返還請求訴訟係属後に生じた使用利益は、これを所有者に返還すべきものということになる。

❷ 悪意占有者の返還義務

(1) 意義・要件

　果実の取得が肯定されるのは、善意占有者に限られ、真の権利者の存在を知っていた悪意の占有者には果実収取権は認められない。この問題は、通常、所有者など本権者から占有物の返還を請求され敗訴した場合に生ずると考えられるので、民法は、善意の占有者が、所有物返還請求訴訟など、「本権の訴えにおいて敗訴したときは、その訴えの提起の時から悪意の占有者とみなす」と規定する（第189条2項）。

　悪意占有者と認定されると、その者は、果実の返還義務を負い、かつ、既に消費し、過失によって損傷し、または収取を怠った果実の代価を償還する義務を負う（第190条1項）。また、暴行もしくは強迫または隠匿による占有者は、果実の取得に関しては、悪意の占有者と同視され（同条2項）、同様の返還義務を負う。

(2) 悪意占有者の果実返還義務の効果

　悪意占有者の場合には、通常の効果たる果実返還義務以外に、不法行為規定との関係が問題となる。第189条以下は、不当利得規定（第703条以下）の排除か適用かという規定であり、不法行為とは直接的な関係に立たない。しかし、第189条以下の規定は、不法行為規定を排除するような規定構造でもないので、果実の消費に関して故意または過失があれば、別途、不法行為の成立を排除すべきではない。

　判例[109]・通説[110]は、第189条以下の規定は、不法行為規定と競合的に適用されるべきものと解し、たとえ善意占有者でも、果実の消費や損傷等に関して故意または過失があったときには、第189条の援用では不法行為に基づく損害賠償責任を免れえないものと解している。その代わり、悪意認定のみで

---

109) 大連判大正7年5月18日民録24輯976頁：権利なくして他人の物を占有し、所有者に損害を被らせた者は、第709条に従い所有者に対してその損害賠償義務を負担すべきであり、この場合につき第190条、第191条の規定を援用し、その賠償責任を否定するのは許されない。

110) 我妻＝有泉『新訂物権』495頁、舟橋『物権法』311頁、鈴木（禄）『講義』25頁、近江『講義Ⅱ』207頁など参照。

は不法行為者と認定されることもないのである。
《ポイント》
（1）果実取得の前提となる状況について理解しよう。
（2）なぜ、善意の占有者には果実収取権が認められているのか。
（3）本権の訴えにおいて敗訴するという状況について理解しよう。
（4）暴行もしくは強迫または隠匿による占有者が、果実の取得に関して、悪意の占有者と同視されるのはなぜか。考えてみよう。

第4項　占有者による損害賠償と費用償還請求

❶　占有者と回復者との関係

　占有者と占有物の返還請求権者（回復者）との間に契約関係がある場合には、占有者の占有物に関する滅失・損傷等の責任、あるいは費用償還請求権の有無や範囲などは、すべて当該契約関係によって解決されるべきである。
　しかし、当事者間に契約関係がない場合には、通常、不当利得または不法行為規定によって解決される。しかしながら、占有関係の回復に伴う原状回復などの問題は、通常の給付不当利得や侵害不当利得では十分な解決が望めないことも考えられる。
　そこで、第191条及び第196条は、占有正権原を有しない占有者と回復者との関係について、占有者が善意の場合と悪意の場合とに分けて、それぞれ、後処理の問題を規律している。

❷　占有物の滅失・損傷の責任

（1）善意占有者の責任

（ア）他主占有者の場合

　善意占有者のうち、所有の意思のない占有者（他主占有者）で、しかも本権を有しない者は、たとえ本権があると誤信したとしても、自己の責めに帰すべき事由による占有物の滅失・損傷については、回復者の全損害を賠償しなければならない（第191条ただし書、第415条後段）。この場合における滅失・損傷は、物理的な滅失・損傷のみならず、社会・経済的に見て、発見の困難な紛失の場合や、第三者による動産の即時取得（善意取得）の場合までを広く含むものと解されている[111]。その理由は、この占有者が占有していた物は、

元々、借りて使っていた物であり、占有者は、いずれ返還すべきことを承知していたはずだからである[112]。

(イ) 自主占有者の場合

これに対して、所有の意思ある占有者（自主占有者）は、自分の物と誤信して占有していたので、その責任は軽減されるべきである。それゆえ、占有物の滅失・損傷によって現に利益を受けている限度において賠償すべき義務を負う（第191条本文後段）。この効果は、善意の不当利得者（第703条）と同じであるから、滅失しても形を変えて金銭債権となった場合や、滅失が一部であり占有物が残存している場合には、これらの現存利益をそのまま返還すれば足りる。

《ポイント》
（1）所有の意思なき占有者が本権を有しないときには、どうして回復者の全損害を賠償しなければならないのか。
（2）所有の意思ある占有者は、なぜ責任が軽減され、現存利益の賠償責任にとどまるのか。

(2) 悪意占有者の責任

悪意占有者の場合には、自主占有・他主占有を問わず、自己の責めに帰すべき事由による占有物の滅失・損傷に対して、損害の全部を賠償すべき義務を負う（第191条本文前段）。

《ポイント》
悪意占有者の損害賠償責任と善意の他主占有者の損害賠償責任とは同じか、それとも違うのか。

❸ 費用償還請求権

(1) 原則

(ア) 必要費の償還請求

占有者は、所有の意思の有無や善意・悪意を問わず、回復者に対し、その

---

111) 我妻＝有泉『新訂物権』497頁。
　大判昭和2年2月16日判例評論全集16巻商法485頁（株券の善意取得の事案において、第三者の原始取得ゆえに「滅失」扱いとした）。
112) 我妻＝有泉『新訂物権』497頁。

返還する占有物の保存のために支出した金額その他の必要費を償還させることができる（第196条1項本文）。ただし、占有者が果実を取得した場合には、通常の必要費は占有者が負担しなければならない（同条同項ただし書。反対に臨時的・特別な必要費は請求しうる）。

必要費とは、単純に物の保存のために要した費用[113]のほか、修繕費、飼育費、公租公課[114]などのことをいう。

（イ）有益費の償還請求

占有者が、占有物の改良のために支出した金額その他の有益費については、その価格の増加が現存する場合に限り、回復者の選択に従い、その支出した金額または増加額を償還させうる（第196条2項本文）。この場合には、回復者の選択に従うので、回復者は、改良の結果が残存し、目的物の価格が増加しているときに限り、占有者が費やした金額か、増加残存額か、いずれか少ない方の金額を償還すれば足りる。

有益費とは、判例によると、建物前の路面にコンクリート工事を施し、花電灯（ネオン）を設置し[115]、店舗を模様替えする[116]などが挙げられている。しかし、模様替えは、一般住宅の場合はともかく、店舗としての汎用性を考えると、必ずしも有益費とはならない場合もありうる。店舗等、営業用建物の場合には、その有益性について多少割り引いて考える必要がある。

《ポイント》
善意占有者からの回復というケースにおいて、占有物に関する必要費負担と、有益費負担について、場合分けをした上で、理解しよう。

---

[113] 大判昭和7年12月9日裁判例6巻民法334頁：物の保存費用とは、その物体の原状を維持し、滅失毀損を防止するに欠くべからざる費用をいう。

[114] 大判大正15年10月12日判例評論全集16巻民法129頁：占有物に対する租税の如きは占有物の通常の必要費と認めるべきである。

[115] 大判昭和5年4月26日判例評論全集19巻民法131頁：賃借家屋に面する道路のコンクリート舗装工事及び花電灯設備をしたために、家屋の価額が増加したと認められるときは、有益費と判定して差し支えない。

[116] 前掲大判昭和7年12月9日：店舗の模様替えは改良の費用であり、保存のための費用ではない。

（2）悪意占有者の場合

　費用償還請求に関しては、悪意占有者でも、善意占有者の場合と同様の地位が与えられる（第196条参照）。占有物に関する保存費用負担による費用の節約、有益費による価格の増加は、すべて回復者の利得になるからである。しかし、民法は、有益費の償還に関して、悪意占有者に対しては、回復者の請求により、裁判所は、その償還について相当の期限を許与しうるとした（第196条2項ただし書）。

　費用償還請求権については、物と債権との牽連性（その占有物から発生した債権の存在）が認められるので、通常は留置権の保護が受けられる（第295条）。しかし、悪意占有者については、この有益費の償還に関する期限の許与により、弁済期にないことになるので、悪意占有者は、有益費が支払われないことを理由として留置権を行使しえない（第295条1項ただし書）。公平の原則からの帰結である。

《ポイント》
　占有者に対する費用償還請求に関して、なぜ、善意占有者と悪意占有者との違いが「相当の期限の許与」だけなのか。

第5項　占有による家畜以外の動物の取得

1　意義・制度趣旨

　他人が飼育していた家畜外の動物を保護して占有し、これを飼育する者は、一定の要件に基づいて、その家畜外動物の上に行使する権利を取得しうる（第195条）。この制度は、本来は遺失物として処理すべき事案について、遺失物にしては、本来的に所有者がいるようには見えず、また、飼養者の方も、少し探して見つからなければ諦めるようなものであることを顧慮して、逃げ出した家畜外動物の所有権を薄弱なものとし、これを善意で占有する者に対して所有権を与えることとしたのである。

　第195条は即時取得に続く規定であるから、かつては即時取得の特則と解された時期もあった。しかし、他人の占有に関する表見的な信頼を保護し、取引の安全を図るという側面がないので、即時取得とは何ら関係はない。むしろ、取得時効に類似する。他人に飼養されていたものであるから、無主物

ではないが、さりとて飼養者の元から逃げ出した日から1か月という期間を区切って新たな占有者にその所有権を与えるという規定構造からは、無主物先占（第239条1項）と取得時効の中間に位置する制度と言える。

❷ 要件・効果

（1）家畜外動物であること

家畜とは、その地方で飼養されることを通常の状況とする動物であり、かつ、野生していない動物のことであるから、家畜外動物は、このカテゴリーに入らない動物である。判例では、九官鳥は通常の家畜とされた[117]。また、猿もライオンも家畜である。したがって、通常、動物園や畜舎などで飼育されている動物はすべて家畜と言ってよい。

（2）動物の占有者であること

動物の占有者とは、家畜外動物の原始取得者及びその包括承継人であるが、その者からの特定承継人までをも含む。

（3）占有者が占有開始時に善意であること

善意とは、捕獲当時に無主物ではないこと（飼い主に飼養されていた動物である。）を知らない（無主物であると誤信した。）ということである。

（4）飼い主から1か月以内に返還請求を受けないこと

飼い主の手許から逃げ出して1か月を経過すると、占有者は直ちにその所有権を取得する。つまり、この期間の経過により、家畜外動物は無主物扱いとなる。したがって、捕獲者は原始取得者となり、飼養者は所有権を失う。

第6項 占有訴権

❶ 占有訴権の意義

〔設例3-4-2〕
　AはBから駐車場を借りて使用していたが、ある日、見知らぬ車が自

---

[117] 大判昭和7年2月16日民集11巻138頁：九官鳥は人に飼養され、人の支配に服して生活するのを通常の状態とすることが一般に顕著な事実である。

分の駐車スペースに止めてあった。調べると、車の所有者はCであった。
　Aは駐車場の賃借人であるから、賃貸人BにCの自動車を除去するよう請求した。しかし、Bは何もしてくれない。
　Aは、法律上、第三者Cに何も請求することができないのだろうか。

(1) 占有訴権とは何か

　占有訴権（第197条以下）は、社会における物の事実的・現実的支配状態について、「あるがままの状態」を保護するための制度である。占有訴権は、「あるがままの状態」が「あるべき状態」であるか否かを問題とせず、これを占有として保護し、この占有が侵害された場合には、その侵害除去を目的とする権利として占有者に認められたものである。

　〔設例〕のケースは、まさに占有訴権が機能する。Aは土地賃借人であるから、原則として、賃借権という債権に基づいて第三者Cを排除しえない。Aの賃貸借の相手方はBだからである（相対効の原則）。しかし、これでは、法律上、Aに賃借権という占有権原を認めた意味がない。そこで、民法は、占有者に対し、占有という事実状態を尊重し、保護するための権利を与えたのである。しかし、Aが法律上は正当な権利者でも、私力による権利防衛は許されない（自力救済の禁止）。

(2) 自力救済禁止原則との関係

　占有訴権制度は、一面、私力の行使による占有権の回復を禁ずるという意味を有する。しかし、正当な権利者が侵害者による占有侵害を目の当たりにしながら、これを放置すべきことを強制されるのでは、真の法治国家における制度とは言い難い。確かに、社会の平和・秩序の維持という法の目的は重要であり、これを無視してはならない。しかし、そのために正当な権利者の保護に欠けることがあってはならない。したがって、侵害状態を目の当たりにしている正当な権利者は、法の予定する権利実現方法によるのでは権利の回復が不可能となり、あるいは困難となるような切迫した事情のある場合には、例外的に、占有者に自力救済による保護を認めるべきである。ドイツ民法（BGB第229条）が一定の切迫した事情を要件として自力救済を認めているのは、このような趣旨からである[118]。

わが民法には自力救済に関する規定はないが、民法及び刑法における正当防衛や緊急避難に関する制度（民法第720条、刑法第36条、第37条）を類推し、一定の要件の下で自力救済を認めるべきである。

（3）占有者の自力救済

占有権が侵害された場合にも、一般の場合における例外的自力救済を適用しうるかという問題がある。わが民法には規定がないが、ドイツ・スイスの民法には明文の規定がある（BGB第859条、ZGB第926条）。いずれも違法な有形力の行使によって動産または不動産の占有が奪われたときには、占有者は、力尽くで侵害者から占有物を取り戻すことが許される旨を規定する。これらの規定は、一般の場合よりも、占有権の保護を認めている。そして、ドイツ民法は、占有を奪還された占有者は、瑕疵ある占有者として、返還請求権（占有回収の訴え）を行使しえない旨を規定する（BGB第861条）。

わが民法には規定はない。しかし、刑法は、窃盗の犯人が財物を取り返されることを防ぐために暴行または脅迫をしたときには、強盗という重い刑罰として論ずると規定する（刑法第238条）。この規定は、被害者等が窃盗犯人から盗品を取り戻そうとする行為を保護するものと解され、この趣旨を民法の自力救済に類推すれば、占有者の自力救済を保護しうる。判例は、一般の場合におけると同様の切迫した状況においてのみ、自力救済を認める[119]。

---

118) BGB第229条（自力救済）：自力救済を目的として、ある物を収去し、破壊し、もしくは損傷する者、または、自力救済を目的として、逃走の疑いのある債務者を逮捕し、もしくは甘受すべき義務を負う行為に対する債務者の抵抗を排除する者は、公的救済を適時に得られず、即時の侵害をしなければ請求権を実現することが不可能となり、または本質的に困難となるおそれのあるときは、違法とは取り扱わない。

119) 最判昭和40年12月7日民集19巻9号2101頁：「私力の行使は、原則として法の禁止するところであるが、法律に定める手続によったのでは、権利に対する違法な侵害に対抗して現状を維持することが不可能又は著しく困難であると認められる緊急やむを得ない特別の事情が存する場合においてのみ、その必要の限度を超えない範囲内で、例外的に許される。」

❷ 占有訴権の性質
（1）物権的請求権の一類型
　占有訴権は、占有の現状を保全するため、占有に対する侵害の排除を求める権利である。占有者は占有権を有しており、占有権が侵害された場合には、占有者は侵害者に対して侵害状態の除去を請求しうる。それゆえ、占有訴権は、物権的請求権の一種である[120]。

　これに対して、占有訴権は物権的請求権たりえないという見解がある。その理由は、物権的請求権は物権の「あるべき状態」の侵害に伴う「あるべき状態への回復」を目的とするのに対し、占有訴権は「現存の物的支配状態」が「あるべき状態」であるか否かを問わず、あるがままの占有状態の保護を目的とし、「権利内容の実現」は問題にならないからであると言う[121]。

　確かに、占有権は通常の物権とは異なる性質を有する。しかし、占有権は本権の効力を実現する機能を有し、両者相俟って物権のあるべき姿を実現するので、占有権が本権たる物権と性質を異にするのは当然である。したがって、占有訴権の物権的請求権としての性質も、占有を保護するという目的に特化した特殊な類型として理解すれば足りる。

（2）「訴権」に限定されない
　民法が「占有訴権」としているのは、不動産の占有に関連して本権訴訟と占有訴訟とを区別しているフランス法からの沿革に基づく。ボアソナード草案から旧民法を経て現行民法へという立法作業において、占有の訴えが規定された。しかし、民事訴訟法には規定されず、僅かに裁判所構成法で、訴額の大小を問わず、占有のみを目的とする訴訟は区裁判所の管轄とする旨が規定されたに過ぎない（同法第14条第2ハ）。しかし、これも戦後の裁判所法には承継されていない[122]。

　したがって、占有訴権は私法上の占有保護請求権として位置づけられるべき権利である。民法上は、訴訟提起の要件や除斥期間の規定があるが、裁判

---

120) 我妻＝有泉『新訂物権』503頁、鈴木（禄）『講義』78頁、近江『講義Ⅱ』194頁など通説である。
121) 舟橋『物権法』318頁。
122) 沿革に関しては、我妻＝有泉『新訂物権』503頁参照。

外での請求も認められる。

(3) 占有訴権と損害賠償請求権

占有訴権には、占有保持の訴えと占有回収の訴えで損害賠償請求が（第198条、第200条1項）、また、占有保全の訴えでは損害賠償の担保請求が（第199条）、規定されている。損害賠償請求権は債権であり、物権的請求権ではないが、民法は条文構成上の便宜のために一緒に規定した。それゆえ、両者は、訴訟上の取扱いでは同視すべきであるが、その成立要件及び効果については別途に取り扱われる。

損害賠償請求については、占有権の箇所に別途規定されているもの以外、第709条以下の規定を適用すべきである。したがって、一般的には故意・過失による他人の権利または法益侵害を要件とし（第709条）、侵害が土地工作物の設置または保存上の瑕疵による場合には、第717条による。ただし、この場合における損害賠償請求の対象は、占有侵害による損害に限られ、所有権や賃借権など、本権侵害による損害は適用外である（通説）。また、占有侵害による場合でも、占有侵奪の期間における使用・収益権の損害を顧慮する必要のない悪意者であるときには、やはり、損害を認定する必要はない。それゆえ、通説によると、占有訴権規定中に存在する「損害賠償」規定は、本権を有しない善意占有者が果実収取権を侵害された場合など、適用範囲は狭く限定される。

しかし、占有訴権を訴訟上で行使した場合において、同時に損害賠償を請求するケースというのは、例えば、賃借家屋の占有を奪われた賃借人による侵奪者への訴訟も考えられる。この場合において、占有回収の訴えには占有訴権を利用し、損害賠償請求には賃借権侵害を理由とするのでは、訴訟経済上好ましくない。それゆえ、占有訴権中の損害賠償請求は、必ずしも、本権を有しない善意占有者からの請求に限られない。

また、損害の範囲も、善意占有者が建物を使用・収益していた場合には、当該建物の利用の対価（賃料相当損害金）に限定され[123]、営業上の損失は、不法行為に基づく損害賠償請求の問題であり、占有訴権上の損害賠償請求には

123）大判大正4年9月20日民録21輯1481頁。

含まれない[124]。

❸ 占有訴権の当事者
（1）占有訴権の主体（原告）

占有訴権の主体は占有権を有する占有者である。直接占有・間接占有を問わない。また、自主占有・他主占有をも問わない（第197条）。

占有訴権は、物の事実的支配状態の保護という観点から、「所持」を保護しているものと解される。この観点からは、自ら独立した「所持」を有する者は、その占有状態が、所有の意思に基づく占有（自主占有）でも、他人のためにする占有（他主占有）でも、占有それ自体は社会の平和・秩序の維持のために保護されるべきものであるから、それぞれ、自己の名において占有訴権を有するものと解すべきである[125]。ただし、占有機関には所持がないので、占有訴権も有しない。

《ポイント》
占有改定による引渡しを受けた占有者は、占有訴権を有するか。

（2）占有訴権の相手方（被告）
（ア）序　説

占有訴権の相手方は占有の侵害者またはそのおそれのある者である。故意・過失を必要とせず、相手方が所有権者でもよい。ただし、誰を相手方とするかは、誰が侵害者であるかによって変わってくるので、占有状態の回復請求と損害賠償請求とを分けて考えるべきである。

（イ）侵害排除の相手方

占有の侵害除去の相手方は、現在の侵害者である。即ち、妨害の停止（第198条）は占有の妨害者、妨害の予防（第199条）は占有妨害のおそれのある者、物の返還（第200条）は占有物の保有者である。

占有者が本権を有しない状態で占有しているという事実があっても、占有の当初、占有者の意思に基づいて占有が開始され、その後、占有者の意思に

124）我妻＝有泉『新訂物権』504頁。
125）我妻＝有泉『新訂物権』504—505頁。

反する状態になったという場合には、「侵奪」という事実がないので、占有訴権は認められない。具体的には、賃借権に基づいて物を占有していた者（所有者の占有代理人）が、その後、何らかの理由で賃借権を失ったにもかかわらず、賃借物の返還を拒絶しているというケースがある[126]。この場合には、賃借人による代理占有の当初は、賃借人には賃借権という本権（占有正権原）があり、「占有侵奪」の事実はないので、所有者は占有回収の訴えではなく、所有権に基づく返還請求をするしかない。しかし、占有者が留置権などの抗弁権を有するときには、この物権的請求権は同時履行関係となるので、所有者は引換給付判決に従うしかない。

（ウ）損害賠償請求の相手方

損害賠償請求の相手方は、自ら占有侵害の状態を作出し、損害を発生させた者及びその包括承継人であり、特定承継人には及ばない。この意味において、侵害行為者がその原因となった物を譲渡した場合には、占有訴権の相手方と損害賠償請求の相手方とは異なる場合がある。

例えば、AがBから借地したが、Aの借地上にCが無権原で建物を所有し、Aの使用収益権を妨害しているというケースにおいて、Cが、その地上建物をDに譲渡したときには、損害賠償義務者は当初の建物所有者Cである。しかし、建物収去・土地明渡義務者は建物の譲受人D（現在の所有者）である。このように、占有訴権の相手方は現在の占有侵害者であり、損害賠償請求の相手方は当初の占有侵害者である。

《ポイント》
物の所有者から返還請求訴訟を提起された場合、占有者は、占有訴権を行使することができるか。

④ 占有訴権の種類

占有訴権は、占有保持の訴え（198条）、占有保全の訴え（第199条）、占有

---

[126] 大判昭和7年4月13日新聞3400号14頁：ある物の占有者がこれを他人に貸し渡し、他日貸借関係が終了したにもかかわらず、借主がその占有を継続している場合には、本権により、あるいは貸借契約に基づいて物の返還を請求するは格別、この場合には、占有訴権を主張する理由はない。

回収の訴え（第200条）の3種類が法定されている。
(1) 占有保持の訴え
(ア) 要 件
　占有保持の訴えの要件は、占有者がその占有を妨害されたことである（第198条）。占有が奪取された場合には、占有回収の訴えによるので、占有保持の訴えのケースは、奪取以外の方法による占有妨害である。

　占有妨害行為の典型例として、隣地における高層建築物の工事により近隣の家屋が傾斜し損傷したというケースや[127]、占有地に他人が石材を放置したというケース[128]がある。また、隣地との境界線上に板塀を設けて隣地建物の採光を悪くしたという場合にも、妨害の排除が認められる[129]。しかし、他人の所有する土地に不法に建物を建築することは占有の侵奪である[130]。したがって、この場合には、占有回収の訴えによる。

　次に、損害賠償請求の場合において、相手方に故意または過失を要するかが問題となる。現在の通説は、不法行為一般の原則に基づき、故意・過失を要するものと解し、妨害者の無過失責任ではないと言う[131]。したがって、相手方が無過失を立証すれば、損害賠償義務を免れる。

(イ) 効 果
　占有保持の訴えの内容・効果は、妨害の停止及び損害賠償請求である（第198条）。妨害の停止とは、妨害を除去し、妨害前の状況に回復させることである。判例は、妨害の停止とは妨害者の費用で妨害を排除し、原状回復させることであるといい[132]、多数説（行為請求権説）もこれを支持するが[133]、これ

---

127) 大阪地決昭和30年4月5日下裁民集6巻4号631頁。
128) 東京地判大正5年7月7日新聞1187号21頁。
129) 東京地判昭和33年3月22日下裁民集9巻3号476頁。
130) 大判昭和15年10月24日新聞4637号10頁：工事の着手によって他人の土地の占有を妨害するとは、例えば、自己の占有地に工事することによってこれに隣接する土地に対する他人の占有を妨害するような場合であり、他人の占有地に不法に建物を建築した場合には他人の占有妨害ではなく占有侵奪である。
131) 大判大正5年7月22日民録22輯1585頁：占有に対する不法行為に基づく損害賠償請求の場合には特別の明文なき限り故意・過失による占有侵害を要件とする。大判昭和9年10月19日民集13巻1940頁も同旨である。
132) 前掲大判大正5年7月22日：占有保持の訴において妨害の停止とは妨害者の費用を

に反対する有力説（忍容請求権説など）もある[134]。

（ウ）除斥期間

占有保持の訴えは、妨害の存する間（妨害停止請求の場合）、または、その消滅後1年以内（損害賠償請求の場合）に請求しなければならない（第201条1項）。妨害の停止は妨害状態の間だけ行いうるから、「消滅後1年」というのは、損害賠償請求に関する規定である。

次に、妨害状態にある間は妨害の停止等を求めうるように思われるが、民法は、工事による占有物への損害発生の場合には、その工事着手時から1年を経過し、または、工事が完成したときには、訴えを提起しえないという期間制限を設けている（同条同項ただし書）。この期間制限の存在理由は、工事に基因する占有妨害の停止は社会的に見て大きな損失を発生させることが多く、また、工事による状態は当初は占有侵害を生じたとしても、比較的速やかに新たな社会状態と認められるからだと言われる[135]。

また、期間制限は、損害賠償請求にも適用される。その理由は、ここでいう損害の賠償とは、占有という仮の状態に対する妨害によって生じたものであり、あまり時間が経過すると、損害賠償の判定が困難になるという事情があるからである[136]。しかし、同様の規定は境界線付近の建物の建築を制限する相隣関係規定（第234条）にもあり、この場合には、建築着手時から1年を経過し、またはその建物が完成した後は、損害賠償請求のみすることができる（同条2項ただし書）。

この両規定の牴触をどのように解するかが問題となる。占有権は、本権に基づく法的手続（例えば賃貸借契約）によって占有という事実状態が解かれれば消滅する脆弱な権利ということを顧慮すると、所有権の場合と同一に扱うべき理由はない。

　以て妨害を排除し以て原状回復させることをいい、損害賠償とは原状回復までの間に占有に支障を来したために生ずる損害賠償をいう。
133）我妻＝有泉『新訂物権』507頁など。
134）末川『物権法』257頁以下、舟橋『物権法』321頁など。
135）我妻＝有泉『新訂物権』508頁。
136）舟橋『物権法』321頁。

《ポイント》
　占有保持の訴えと物権的妨害排除請求との違いについて、理解しよう。

(2) 占有保全の訴え
(ア) 要　件
　占有保全の訴えの要件は、占有者がその占有を妨害されるおそれのあることである（第199条）。この要件は、物権的妨害予防請求権の要件に準じて考えればよい。そうすると、占有妨害のおそれある場合とは、占有者の主観によるのではなく、一般社会通念から客観的に決めなければならない。

　具体例を見ると、まず、土地の売主Yが買主Xに土地を引き渡した後、Xに無断で当該土地に古材木を2度にわたって運び込んで占有を妨害したという事案において、Yが将来も同様の行為をするおそれありと判断された[137]。また、XとYとの相隣関係において、Yの所有する工場の屋根がXの家屋側に傾斜しており、その屋根部分に雨樋が設置されていないので、X側に雨水が注瀉し流入するおそれがあるという事案においては、Xの占有を妨害するおそれありと判断された[138]。

(イ) 効　果
　占有保全の訴えの内容ないし効果は、妨害の予防または損害賠償の担保を請求することである（第199条）。妨害予防と賠償担保との二者択一の請求となる。損害賠償の担保は、将来、損害賠償「義務」が発生した場合のいわば保証であるから、故意・過失を要しないが、その「義務」の発生とは、故意・過失を要する場面なので、義務なき場合には、現に損害が発生しても、担保から賠償を取得しえない。担保提供行為は、通常は金銭の供託（第494条以下）によるが、抵当権の設定でもよい。

(ウ) 除斥期間
　妨害の危険の存する間だけ予防措置などを請求しうる。工事によって占有物に対して損害発生のおそれが生じた場合には、占有保持の訴えに準ずる取扱いである（第201条2項）。

---

137) 東京地判昭和31年11月29日新聞33号12頁。
138) 佐賀地判昭和32年7月29日下裁民集8巻7号1355頁。

（3）占有回収の訴え
（ア）要　件
（a）原　則

〔設例3－4－3〕
　小型船舶の所有者Bがその船舶を盗まれ、これが転々譲渡されたところ、盗難被害者Bは、取得者Aの保管場所に停泊されているのを発見したので、これを私力を用いて奪還した。この場合には、取得者Aは、被害者かつ原所有者Bに対し、占有回収の訴えにより、小型船舶を取り戻すことができるだろうか。

　占有回収の訴えの要件は、占有者がその占有を奪われたことである（第200条）。即ち、占有者が自己の意思に基づかずに所持を奪われたことを意味する。間接占有者（賃貸人など）の場合には、直接占有者（賃借人など）に関して判定する。詐取された場合には、占有者の意思による占有移転であるから、侵奪にならない[139]。本人や占有代理人が、当初、任意に物の占有を移転したときには、その後、占有者の意思に反するようになっても、占有侵奪の事実は認められない[140]。強制執行によって占有を失った場合には、占有者の意思に基づかないので、執行行為と認められないほどの違法性があり、もはや私力の行使と同視しうるような場合には、占有侵奪の事実が認められる可能性があり、そのような状況であれば、占有回収の訴えが認められる場合もありうる[141]。
　占有回収の訴えは、動産に関して発生することが多いが、不動産の場合でも、土地に勝手に建物を建築することが侵奪に該当する[142]。判例は、他人の

---

[139] 大判大正11年11月27日民集1巻692頁：占有者が他人に任意に物の占有を移転したときは、移転の意思が他人の欺罔によって生じたとしても、占有侵奪の事実ありとは言えない。
[140] 大判大正7年4月13日新聞3400号11頁：この場合には、本権に基づいて返還請求するなどの方法を採るべきである。
[141] 最判昭和38年1月25日民集17巻1号41頁。
[142] 大判昭和15年9月9日新聞4622号7頁、前掲大判昭和15年10月24日。

土地を耕作することは占有の妨害であり、侵奪ではないという[143]。

次に、占有者が占有物の所有者によって占有を奪われた場合でも占有回収の訴えを提起しうる。〔設例〕のように、盗品の原所有者Bが、その転々譲渡の買主Aに対し、買主Aの購入した盗品は自分の所有物であると主張して、これを奪還（自力救済）した場合にはどのように解すべきであろうか。

判例は、BをAの占有侵奪者と認め、たとえ、Aが悪意の占有者であったとしても、占有侵奪者Bに対し、占有回収の訴えによって、その占有を回復しうるものと判示した[144]。

盗難被害者である旧占有者による自力救済としての占有物の奪還行為は、占有秩序の回復として、広く認められるべきものである（BGB第859条）。それゆえ、盗難品の取得者は、善意・無過失であれば、即時取得の保護が受けられる（第192条以下参照）。しかし、この取得者が悪意または有過失者である場合には、瑕疵ある占有者であるから、このような取得者には、奪還された後の占有回収の訴えを認めることはできない（BGB第861条）。むしろ、この場合には、奪還者の当初の占有はまだ継続しており、その奪還行為は占有秩序の回復として、保護されるべきものと解するのが正当である[145]。したがって、本件における盗難船舶の取得者AのBに対する占有回収の訴えは、本来的に認められない。

大正13年大判（小丸船事件）と類似の交互侵奪事案における最高裁の判例はないようであるが、下級審裁判例には、本判決に反対する立場のものが多く見られる[146]。

---

143) 大判昭和10年2月16日新聞3812号7頁：甲が乙の所有し占有する土地に立ち入って、自己のためにこれを耕作し、その他これを使用した場合には、甲の行為は乙の占有を妨害するに過ぎない。
144) 大判大正13年5月22日民集3巻224頁（小丸船事件）：第200条第1項の占有回収の訴えは、その占有者の善意悪意は問わないので、悪意の占有者でも、なお占有回収の訴えを以て占有侵奪者に対し占有の侵奪によって生じた損害の賠償を請求しうるものと解さなければならない。
145) 我妻＝有泉『新訂物権』510頁、舟橋『物権法』325頁、近江『講義Ⅱ』198頁など、多数説である。
146) 横浜地横須賀支判昭和26年4月9日下裁民集2巻4号485頁：Yが既存の占有に基づき従来の占有状態を維持しようとして、侵害者であるXの耕作地の占有が約1年半に

(b) 例 外

占有侵奪者の特定承継人に対しては、訴えを提起しえない。しかし、その承継人が侵奪の事実を知っていたときには、この限りではない（第200条2項）。即ち、特定承継人が占有侵奪の事実に関して「善意」であれば、被害者たる回復請求権者は占有回収の訴えを提起しえない。これは善意の特定承継人を保護する例外規定である。

物権的請求権は、物権本来の「あるべき状態」の回復を目的とするので、侵害者の善意・悪意や過失の有無を要件とはしない。それゆえ、占有回収の訴えと物権的請求権とを比較するときには、かなりの相違点が見られる。この占有回収の訴えにおける特則の存在理由は、一旦、目的物が善意の特定承継人の手に渡った場合には、占有侵奪という攪乱状態が平静に帰したものと見るべきだという点にある[147]。

それゆえ、この要件については厳格に解され、前主が占有侵奪者であるかも知れないという可能性を特定承継人が認識した程度では悪意ではないとされる[148]。また、一度善意占有者に帰属した以上、その後の占有者が悪意者でも、もはや占有回収の訴えを提起しえないとされる[149]。

亘ったがその支配の未だ確立していない時期に、その実力行使に対して防衛的の実力手段を講じたという諸事情の下では、Yの自力救済による本件耕作地の占有回収は已むを得ない行為として違法性を阻却し許容されるべきである。

東京高判昭和31年10月30日高裁民集9巻10号626頁：ある物件の占有が交互に侵奪奪還された場合には、当初の占有侵奪者は社会の秩序と平和を濫すものであって、その後その占有が相手方に侵奪され、しかも右侵奪が法の許容する自救行為の要件を備えない場合でも、当初の占有侵奪者の占有は法の保護に値せず、反って占有奪還者の占有を保護することが、社会の平和と秩序を守るゆえんであるから、当初の占有侵奪者は占有訴権を有しない。

147）我妻＝有泉『新訂物権』510頁。
148）最判昭和56年3月19日民集35巻2号171頁：占有侵奪者の特定承継人が「侵奪を知って占有を承継したというためには、その承継人が少なくとも何らかの形で侵奪があったことについての認識を有していたことが必要であ（る）。」「占有侵奪の事実があったかもしれないと考えていた場合でも、それが単に一つの可能性についての認識にとどまる限り、未だ侵奪の事実を知っていたものということはできない（。）」
149）大判昭和13年12月26日民集17巻2835頁：侵奪物が善意の特定承継人の占有に帰するときは占有侵奪の瑕疵は消滅し、新たに完全な支配状態を生じたものとし、これを保護することは事実状態の保護を目的とする占有制度の本旨に合する。従って、善意の

では、占有侵奪者や悪意の特定承継人が、占有物を他に賃貸し、あるいは寄託した場合にはどのように解するのであろうか。この場合には、賃借人や受寄者は占有代理人ではあるが、占有の特定承継人でもあるので、これらの者が善意のときには、その者の占有自体は保護される。それゆえ、この場合には、被害者は侵奪者に対して指図による占有移転を求めうるに過ぎない。しかし、その賃借人や受寄者が悪意であれば、占有回収の訴えを提起しうる[150]。

(イ) 効 果

占有回収の訴えの内容ないし効果は、占有物の返還及び損害賠償を請求することである（第200条1項）。損害賠償は占有喪失による賠償であるから、物の価格ではなく、占有の価格、即ち、占有を継続したことによる利益であり、第一義的には使用の対価である。また、占有継続の効果として、果実収取などの諸利益を含む。したがって、占有者が物の利用（使用・収益）を失ったことによって被った損害の賠償ということになる[151]。

(ウ) 除斥期間

占有回収の訴えは、占有を奪われた時から1年以内だけ請求しうる（第201条3項）。確かに、占有侵奪は社会の平和・秩序の攪乱状態であり、この状態を回復することは正当な占有者にとっては重要な事柄に属する。しかし、この攪乱状態は、一定期間の経過により、別の新たな平和・秩序を構成しうるので、占有を奪取されてから1年以内の取戻しだけ保護することにしたのである。なお、この除斥期間は、占有保持の訴えとの均衡上、占有回復のみならず、損害賠償請求の期間としても適用される[152]。

《ポイント》
（1）占有回収の訴えと物権的返還請求の要件はどのように異なるか。

特定承継人から更に占有を承継した者が、偶々当初の占有侵奪の事実を知っていたとしても、その者は完全な占有の承継人であるから、これに対しては占有回収の訴えを提起しえない。

150) 大判昭和19年2月18日民集23巻64頁：第200条第2項但書の承継人とは侵奪者の特定承継人のために代理占有する者を包含する。

151) 大判大正4年9月20日民録21輯1481頁。

152) 我妻＝有泉『新訂物権』512頁、舟橋『物権法』326頁など通説である。

（2）同様に、被告の抗弁はどのように異なるか。

❺　占有訴権と本権の訴えとの関係
（1）本権の訴え
　占有訴権が占有それ自体に基づくものであるのに対して、本権の訴えとは、「占有すべき権利」、即ち、所有権、地上権、永小作権その他の実質的な権利に基づいて、妨害排除などを請求する訴えのことである。例えば、所有権を有する者がその所有物を盗まれた場合には、所有権に基づく返還の訴えを提起しうるとともに、占有権を理由として、占有回収の訴えをも提起しうる。
（2）両請求権の関係
（ア）原則規定
　占有訴権は、物の占有をめぐる社会の平和と秩序の維持を目的とする制度であるから、当事者間における争訟の解決には迅速性が要求される。この要求に応えるためには、「現実に存在する占有状態」の回復に関する審理と、本権に関する「あるべき状態」の回復に関する審理とを切り離して行うことが要求される。
　民法第202条は、2つの原則を規定した。
　まず、原則の第一は、占有の訴えは本権の訴えを妨げず、また、本権の訴えは占有の訴えを妨げないという規定である（第202条1項）。
　この規定の趣旨は、例えば、Aの所有物をBが奪取した場合には、Aは、Bに対して、占有回収の訴えも、所有物返還請求の訴えも提起しうるということである。この規定構造からは、一方が敗訴してから、他方を提起することも可能である。つまり、一方の裁判の既判力は他方には及ばない。その理由は、占有の訴えは、物の占有という事実状態の保護・回復を目的とし、占有の継続を認めるか否かという問題であるのに対して、本権の訴えは、実質的権利関係を確定させ、所有権の完全な実現を認めるか否かという平面上の問題だからである。それゆえ、両者はその目的を異にするので、全く矛盾することなく、併存しうる[153]。

153）大判大正4年5月5日民録21輯658頁：占有の訴は、実体権の所在如何を問わず現

これに対して、同一物の給付を目的とする占有の訴えと本権の訴えは、訴訟物を同一とする請求となるので併存しえないという説（新訴訟物理論）がある。この説によると、占有の訴えを起こして敗訴した者は本権の訴えを提起しえない[154]。しかし、この考え方は第202条１項の規定と矛盾し、妥当ではない。

次に、原則の第二は、占有の訴えについては、本権に関する理由に基づいて裁判しえないという規定である（第202条２項）。

例えば、占有者ＡがＢに占有を奪われたことを理由として占有回収の訴えを提起したのに対して、侵奪者Ｂが自分こそ所有者であり、Ａに対して所有物の返還を請求しうる地位にある旨を抗弁として主張するケースである。この場合には、侵奪者Ｂが所有者であることを理由として裁判してはならない。あるいは、占有者Ａの占有が何ら権原のないものである旨を理由として、その訴えを否認してはならない。その理由は、これらの場合において占有者を排除してしまっては、占有という事実状態の保護を標榜する占有訴権制度の趣旨及び存在理由を没却することになるからである[155]。

この規定と反対に、本権の訴えについて、占有を理由として裁判することは許されるかが問題となる。しかし、この両制度はあくまでも別個の目的を有する請求権であることを顧慮すると、本権の訴えについても、占有を理由として裁判することは許されないものと解すべきである。

《ポイント》
（１）占有の訴えは本権の訴えを妨げず、また、本権の訴えは占有の訴えを妨げないという規定の意味を理解しよう。
（２）占有の訴えについては、本権に関する理由に基づいて裁判しえないとは、どのよう

　実の占有者は何人でありその占有が侵害されたか否かを審査し、本権の訴は、実体上の権利者は何人でありその権利が侵害されたか否かを審査する。従って、前者では、当事者は占有の事実を証明するを以て足り、後者では、実体上の権利の証明を要する。

154) 三ヶ月章「占有訴訟の現代的意義」『民事訴訟法研究第３巻』（有斐閣、1966年）１頁以下（58頁）。この見解によると、占有の訴えと本権の訴えとは、攻撃防御方法の違いがあるだけであり、訴訟物は１個であるから、一方の判決の既判力が他方に及ぶ。よって、両訴は併存しえないこととなる。

155) 大判大正８年４月８日民録25輯657頁：占有回収の訴は、侵奪者が占有物につき所有権その他の本権を有することは占有者の侵奪者に対する請求権に消長を来さない。

な意味か。反対に、本権の訴えについては、占有権原を理由として裁判しえないのだろうか。

(イ) 反訴・別訴併合

上記第二の原則によると、Aの占有の訴え（特に回収の訴え）の係属中にBが反訴として本権の訴えを提起することも、また、本権者Bによる別訴の提起による占有の訴えとの併合も禁じられるように思われる。しかし、これを禁止する規定がないので、解釈上の争いがある。

判例は、建物所有者Xの土地所有者Yに対する建物移築工事等に対する妨害停止請求本訴（占有保全の訴え）と、Xに対抗しうる土地所有者Yからの土地明渡請求反訴という事案に関して、このXの占有保全の訴えと土地所有者Yの反訴をいずれも肯定し、結局、Yの土地明渡請求を認めた[156]。

この事案は、建物所有者Xが土地所有権取得後、未登記であったときに、Yが土地所有権を取得し、その移転登記を経由したという事実関係であったからこそ問題はなかった（両者は土地所有権をめぐる対抗関係にあり、元々、YがXに対抗しうる関係にあった。）。

しかし、これが対抗力のある土地占有者からの訴えと所有者からの土地明渡請求であれば、どのような問題になるのであろうか。

この場合には、請求と反訴請求との間に衝突があるものの、両訴には牽連性があることから、併合が認められるので、Xの占有認容か、Yの明渡請求認容かという二者択一の問題となる。また、占有の訴えが先行的に審理されるので、一部判決を出すことも可能である（民訴第243条3項）。このように解すると、特に反訴を禁止する理由はないことになる。

また、このような反訴を禁じても、別訴を禁ずることはできないのであるから、やはり、本条の場合には、本権者からの別訴による解決はやむを得ない。しかし、反訴といっても、形式的には別訴と同じことである。そして、

---

156) 最判昭和40年3月4日民集19巻2号197頁：「民法202条2項は、占有の訴において本権に関する理由に基づいて裁判することを禁ずるものであり、従って、占有の訴に対し防禦方法として本権の主張をなすことは許されないけれども、これに対し本権に基づく反訴を提起することは、右法条の禁ずるところではない。そして、本件反訴請求を本訴たる占有の訴における請求と対比すれば、牽連性がないとはいえない。」

別訴であれば、第202条2項との牴触も生じえない。もっとも、事の性質上、占有者において、所有者に対抗しうる占有正権原があれば、その占有者は保護され、そうでなければ、所有者の本権請求が認められるに過ぎない。したがって、この問題は、訴訟法学上の形式的な問題に過ぎない。

《ポイント》
占有の訴えに対し、本権に関する理由に基づいて裁判することは許されないが、判例は、反訴を許している。これはどうしてか。理由について検討してみよう。

第7項　占有権の消滅
❶　占有権の消滅事由

占有権は占有物が滅失すれば消滅する。しかし、占有権は特殊な物権であることから、物権一般の消滅原因である混同（第179条）、消滅時効（第167条）は適用されない（第179条3項参照）。したがって、第203条、第204条で規定する占有権の消滅事由は、占有権の特殊性に応じたものである。

❷　自己占有（直接占有）の消滅事由

占有権は、占有者が占有の意思を放棄し、または占有物の所持を失うことによって消滅する（第203条本文）。

占有意思の放棄とは、事実上の意味ではなく、占有者が自ら自己のためにする意思を有しないことを表明することである（通説）。占有権の成立要件の中心は所持であり、占有意思は権原の性質上客観的に認められ、しかも、占有継続の要件ではないので、放棄の意思が積極的に表示されない限り、占有権も存続する。

所持は、占有継続の要件であるから、物の所持を失っただけで占有権は消滅する。ただし、占有者が占有回収の訴えを提起したときには、その効果として、占有権は消滅しない（第203条ただし書）。占有侵奪という状態は、事実状態の攪乱であり、占有回収の訴えはその攪乱状態を元の平和で秩序ある事実状態に回復することである。それゆえ、訴えで勝訴すれば、占有秩序が保たれるので、被侵奪者の元で継続してその支配にあったものと擬制される（第203条ただし書、第186条2項）[157]。

所持を失うことの具体的な例としては、占有侵奪以外では、占有物の不使用状態が長く続いた場合が挙げられる[158]。しかし、敷地の所有者が地上に建物を所有し、土地と建物を占有していた場合には、たとえ建物が滅失し、所有者が一時行方不明になっていたとしても、それだけでは敷地の所持を失わない[159]。また、借地権者が地上に建物を所有し、これを借家させていた場合において、建物が焼失したときには、借家人の土地に対する直接占有は消滅し、土地を間接占有していた借地権者は直接占有者となる[160]。

❸ 代理占有（間接占有）の消滅事由

次に、代理人によって占有をする場合には、占有権は、次に掲げる事由によって消滅する（第204条1項）。即ち、

（1）本人が代理人に占有をさせる意思を放棄したこと（同項1号）、

（2）代理人が本人に対して以後自己または第三者のために占有物を所持する意思を表示したこと（同項2号）、

（3）代理人が占有物の所持を失ったこと（同項3号）、である。

次に、占有権は、代理権の消滅のみによっては消滅しない（同条2項）。占有代理関係は、占有代理人による占有事実が存在する限り存続するので、このような規定構造になっている。例えば、賃借人が賃貸人の代わりに占有しているという状況は、賃貸借契約が期間満了によって消滅しても、賃借人が目的物を返還するまでは、代理占有状態は継続している。占有代理関係は、

---

157) 最判昭和44年12月2日民集23巻12号2333頁：「占有者は、第203条但書により、占有回収の訴えを提起して勝訴し、現実にその物の占有を回復したときは、現実に占有しなかった間も占有を失わず占有が継続していたものと擬制される（。）」

158) 最判昭和30年11月18日裁判集民事20号443頁：「Xが占有の奪取が行われたと主張する当時は、Xは本件場所に対して事実上の支配を及ぼすべき客観的要件を喪失していたものと解する（。）」

159) 大判昭和5年5月6日新聞3126号16頁：「震災のため家屋が焼失し、その所有者が一時行方不明になったからといって、その者の敷地に対する所持を失ったものとすることはできない。」

160) 大判昭和3年6月11日新聞2890号13頁：「借家人は家屋の占有を失うと共に敷地の占有を失う。」「家屋の賃借人が家屋の占有を失っても、敷地の所有者または敷地の賃借人の敷地の占有は消滅しない。」

法律上有効な権利関係がなくとも、外形的に存在すれば足りる。

第5節　準占有

第1項　準占有の意義

　占有は、本来、物の上の事実的支配状態であるから、占有権も必然的に物の上に存在する。この意味において、占有制度は、社会における物の上の事実的支配状態の平和と秩序の維持に資する制度である。しかし、社会における事実的支配状態の平和と秩序を維持するためには、物の占有以外に、権利の占有という概念を認める必要がある。社会生活においては、一定の権利を行使する者について、物を占有する場合と類似の保護を与える必要が存在する。民法は、権利を占有する状態のことを準占有といい、占有に準ずる効果を与えている。

　権利占有という概念は、ローマ法には存在せず（物の占有のみ）、中世ゲルマン法時代に権利とゲヴェーレとの結合・表裏一体関係から、権利占有が発展し、中世末期のドイツ普通法時代にかけて発展した。これがフランス法に継受されて広汎に発展し、物の占有以外に権利の享有という関係にまで占有が認められ（CC 第2255条）、更に身分法にまで認められた（CC 第198条）[161]。しかし、ドイツ民法は、制定時に制限的に捉えられ、占有保護のために地役権（BGB 第1029条）や人役権（BGB 第1090条）について準占有、権利占有規定があるに過ぎない。

　わが民法は、自己のためにする意思をもって財産権の行使をする者に準占有（権利占有）を認めているので、立法的には比較的広い意味を有する。

第2項　準占有の成立要件

　準占有とは、自己のためにする意思をもって財産権の行使をすることであり、占有に関する民法の規定が準用される（第205条）。

---

161) 舟橋『物権法』331頁、我妻＝有泉『新訂物権』519頁参照。

❶ 自己のためにする意思

「自己のためにする意思」は、物の占有の場合と全く同じである。占有者本人のみならず、代理人による占有でも準占有は成立する[162]。

❷ 財産権の行使

(1) 意　義

「財産権の行使」とは、物の占有における「所持」に相当する。ある財産権が、これを行使しようとする者の事実的支配内にあり、財産権の事実的支配があると認められる客観的な事情のあることが必要である[163]。具体的には、債権証書を債務者に示して請求し、あるいは、債権者が、債務者の第三債務者に対して有する債権について差押え・転付命令を取得すること[164]、などが挙げられる。

(2) 占有を伴う権利

自己のためにする意思をもって行使しえない財産権は存在しない。それゆえ、準占有はどの財産権にも成立する。しかし、所有権、地上権、永小作権、留置権、質権、賃借権といった占有を伴う権利においては、本来的な「占有(物占有)」が成立するので、占有制度の拡張である準占有を論ずる意味がない。同様に、これらの権利から発生する登記請求権や[165]、物権的請求権についても、準占有は成立しない[166]。

(3) 地役権

用益物権の中でも、地役権は、その行使に際して、占有というよりも使用

---

162) 最判昭和37年8月21日民集16巻9号1809頁：「債権者の代理人と称して債権を行使する者も民法478条にいわゆる債権の準占有者に該る」。
163) 我妻＝有泉『新訂物権』520頁。
164) 大判大正2年4月12日民録19輯224頁：AはBがC金庫に供託した金員の返還債権に対し差押え・転付命令という制規の手続を経てC金庫より供託金の返還を受けたのであるから、Aは自己のためにする意思を以て供託金の返還を受けるべき債権の行使をしたものであり、債権の準占有者である。
165) 大判大正9年7月26日民録26輯1259頁：登記請求権は物権の一作用にして独立して存在するものではない。従って、本権と離れて準占有の実体となるものではない。
166) 舟橋『物権法』332—333頁。

という要素が強く、事実的支配が弱いので、準占有の対象となる（判例・通説）[167]。しかし、地役権が限られた範囲内で認められる物権であるとしても、また、事実上、承役地を利用しない不作為地役権（観望・眺望地役権）があるとしても、物に対する事実的支配であることに変わりはないという理由から、本来の占有を認めるべきだという少数有力説がある[168]。

準占有が成立する財産権は、「所持」を本質的な内容としない財産権に限られる。

（4）取消権・解除権

次に、取消権、解除権など、1回の権利行使によって消滅する権利については、準占有を不要とする場面が多いであろう。通説は、これらの権利を含む法律的地位を承継した者（例えば買主の地位など契約上の地位の承継人）に関しては、その者が準占有を有すると観念される場面があるという[169]。

しかし、その場合に準占有の効果を観念しうるとしても、実質的な意味において取消権や解除権それ自体について、準占有の効果たる占有保護請求権を観念しうるのかという観点からの反対有力説がある[170]。

（5）債権

債権については、継続的なものだけではなく、1回限りで消滅するものであっても、ある者にその債権が帰属していると見られる客観的事情が存在すれば、準占有が認められる（債権の準占有者への弁済〔第478条〕）。

（6）非占有担保物権

先取特権や抵当権については、その目的が物の抽象的・客観的な交換価値

---

167) 大判昭和12年11月26日民集16巻1665頁：自己のためにする意思をもって通行地役権の行使をなす場合においては、占有の訴えに関する規定を準用し、その妨害の停止もしくは予防を請求することができる。
168) 川島武宜「判評（大判昭和12年11月26日）」『判例民事法昭和12年度』121事件、舟橋『物権法』333頁、石田穣『物権法』469—470頁。
169) 我妻＝有泉『新訂物権』520頁及び引用文献参照。
170) 舟橋『物権法』334頁。1回の行使で消滅する権利には準占有を観念しないという考え方を推し進め、「債権」にさえ準占有を観念しないという少数有力説もある。鈴木（禄）『講義』110頁、河上『講義』254頁参照。債権の準占有者への弁済（第478条）は、権利外観法理適用の効果であり、物権法の占有の効果ではないので、「準占有」を介して占有規定を準用する余地はないという。

の把握にあり、物の支配関係もこの交換価値支配に尽きる。それゆえ、物の具体的な使用価値には、原則として干渉しない。したがって、先取特権者や抵当権者は物の占有ではなく、権利の準占有を有する。担保目的物に関して、「非占有担保権」と称されるゆえんである。

（7）鉱業権・漁業権

更に、鉱業権、漁業権については、物権に準ずる権利と認められるものの、これらの権利は、鉱区や漁場に対する支配権であり、物に対する支配権ではない。即ち、本来的な占有を観念しえない。したがって、これらの権利の内容に相当する利益に対する事実的支配関係は、準占有である。

（8）知的財産権

最後に、著作権、特許権、商標権などの知的財産権についても、これらの権利の内容に相当する非有体的利益（直接・間接的な利用権）に対する事実的支配が観念されうるので、準占有が認められ、重要な役割を演ずる。

第3項　準占有の効果

1　準占有への準用規定

準占有には占有の規定が準用されるので（第205条）、準占有権が成立し、本権の推定、果実の取得、費用償還請求、占有訴権、などの効果が認められる。しかし、その効果は準用によるものなので、それぞれの制度において、その範囲を画するべきである。

準占有が重要な役割を果たすのは、所有権以外の財産権の取得時効（第163条）、債権の準占有者への弁済に対する公信的効力（第478条）、著作権の準占有、である。特に、著作権の準占有者は、著作権者が生前、出版社等に著作権を譲渡し（著作権第61条）、登録を済ませたが（同法第77条1号）、譲渡及び登録の事実を知らない相続人である準占有者が他の出版社と出版契約をして出版し、印税を受領した場合などにおいて現れる。この場合には、善意占有者の果実収取権の規定（第189条）、費用償還請求権に関する規定（第196条）が準用され、その他、著作権の準占有に対する侵害を排除するために、占有訴権の規定も準用される[171]。

❷ 公信原則の準用制限

しかし、即時取得の規定（第192条以下）は、動産取引の頻繁性を顧慮し、また、占有以外に公示方法のない動産について、その取引の安全のために占有に公信力を付与するという制度であるから、準占有しか成立しない「証券に化現されない一般の債権」には準用されない。債権証書が存在する場合には、「占有」が成立するので、公信の原則が適用されるが、証書等によって表象されない権利については、動産取引の安全を具体化した公信の原則の枠外にある[172]。

また、知的財産権については、登録制度が完備されているので、公信の原則は適用されない。

---

171) 舟橋『物権法』335頁。
172) 我妻＝有泉『新訂物権』240頁、522頁。

第4章　所有権

第1節　所有権総説

第1項　所有権の社会的意義

　所有権は、物権の代表格として社会に存在する。所有権は、人に属し、人が物を排他的に支配する際の権利（排他的支配権）である。人は個人として生きる一方で、他方、社会の一員としても生きている。個人の所有する土地は、確かに、当該個人の排他的支配の中に現実に存在する。しかし、土地は境界を接して存在し、その先には他人が私的所有権を有する土地が連続して存在する。それゆえ、私的所有権は、近隣者との間において、自ずと相互に社会的実在として尊重し合わなければならない。そこで、所有権相互の関係は、社会における個人と個人との関係に等しくなる（相隣関係）。ここに私的所有権に対する私法的制限が現れる。

　また、土地という自然的所有権の問題から離れて考えても、所有権の人的関係が問題となる。資本主義経済社会において、人は資本（金銭所有権）によって生産設備及び労働力を整え、原材料を購入し、これらを用いて物を生産し、生産物ないし製造物を販売して、また資本たる金銭を獲得する。資本家は、この資本の循環過程において利潤を生むように商品の価格を決定するので、この生産活動を通じて資本は増加する。人は、この繰り返し（再生産）によって資本を増強し続け、社会全体として巨大な資本主義経済社会が成立し、発展を続けてきた。この社会における資本の流れは、第一に金銭と生産設備との交換、第二に金銭と労働力との交換、第三に生産設備によって生産した商品と金銭との交換によって成立する。つまり、資本主義経済社会とは、金銭と商品との交換によって成り立つ商品交換経済社会である。この資本の流れからは、他人の所有権との関わり合いが必要となり、その関係は具体的

には契約として現れる。したがって、私的所有権は、単に物との関係に止まらず、すべての場合において人との関係としても現れる。

このようにして、人は、私的所有権を利用し、この利用の一環として、あらゆる資本主義的生産の局面における他人との契約によって商品交換経済社会を作り上げ、これを発展させてきた[1]。したがって、「所有権とは何か」について考える際には、所有権が社会においてどのような形で利用されてきたのかという観点から探究する必要がある。

《ポイント》
　私的所有権は、社会、経済、産業それぞれの構造において、どのように利用されてきたのかという観点から、所有権の本質について理解しよう。

第2項　所有権の社会的作用
① 近代法における所有権概念

近代法ないし現代法においては、ローマ法的思想が多く採用されてきたと言われている。即ち、

（1）近代法においては、封建制を打破し、個人の自由を確立するため、封建的身分支配を物的支配から完全に分離・独立させ、物的支配権からの解放を必要とした（土地解放、農民解放など）。

（2）また、物に対する個人的支配を自由に認め、物資の資本的価値を高めるためには、少なくとも、旧来の公法的な支配から干渉を受けない絶対的所有権という概念を構築し、私的自治社会における私的所有権を中心とした物権を構成する必要があった。

このような経緯から、現代の物権は、所有権を中心として構成されている。

（1）まず、所有権は憲法上保障された財産権の中心であり、公共の利益のために個人の財産権を犠牲にすること（公用徴収）は慎重を要する（世界人権宣言第17条、明治憲法第27条、憲法第29条1項、3項）。

（2）次に、物資は原則として個人の所有であり、これが複数の者により共

1）川島『新版理論』25頁以下は、私的所有権と商品交換経済社会との関係について、その歴史的発展過程を中心に考察し、私的所有権、契約、そして人格を商品交換経済社会の基本的な要素として位置づけている。

同で利用される関係は、個々人間の別個の法律関係によって成立する。例えば、家族における共同利用関係は親族関係、地域の共同団体における共同利用関係は法人または共有関係、工場その他の生産設備における共同利用関係は雇用関係によって成立する。

（3）次に、法律上、所有権と制限物権とは本質的に対立関係に立つ。制限物権の設定は所有権の存在に依拠し、制限物権による物の利用は恒久的なものもあるが、いずれは所有権が絶対的な全面的支配に復帰する。

（4）更に、物権は純粋に物支配として、他の法律関係とは峻別される。物権の行使にあたっては、これに伴う他の法律関係または事実関係は、当事者に別段の意思がなければ、物権関係とはその運命を共にしない。例えば、土地賃借権の存在する不動産（土地）の売却による所有権移転は、原則として、賃借権の負担を伴わない（売買は賃貸借を破る）。賃借人が賃借権の対抗要件を具備して（第605条、借地借家第10条など）、初めて、土地の新所有者は土地賃借権という物的負担を引き受けるに過ぎない[2]。

❷ 所有権の社会的作用

近代的所有権概念の成立に伴い、社会の経済組織は所有権とこれを利用するための契約関係との結びつきによって成立し維持されることとなった。それでも、当初はなお、「契約の自由」によって、地主が農民を土地に縛り付け（地主との小作・農地賃貸借）、資本家が労働者を生産設備たる工場に縛り付ける（資本家との雇用契約）など、所有権は猛威を振るった。

しかし、「自由な所有権」は、次第に、封建的所有権と結合する農地の領有と、身分的に農地に拘束された農奴のような身分関係を排斥し、所有権の純粋的物支配を実現することにより、土地の所有関係から身分関係を排除した契約関係を中心とする社会を構築するに至った。ここにおいて、純粋に、貨幣を媒介とする商品交換社会、即ち、資本主義経済社会が実現した。生産手

---

[2] 以上の内容は、我妻＝有泉『新訂物権』3—5頁、254—257頁を参照。なお、近・現代的な商品交換経済社会に関する法的関係とローマ法との関係、また、ゲルマン法における物権の特色などに関しては、平野義太郎『民法に於けるローマ思想とゲルマン思想』90頁以下、399頁以下も参照。

段ないし設備の所有権は、原材料を購入し、労働者を雇用するなどの契約関係、また、その生産物ないし製品を売却するための契約関係と結びつき、更に、金銭所有権は金銭を貸与して利息を徴収する契約関係と結びつくことによって、それぞれの所有権の特質に応じた機能を発揮するに至った。その反面、現代においては、所有権にその限界を画し、賃貸借や雇用という局面における各種の規制につながっている。

　更に、資本主義経済組織の発達に伴い、社会の経済組織は企業組織を中心とし、所有権は、この企業組織を構成する一分子に過ぎないという状況となった。それゆえ、所有権は、企業組織を運営するために拘束を受けることになる。とりわけ、これを決定づけたのは、株式会社、証券取引所、銀行を中心とする金融資本である。これら金融資本の台頭により、所有権に対する金銭債権の優位性が現れ、資本主義経済社会において、この社会の経済組織を維持していくためには、必然的に金銭債権を必要とすることとなり、ここに至って、所有権はその主役の座を金銭債権に譲ることとなった[3]。つまり、所有権は、所有者自身による原始的利用形態（原始的利用）から、他人による利用形態（商業的利用）へと転じ、これによって、所有者は所有権を背景とする金銭債権を保有するに至る。この状況は、所有権を媒介とする契約関係の成立により、一見すると、契約関係という対等な関係に立つかのようである。しかし、所有権を背景とする債権者は、所有権を持たない債権者に対して優位性を保つこととなった。土地所有者は土地賃貸人となり、金銭所有者は貸金債権者となるのであり、その相手方は、それぞれ土地賃借人（借地人）、金銭債務者となるのであって、所有権者が賃借人や債務者に対して優位に立つことは明らかである[4]。

　この所有権を中心とする静的社会から、金銭債権を中心とする動的社会への推移は、資本主義経済社会においては必然的な出来事である。これを証明するには、まず資本の法律的構造を解明するとともに、次いで企業の法律的

---

[3] 我妻榮『近代法に於ける債権の優越的地位』253頁、同『物權法』162—163頁。これに対して、舟橋『物権法』338頁は、金銭所有権のほうが金銭債権よりも優越的地位にあるのではないかという疑問を呈する。

[4] 我妻榮『新訂債權總論』2—3頁。

構成を解明しなければならない。株式会社制度における所有（株主）と経営（企業組織）との分離はその端緒であると言われる。企業の所有は、株式という一種の債権的関係に化体して証券市場において公開されている。企業の経営は、株式と密接に関係しつつ、取締役会、社外取締役など、企業内外の組織に委ねられている。

また、財物を担保として提供し、融資を受ける場合には、所有権の作用は担保物権によって制限を受け、あるいは、担保物権の実行によって所有権を失う。これも所有権が金銭債権によって覆滅される1つのケースである。

このように、所有権の社会的作用の変遷により、所有権は、その本質である物の利用機能を制限され、また、社会的にも制限を受けることとなる。

《ポイント》
　所有権の社会的作用、特に、所有権の権利内容の意味、制限物権との関係を意識的に捉えて理解しよう。

第3項　所有権の性質
❶　全面的支配性――所有権は分割されない

そこで、現代における所有権の性質一般について説明し、考察する。現代法における所有権は、所有者が自由に物を使用し、物から収益を獲得し、そして物を処分しうるという意味において、物の使用価値と交換価値を全面的に支配する物権である（第206条参照）。この意味において、所有権は完全権と言える。他方、制限物権は所有権とは異なり、各々の物権の性質に従い、当該物権の客体たる物をその物権において認められた一定の範囲内で一面的に支配する権利であるに過ぎない。

ドイツ中世の封建的所有権に現れたように、同一の土地の上に所有者の貢納徴収権（上級所有権）と利用者の耕作権（下級所有権）という支配権が分割して存在するような制度（所謂「分割所有権」）は、ローマ法以来の単一的所有権概念とは相容れない。わが国でも、民法典施行の前（江戸徳川時代）から、地域により、耕作者（上土持ち）の権利を「上土権」と称し、地主（底土持ち）の権利を「底土権」と称して、前者を後者に対する関係において独立した所有権とみなしていたという慣行があった。しかし、このような同一所有権の

二重構造的な把握は現代法では認められない[5]。上土権が耕作権であるならば、この権利は、所有権を基礎とする制限物権（永小作権）もしくは債権的利用権（農地賃借権など）であるに過ぎない。この意味において、譲渡担保権（所有権留保も同じ）の設定にあたり、担保権者に担保部分の所有権（停止条件付処分権）が、設定者に担保部分を除いた所有権（使用権・収益権）が、それぞれ帰属するという設定者留保権説などの「所有権分属構成説」が半ば公認され、通説化しているという点には疑問を覚える[6]。

❷ 内容の一体性

所有権は、法令上の制限の範囲内において、自己の所有物を自由に使用し、収益し、処分しうるという権利である（第206条）。この所有権に内在する権利は、その客体に対する種々の権能の束ないし総合ではなく、一体化した権

---

5) 大判大正6年2月10日民録23輯138頁：民法施行前に発生した物権又は慣習上物権と認めた権利は、その施行後は法律に定めるもの以外はこれを創設し又は物権たる効力を有し得ない（第175条、民施行第35条）。民法は、1個の土地につきその所有権以外に上土権なる地表のみの所有権を認めない。他人の土地の上に建物を所有するため、その土地を使用する権利は地上権である。本件土地使用契約では地上建物の朽廃に至るまでを存続期間と定め、当事者がこれを地上権として設定登記をした以上、その土地使用関係は地上権であるから、上土権と称する地表の所有権と認めないことが適切である。

6) 所有権が担保権者と設定者に分属するという構成は、譲渡担保権が交換価値を把握する価値権という性質を見過ごしているかのようである。例えば、Aの500万円の債権を担保するためにB所有の1000万円の機械が譲渡担保に供されたとする。この場合には、「譲渡（所有権の移転）」という点だけを見れば、Aが所有者であり、Bは非所有者である。しかし、価値権という性質からは、Aは機械の1000万円という価値から500万円分の価値を把握し、Bも500万円分の残存価値を把握している。それゆえ、この場合には、Bには更なるファイナンスの途が残されている。

このように、譲渡担保権者の把握する担保所有権は、実は被担保債権までの価値しか有しない（我妻『新訂擔保』599—600頁）。私見は、譲渡担保権の設定により、Aに担保目的で所有権が移転し（「担保所有権」として移転）、Bは形式的には非所有であるが、Bには債務の弁済により完全所有権が復帰するという物権的期待があり、この期待を物権的効力ある権利（期待権）と構成する（石口『要論Ⅲ』246—247頁）。前例では、Bは譲渡担保権の設定後も500万円という価値の期待権を有している。設定者留保権説など、所有権分属構成説は、「所有権移転」に拘泥した結果、譲渡担保権の価値権的性質を見過ごしているように思われる。

能である（「渾一性」を有するという）。

　所有権に基づいて地上権や抵当権という制限物権を設定する行為は、所有権の内容を構成する一権能を分離して与えるのではなく、全体として一体である使用・収益・処分という所有権の機能ないし作用（これを「権能」という。）について、これら一部の権能を具体化して委譲するに過ぎない[7]。所有権と他の物権とが同一人に帰属した場合に、原則として制限物権が混同によって消滅するのは（第179条参照）、まさに、この作用からである。

❸　所有権の弾力性

　所有権が制限物権の設定によって制限を受けている場合には、所有者にとっては何ら利用権能もなく、せいぜい、地代・家賃の徴収権しか有しない空虚な所有権（虚有権）であるかのようである。だがこの場合でも、制限物権は、制度上は有限であり、一定の時期に必ず自由な所有権としての円満な状態に復帰する（所有権の弾力性）。

❹　所有権の恒久性

　所有権は恒久性を有しており、存続期間という観念はない。また、時効による消滅もない（第167条2項）。

❺　所有権の客体

　所有権の客体は「物」である（第85条、第206条）。それゆえ、制度上は債権その他の権利の上に所有権は成立しない。しかし、経済学的にみれば、債権その他のすべての権利の上に所有権を観念しうる。債務者の給付が財貨である以上、財貨が所有権の目的となるのであれば、債権の上にも所有権が認められるという解釈である[8]。しかし、物体のみならず、すべての権利の上

---

7 ）我妻＝有泉『新訂物権』258頁。
8 ）この点は、プロイセン民法（1794年のALR Ⅰ.Teil, 2.Titel, §1-2は人の行為及び権利を広義の物に含む。）、オーストリア民法（1811年のABGB第285条、第292条は権利を無体物とする。）、旧民法（財産編第6条は人権〔債権〕を無体物に入れる。）など立法例にも権利を物と見る思想がある。我妻榮「権利の上の所有権という観念につい

に所有権という概念を認めることは、その必要性に乏しい。その各々の権利として観念し、保存ないし保全方法、対抗要件などを備えれば足りるからである。したがって、権利関係をすべて物権化する必要はなく、またそのような取扱いは適切でもない。

6 制限付き絶対性

所有権は、物権一般の原則に従い、排他性を有する。しかし、排他性を維持するため、不動産所有権には登記を要求する。登記を得なければ、不動産所有権の排他性を得られず、対抗力も与えられない（第177条）。このような意味において、所有権は絶対的な権利ではない。また、現代法では、所有権は一定の要件の下で公共の用に供することが予定されている（第1条1項）。この意味においても、所有権は絶対的な権利ではない。

《ポイント》
　所有権の意義、特に、所有権に内在する使用権、収益権、処分権、という3つの権能の意義、性質を正確に理解しよう。

第2節　所有権の内容

第1項　序　説
1 所有権の内容概観

所有権の内容は、法令上の制限内において、自由にその所有物の使用、収益、処分をする権利を有することである（第206条）。法令上の制限とは、私法上、憲法上、その他公法上の制限のことである。使用・収益権と処分権を有するとは、所有権の完全権たる性質及び内容を指しており、物の使用価値と交換価値の全体的価値を把握するということである。具体的には、使用・収益とは、自ら所有物を使用し、天然果実（農作物、鉱産物など）を収取すること、あるいは、その所有物を他人に賃貸して使用させ、その対価（地代、家賃、利息などの法定果実）を収受することである。また、処分とは、典型的に

　て」『民法研究Ⅲ』163頁（167頁）を参照。

は文字通りの物の売却処分や物的担保権の設定による交換価値の実現のほか、広く所有物の消費、廃棄、変形、改造、破壊、などの行為を含む。

❷ 所有権の制限

「自由な所有権」という考え方は、現代の法制度の下では画餅に等しく、所有権は、社会公共の福祉ないし利益という名の下に一定の制限を受ける（第1条1項）。これは、一方では、所有権者の意のままに立ち居振る舞いをすることが社会公共の利益と衝突する範囲内では許されないことを意味する。しかし他方、いくら公共の利益との関係とはいえ、私的所有権に対して国家・公共団体が制限を加える以上、権力行使者において正当な補償を用意すべきこともまた論理必然的である。

憲法は、私有財産権を認める一方で、他方、その内容は公共の福祉に適合するように定めることとし、私有財産は正当な補償の下に公共のために用いうると規定する（憲法第29条）。この規定は、一見して、私有財産権に対する公共の福祉からの制限（社会公共の利益の優先）と、公共の利益のために私有財産権を剥奪することの可能性、そして、その場合における正当な補償の供与に関する規定である。特に、最後の点は、土地収用法を始めとする各種の法律（自然公園法、文化財保護法、森林法、鉱業法、航空法など）と関連する。そして、「正当な補償」は憲法上の要請であることから、法律は、きわめて慎重に補償額に関する諸規定を置く（例えば土地収用法「第6章損失の補償」を参照）。

第2項　土地所有権の範囲

土地の所有権は、法令の制限内において、その土地の上下に及ぶ（第207条）。ここでもまた法令上の制限がある。例えば、特別の鉱物として法定された鉱物が存在する土地については、その鉱物を土地所有権から切り離して、鉱業権の目的となしうる。この場合には、土地収用法が適用され、土地所有者には相応の補償が与えられる（鉱業第25条、第104条、第107条）。

主要な制限として、境界線付近の掘削に関する民法第237条、第238条、鉱業法、狩猟法、航空法、建築基準法などがある。また、2000（平成12）年には、地下の利用に関する「大深度地下の公共的使用に関する特別措置法」が

制定された。簡単に内容を掲げる。

《参考：大深度地下利用法》
　大深度地下、即ち、地下40メートル以深、基礎杭の支持地盤上面から10メートル以深において、土地を公共のために使用する場合には補償を不要とするという法律である。
　現在、大深度地下利用法を適用する事業として、東京外郭環状自動車道延伸線（平成19年1月－2月事業間調整実施。各事業認可、工事中）、神戸市大容量送水管整備事業（平成19年6月認可、同28年3月完成）、東京外郭環状道路（関越道～東名高速）（平成26年3月認可）、リニア中央新幹線（平成26年3月から事業間調整実施）などがある。また、大深度地下使用の想定事業計画として、京葉線延伸線（東京駅～三鷹駅）、首都圏新都市鉄道つくばエクスプレス線延伸線（秋葉原駅～東京駅）、などがある。

　採石法は、鉱業法とは異なり、地中の岩石は土地所有権を構成するものとされている。したがって、採石業者は、土地所有者に対して、地代のほか、岩石料を支払わなければならない（採石第19条1項4号、23条1号）。
　次に、地下水に関する問題がある。地下水には既に地表に湧出しているものと、掘削して湧出するものとがある。地表湧出地下水は、その湧出地の所有者に帰属するが[9]、継続して他人の土地や公有地に流出しているときには、流水という扱いとなり、湧出地の所有権の内容から離脱する。それゆえ、湧出地の所有者は、その利用を妨げてはならない[10]。掘削地下水は、土地所有者の専権に属するが、隣接地所有者の利益を考慮すべきものとなる。源泉脈は隣接地とつながっている場合が多いからである。この点は、温泉のような商業的に利用される地下水の場合に特に問題となる。
　判例は、当初は土地所有者の専権に属し、制限を設けないとした[11]。しか

9）大判大正4年6月3日民録21輯886頁。
10）大判大正6年2月6日民録23輯202頁：他人の所有地より湧出する流水を永年自己の田地に灌漑するという慣行があるときは、これによってその田地所有者に流水使用権を生じ、水源地の所有者でもこれを侵害しえない。古来本邦の一般に認められた慣習法である。

し、その後、掘削を禁止し、もしくは制限する特別の慣習が存在しない限り、その土地所有者の自由であるとした[12]。更に、その利用は他人の有する利用権を侵害しない程度に限られるべきであるとして、故意または過失により他人の利用権を侵害したときには不法行為責任を免れないとした[13]。

なお、温泉を湧出させる目的で土地を掘削する者に関する許可規制等に関しては、温泉法を参照されたい（温泉第3条、第4条、第12条）。

《ポイント》
地下の利用制限に関する法律関係について、その意義を理解しよう。

第3項　相隣関係

 総　説

〔設例4－2－1〕
Aが自己の所有地に建物を建築した。しかし、その建物の屋根が、雨水をBの所有地に、もろに注ぐ形になっていた。雨が降ると、いつもBの土地は水浸しになる。Bは、何とかならないものだろうかと頭を悩ませている。どうしたらよいのだろうか。

《土地所有権行使の制限》

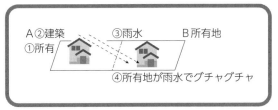

「相隣関係」とは、隣近所での土地所有権者相互間の「もめ事」である。民

---

11) 大判明治29年3月27日民録2輯3巻111頁：地下に浸潤する水の使用権はその土地所有権に附従して存在するものであるから、土地所有者がその所有権の行使上自由にその水を使用しうることは当然の条理である。
12) 大判明治38年12月20日民録11輯1702頁。
13) 大判昭和7年8月10日新聞3453号15頁。

法は、隣り合う所有権にはぶつかり合いがあることを想定して、その次善の策を講じている。〔設例〕のような「もめ事」も現実にありがちな問題である。民法は、「相隣関係」の規定箇所において、このような屋根構造の建物の建築を禁止している（第218条）。この点は、民法自身が所有権の行使を制限する作用を営んでおり、「強行規定」として位置づけられる。そこで、相隣関係は誰しもが守らなければいけない道義的な規定でもある。また、民法の基本原則（私権の社会性、信義則、権利濫用の禁止〔第1条〕）からの帰結とも言いうる。隣接する各々の不動産がその機能を発揮するには、所有権の内容を一定の範囲に制限するとともに、所有者相互間に「相隣権」という名の協力関係を築く必要がある。所有権の内容は相隣権によって制限され、相隣権は所有者に対して積極・消極の協力義務を負わせている。

　相隣関係の内容は、①隣地立入権、②袋地所有者の囲繞地通行権、③水の関係、④境界の関係、⑤竹木切除の関係、⑥境界線付近の工作物建造関係、であり、隣接する所有権相互の共存を目的として、典型的なケースを列挙したものである。

　相隣関係は、所有権相互間における機能の拡張・制限であるが、地上権にも準用されている（第267条）。相隣関係を鳥瞰すると、不動産所有権の利用を拡張し制限するという機能を営む。この意味において、地上権者相互間、ならびに地上権者・所有者間での準用となる（第267条）。永小作権や賃借権には相隣関係の準用規定がないが、同様の意味で準用すべきである[14]。

《ポイント》
　相隣関係制度の意義、目的について、理解しよう。

❷ 隣地使用権

　土地の所有者は、境界又はその付近において障壁又は建物を築造し又は修繕するため必要な範囲内で、隣地の使用を請求しうる（第209条1項本文）。

---

14) 最判昭和36年3月24日民集15巻3号542頁：Xの賃借地は先代から承継した農地であるが、その所有者Aの分筆により袋地となった場合には、Xは第213条の囲繞地通行権を有し、その囲繞地を取得したYに対し、通行権を主張し、通行を妨害する板垣の撤去を求める権利を有する。

隣人が拒絶した場合において、隣地使用の必要があるときには、裁判で意思表示に代えうる(第414条2項ただし書類推)。しかし、隣人の承諾がなければ、その住家に立ち入ることはできない（同項ただし書）。住居内部に立ち入るという必然性はないので、この場合には、拒絶は絶対的である。

なお、これらの使用によって隣人が損害を受けたときには、隣人は、その償金を請求しうる（第209条2項）。この償金請求権は、損失の公平な分担という考え方の帰結である。

❸ 袋地所有者の囲繞地通行権
（1）囲繞地通行権の原則的規定

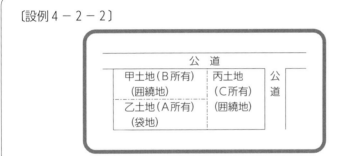

〔設例4－2－2〕

Aの所有する乙土地は、全く公道に通じていない。これでは、土地として使えない。建物の建築ができないばかりか、そもそも、どうやって出入りをするのか困ってしまう。何か良い方法があるのだろうか。

他の土地に囲まれて公道に通じていない土地（袋地）の所有者は、公道に至るため、その土地を囲んでいる他の土地（囲繞地）を通行しうる（第210条1項）。これを袋地所有者の囲繞地通行権という。〔設例〕では、乙土地の所有者Aは、甲土地または丙土地を通行して、公道に出られる。しかし、囲繞地通行権には制限がある。まず、通行の場所及び方法は、通行権者のために必要であり、かつ、他の土地のために損害が最も少ないものを選ばなければならない（第211条1項）。また、通行する土地に損害が発生した場合には、償金を支払わなければならない（第212条本文）。

〔設例〕では、甲土地にも丙土地にもまだ土地に余裕があるように見えるが、建物があったり、庭として使っていたりなどして、通行に適さない場合もある。したがって、通行に支障のあるときには、いずれか余裕のある方を選択することになる。

近時、第211条の「通行権者のために必要かつ土地への損害が最も少ないもの」という要件について、日常生活において必要と思しき自動車による通行の可否が問題となった。この問題について、判例は、「自動車による通行を認める必要性、周辺の土地の状況、自動車による通行を前提とする第210条通行権が認められることにより他の土地の所有者が被る不利益等の諸事情を総合考慮して判断すべき」ものとして（利益衡量的判断）、肯定的な判断を示した[15]。道路通行権と土地所有権との争いについては、土地所有者に回復しがたい不利益が生じない限り、通行者には人格権的利益としての通行権があるものと解される[16]。平成18年最判は、このような通行利益を囲繞地通行権者にも認め、更に、自動車による通行権にまで高めたものである。

なお、通行権を認めた場合における償金の支払方法は、通路を設けた場合には一時払いであるが、その他の場合には1年ごとに支払えばよい（第212条）。

《ポイント》
　袋地所有者の囲繞地通行権という状況及び意味について理解しよう。

（2）囲繞地通行権と建築基準法の接道要件

建築基準法によると、建築可能な敷地は「道路」に2メートル以上接していなければならず（建基第43条1項本文）、また、「道路」とは、原則として幅員が4メートル以上のものをいう（同法第42条1項）。それゆえ、幅員4メー

---

[15] 最判平成18年3月16日民集60巻3号735頁：差戻控訴審（東京高判平成19年9月13日判タ1258号228頁）は、諸事情を総合考慮した結果、自動車による通行の必要性を認め、反対に、これを認めることによる土地所有者の不利益の程度はさほどのものではないとして、自動車による通行を前提とする第210条通行権を認めた。

[16] 最判平成9年12月18日民集51巻10号4241頁：敷地所有者が通行を受忍することによって通行者の通行利益を上回る著しい損害を被るなど、特段の事情のない限り、敷地所有者に対して右妨害行為の排除及び将来の妨害行為の禁止を求める権利（人格権的権利）を有する。

トル以上の道路に2メートル以上接していることが建物建築の最低条件となる（接道要件）。土地が道路への接道要件を満たさないと、宅地でも原則として建物の建築はできないので、当該土地は利用価値のないものとなる。

この土地所有権に決定的な制限を与える建築基準法の規定について、民法第210条は、これを緩和するために機能するかという問題がある。

この問題について、判例は消極的な態度に終始してきた。まず、接道要件を満たす幅員部分に関する囲繞地通行権の確認請求（事実上の通路拡張請求）について、判例は、囲繞地通行権は当該袋地の利用に関して、往来通行に必要であり、欠くことができない範囲にとどまるべきものという理由から、この請求を棄却した[17]。また、公道に1.45メートル接する土地の上に建築基準法の施行前から存在した建築物を取り壊し、新築しようとしたという事案においても、囲繞地通行権の主張による通路の拡張請求を認めない[18]。いずれも、囲繞地通行権の目的と建築基準法第43条の目的との違いをその理由としている。

建築基準法第43条の接道要件は、主として災害時における避難または通行の安全を確保するための規定である。この重要性は言うまでもない。しかし、この要件によって建築不能の宅地を作っており、事実上、土地所有権に対する過重な制限となっている。宅地の有効活用のためには、接道要件を充たす程度の拡張請求は認められるべきである。

（3）囲繞地通行権の例外的規定

共有物の分割や土地の一部譲渡など、土地の分割によって公道に通じない土地が生じたときには、その土地の所有者は、公道に至るため、他の分割者の所有地（残余地）のみを無償で通行しうる（第213条1項）。この規定は、土地所有者が土地の一部を譲渡した場合に準用される（同条2項）。

---

[17] 最判昭和37年3月15日民集16巻3号556頁：「Xは民法210条の囲繞地通行権を主張するが、その通行権があるというのは、土地利用についての往来通行に必要、欠くことができないからというのではなくて、その主張の増築をするについて、建築安全条例上、その主張の如き通路を必要とするというに過ぎない。いわば通行権そのものの問題ではない」ので、本件通行権の確認請求は、主張自体が失当であり、認められない。

[18] 最判平成11年7月13日判時1687号75頁。

この無償通行権が認められるのは、土地の分割を原因として袋地が発生したのだから、当然の配慮である[19]。

〔設例4－2－3〕

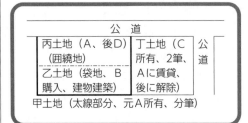

Aは、自己所有の甲土地を分筆し、乙土地と丙土地にして、登記を経由した後に乙土地をBに売買し、登記を移転した。Aは、隣接の丁土地（休耕農地）をCから賃借し、通路を設けて通行しており、これをBに賃貸した。しかし、隣地所有者Cから無断転貸を理由に賃貸借を解除されたので、乙土地は袋地になった。その後、Aは丙土地をDに売却し、登記を移転した。乙土地にはBの建物が、丙土地にはDの建物が建築されている。Bはどのようにして公道に出ればよいのだろうか。

〔設例〕では、袋地所有者Bが公道に出る方法として、元々通行していたC所有の丁土地か、分筆されたD所有の丙土地（残余地）のいずれかを通行するしか方法はない。制度上は、Dの丙土地を通行することになる（第213条1項）。しかし、そこにはDの建物が建っており、果たして通行できるか微妙な状況である。そうすると、従前通行しており、現在では何ら使用していない丁土地を通行するのが合理的である。

判例は、元々、Bには丙土地にのみ通行権があり（第213条1項）、丙土地の売買によってAからDへの特定承継が行われても、残余地たる丙土地に対する通行権は消滅しないとして、丁土地に対する通行権はないとした[20]。

その理由は、残余地に存在する通行権は「物的負担」であるところ、これが残余地丙の売買等により、その丙土地に対する囲繞地通行権が消滅するの

---

19) 内田『民法Ⅰ』358頁。
20) 最判平成2年11月20日民集44巻8号1037頁。

では、袋地所有者Bが自己の関知しない偶然の事情によってその法的保護を奪われるという不合理な結果をもたらし、他方、残余地以外の囲繞地を通行しうると解するのは、丁土地の所有者Cに不測の不利益が及ぶことになって、妥当ではないからであるという。

　第213条の制度趣旨は、元々は一筆の土地であったが、これを所有者が過失によって分筆した結果、買主が袋地を購入する羽目に陥った場合には、当該契約当事者間で処理すべきであり、近所の人に迷惑をかけてはいけないので、残余の土地のみを通行させればよいという趣旨である[21]。これはある意味、売主が囲繞地所有権を留保することを前提として、売主が買主に対して担保責任を負うのと同様、自己に留保した囲繞地に通行権の負担を受けるということに等しい。この意味において、第213条の袋地所有者は、「無償で」通行権を行使しうるのである。この制度趣旨から考えると、売主の所有する囲繞地それ自体の負担たる「袋地所有者の通行権」は、留保された囲繞地の所有者が誰に変わっても存続すべきものとなる。平成2年最判の法廷意見は、この制度趣旨に忠実な判断である（「第213条適用説」：判例・裁判例の基本的な解釈[22]）。また、平成2年最判後の判例も、この解釈を踏襲している[23]。

　学説にも、平成2年最判について、囲繞地通行権を端的に物的負担と解し、この通行権が残余地の特定承継によって消滅するのでは、袋地所有者の関知しない偶然の事情によって袋地所有者が法的保護を奪われてしまうとして、判例に好意的なものがある[24]。

---

21) 『法典調査会民法議事速記録一』827頁。起草者である梅謙次郎博士によると、当事者がこのような分け方をしたからといって、土地に罪はないのであるから、そのような土地でも使えるようにしなければならないということで、袋地所有者の残余地通行権にしたということである。我妻『物権法』188頁は、たとえそうすることが不便でも、他人の土地を通行する権利はないとし、その理由は、このような事情は分割または譲渡の際に当然予期すべきことだからであるという。

22) 最判昭和37年10月30日民集16巻10号2182頁：「民法213条2項は、土地の所有者がその土地の一部を譲渡し残存部分を保留する場合に生ずる袋地についてのみ適用ありと解すべきではなく、土地の所有者が一筆の土地を分筆のうえ、そのそれぞれを全部同時に数人に譲渡し、よって袋地を生じた場合においても、同条項の趣旨に徴し、袋地の取得者は、分筆前一筆であった残余の土地についてのみ囲繞地通行権を有する（。）」

23) 最判平成5年12月17日判時1480号69頁。

しかし他方、平成2年最判の「園部意見」は、法廷意見や多数説とは正反対に、残余地の特定承継によって残余地に関する特則としての囲繞地通行権は消滅し、原則としての第210条1項の囲繞地通行権に戻るべきものと主張した（「第213条不適用説」ないし「折衷説（何らかの条件をつける場合）」といわれる）。この見解は、戦前から下級審の裁判例で採用されてきた考え方であり、現在では支持者も少なからず存在する[25]。

〔設例〕の場合には、残余地通行権は消滅し、原則（第210条）に復帰するという解釈が妥当である（判例の考え方では残余地取得者に無理を強いる結果となる）。囲繞地通行権は通行権者のために必要であり、かつ、通行権者は他の土地のために損害が最も少ないものを選び（第211条1項）、通行する土地に損害が発生した場合には、償金を支払う（第212条本文）とするのが正当な解釈である[26]。

《ポイント》
残余地通行権の意義と目的を理解するとともに、残余地が売却された場合における通行権の帰趨について、検討してみよう。

❹ 水に関する相隣関係

（1）自然排水

水が自然に隣地から流れ出てくる場合には、土地（承水地）の所有者はこれを妨げてはならない（第214条）。これを承水義務という。「自然に」という意味が問題となるが、隣地が改良された結果、流れ出てくるようになったという場合には、自然排水ではないので、承水義務はない[27]。反対に、この場合には、排水した隣地所有者に対して妨害排除・予防請求をなしうる。なお、

---

24) 近江『講義Ⅱ』225頁。
25) 判例・学説の変遷については、沢井裕「判解（最判平成2年11月20日）」平成2年重判「民法2事件」65頁以下、岡本詔治「判解（最判平成2年11月20日）」リマークス1992年（上）15頁以下を参照。近時は、無償通行権の承継の不合理さという観点からの問題が中心となっている。
26) 本件最判平成2年11月20日における園部逸夫判事の反対意見がこの解釈を展開している。なお、詳細は、石口『物権法』497―501頁を参照。
27) 大判大正10年1月24日民録27輯221頁。

「流れ出てくる」とは、地表のみならず、地下を流れる場合を含む[28]。

　水流が天災その他避けられない事変により低地（承水地）において閉塞したときには、高地の所有者は、自己の費用で水流の障害を除去するため必要な工事をなしうる（第215条）。この除去工事の費用負担について、別段の慣習があるときには、その慣習に従う（第217条）。この工事をするに際し、低地に立ち入る必要があれば、第209条を類推し、高地所有者は立入権を有するものと解すべきである。

（2）人工排水

　第214条は、自然排水に関する規定であり、人工的に排水された流水については、隣地を使用する権限を有しない。そこで、人工的排水に関する相隣関係規定がある。まず、土地の所有者は、直接に雨水を隣地に注ぐ構造の屋根その他の工作物を設けてはならない（第218条）。屋根が建物なら、境界線から50センチメートル以上の距離を空ける必要があるが（第234条1項）、この距離を保ったとしても、雨水を隣地に注水してはならない。次に、他の土地に貯水、排水または引水のために設けられた工作物の破壊または閉塞により、自己の土地に損害が及び、または及ぶおそれがある場合には、その土地の所有者は、当該他の土地の所有者に対し、工作物の修繕もしくは障害の除去をさせ、または必要があるときには、予防工事をさせうる（第216条）。例えば、人工的な排水路を廃止したため、自己の土地が水浸しになるような場合の話である。なお、工事に関する費用について、別段の慣習があるときには、その慣習に従う（第217条）。

　次に、高地の所有者は、その高地が浸水した場合にこれを乾かすため、または自家用もしくは農工業用の余水を排出するため、公の水流または下水道に至るまで、低地に水を通過させうる（第220条本文）。ただし、この場合には、低地のために損害が最も少ない場所及び方法を選ばなければならない（同条後段）。人工排水でも、例外的に他人の土地を通過させることを許した規定である。また、土地の所有者は、その所有地の水を通過させるため、高地または低地の所有者が設けた工作物を使用しうる（第221条1項）。この場合に

28）我妻＝有泉『新訂物権』288頁。

は、他人の工作物を使用する者は、その利益を受ける割合に応じて、工作物の設置及び保存の費用を分担しなければならない（同条2項）。高地所有者が低地所有者の設けた排水路を使わせてもらうという想定で、高地所有者にも排水路等の設置・保存費用を分担させるというのである。これらの規定を類推適用する形で、他人の設置した給排水設備の利用を認めた判例がある[29]。

（3）流水の利用
（ア）意　義
　流水の利用は、農耕地への引水や散水、工業用水の利用が考えられる。流水の多くは河川であるが、流水相隣関係の適用範囲は私的水流地である。

（イ）水流変更権
　水流地（溝、堀、その他）の所有者は、対岸の土地が他人の所有に属するときには、その水路または幅員を変更してはならない（第219条1項）。対岸所有者の水流利用権を侵害するおそれがあり、また、対岸の土地にも影響を及ぼす可能性があるからである。しかし、対岸の土地も水流地の所有者に属するときには、その所有者は、水路及び幅員を変更しうる（同条2項）。ただし、水流が隣地と交わる地点において、自然の水路に戻さなければならない（同条同項ただし書）。下流の水流利用権と下流沿岸の所有権に対する影響を顧慮したものである。なお、これらの規定と異なる慣習があるときには、その慣習に従う（同条3項）。

（ウ）堰の設置及び利用
　水流地の所有者において、堰を設ける必要がある場合には、対岸の土地が他人の所有に属するときでも、その堰を対岸に付着させて設置しうる（第222条1項）。堰を設けるということは、水流地のほか、手前の沿岸地をも所有しているという状況である。この状況では、場合によっては、対岸所有者の沿岸所有権に影響を及ぼすことが予想される。そこで、堰の設置によって対岸の所有者に損害が発生したときには、水流地の所有者は償金を支払わなけれ

---

[29] 最判平成14年10月15日民集56巻8号1791頁：宅地の所有者は、他人の設置した給排水設備を自己の給排水に使用することが他の方法に比べて合理的であるときは、その使用により当該給排水設備の予定する効用を著しく害するなど特段の事情のない限り、第220条、第221条の類推適用により、当該給排水設備を使用することができる。

ばならない（同条同項ただし書）。また、対岸の所有者が水流地の一部を所有するときには、水流地の所有者が設置した堰を使用しうる（同条2項）。この場合には、対岸の所有者は、その利益を受ける割合に応じて、堰の設置及び保存の費用を分担しなければならない（同条3項、第221条2項）。

5 境界に関する相隣関係

（1）界標設置権

土地の所有者は、隣地の所有者と共同の費用で、境界標を設置しうる（第223条：界標設置権）。この権利は既に確定した境界線上に境界標が存在しない場合に認められる。境界に争いのあるときには、筆界の特定を求める手続により（不登第131条以下）、または筆界の確定を求める訴えによって確定させる。

界標設置権は、所有者の権利であるから、隣地所有者には界標設置への協力義務がある。隣地所有者がこれを拒絶した場合には、同人に費用を分担させて第三者に工事をさせる旨の訴えを提起しうる（第414条2項本文）。界標の設置及び保存の費用は、相隣者が等しい割合で負担する。ただし、測量の費用はその土地の広狭の割合に応じて負担する（第224条）。界標の種類については規定がない。相隣者相互間で協議をし、これが調わないときには慣習によることとなろう。

（2）囲障設置権

2棟の建物がその所有者を異にし、かつ、その間に空き地があるときには、各所有者は、他の所有者と共同の費用で、その境界に囲障を設置しうる（第225条1項）。囲障設置権も界標設置権と同様に権利として認められているので、隣家の所有者に協力を求めることになる。

囲障の内容に関しては、協議が予定されており、協議が調わなかったときの対策として、民法は、板塀または竹垣その他これに類する材料のものであって、かつ、高さ2メートルのものでなければならないとした（同条2項）。この場合における囲障の設置及び保存の費用は相隣者が等しい割合で負担する（第226条）。もっとも、一方の相隣者は、民法所定の材料よりも良質の材料を使い、また、高さを超える分の増加費用を負担して、任意の囲障を設置し

うるので（第227条）、相隣者の選択に委ねられると言える。なお、囲障の設置に関して、別段の慣習があるときには、その慣習に従う（第228条）。

(3) 境界線上の工作物の所有関係

境界線上に設けた境界標、囲障、障壁、溝及び堀は、相隣者の共有に属するものと推定する（第229条）。相隣者の共有と推定した理由は、これが普通の事例に適するからだという[30]。民法はこの共有推定に2つの例外規定を設けた。第一に、一棟の建物の一部を構成する境界線上の障壁には、共有規定を適用せず（第230条1項）、当該建物所有者の所有に帰する。第二に、高さの異なる二棟の隣接する建物を隔てる障壁の高さが低い建物の高さを超えるときには、その障壁のうち、低い建物を超える部分についても、共有規定は適用されない（同条2項本文）。これは、高い建物の所有者の所有に属するものとする趣旨である。ただし、防火障壁は共有と推定する（同条同項ただし書）。障壁が防火設備であるときには、その障壁全体に防火という共通目的を達成させる必要があるからである。

境界線上に設けられた工作物が共有であるといっても、共有物分割制度の適用は排除されている（第257条）。したがって、境界を接する所有者は、工作物が存在する限り、共有関係の永続を強制される。分割に適さず、分割の利益もないので、やむを得ない。この場合の共有は「互有」と称される。旧民法の規定に倣う用法である（財産編第249条以下）。

相隣者の一人は、共有に属する障壁の高さを増すことができる（第231条1項本文）。ただし、その障壁がその工事に耐えないときには、自己の費用で、必要な工作を加え、または、その障壁を改築しなければならない（同条1項ただし書）。この工事によって隣人が損害を被ったときには、その償金を請求しうる（第232条）。また、相隣者が障壁の高さを増したときには、その高さを増した部分は、工事をした相隣者の単独所有に属する（第231条2項）。

---

30) 我妻＝有泉『新訂物権』294頁。

❻ 竹木切除の相隣関係
（1）竹木の枝

　隣地の竹木の枝が境界線を越えるときには、その竹木の所有者に、その枝を切除させうる（第233条1項）。所有者に植え替えの機会を与える趣旨である[31]。竹木の所有者が枝の切除に応じないときには、裁判所に対し、所有者の費用で、第三者に切除させることを請求しうる（第414条2項本文）。反対に、竹木の枝が境界線を越えていても、相隣者に何ら損害を与えないときには、切除を請求しえず、場合によっては権利濫用となりうる。相隣者への損害と切除による損害との関係は、双方の比較衡量によって決めるが（ZGB第687条2項）[32]、償金による解決もありうる（第209条類推）。

（2）竹木の根

　隣地の竹木の根が境界線を越えるときには、相隣者自身で根を切り取りうる（第233条2項）。竹木の根は枝ほどの重要性はないと考えられ、また、根の場合には移植の機会を与える必要もないからである。切除した根の処分権はいずれに属するか微妙であるが、切除者本人に属するものと解される[33]。

❼ 境界線付近の工作物建造に関する相隣関係
（1）境界線から一定の距離を保つべき義務
（ア）建物

　建物を築造するには、境界線から50センチメートル以上の距離を保たなければならない（第234条1項）。ただし、この規定と異なる慣習があるときには、その慣習に従う（第236条）。この慣習について、判例は、東京都心の繁華街には認められるが、その周辺部には認められないとしている[34]。

---

31) 我妻－有泉『新訂物権』295頁。
32) スイス民法（ZGB）第687条2項：建築された土地もしくは増築された土地の上に枝が突き出てきたのを土地所有者が忍容するときは、その土地所有者は、成長しつつある果実について権利を有する（Anries〔果実の枝〕）。
33) 我妻＝有泉『新訂物権』295頁は、「突き出てきた枝及び侵入してきた根がその所有権に損害を与え、相当の期間内にその不快が除去されないときは、相隣者は、それらを切り取り、自分のものにすることができる」というZGB第687条1項をその根拠とする。
34) 東京地判大正13年10月14日新聞2329号19頁：旧東京市京橋区においては、第236

建築基準法第65条は、防火地域又は準防火地域内にある建築物で、外壁が耐火構造のものについては、その外壁を隣地境界線に接して設けうるものと規定する。この規定が民法第234条1項の特則か否かについては争いがあったが[35]、判例は、建築基準法第65条が第234条1項の特則たることを認めた[36]。

次に、第234条1項の規定に違反して建築をしようとする者があるときには、隣地の所有者は、その建築を中止させ、または変更させうる（第234条2項本文）。相隣者の権利を無制限に認めては、建築完成後における請求までなされるおそれがあり、建築者のみならず、社会経済上の損失にもつながりうる。そこで民法は、建築着手時から1年を経過し、またはその建物が完成した後は、損害賠償請求だけ可能とした（同条同項ただし書）。

(イ) 建物以外の工作物

井戸、用水だめ、下水だめまたは肥料だめを掘るには、境界線から2メートル以上、池、穴蔵、し尿だめを掘るには、境界線から1メートル以上の距離を保たなければならない（第237条1項）。また、導水管を埋め、または溝もしくは堀を掘るには、境界線から、その深さの2分の1以上の距離を保たなければならない（同条2項）。ただし、1メートルを超える必要はない（同条同項ただし書）。

条の慣習が認められるとした。

　東京地判昭和36年11月30日下裁民集12巻11号2895頁：第236条の慣習は、旧市内の京橋区新富町のような都心的発展を遂げた繁華街を対象としており、この判例から、直ちに旧市内から距たり、その地価も繁華街に比しかなり低い街にあてはめることは早計であるとして、品川区東戸越町4丁目には第236条の慣習は認められないとした。

35) 我妻＝有泉『新訂物権』296頁は、建築基準法第65条は民法第234条1項を修正するものではないが、状況によっては、そのような慣習が成立したものと認められる場合が多いであろうと述べている。

36) 最判平成元年9月19日民集43巻8号955頁：建築基準法65条の適用は、「同条所定の建築物に限り、その建築については民法234条1項の規定の適用が排除される旨を定めたもの」である。なお、伊藤正己判事は、特に民法規定を修正する旨の文言がない以上、民法の特則とはならないと言う。

（2）観望の制限

境界線から1メートル未満の距離において、他人の宅地を見通しうる窓または縁側（ベランダを含む。）を設ける者は、目隠しを付けなければならない（第235条1項）。この距離は、窓または縁側の最も隣地に近い点から垂直線によって境界線に至るまでを測定して算出する（同条2項）。

第3節　所有権の取得

第1項　所有権の取得原因

民法は、第239条から第248条までを「所有権の取得」として、無主物先占、遺失物拾得・埋蔵物発見、添付（付合・混和・加工）、について規定する。これらの制度は、いずれも所有権の原始取得に関するものである。

第2項　無主物、遺失物、埋蔵物の取扱い

❶ 無主物の帰属（無主物先占）

所有者のない動産は、所有の意思をもって占有することによって、その所有権を取得する（第239条1項）。所有者のない動産（無主物）とは、未だかつて所有者が存在したことがない物である。地中から発見された化石類、古代人の骨や遺物など、かなり限定的である。地中から発見されても、現代人の所有物と思しき物は「埋蔵物」であり、無主物ではない。また、未採掘の鉱物は国の所有である（鉱業第2条）。しかし、鉱区外で土地から分離された鉱物（拾った石、川で採った砂金）は無主の動産である（同法第8条2項）。

実際に法律の適用で問題となりうるのは、主として野生動物（鳥、イノシシ、野良犬など）や海洋の魚介類を捕獲した場合などである。判例は、野生の狸を岩穴に追い込んだ場合に無主物先占が成立するとした[37]。また、ゴルフ場の人工池内のロストボールについて、判例は、ゴルフ場の所有物であり、無主物ではないとした[38]。従業員は企業の機関であるから、独立した所持を有

---

[37] 大判大正14年6月9日刑集4巻378頁（狢・狸事件）。
[38] 最判昭和62年4月10日刑集41巻3号221頁。

しないが、従業員の所持は本人の所持となるので、雇われ漁夫が占有した魚介類は、雇用する本人が先占する。無主物先占は、所有の意思を有する占有者に所有権を付与する法定取得であるから、私的自治とは関係がない。したがって、制限行為能力者でも、先占は認められる[39]。

なお、所有者のない不動産は国庫に帰属するので（第239条2項）、無主物にならない。

《ポイント》
　所有者のいない財産の帰属関係について理解しよう。

❷ 遺失物の拾得
（1）遺失物拾得の要件
（ア）遺失物の意義

遺失物は、遺失物法（平成18年法律第73号）の定めに従って公告した後3か月以内にその所有者が判明しないときには、拾得者がその所有権を取得する（第240条）。遺失物とは、占有者の意思によらずに占有者の所持を離れた物である。盗品は遺失物ではない。ただし、誤って占有した他人の物、他人の置き去った物及び逸走した家畜は、準遺失物として、遺失物と同様に扱う（遺失第2条、第3条）。漂流物や沈没品も定義付けとしては遺失物であるが、これらの拾得は水難救護法の適用を受ける（水難第24条以下）。

（イ）拾得者の義務

拾得とは、遺失物等の占有を始めることである。先占と異なり、所有の意思を要しない。拾得者は、拾得した物件を速やかに遺失者に返還し、または警察署長に提出しなければならない。法令上の所持禁止物及び犯罪の犯人の占有物件は、速やかに警察署長に提出しなければならない（遺失第4条1項）。施設内での拾得者は、当該物件を速やかに当該施設の施設占有者に交付しなければならない（同条2項）。なお、犬・猫の引取請求をした拾得者（動物愛護第35条2項）には適用しない（同条3項）。

---

[39] 我妻＝有泉『新訂物権』300頁。なお、最判昭和41年10月7日民集20巻8号1615頁は、15歳程度の未成年者でも取得時効の要件である所有の意思による自主占有が可能である旨を判示しているので、先占にもこの考え方を適用しうる。

(2) 遺失物拾得の効果

(ア) 拾得者の取得と費用負担

公告後3か月以内に遺失物の所有者が判明しないときには、拾得者がその所有権を取得する（第240条）。ただし、物件の提出、交付及び保管に要した費用は拾得者の負担となる（遺失第27条1項）。また、第240条等により物件の所有権を取得した者が当該取得日から2か月以内に当該物件を警察署長等から引き取らないときには、その所有権を失う（遺失第36条）。

(イ) 報労金の支払

誤って占有した他人の物を除き、物件の返還を受ける遺失者は、当該物件の価格（遺失第9条第1項、第2項、第20条第1項、第2項により売却された物件は、売却代金額）の100分の5以上100分の20以下に相当する額の報労金を拾得者に支払わなければならない（同法第28条1項）。また、特定の施設内での拾得物は、拾得者及び施設占有者に対し、それぞれ規定する額の2分の1の額の報労金を支払わなければならない（同条2項）。報労金請求権は、物件遺失者への返還後1か月の経過で消滅する（同法第29条）。なお、遺失者が遺失物の返還を受ける際には、費用負担がある（同法第27条1項）。

❸ 埋蔵物の発見

(1) 一般の埋蔵物

埋蔵物とは、土地その他の物（包蔵物）の中に埋蔵されており、外部からは容易に目撃しえない状況に置かれ、その所有権が何人に属するかが容易に識別しえない物である[40]。埋蔵物は、遺失物法の定めに従って公告した後6か月以内にその所有者が判明しないときには、発見者がその所有権を取得する（第241条本文）。ただし、他人の所有する物の中から発見された埋蔵物は、発

---

40) 最判昭和37年6月1日訟務月報8巻6号1005頁：Xらの先代Aは、戦後間もない時期に港湾内海中でY（国）の所有と思しき銀塊29トンを発見し、Yに対し、埋蔵物報労金の支払を求めて訴えを提起した。
　判旨「民法241条所定の埋蔵物とは、土地その他の物の中に外部からは容易に目撃できないような状態に置かれ、しかも現在何人の所有であるか判りにくい物をいうものと解する（。）」本件銀塊は埋蔵物とは認め難い。

見者と所有者が等しい割合でその所有権を取得する（同条ただし書）。

埋蔵物に関する手続も遺失物法に規定され、遺失物に関する説明がほとんど該当する。

（2）埋蔵文化財の特則

土地の埋蔵文化財には文化財保護法が適用され、所有権取得は制限される。

所有者の判明している場合を除き、遺失物法第4条第1項により、埋蔵物として提出された物件が文化財と認められると、警察署長は直ちに当該物件をその発見地の管轄たる都道府県教育委員会（指定都市等の区域内なら指定都市等の教育委員会）に提出しなければならない（文化財第101条）。その他、国の調査発掘による埋蔵物のうち所有者不明の場合の国庫帰属ならびに土地所有者への報奨金の支給（同法第104条）、都道府県教育委員会の調査発掘による埋蔵物のうち所有者不明の場合の都道府県帰属ならびに発見者と土地所有者への報奨金の支給（同法第105条）、などの規定がある。

《ポイント》
遺失物の拾得、埋蔵物の発見について、理解しよう。

第3項　添付（付合・混和・加工）

① 総　説

（1）添付の意義

所有者の異なる数個の物が一緒になっている状況を考えてみよう。例えば、友人のファイルノートに自分のルースリーフが綴じ込んである場合には、いくら友人のファイルに混入していても、自分のノートは自分の所有物である。

しかし、社会（特に取引社会）において、自分の物と思っていたところ、実は、①他人の物で工事をし（建物の建築、塗装、道路工事の原材料）、②契約農家で生産してもらったブドウでワインを作ったが、生産過程で他人のブドウで作ったワインと混ざり、③洋服をオーダーしたところ、自分の購入した生地と他人所有の生地が混在したまま製作されたなど、物の製造・製作段階において、所有物の混入・混在があった結果、工作物や製品が誰の所有物となるのか判然とせず、紛争となるケースがある。

民法学者は、このようなケースを一般に「添付」と称する[41]。制度自体は、

付合、混和、加工という類型に分けられている。

（2）添付の目的

（ア）合成物等の確定

添付によって完成した合成物・混和物・加工物については、一応1つの物として確定させ、従前の材料等への復旧請求を認めない。これが添付の目的である。この点は、一般に強行規定と解されている[42]。

（イ）所有権の帰属

添付による完成品の所有権帰属を決める規定の適用・解釈という問題がある。かつての学説は所有権の帰属も強行規定と解したが、現在の通説は、私的自治・契約自由の原則から、自由に決定されるべき事項として、これを任意規定と解している[43]。例えば、工場労働者が製造工程において自社所有の材料と他社所有の材料が混在しているのを知らずに製造したとしても、労働者は加工者ではない。労働者の仕事の成果たる製品の所有権は常に雇い主たる企業に帰属する。これは雇傭契約の効果であり、加工の効果ではない。

（ウ）所有権の得喪に関する均衡——償金請求の意義

添付の効果として、所有権を取得する者がある一方で、他方、所有権を失う者もある。民法は、両者の均衡を図るため、所有権喪失という損失を受けた者は第703条及び第704条の規定に従い、その償金を請求しうるものとした（第248条）。これも任意規定である（通説）。付合・混和・加工のいずれもが、形式的には法律上の原因たる行為の効果と思しきところ、結果について、相手方の違法性を要件とせず、償金と称していることから、実質的には不当利得と解される[44]。

（エ）消滅所有権上の権利の消滅とその例外的存続

添付の結果、所有権の消滅した物の上にあった他の権利も消滅する（第247

---

41)「添付」は旧民法財産取得編の第2章の名称である。現行民法では用いられなかったが、講学上は普通に用いられている。
42) 我妻＝有泉『新訂物権』304頁。この点については異論がない。
43) 我妻＝有泉『新訂物権』304—305頁、鈴木（禄）『講義』29頁、近江『講義Ⅱ』235頁など。これもまた通説である。
44) 我妻＝有泉『新訂物権』305—306頁、鈴木（禄）『講義』30頁、近江『講義Ⅱ』240頁。

条 1 項)。しかし、後述するように、例外的に存続する場合がある(同条 2 項)。

❷ 付 合
(1) 不動産の付合
(ア) 意義、制度趣旨、要件、類型

不動産の所有者は、その不動産に従として付合した物の所有権を取得する(第 242 条本文)。付合とは、ある建物に増築し、あるいは、ある土地に樹木を植えた場合など、その増築部分や樹木は、増築先の建物や土地と一体化し、原則として独立性を失い、社会経済上、付合物として、元の建物や土地の構成部分となり、その所有権に吸収されることによって、不動産それ自体とみなされ、付合物自体の所有権は失われるという法現象である。

この概念は、「地上物は土地に従う」というローマ法の原則に由来する。これが欧州各国に伝わり、ドイツでは、建物は土地の構成部分であり(BGB 第 94 条 1 項 1 文)、独立性はなく、破壊しなければ分離しえないので、特定の権利の目的にはなりえないとされ(BGB 第 93 条)、土地と付合した本質的構成部分には土地所有権の効力が及ぶとされる(BGB 第 946 条)。この法現象から、わが国でも、付合の制度趣旨は、ある物が不動産に付着して取り壊さなければ分離しえなくなったという状況について、その取壊しによる分離・復旧は社会経済上の損失であるから、そのような損失を回避するために構築された概念と言われる[45]。

不動産の付合の類型としては、不動産に動産が付合する場合(土地に植栽された樹木、建物に作り付けられた材料など)が一般的である。しかし、住居の離れや附属建物(物置など母屋に従たる建物)を母屋の位置に移動し、これを母屋に合体させた場合には、不動産に不動産を付合させたとも言える[46]。判例

---

45) 梅『要義二』172 頁、川島・川井編『新版注釈民法(7)〔五十嵐・瀬川〕』395—396 頁を参照。これに対して、川島『新版理論』165 頁は、毀損せずに分離しうる場合でも付合と認められる場合があるとして、「他の物と結合して独立の経済的作用を失う」ことが付合の要件であるという。

46) 舟橋『物権法』366 頁参照。我妻＝有泉『新訂物権』308 頁も、後掲最判昭和 43 年 6 月 13 日を掲げた上で認めている。また、起草者の一人である富井政章博士も、不動産と不動産との付合を考え、本条の主旨より考えれば、建物は土地に従として付合したも

も、新築した附属建物でも、その部分の構造及び利用関係や、母屋との結合関係次第では、構造上の独立性を欠き、母屋に付合しうるとした[47]。つまり、不動産の付合とは、不動産に動産または不動産を付着させ、あるいは合体させることにより、それら付着ないし合体物の独立性が失われる場合に生ずる法現象である。したがって、付着・合体しても、物としての独立性を失わないという性質の造作、即ち「従物」は、原則として付合しない。付着物を復旧するのが困難であると否とを問わず、また、付合の原因は人為的であると否とを問わない[48]。

　次に、具体的に付合の成否について考察する。

　土地に播種された種や、植栽された苗木は、その播種・植栽の当時は土地に付合する。しかし、これらが成熟し、取引の目的となったときには、社会経済上、独立した存在として認められる。したがって、この場合には、それら農作物や樹木の所有権は収益する当時（収穫時）に権原を有する者に帰属する（第242条ただし書）[49]。しかし、それならば、最初から土地に付合する必要はないとして、近時は、第242条ただし書により、終始、播種者が所有権を保持するものと解する非付合説も有力に主張されている[50]。

　では、正当な使用・収益権原を有しない者が他人の所有する土地に勝手に播種し、あるいは植栽した場合には、どのように扱われるのであろうか。

　通説・判例は、これらが成熟した際には、土地所有者に帰属するという[51]。

のと見ることが至当と述べている。富井『原論二』142—143頁参照。

47) 最判昭和43年6月13日民集22巻6号1183頁：甲部分と主屋部分は屋根の部分で接着しているから、甲部分と主屋部分及び乙部分との接着の程度、甲部分の構造、利用方法を考察し、甲部分が主屋部分に接して築造され、構造上建物としての独立性を欠き、従前の建物と一体として利用され、取引される状態にあれば、甲部分は主屋部分に付合したものと解すべきである。

48) 我妻＝有泉『新訂物権』307頁。

49) 我妻＝有泉『新訂物権』307頁、舟橋『物権法』368頁（潜在的所有権が顕在化）、鈴木（禄）『講義』34—35頁（弱い付合概念）、近江『講義Ⅱ』237頁など従来の通説であり、判例（大判昭和7年5月19日新聞3429号12頁）もこの見解を採る。

50) 新田敏「借家の増改築と民法242条」法学研究39巻1号（1966年）27頁以下、廣中『物権法』406頁以下、石田（喜）『口述物権法』199頁以下、石田穣『物権法』348頁、松尾・古積『物権担保物権〔松尾〕』185頁など。

しかし、この点については有力な反対説がある[52]。

また、同様に、他人の所有する土地に無権原で植栽された樹木も土地に付合する[53]。しかし、樹木が土地に仮植えされたに過ぎない場合には、土地に付合しない[54]。

次に、建物への増築について考察する。一般に、ある建物に増改築された部分は、原則として、その建物に付合するものと解されている[55]。しかし、増築部分が「区分所有建物」と認定される場合には、例外的に独立した建物として扱われる。

〔設例4－3－1〕
　賃借人Bは、Aから賃借建物（木造2階建の家屋建坪27坪の1階11坪部分）に対する改修等の承諾を得て、1階部分を店舗として改修した。その際、建物の朽廃が進んでおり、飲食店としてふさわしくないので、Bは、賃貸人Aから承諾を受け、2階からの柱と梁を残しただけで、残り

---

51) 我妻＝有泉『新訂物権』307頁、鈴木（禄）『講義』35頁、近江『講義Ⅱ』237頁、石田穣『物権法』348頁など、従来の通説と言える。
　大判大正10年6月1日民録27輯1032頁：第242条の不動産の従としてこれに付合した物とは、第87条の従物とは異なり、他人の土地に所有者以外の者が播種した小麦も該当するので、土地所有者の所有に帰する。
　最判昭和31年6月19日民集10巻6号678頁：播種当時から土地を使用収益する権原を有しない者は土地の生育物について第242条但書により所有権を保留しえず、同条本文により苗は附合によって土地所有者の所有に帰する。
52) 末川『物権法』303頁は、稲立毛のような植え付けられた農作物の場合には、独立の物として取引されるので、付合による所有権の取得を認めるのは妥当ではないという。
53) 最判昭和38年12月13日民集17巻12号1696頁：植栽された樹木は土地に付合するが、植栽者が取得時効の要件を充足すれば、時効取得しうる。
54) 我妻＝有泉『新訂物権』308頁。
55) 最判昭和28年1月23日民集7巻1号78頁：第242条は、不動産の付合物あるときは不動産の所有権はその付合物の上にも及ぶという規定であり、この場合、付合物が取引上当該不動産と別個の所有権の対象となり得べきものでも、付合物に対する所有権が、当該不動産の所有権のほかに独立して存することを認める趣旨ではない。
　最判昭和38年5月31日民集17巻4号588頁：増築部分が甲建物と別個独立の存在を有せず、その構成部分となっている場合には、増築部分は第242条により甲建物の所有者の所有に属し、増築部分の所有権を保有しえないので、その保存登記もなしえない。

の部分は取り壊した上で建築した。

　この場合には、このＢの増築部分に独立性が認められるだろうか。

　〔設例〕の問題は、Ｂの増築部分に独立性があれば、区分所有建物となり、賃借建物の一部にＢの独立した「所有権」が成立するので、Ａとの関係が問題となる。判例は、本件店舗部分は、その一部に原家屋の２階が重なっており、既存の２本の通し柱および天井の梁を利用している事実があってもなお、Ｂが権原によって原家屋に付属させた独立の建物であって、他に特別の事情が存しないかぎり、Ｂの区分所有権の対象となるとして、付合を否定し、建物賃借人の区分所有権を認めた[56]。

　区分所有権の成否に関して、判例は、増改築・修繕等の事案において、付合を否定し、区分所有権を認定する際には、「構造上の独立性」をその要件としており、構造上の独立性が認められない場合には、付合を認定し、区分所有権の成立を否定している[57]。この限りにおいて、判例は、建物の賃借人にも増築による「区分所有権」獲得の可能性を認めている。

　他方、学説は、増築部分が「構造上の独立性・区分性」と「利用上の独立性」を有しないときには、たとえ賃貸人から増築許可を得ていた場合でも、常に付合が成立するものと解している[58]。

　その理由は、第一に、第 242 条ただし書の「権原」は、本来、土地利用権を想定しており、利用権者が自己の物を付着させる権利を持たない建物賃貸借はこの権原に含まれないからであり、第二に、建物賃貸借の場合には、農地賃貸借の場合とは異なり、付着物を当事者の個別意思によって独立させるという制度的必要がないからである[59]。

---

56) 最判昭和 38 年 10 月 29 日民集 17 巻 9 号 1236 頁。
57) 大判大正 5 年 11 月 29 日民録 22 輯 2333 頁：湯屋の賃借人が洗い場を改築しても、洗い場は浴場の構成部分であるから、区分所有権は成立しない。
　　最判昭和 44 年 7 月 25 日民集 23 巻 8 号 1627 頁：建物が既存の建物の上に増築された２階部分であり、その構造の一部を成すもので、それ自体では取引上の独立性を有しない場合には、建物の区分所有権の対象にはあたらない。
58) 瀬川信久『不動産附合法の研究』28 頁以下を参照。
59) 瀬川『附合法』29 頁参照。

その結果、学説においては、増改築の承諾のみでは不十分であり、家主から、区分所有権を認める明確な承諾と、何らかの敷地利用権を取得した場合にのみ、第242条ただし書及び区分所有法第1条によって、付合は発生せず、区分所有権が成立するものという考え方が有力に主張されている[60]。また、「取引上の独立性」を付合の否定、区分所有権の認定理由と解する学説もある[61]。

(イ) 不動産の付合の効果
(a) 「権原ある者」

不動産の所有者は、原則として、付合した物の所有権を取得する（第242条本文）。ただし、その物が何らかの権原によって附属された物であるときには付合せず、附属させた者の所有に留まる（同条ただし書）。

権原ある者とは、他人の所有する不動産にある物を附属させて、その不動産を利用する権利を有する者という意味である。地上権者が樹木を植栽した場合のように、ある権原に基づいて他人の不動産に物を付着させた場合には、その他人（地上権者など）の付着物に対する所有権は、例外的に付合しない。地上権、永小作権、土地賃借権などが、この権原に該当する。

この場合には、これらの権利について対抗要件を備える必要があるか、また、附属させた立木等について対抗要件を備える必要はあるかが問題となる。付合の当時には当事者関係であるから対抗の問題は生じないが、その後、第三者が現れた場合には、問題となる。

まず、判例は、農地の買主Xが所有権移転登記を経由せずに引渡しだけ受けて田として使用し田植えをして育てた稲立毛について、農地の売主Aの債権者Yが、これをAの所有する稲立毛として強制執行を申し立てたのに対し、農地の買主Xが第三者異議の訴えを提起したという事案において、稲の生育者たる買主Xの訴えを認めた[62]。

---

60) 鈴木 (禄)『講義』36頁、瀬川『附合法』339頁。
61) 内田『民法Ⅰ』391頁。川島『新版理論』165頁が「独立の経済的作用を失う」状態が付合であると言うのと軌を一にする。
62) 大判昭和17年2月24日民集21巻151頁：田地の所有者より適法にこれを賃借した者に賃貸借の登記がなくとも、その田地を耕作して得た立稲や束稲の所有権をもって第

しかし他方、判例は、山林の第一買主Yが所有権移転登記を経由せずに引渡しだけ受けて立木を植栽した後に、第二買主Xが所有権移転登記を経由して、Yに対し、伐木による所有権侵害を理由とする損害賠償を請求したという事案において、最高裁は、Yが立木の所有権をXに対抗するには、立木所有権を公示する対抗要件（明認方法）を必要とすると判示した[63]。

前者は稲立毛の所有権を公示方法なくして第三者に対抗しうるものとし、後者は立木の所有権を公示方法なくして第三者に対抗しえないものとした。この2つの判例には一見すると齟齬があるように見える。前者は農地の買主という事案であり、これが農地の賃借人であれば、賃借権について未登記でも、他人の土地に賃借権に基づいて自分で田植えをしたということで、自分の農作物として土地から独立した所有権を保持しうる（第242条ただし書）。しかし、農地の未登記買主であるがために、同条ただし書が適用されず、農作物である稲について対抗力を欠くと解することは、その間に均衡を欠くと判断されたのである。この解釈は、昭和17年大判の判旨から明らかである（昭和35年最判は、稲の植栽から収穫までの占有期間の短期性による占有・支配力の強さを理由づけとする）。また、農地法（当時は農地調整法）においては、農地の引渡しに賃借権の対抗力を認めている（農地第16条1項）。

これに対して、後者は山林の売買であり、昭和35年最判は、稲と立木との違いを強調していることから、第一買主が山林の賃借人であったとしても、「権原によってその物を附属させた」という状況にはあたらないと判断したのか、あるいは、立木の植栽について、山林の引渡しでは立木自体の占有・

三者に対抗しうると同様、Xが本件土地の所有権移転登記を受けなくとも、本件の立稲ならびに束稲の所有権をもって、Aに対する債務名義に基づき該物件の差押えをしたYに対抗しうる。

63) 最判昭和35年3月1日民集14巻3号307頁：立木所有権の地盤所有権からの分離は、その物権的効果を第三者に対抗するためには、少なくとも立木所有権を公示する対抗要件を必要とする。「稲は、植栽から収穫まで僅々数ケ月を出でず、その間耕作者の不断の管理を必要として占有の帰属するところが比較的明らかである点で、成育に数十年を予想し、占有状態も右の意味では通常明白でない山林の立木とは、おのずから事情を異にする（。）」判例（昭和17年大判）も植栽物の所有権を第三者に対抗するにつき公示方法を要しないとした趣旨ではないから、本件の判示と牴触しない。

管理状況について何ら対抗力を付与する手段もないことから、立木について対抗するためには明認方法を要するとしたのである[64]。

(b)「権利を妨げない」

権利を妨げないとは、当該不動産に付合しないことを意味するので、権原を有する者が自己の権原によって附属させた物の所有権を有するということである。土地に播種した種や植え付けた苗などは、当初は土地に付合するとしても、その後の成長によって独立物となる[65]。しかし、附属させた物が不動産に完全に付着し、不動産の構成部分と化した場合には、独立物としての所有権を観念しえない状況にあるから、この例外規定は適用されえない[66]。もっとも、建物の独立性については、このような形で付合させた当時の状況で判断しうる。

《ポイント》
増築部分が独立した所有権の目的となる場合と、付合する場合とを比較検討してみよう。

(2) 動産の付合

(ア) 動産の付合の要件

動産の付合の要件は、所有者を異にする数個の動産が、付合により、損傷しなければ分離しえなくなったとき、あるいは、分離するにつき過分の費用がかかるときである（第243条）。物理的な付着状況と分離費用との双方を顧

---

[64] この両判決の解釈については、我妻＝有泉『新訂物権』309頁を参照。

[65] 大判昭和7年5月19日新聞3429号12頁：畑地に栽植した桑樹はその畑地と一体をなすが、畑地の賃借人がその権原に基づき栽植したのであれば、第242条但書により賃借人の所有に属し、畑地の所有者に属しない。

[66] 前掲大判大正5年11月29日は、湯屋の洗い場を改築した程度では区分所有権を観念しえないといい、大判昭和8年2月8日民集12巻60頁は、改造部分が性質上建物と別個の所有権の客体となる場合には賃借人の所有となるという。最判昭和34年2月5日民集13巻1号51頁の原審は、Yの施工で附加したものはXの既存工作物と相俟って1つの家屋を構成し、独立した所有権の客体たり得ないから、第242条により家屋の全体は附合によりXの所有に帰したものとし、最高裁は、これを正当と認めた。

最判昭和35年10月4日判時244号48頁：区分所有権はその部分が独立の建物と同一の経済的効力を全しうする場合に限り成立し、他の部分と併合しなければ建物の効力を生じえない場合には認めえない。独立の建物と同一の経済上の効力を有するか否かは、社会通念上の経済的利用の独立性と事実上の分割使用の可能性を混同すべきではない。

慮した上で、その分離可能性を判断し、付合しているか否かを判断する。判例は、漁船に取り付けられた発動機は漁船の構成部分であり、独立した所有権を認めえないとした[67]。しかし、その後、発動機の価格が漁船に比して高価であるなどの事情が存する場合には、必ずしも漁船の構成部分になるとは限らないとした[68]。この2つの判例を見る限り、前者は物理的な付合の状況で判断し、後者は発動機それ自体の価格と漁船の価格との比較衡量で決しており、本来の要件である「分離費用」とは異なる事情によって判断している。

また、「分離」に関する判例として、盗難自転車の車輪とサドルを取り外し、別の車両に取り付けたという事案において、動産の付合を否定したものがある[69]。この判例は、「原形のまま容易に分離し得ることが明らかである」から、付合も加工も成立しないと解している。学説も、分離可能性という意味において、取り外しの容易な場合には付合を否定すべきものとする[70]。

(イ) 動産の付合の効果

付合した動産相互間に主従の区別がつけられるときには、その合成物の所有権は、主たる動産の所有者に帰属する（第243条）。主従を区別する基準は諸般の事情を考慮し、社会通念によって決すべきである[71]。また、付合した動産について主従の区別がつけられないときには、各動産の所有者は、付合した時の価格割合に応じて、その合成物を共有する（第244条）。

《ポイント》
（1）動産の付合の意味について理解しよう。
（2）動産を組み立て、作り付けた結果、建物となった場合には、「動産の付合」なのか、それとも「不動産の付合」なのか、検討してみよう。

---

67) 大判昭和12年7月23日判決全集4輯17号4頁：物の構成部分は物の一部であり独立物として存在しえない。然れば、構成部分の上には独立の所有権を認めえない。
68) 大判昭和18年5月25日民集22巻411頁：船舶用発動機は据付船舶に比し著しく高価であり寧ろ発動機を主たるものとして取引される場合もある。発動機に対し船舶は必ずしも常に主たる動産であるとは言えない。
69) 最判昭和24年10月20日刑集3巻10号1660頁：組替え取付けて男子用に変更したからといって両者は原形のまま容易に分離し得ること明らかであるから、これを以て両者が分離できない状態において附合したとはいえない。また、婦人用自転車の車輪及び「サドル」を用いて男子用自転車の車体に工作を加えたものともいえない。
70) 我妻＝有泉『新訂物権』310頁。
71) 我妻＝有泉『新訂物権』310—311頁。

❸ 混　和

　混和とは、所有者を異にする物（穀物・金銭のような固形物または油や酒などの液体）が混ざり合って、識別しえなくなった状況のことをいう。この場合には、動産の付合に関する第243条、第244条を準用する（第245条）。つまり、混和物の所有権は、物の主従の有無によって主物の所有者に帰属し、その区別のつかないときには、価格割合に従って、混和物を共有する。

《ポイント》
　混和と動産の付合とはどう違うのかについて理解しよう。

❹ 加　工
（1）加工の意義・要件

〔設例4－3－2〕
（1）BはAが買ってきた生地を使って洋服を作ってしまった。この洋服は誰の所有物になるのだろうか。
（2）Bが一流のデザイナーであったとしたら、洋服は、A・Bいずれの所有物になるのだろうか。

　加工とは、他人の所有物に工作を加えることをいう[72]。民法は、他人の動産に工作を加えた者（加工者）があるときには、その加工物の所有権は、材料の所有者に帰属することとし（第246条1項本文）、ただし、工作によって生じた価格が材料の価格を著しく超えるときには、加工者がその加工物の所有権を取得することとした（同項ただし書）。この規定から、加工とは、他人の所有する材料に工作を加えることをいう。自分の物に手を加えて別の物になったときには、確かに所有権それ自体としては別であるが、自分の物であることに変わりはないので、問題にならない。また、動産ではなく、不動産に加工した場合には、不動産の付合の問題であり、加工の問題ではない。結

---

[72] 梅『要義二』182頁。梅博士は、加工の例として、他人の所有に属する象牙を取ってこれに彫刻を施す場合、絵絹を取ってこれに字を書く場合、もしくは画を描き木板をもって器具を製する場合をあげている。

局、加工の問題は、「他人の動産（材料）」に対する工作の場合に尽きる。

　加工規定の意味について、従来、加工によって「新たな物の発生」と解する加工者帰属説と、その必要はないという材料所有者説がある[73]。

　加工者帰属説は、他人の所有物に単に手を加えただけでは、原則として、材料の所有者が加工物の所有権を取得するが、加工によって新たな物が生じた場合において、当該加工によって生じた価格が著しく原材料の価格を超えるときには、加工者がその加工物の所有権を取得するという[74]。この考え方は、加工による新たな物の発生を要件として、原則として加工者に加工物の所有権を帰属させるというドイツ民法の規定（BGB 第 950 条）から発している。しかし、わが民法は、基本的に工作のために材料を用いるのではないという規定構造であり[75]、材料に手を加えたに過ぎないので、加工後も材料所有者の所有であることに変わりはない（材料所有者構成）。それゆえ、特に新たな物の発生を要件とせず、労働力の価値が材料の価値を大幅に上回るような場合にのみ、価値相互間の均衡を欠くという理由から、その場合に限り、加工者の所有に帰するものと解すべきである[76]。

　この意味において、〔設例〕では、（1）原則として洋服は生地の所有者Ａの所有物となる。しかし、（2）一流デザイナーＢが洋服を作ったとしたら、製作者プレミアム（特別な加工価値）がつくので、Ｂの所有物となる（第 246 条 1 項ただし書）。また、加工者が材料の一部を提供したときには、その価格に

---

[73] この学説の争いは古代ローマ時代に遡り、加工は物の本質を変えるものではないという説（サビニアン派）と、加工は１つの新たな物を発生させるという説（プロキュリアン派）があった。その後、両者の折衷説として、物が原形に復すべきときには材料の所有者に属し、そうでないときには加工者の所有に帰するとされ、ユスティニアヌス法典は折衷説を採用した。しかし、近代の立法例には折衷説は採用されず、フランス法は材料所有者説を採用し、ドイツ法は加工者帰属説を採用した。富井『原論二』148―149 頁参照。

[74] 末弘『物権法上』402 頁、我妻『物権法』207 頁、柚木『判例物権法総論』465―466 頁、川島『民法Ⅰ』217 頁、近江『講義Ⅱ』238 頁など、旧来の通説である。末弘博士は、新たな物と言わないと、第 246 条 1 項本文の規定が不要に帰してしまうという。

[75] 梅『要義二』182 頁。

[76] 舟橋『物権法』371 頁、我妻＝有泉『新訂物権』312―313 頁、廣中『物権法』414 頁、石田穣『物権法』362―363 頁など。

工作によって生じた価格を加えたものが、他人の材料の価格を超えるときに限り、加工者がその加工物の所有権を取得する（同条2項）。例えば、Aが500円で買ってきた粘土にBが手を加え、Bの持っていた釉薬や色づけなどを施して陶器を完成させた場合に、その原価が1000円になり、1200円で売る場合には、加工者Bの所有物になると考えてよい。

(2)「建前」への工作

次に、建築途中の建造物（「建前」という。）に後から他人が工作を加えた場合には、動産の付合となるのか、それとも加工となるのかが問題となる。

〔設例4－3－3〕

Aは、B建設会社とCとの建築請負契約について、B建設から下請負で建築工事を請け負った建設業者である。Aは建築に着手し、棟上げを終え、屋根下地板を張り終えたが、B建設が約定の請負報酬を支払わないため、屋根瓦も葺かず、荒壁も塗らず、工事を中止したまま放置した。

そのため、CはB建設との請負契約を解除し、D建設会社に工事の継続を依頼し、D建設が建物として完成させた。完成建物の価格は2000万円で、工事を中止した状態の建造物の価格は400万円程度であった。

Aは完成建物の所有権を主張し、Cに対し、所有権確認訴訟を提起した。Aの主張は認められるだろうか。

〔設例〕の場合には、動産の付合の規定（第243条）、加工の規定（第246条）のうち、いずれが適用されるのだろうか。本件において問題となった「建前」は、まだ不動産になっていない構築物であり、不動産でなければ、動産である。そして、他人の動産に動産を付着させたと見れば、動産の付合であるが、他人の動産に手を加えたと見れば、加工である。

判例は、〔設例〕の場合には、動産の付合規定（第243条）ではなく、加工規定（第246条）を適用すべきものとした[77]。その理由は、動産に動産を単純に付合させるだけでそこに施される工作の価値を無視してもよい場合とは異

---

77) 最判昭和54年1月25日民集33巻1号26頁。

なり、本件建物の建築のように、材料に対して施される工作が特段の価値を有し、仕上げられた建物の価格が原材料の価格よりも相当程度増加するような場合には、加工の規定に基づいて所有権の帰属を決定するのが相当だからである。そして、昭和54年最判は、第246条2項に基づき所有権の帰属を決定するにあたっては、D建設の工事により、Aが建築した建前が法律上独立の不動産たる建物としての要件を具備するに至った時点の状態ではなく、(従前の)仕上げられた状態に基づいて、D建設が施した工事及び材料の価格とAが建築した建前の価格とを比較し、その加工割合によって所有権の帰属先を決すべきものという基準を示した。〔設例〕において両者を比較すると、D建設の工事・材料価格がAの建前価格を遥かに超えるので、本件建物の所有権は、Aにではなく、加工者たるD建設に帰属する。したがって、Dから引渡しを受けた注文者Cが建物の所有権を取得する。

では、次の〔設例〕は、どのように解されるのであろうか。

〔設例4－3－4〕
　B建設とCは建築請負契約を締結し、その工事をAがB建設から下請負により受注し、工事を開始して、相当程度の工事が完了した。しかし、B建設が経営不振となったため、Aは下請代金を全く回収できていない。そして、B建設が事実上の倒産となったので、Aは工事を中止した。
　Cは工事着手金、中間金までB建設に支払済みであり、また、B建設との間には、契約が中途で解除された際の出来形部分の所有権は注文者Aに帰属する旨の約定があった。
　Aは、Cに対し、「建前」所有権の確認訴訟を提起した。Aの主張は認められるだろうか。

この〔設例〕も、前〔設例〕と同じく、加工規定の適用問題である。

判例は、注文者Cと元請負人Bとの間に、契約が中途で解除された際の出来形部分の所有権は注文者Aに帰属する旨の約定がある場合に、当該契約が中途で解除されたときには、元請負人Bから一括して工事を請け負った下請負人Aが自ら材料を提供して出来形部分を築造しても、注文者Cと下請負人

Aとの間に格別の合意があるなど、特段の事情のない限り、出来形部分の所有権は注文者Cに帰属するとした。その理由は、本件のような下請負契約は、その性質上、元請負契約の存在及び内容を前提とし、元請負人Bの債務履行を目的とし、下請負人Aは、注文者Cとの関係では、元請負人Bの履行補助者的立場に立つに過ぎず、注文者Cのためにする建物建築工事に関して、元請負人Bと異なる権利関係を主張しうる立場にはないからである[78]。

このような理論構成により、下請負人Aは注文者Cと元請負人Bとの請負契約に拘束されるから、建前の所有権は原則として注文者Cに帰属する。したがって、下請負人Aが元請負人Bから報酬を受領していなくとも、注文者Cが元請負人Bに報酬（代金）を支払っていたら、下請負人Aは、注文者Cに対しては、不当利得返還請求も、Bの代金請求権の代位行使もできない。

このように考えると、もはや下請負人Aとしては、当初の工事中に報酬請求をし、その支払のないときには、元請負人Bが倒産した後も注文者Cへの引渡しをせず、留置権を行使し続けなければ、請負代金を回収しえなくなる。しかし、建前を留置しても、建前は独立した不動産ではなく、土地に付合する動産と見られる。したがって、この場合の留置権は、土地に対する留置権となる（請負人は商人であるから商事留置権〔商法第521条〕となる）。この場合において、土地に抵当権が設定されていなければ、利害関係人はほぼ存在し

---

[78] 最判平成5年10月19日民集47巻8号5061頁：本判決には可部恒雄裁判長の詳細な補足意見がある。その要点は以下のとおりである。
（1）注文者甲と元請負人乙及び下請負人丙とがある場合に、乙が倒産したときは、甲・丙間の法律関係をどう考えるべきか。まず、工事途中の出来形部分の所有権は、材料提供者が請負人の場合は、原則として請負人に帰属する。この態度は施工者が下請負人であるときも異ならない。
（2）下請負人丙の出来形部分に対する所有権の帰属の主張は、丙の元請負人乙に対する下請代金債権確保のための、技巧的手段に過ぎない。
（3）元請負人乙に対する丙の代金債権確保のために、下請負人丙の出来形部分に対する所有権を肯定するとしても、敷地の所有者（又は地上権、賃借権等を有する者）は注文者甲であり、丙はその敷地上に出来形部分を存続させるための如何なる権原をも有せず、甲の請求があれば、自己の費用をもって出来形部分を収去して敷地を甲に明け渡すほかはない。
（4）したがって、出来形所有権を敷地所有者たる注文者甲に帰属させ、甲が代金未払のときは、丙が乙に代位して甲に対し代金請求するのが望ましい。

ないので、あまり問題はない。しかし、土地に対する商事留置権の存在は、留置権者に過分な利益をもたらすとして（商事留置権は破産法第66条1項により特別先取特権として威力を発揮する。）、否定する説が有力である。

《ポイント》
建築途中の「建前」に手を加えて完成させた場合の法律関係について、理解しよう。

❺ 添付（付合・混和・加工）の効果
（1）第三者の権利関係

不動産の付合、動産の付合、混和、加工により（例えばA＋B）、ある物の所有権が消滅（BまたはA・B双方が消滅）したときには、その物（BまたはA）について存在する他の権利（Cという担保権、用益権）も消滅する（第247条1項）。ただし、例外として、この場合に、物（B）の所有者が、その合成物等の「単独所有者」になったときには、物（B）について存在する他の権利（C）は、以後、その合成物等の上に存続し、物の所有者が、その合成物等の「共有者」になったときには、消滅した物について存在する他の権利は、以後、その持分の上に存続する（同条2項）。

では、物（B）の所有者が、単独所有者にも共有者にもならなかったときにはどうなるのであろうか。

その場合には、Cという権利が先取特権、質権、抵当権であれば、消滅した権利者（B）が取得する償金請求権（第248条）に対して物上代位権を行使しうる（第304条、第350条、第372条）。つまり、物（B）の所有者の所有権が存続する限り、その上に存在する権利（C）も存続するが、物（B）の所有者が所有関係から離脱したときには、原則として、その上に存在する権利（C）も消滅する。ただし、Cが担保権の場合には、物上代位制度があるので、権利（C）に基づいて、物上代位権に基づく差押えの途が残されている（第304条1項ただし書）。

それでは、互いに主従の関係に立たない甲と乙2棟の建物が工事により1棟の建物丙となった場合において、付合前の建物甲または乙について抵当権が設定されていたときには、この抵当権はいずれに帰属するのであろうか。

この問題について、判例は、付合前の建物抵当権は付合した1棟の丙建物

の上に存続するが、それは、丙のうち、甲または乙建物の価格の割合に応じた持分を目的として存続するものとしている[79]。建物の合棟工事は、通常、元の建物の一部を取り壊すだけであり、付合前の建物が滅失したのではないから、抵当権は元の建物の存続割合に従って存続するのである。

(2) 償金請求権

添付によって消滅した物の所有者は、自己の所有権が消滅した分の損失を被っている。この場合には、添付によって利益を受けた者に対し、不当利得に関する第703条、第704条に従い、その償金を請求しうる（第248条）。したがって、各〔設例〕で所有権を失った人々は、すべて、償金を請求しうる。なお、利得者が償金を償還せず、あるいは無資力に陥ったときには、請求者は付合物の上に留置権を取得するので、利得者から土地所有権を譲り受けた者や差押債権者などに対し、留置権を行使しうるものと解される[80]。

第4節 共　有

第1項　共同所有の意義

> 〔設例4－4－1〕
> 　甲土地はA、B、C兄弟の共有であるが（時価1500万円）、両親からの相続財産なので共有持分は定かではない。DはAに対し500万円の金銭債権を有している。Dは、Aに対する債権に基づいて甲土地を換価して、弁済を受けるため、裁判所に対し強制執行を申し立てたい。
> 　この場合には、Dは、どのようにしたらよいのだろうか。

共有とは、数人が共同にて一つの所有権を保有する状態のことである[81]。近代法の描く所有権を中心とする物的支配の構造は、1個の物を数人で利用

---

79) 最判平成6年1月25日民集48巻1号18頁。
80) 鈴木（禄）『講義』35—36頁。
81) 梅『要義二』191頁。

する場合でも、単一の所有権に基づいて、用益物権もしくは債権的利用権を設定するという構造をもたらす。しかし、同一物に対する多数人による全面的支配権を認める必要性に鑑み、近代法は、個人所有に対する例外的な制度として、共同所有という概念を認めてきた。

　所有権の内容は、大略、物に対する管理的作用（管理権能）と収益的作用（収益権能）とに分けられる。前者は、所有物の維持・管理（保存、改良、改善）、収益方法の決定、処分方法の決定などを行う権利であり、後者は、所有物から現実に使用価値・交換価値という利益を収取する権利である。所有権には、これら2つの権利ないし権能が含まれている（細分すると使用・収益・処分という権能である。第206条参照）。これらの権能は、単独所有の場合には個人的利益の享受に止まり、利益の衝突は起こりえないので、意識の俎上には上ってこない。しかし、共同所有の場合には、所有物の管理・収益に関して利害の衝突が生ずる。この場合には、所有物は1個であるが、権利は各人の持分権という権利関係となり、この持分権という概念は、実質的には複数人による独立した支配関係となるからである。

　このように考えてくると、共同所有における管理・収益権能は、①当該共同所有形態が完全に地縁・血縁団体、あるいは利益団体を構成し、全員の合意の下でのみ管理・収益に関する事項について決定する場合（総有、合有）と、②小規模の家族共同体ないし利益共同体など、一定の事項については全員の同意を必要とするが、場合によっては頭数や所有割合に従って決定しうる場合（狭義の共有）とが考えられる。

　〔設例〕の甲土地の所有者はAら3名であるところ、共同相続財産は共有であり（第898条）、遺産分割協議がされていなければ、法定相続分は各均等である(第900条4号)。DはAの債権者であり、BとCは関係がない。したがって、甲土地の全体を差し押さえることはできない。そこで、Dは債権者代位権（第423条）を使ってAら3名の共同相続登記を申請し、更に、Aの持分3分の1について、裁判所に強制執行による競売手続を申し立て、差押え・換価手続によってAの持分を売却し、他の債権者とともに配当を受けることになる（民執第45条以下）。

❷ 共同所有の3類型

　所有権を管理権能と収益権能とに分け、この権能を中心として共同所有を考えると、共同所有形態は、概念的には総有、共有（狭義の共有）、合有という3つの類型に分けられる。

（1）総　有

　総有とは、村落共同体による土地所有形態である。ゲルマンの村落共同体は、村民が個人としての地位を失わないまま、全一体的に結合した団体として、ゲノッセンシャフト（実在的総合人）と称される。この村落共同体による土地支配は、管理権能が村落共同体に属し、収益権能は村民に分属していた（わが国の入会権と類似する）。この関係での土地所有は、個人から離れた団体所有の財産という性格が色濃く出る。したがって、共同体の構成員たる村民には所有権を認めず、収益権能を認めたに過ぎない。

　村民に対する団体的拘束や統制は非常に強く、村民資格の喪失は、そのまま土地の収益権能の喪失につながる。村民資格の取得や喪失についても、常に団体の社会的規範によって厳格に決められていた。このような土地支配類型は、近代的所有権の成立以前においては、農村の共同生活上は普通の状況であった[82]。現代でも総有関係が残存しているとすると、社団財産や入会権に関する権利関係がこの形態に属する。この形態においては、もはや「持分権」という概念はないか、あってもあまり意味はない。

（2）狭義の共有

　狭義の共有は、ローマ法に起源を有する共同所有形態である。共有者は、所有物に関する管理権能と収益権能とを有していた。共有には、管理権能と収益権能とを包含した持分権という概念が存在し、各共有者には持分権の自由処分が許され、共有物分割請求により単独所有への途が開かれていた。したがって、共有は団体的統制が薄弱であり、個人財産という性格が色濃く出る。第249条以下に規定する共有は、原則として、この類型を意味する。

（3）合　有

　合有とは、総有と共有の中間形態であり、持分権があるという意味では共

---

[82] 我妻＝有泉『新訂物権』316頁。

有に近いが、全員が共同して事業を営むというような「共同の目的」という概念による団体的拘束を受けるため、やや団体所有的性格を帯びた権利関係である[83]。この共同目的による制限は当然に共有者の管理権能の制限につながるので、共有者には持分権の処分の自由や分割請求権が存在しない。それゆえ、各持分権は、共同目的の終了までは潜在的に観念されるに過ぎない。このように、共有持分権が合一的にまとめられている共有形態であることから、「合有」と称される。旧来、組合契約に基づいて結成される組合や相続財産（共同相続）に基づく共有的権利関係がこの類型とされてきた。

わが民法には「合有とする」旨の規定はない。しかし、ドイツ民法は、組合財産（BGB 第718条〔組合財産〕、第719条〔合有者に対する制限、持分処分の禁止〕）、夫婦共有財産（BGB 第1415条〔共同財産の合意〕、第1416条〔合有財産〕、第1417条〔特有財産〕、第1418条〔留保財産〕、第1437条〔合有財産の債務〕）、そして共同相続財産（BGB 第2032条〔共同財産〕以下）について、共同財産あるいは合有財産と規定する。

(4) 3類型と民法の共有規定

共有の3類型は、共有に関する理論上・概念上の分類に過ぎず、共有は、これらに限定されない。これらは、いわば「理想型」である[84]。民法に規定された共有類型は、狭義の共有であるが、他の制度の中で「共有」とされるものでも、この類型に該当するもの、該当しないもの、ともにありうる。

(ア) 組合財産

組合財産は、総組合員の共有に属する（第668条）。しかし、組合員が組合財産中に有する自己の持分を処分したときには、その処分について、組合自身、及び組合と取引した第三者に対しても、対抗しえず（第676条1項）、また、組合員は、清算前には、組合財産の分割も請求しえない（同条2項）。

このように、組合員が出資した財産は、全体として組合財産を構成する。組合財産の上には、一応、組合員に持分は認められるが、持分の処分は制限

---

[83] わが国の法律で「合有」という名称を使用しているのは、信託法（平成18年法108号）第79条（旧信託法第24条）のみである。即ち、「受託者が二人以上ある信託においては、信託財産は、その合有とする」とされる。

[84] 我妻＝有泉『新訂物権』318頁。

され、分割請求もできないから、判例[85]、学説は一般に、組合の財産関係を合有と解している。

(イ) 共同相続財産

相続人が数人ある場合には、相続財産は、その共有に属する（第898条）。包括遺贈に基づく受遺者は相続人と同一の権利及び義務を有するので（第990条）、包括受遺者もこの共有者に属する。共同相続による共有関係において、遺産分割は、遺産に属する物または権利の種類及び性質、各相続人の年齢、職業、心身の状態、及び生活の状況、その他一切の事情を考慮して、なされる（第906条）。しかし、共同相続人の一人が、遺産分割前に自己の相続分を第三者に譲渡したときには、他の共同相続人は、その価額及び費用を償還して、その相続分を譲り受けることができる（第905条）。この相続分の取戻権は一種の処分制限である。しかも、遺産分割協議の効果は、相続開始の時に遡って発生する（第909条）。

制度上、このような各種の制限があることから、旧来、共同相続財産は、遺産分割という目的を達成するまでの合有であると解されてきた（合有説）。しかし、遺産分割協議は、共同相続人相互間における合意による財産の処分（物権的法律行為）であり、分割協議の遡及効も第三者の権利を害することはできない（第909条ただし書）。それゆえ、合有性を否定する共有説も有力に存在した[86]。それでも、相続分取戻権規定（第905条）は、「遺産分割前」であり、相続財産全体の上の持分譲渡のケースであるとして、合有説の根拠とされてきた[87]。判例は、遺産分割協議前に相続人の一人が不動産を処分した場合には、自己の持分の範囲では自由処分が認められることを前提としている[88]。そうすると、判例が「共同相続人が分割前の遺産を共同所有する法律

---

85) 大判昭和7年12月10日民集11巻2313頁：民法は組合に一種の団体性を認め、組合員の共有に属する組合財産の性質にも、共同の目的を達成するため結合した一種の団体財産たる特質を帯有させている（第676条）。

　最判昭和33年7月22日民集12巻12号1805頁：組合財産の合有は、共有持分について民法の定めるような制限を伴うものであり、持分についてかような制限のあることが民法の組合財産合有の内容と見るべきである。

86) 川島編『注釈民法（7）〔川井健〕』305頁。
87) 中川善之助『相続法』（有斐閣、1964年）158頁。

関係は、基本的には第249条以下に規定する共有としての性質を有するもの」[89]というのは、合有ではなく、狭義の共有ということになる。したがって、現在では、「共有説」が正しい解釈と言える。

《ポイント》
「共有」の意義、類型について理解しよう。

③ 共有及び持分の法的性質──分有説と独立所有権説

共有関係及び共有持分の意義に関しては、古くから見解が対立してきた。

まず、独立所有権説がある。この説は、共有者は各々1個の所有権を有し、各所有権が一定の割合において制限しあって、その内容の総和が1個の所有権の内容と均しくなっている状態だという考え方である[90]。

次に、分有説がある。この説は、1個の所有権を数人で量的に分有する状態だという考え方であり[91]、比較的多数説である。分有説が多い理由は、起草者の見解[92]及び判例[93]の影響が大きいように思われる。大正8年大判は、「各共有者は物の全部に付き所有権を有し他の共有者の同一の権利によって減縮されている」と述べる一方で、他方、「各共有者の持分は一の所有権の一分子として存在を有するに止まり、別個独立の存在を有するものではない」と述べている。両説を結びつけたような感があるが、全体の趣旨としては分

---

88) 最判昭和38年2月22日民集17巻1号235頁、最判平成6年3月8日民集48巻3号835頁。
89) 最判昭和30年5月31日民集9巻6号793頁。
90) 末弘『物権法上』408頁以下、我妻＝有泉『新訂物権』320頁、舟橋『物権法』375頁、など参照。
91) 中島（玉）『釈義二物権篇上』436頁、石田（文）『物権法論』485頁、末川『物権法』308頁、柚木『判例物権法總論』470頁、近江『講義Ⅱ』241頁など参照。
92) 富井『原論二』156-157頁。富井政章博士は、「共有ハ一個ノ所有権カ数人ニ分属スル状態ナリ」といい、「所有権カ数人ニ分属スルトハ……其分量、範囲カ分タルルコトヲ謂フモノ」と説明する。ただ、富井博士も、「各共有者ノ所有権ノ内容ハ所有権カ一人ニ専属スル場合ニ於ケルト毫モ相異ナルコトナシ。即チ一般ノ關係ニ於テ物ヲ支配スルニ在ルコト言ヲ俟タス。唯其支配権ハ他ノ共有者ノ同一ナル権利ニ因リテ制限ヲ受ケ一定ノ範囲内ニ於テ行ハルルモノ」と述べるので、結果として独立所有権説と変わりはない。
93) 大判大正8年11月3日民録25輯1944頁。

有説に立つ。この点は起草者の見解に従ったものと思われる。

　独立所有権説は、共有者の持分権を各々独立した所有権と解し、互いに制限しあっている状態だと述べ、持分権の独立性や弾力性を論じており、個人主義の原則に立つ民法の本質と合致する。しかし、分有説も、その所有権の量的な一部たる持分権については、その効力や保護において所有権と全く同一に取り扱うべきものと解している[94]。この意味において、両説は、その説明の当否は別として、結果においては異ならない。

《ポイント》
　「共有持分」の本質について理解しよう。

第2項　共有の内部関係

1　共有持分

　持分権は、独立した所有権としての性質を有するので、通常の所有権と同じく、目的物を自由に使用、収益し、持分権を自由に処分しうる（第206条）。

　共有持分の割合は、法定の場合もあるが（第241条ただし書〔埋蔵物〕、第244条〔動産の付合〕、第245条〔混和〕、第900条—第904条の2〔相続分、寄与分〕）、それ以外は、共有者の意思表示に従って決められる。しかし、民法は、持分の割合が不明な場合を想定し、各共有者の持分は相等しいものと推定する（第250条）。共有不動産の登記は、持分が登記事項とされている（不登第59条4号）。それゆえ、二人以上の者を登記名義人とする場合において、当事者の合意により、持分を相異なる割合としたときには、これを登記しなければ、第三者に対抗しえない（第177条）。相異なる持分の登記をしない場合には、第250条の均等推定が働く。

　共有者の一人がその持分を放棄したとき、または相続人なくして死亡したときには、その持分は他の共有者に帰属する（第255条）。共有持分権を独立した所有権として考えると、放棄や相続人不存在の効果として、不動産の場合には最終的に無主物として国庫に帰属することもあるが（第239条2項）、共有持分権相互間のつながりを顧慮すると、民法の規定の仕方は自然である。

94）末川『物権法』309頁参照。

持分は独立存在ではあるが、互いに制限し合いつつ、合一的かつ単一の所有権の中で生きているので、持分の1つが消滅すると、他の持分の割合が増えるという性質を有する。これを「所有権の弾力性」（共有の弾力性）という。第255条はこのように理解すればよい。

2 共有物の利用関係

（1）使用・収益

各共有者は、共有物の全部について、持分に応じて使用しうる（第249条）。共有物の全体に利用権を有するという意味である。それゆえ、使用のみならず、収益（果実の収受）も含む。「持分に応じた使用・収益」であるが、これは、持分ごとに使用及び収益の割合が決まるということであろうか。収益は、天然果実と法定果実の収取権であり、これは持分の割合で簡単に決定しうる。それゆえ、自己の持分を超えて収取した果実は、これを他の共有者に償還しなければならない[95]。しかし、特に家屋の使用については、持分の割合で定めることは事実上きわめて困難である。確かに、AとBがそれぞれ3分の2と3分の1の共有持分権を有している場合に、居室部分が3部屋あるときには、Aが2部屋、Bが1部屋というように、各専用部分を持分ごとに分けることができる[96]。しかし、2部屋しかないときや、4部屋のときには簡単には分けられない。結局、共有物の使用方法や収益分配の方法については、各共有者の協議によって定めることとなる。特に、広い共有土地については、誰がどの部分を使うかは、重大な利害が絡んでくる問題である。単に、持分の割合というだけでは抽象的に過ぎ、具体的に定められないからである。この協議は「管理」に該当するので、各共有者の持分の価格に従い、その過半

---

[95] 富井『原論二』167頁は、この点は当然であるから民法には別段の規定はないという。共有者の果実収取権は、旧民法財産篇第37条3項に「各共有者の権利の限度に応じて定期においてこれを分割する」と規定されていたが、富井博士は、これは通常の事実を言ったまでであり、各共有者は常に分割請求権を有し、果実は収取後直ちに分割されるものであるから、この規定を削除したという。『法典調査会民法議事速記録二』69—70頁参照。

[96] 梅『要義二』192—193頁は、この例を掲げつつ説明する。乗馬を共有する場合には、3日のうち、Aが2日、Bが1日使用するのだという。

数で決する（第252条本文）。

《ポイント》
共有物の使用方法について理解しよう。

（2）共有物の維持・管理

〔設例4－4－2〕
AとBは夫婦で甲土地と地上の乙建物を共有している。2人は別の家に居住しているので、Aはこれらを賃貸したいと考えている。
Aの持分が3分の2、Bの持分が3分の1の場合と、両者の持分が2分の1の場合とでは、法律上どのような差異が生ずるのだろうか。

共有物の管理に関する事項は、共有者の持分権の有する価格の過半数の同意によって決する（第252条）。ただし、共有物の保存行為（家屋の修繕、未登記家屋の登記、土地の草むしり、妨害排除請求[97]など）は、各共有者が自らの意思だけでなしうる（同条ただし書）。旧民法では、保存に必要な管理その他の行為は各共有者がなしうるとしていた（財産編第37条4項）。しかし、この規定では、保存行為でなければ全員が共同で行わなければならず、甚だ不便である。また、管理行為に軽重をつけるのも煩わしい。このような理由から、持分権の価格に従い、その過半数の意見をもって決することで十分であるとして、旧民法の規定を変更したのである[98]。

管理とは、共有物の変更に至らない程度の利用・改良行為である。財産を管理下に置くだけではなく、他人に賃貸する場合を含む[99]。しかし、賃貸借のうち、借地権は存続期間が長く（借地借家第3条で30年と規定する。）、その価値も地価の60パーセントを超えるので、土地それ自体の売買と大差がな

---

[97] 大判大正7年4月19日民録24輯731頁：土地の不法占有者に対する妨害排除、明渡請求は各共有者単独にてすることができる。大判大正10年7月18日民録27輯1392頁も保存行為として単独で請求しうると言う。
[98] 『法典調査会議事速記録二』77頁における富井政章発言を参照。
[99] 最判昭和38年4月19日民集17巻3号518頁：共同相続財産たる土地を賃貸するのは管理行為であり、持分の価格の過半数を必要とする。

い。この点を顧慮すると、借地権の設定は管理行為ではなく、処分行為であると言える[100]。〔設例〕では、賃貸借の存続期間が2年、3年（更新あり）といった比較的短期の場合には管理行為であり、第252条が適用されるので、契約に際しては、「持分の価格の過半数の同意」で決めることとなる。したがって、両者の持分が2分の1の場合にはA・B両名の同意が必要である。しかし、Aが3分の2の持分を有する場合には、既に「過半数」なので、A単独の意思で決められる。

次に、賃借権の設定が管理行為である場合には、その解除も管理行為であるかが問題となる。判例は、貸借契約の解除は第252条ただし書の保存行為ではなく、同条本文の管理に関する事項であるとして、持分の価格の過半数に充たない者からの解除権の行使を無効とした[101]。然るに、この昭和39年最判以前に、既に最高裁は、使用貸借の解除を管理行為としていた[102]。土地賃借権、特に借地権の設定は処分行為と解することが妥当であるが、使用貸借・賃貸借を問わず、解除の場合には、管理行為と解すべきである。その結果、解除権の行使に関する不可分性原則（第544条1項）は、共有物の賃貸借契約の解除については適用されない。

《ポイント》
（1）共有物の管理行為とは、どのような内容なのかについて理解しよう。
（2）共有物に関する管理行為と保存行為との違いについて理解しよう。

---

100) 我妻＝有泉『新訂物権』323頁は、借地権が地価の6割以上の権利金で設定される点で変更か否かを問題提起していた。石田穣『物権法』382頁は変更と解すべきだという。管理行為としての賃貸借は、第602条（旧民法財産編第119条）の短期賃貸借であるから、その期間を超える長期賃貸借の設定は、処分行為である。この点は、法典調査会で梅謙次郎博士が明言している。『法典調査会民法議事速記録二』957―958頁参照。なお、建物賃貸借の事案ではあるが、大判昭和8年12月23日判決全集1輯2号29頁は、第602条の期間を超える長期賃貸借は処分行為に該当するという。
101) 最判昭和39年2月25日民集18巻2号329頁：共有物の貸借契約の解除は第252条にいう管理行為であり、その但書にいう保存行為ではない。
102) 最判昭和29年3月12日民集8巻3号696頁。

(3) 共有物の変更

〔設例4－4－3〕
　AとBは夫婦で甲土地と地上の乙建物を共有している。2人は別に自宅を所有しているので、これらを売却処分したいと考えている。
　この場合には、どのような手続が必要だろうか。

　共有物の変更は、共有者全員の同意を必要とする（第251条）。共有物である宅地に庭を作るとか、田畑を宅地にするとか、建物に増築するなど、物理的な変更のほか、共有物に関して、持分権を超えて売買するとか、前段で検討した借地権の設定（長期の賃貸借を含む）とか、担保物権を設定するなどの事実的・法律的処分行為までも含む。〔設例〕の場合には、甲土地と乙建物の売買であるから、A・B両名の合意が必要であり、売買契約には、二人そろって契約書に署名・捺印が必要である。登記手続には、売買の意思表示の証明たる添付情報として、両名の印鑑証明書が必要である。

　判例に現れた事案としては、山林の持分2分の1を有する共有者の一人が立木を伐採・処分したという事案において、他の共有者の同意を得ずに立木を伐採するのは、他の共有者の所有権侵害にあたるとした[103]。山林の所有は、立木の伐採・処分を予定しているので、共有者が2分の1の持分を有するのであれば、その持分に応じた収益行為を自由に行いうる[104]。しかし、判例は、程度を越えた伐採であったのか、立木の伐採は単純な収益行為ではなく、変更行為であるとし、全員の同意を要するとした。

　では、借地権者が行う共有建物の買取請求権の行使は、どのように扱われるのか。建物買取請求権は形成権であり、その行使は、借地権者からの一方的な意思表示で売買契約の成立と見做されるので（借地借家第13条）、共有物の処分行為であり、共有物の変更と考えられる。しかし、建物買取請求権の行使は、借地権の期間満了により更新しないというケースであり、建物の収

---

[103] 大判大正8年9月27日民録25輯1644頁。
[104] 舟橋『物権法』384頁は、共有山林を一定程度（許された需要の範囲、または果実となる範囲）を超えて伐採するような場合には、共有物の変更になるものと解している。

去か買取請求かという選択を迫られての措置であるとして、これを管理行為として、持分の価格の過半数で決しうると解する有力説がある[105]。

《ポイント》
　共有物の変更とは何かについて理解しよう。

(4) 共有物の負担

　共有物の管理の費用、その他、共有物に関する負担については、各共有者が、その持分に応じて負担する（第253条1項）。管理の費用とは、共有物の維持・管理費用のことである。修繕費など通常必要とされる費用、不動産の測量費用や登記費用、借地権その他の用益権の設定に関する費用など、管理のみならず、保存に関するすべての費用のことを指す。また、その他の費用とは、公租公課に代表される負担である。

　この管理費用その他の費用の負担は共有者の義務であるが、この義務を果たさない者がいる場合において、その共有者が1年以内に義務を履行しないときには、他の共有者は、相当の償金を支払って、その者の持分を取得しうる（同条2項）。他の共有者とは、義務を果たさない者の代わりに支払った者でも、また、その他の共有者でもよい。共有者全員から償金を募って、全員で取得し、それぞれの持分を増やしてもよい。ただし、持分を失う者からその全部を取得しなければならない[106]。

(5) 共有物に関して生じた債権

　共有物の管理費用などを立替払いした共有者がいる場合には、その共有者は支払をしなかった共有者に対して債権を有する。この債権は、その支払をしていない共有者から売買などで持分を承継した特定承継人に対しても行使しうる（第254条）。この債権は、金銭債権に限らず、共有者間における共有物の分割に関する合意などに基づく債権を含む。

　金銭債権の例としては、マンションの一専有部分所有者が、管理費用を支払わずに滞納し続け、挙げ句の果てに専有部分を売却したというケースが考

---

105) 我妻＝有泉『新訂物権』323頁。
106) 大判明治42年2月25日民録15輯158頁：第253条第2項は、全部の持分に相当する償金を払って全部の持分を取得しうるという法意である。持分の一部に相当する償金を払って持分の一部を取得することは許されない。

えられる。この場合、この売買が不動産業者を通じてなされれば、買主には重要事項として事前に知らされたはずである（宅建業第35条）。しかし、競売による取得の場合において、このような重要な事実が現況調査報告書や物件明細書に記載されず、買受人にとって不知の事実であったときには、同人に不測の損害を被らせるおそれがある。したがって、共有物に関する債権が存在する場合には、本来は登記する方法を定める必要がある[107]。

共有物の分割等に関する債権について、判例は、AとBの共有土地の一部をAの単独所有として、その分筆手続完了後直ちに登記する旨をA・B間で合意した後に、Bの持分をCが買い受け、Aとの共有関係に入ったときには、Aは登記なくして特定承継人CにBとの合意内容を対抗しうると言う[108]。CはA・B間の土地分割契約に基づく共有者Bの義務を承継した者であるから、第254条の規定上やむをえない。

共有物の分割に際して、共有者の一人が他の共有者に対して共有に関する債権を有するときには、その債務者たる共有者に帰属すべき共有物の部分により、その弁済に充てることができる（第259条1項）。この場合、債権者たる共有者は、その弁済を受けるため、債務者たる共有者に帰属すべき共有物の部分を売却する必要があるときには、その売却を請求しうる（同条2項）。

《ポイント》
共有物に関して発生した債権の意味について理解しよう。

❸ 内部関係における持分権の主張

共有関係は、1つの物の所有権という観点から見ると、数人で1つの物を所有するかのようであるが、各自の有する独立持分権という観点から見るときには、それぞれが独立した所有権である。他の共有者の持分権との関係において、共有物全体に対する使用・収益・処分という権能が制限を受けるに過ぎない。したがって、自己の共有持分権に関する限り、使用・収益・処分

---

[107] 我妻＝有泉『新訂物権』324頁。立法例として、ドイツ民法は、共有物に関する債権の存在を共有者の特定承継人に対抗するには、この債権の土地登記簿への登記を要件としている（BGB第1010条2項）。

[108] 最判昭和34年11月26日民集13巻12号1550頁。

権能は制限を受けず、自由に行使しうる。例えば、他の共有者が自己の共有持分権を否認したときには、この否認する者だけを相手方として持分権の確認とその登記を請求しうる[109]。他の共有者が持分権の登記をしないときでも、自分だけ持分権の登記を請求しうる[110]。この点において、持分権は独立存在であると言える。

また、他の共有者が、自分に対して、持分に応じた使用をさせず、収益を分配しないときには、持分に応じた物権的請求権によって解決を図りうる。更に、共有者の一人が山林の立木を伐採し、あるいは庭園や建物を取り壊すなど、共有物に対して侵害行為をしたときには、侵害行為の全部を排除しうる。この場合には、持分権の使用・収益権が目的物の全体に及んでいるので、侵害行為全体を排除しうるのである[111]。

❹ 持分権譲渡の自由と効果

共有者の有する持分権は個人の所有権であるから、持分権を自由に譲渡し、担保提供しうる。しかし、共有不動産それ自体を引き渡さなければならない質権や用益物権、債権的利用権は設定しえない。共有者相互間で、持分を処分しないという特約をしても、債権的効力を有するに過ぎず、第三者への譲渡は有効である。

---

[109] 大判大正13年5月19日民集3巻211頁：各共有者が物の全部につき他の共有者の権利によって減縮される範囲において有する持分権確認の訴えは各共有者の有する権利の確認請求であるから、各共有者は単独で第三者または他の共有者全員もしくはその一員を相手方として訴えを提起しうる。

[110] 大判大正11年7月10日民集1巻386頁：共有者は、各々自己の取得した持分のみにつき他の共有者と関係なく、その取得登記手続を求めうる。
　我妻博士は、本判決を引用しつつ、「主張した者の持分権だけの登記の請求権が認められる」と述べている。我妻『物権法』216頁、我妻＝有泉『新訂物権』325頁参照。

[111] 前掲大判大正8年9月27日：立木共有者の一人が他の共有者の同意を得ずに立木を伐採するのは、他の共有者の所有権侵害にほかならない。

第3項　共有の対外的関係

❶　持分権の対外的主張

持分権は、第三者に対しても、通常の所有権と同様の性質を保持する。例えば、第三者が自己の持分権を否認したときには、その否認者に対して単独で持分権確認の訴えを提起しうる[112]。また、第三者が自己の持分権を侵害する登記を有するときには、自己の持分権を保全するための妨害排除請求として、不実登記の抹消登記、更正登記手続を請求しうる[113]。更に、共有不動産について、実体上の権利を有しない者が持分権移転登記を経由しても、共有者は単独でその持分移転登記の抹消登記手続を請求しうる[114]。

❷　共有関係の対外的主張

共有者が共有関係それ自体を主張する場合には、持分権を主張する場合とは一線が画され、共有者の一人は共有権の確認訴訟や不動産の明渡訴訟を提起しえないとされる[115]。確かに、共有土地が第三者の占有下にあり、時効取得されそうなときに、共有者の一人から当該占有者に対して明渡しを請求し、共有土地全体について取得時効が中断すれば便利であり、共有者全員の利益にも適う。しかし、当該占有者が実は正当な権利関係によって持分の移転を受けていた者であれば、持分に応じた本権を有するので、この明渡訴訟は敗

---

112) 最判昭和40年5月20日民集19巻4号859頁：各共有者は、その持分権に基づき、その土地の一部が自己の所有に属すると主張する第三者に対し、単独で、係争地が自己の共有持分権に属することの確認を訴求しうる。

113) 大判大正10年10月27日民録27輯2040頁：登記の抹消によって第三取得者の正当に取得した権利を喪失させるおそれがあるときは、登記更正の手続により共有名義の登記に改めさせるのが相当である。

　最判昭和31年5月10日民集10巻5号487頁：共同相続人の一人は、保存行為としての妨害排除請求として、単独で移転登記の全部抹消を求めうる。

　最判昭和33年7月22日民集12巻12号1805頁：組合財産につき同旨。

　前掲最判昭和38年2月22日：共同相続財産につき相続人乙が単独相続登記をし、第三者丙に譲渡して移転登記しても、他の共同相続人甲は自己の持分を登記なくして対抗しうるので、甲は乙・丙に対し妨害排除請求として甲の持分に関する一部抹消登記（更正登記）手続を請求しうる。

114) 最判平成15年7月11日民集57巻7号787頁。

115) 我妻＝有泉『新訂物権』329—330頁、舟橋『物権法』385—386頁。

訴する。実は、この敗訴した場合に共有者全員のために効力を生ずるという既判力との関係において、このような共有物全体に対する保存行為的な主張は、一部の共有者ではなく、共有者全員によって行わなければならないのである。したがって、共有者が共有権確認の訴えを提起することは、固有必要的共同訴訟である（民訴第40条）[116]。それゆえ、一部の共有者からの時効中断行為となる請求は、その請求者に対してのみ相対的に中断効を生ずるに過ぎない[117]。

　確かに、この解釈には一理ある。しかし、不法占有者に対して妨害排除請求をして取得時効を中断する行為は、共有物に関する保存行為と解すべきではないだろうか。このように解すると、共有者は単独で訴えを提起しうる。そうでなければ、通常の保存行為としての妨害排除・土地明渡請求訴訟の判例法理との理論的な整合性が保てないからである。したがって、共有土地を第三者の時効取得から保全するには、共有権確認訴訟ではなく、不法占有者に対する妨害排除請求や、不実登記に対する妨害排除請求としての登記抹消請求をすればよい[118]。この点に関して、判例は、家屋の明渡請求訴訟に関して、不可分債権（第428条）を理由として、共有者の単独での訴訟提起を認めている[119]。しかし、この場合でも、不法占有者に対する訴訟であれば、保存行為を理由とすればよいのではないだろうか。

　共有土地に関する境界（筆界）確定の訴えについて、判例は、共有者の一部

---

[116] 大判大正5年6月13日民録22輯1200頁：共有物の所有権は総共有者に属し、その確認の訴えを提起するには、共有者全員で為すことを要し、各共有者は単独にてこれをなしえない。

[117] 我妻＝有泉『新訂物権』328—329頁。

[118] 舟橋『物権法』387頁は、判例（前掲大判大正10年7月18日）の認める共有者の単独による妨害排除請求権の行使についても、敗訴の場合における既判力の問題から、この場合も固有必要的共同訴訟であると主張する。

　これに対して、近時の有力説は、共有者の一人からの物権的請求権の行使はすべて保存行為に収斂されるという理由から、他の共有者のためにする単独請求を認めるべきものと主張する（石田穣『物権法』392—393頁）。

[119] 最判昭和42年8月25日民集21巻7号1740頁：本件家屋の明渡請求は使用貸借契約の終了を原因とする家屋の明渡請求権であり、性質上の不可分給付であるから、各請求権者は、すべての明渡請求権者のため本件家屋全部の明渡しを請求しうる。

の者が共同訴訟の提起に反対している場合には、その者をも被告として訴訟を提起すべきだという[120]。理論上は問題があるようにも思われるが、共有者の共同の利益を保全するためには、やむを得ない措置と解される[121]。

《ポイント》
　共有権確認訴訟が固有必要的共同訴訟とされる意味について検討してみよう。

第4項　共有物の分割

❶　共有物分割の意義

　共有物は、各共有者の請求により、いつでも分割して共有関係を終了させうる（第256条）。ただし、5年を超えない期間内は分割しないという不分割特約をしてもよい（同条1項ただし書）。不分割特約は更新しうるが、その期間は更新時から5年を超えられない（同条2項）。不分割特約の効力は、共有者に対する債権として、共有者の持分の特定承継人にもその効力が及ぶ（第254条）。この不分割特約は、登記事項であるから（不登第59条6号）、登記をしなければ、第三者に対抗しえない（第177条）。更に、共有者の一人が破産宣告を受けたときには、不分割特約はその効力を失う（破産第52条1項、会更第60条1項）。なお、同じ共有物でも、相隣者の共有に属する境界標、囲障、障壁、溝及び堀（第229条）は、性質上、分割に適さないので、共有物分割規定は適用されない（第257条）。

❷　分割の方法

（1）分割請求

　各共有者は、いつでも共有物の分割を請求しうる。分割請求によって新たな権利関係が生ずるので、この請求権は形成権である。即ち、分割請求がなされると、各共有者には分割協議に応じるべき義務が発生する。この協議が

---

[120] 最判平成11年11月9日民集53巻8号1421頁：訴訟提起に反対する共有者を被告とする理由は、その者も、隣接する土地との境界に争いがあるときには、その確定する必要を否定しえず、共有者の全員が原告又は被告いずれかの立場で当事者として訴訟に関与していれば足りるからであると言う。

[121] 鈴木（禄）『講義』41頁。

調わないときには、裁判所による分割手続を請求することになる（第258条）。

（2）協議による分割

共有物を分割する方法として、①現物分割（土地の分筆など。）、②代金分割（共有物を売却して代金を分ける。）、③価格賠償による分割（共有者の一人の所有物として他の共有者に代価を支払う。）がある。

現物分割は、協議の内容によって自由に決められる。ＡとＢとが共有する土地と建物について、それぞれ土地はＡ、建物はＢと定めてもよい[122]。また、土地を分割する場合には、各人の持分割合に拘泥する必要もない[123]。次に、共有物を売却し、その代金を分割する場合には、その共有者全員の同意が必要である[124]。更に、価格賠償による分割は、共有者の一人が共有物を単独所有とすることであり、他の共有者はその代金を受領するのであるから、法律行為の構造としては、他の共有者からする持分の売買にほかならない。したがって、法律的には、売買の規定がすべて適用される。

最高裁は、共有森林の細分化を禁止する森林法第186条の規定を違憲と判示した大法廷判決において、①共有者各人を単独所有者とする一括分割以外に、②持分の価格以上に現物を取得する共有者に当該超過分の対価を支払わせて過不足の調整をする方法、③多数の共有者が存在する場合において、その中の一人が分割請求したときには、その一人分の現物分割をし、他は共有者のままとする方法を認めている（離脱型一部分割）[125]。更に、判例は、③の方法について、多数の共有者から分割請求をし、その中の一人だけ現物分割して、他は共有のままという方法も認めた[126]。

---

[122] 大判大正15年11月3日新聞2636号13頁。
[123] 大判昭和10年9月14日民集14巻1617頁：協議による分割では、分割の割合は必ずしも共有者の持分に応ずるを要しない。
[124] 大判明治41年9月25日民録14輯931頁：共有物の分割をする場合には、各共有者は当事者として孰れも直接利害関係を有するから、共有者中のある者を除外して分割手続を遂行することは許されない。
　　　大判大正12年12月17日民集2巻684頁も、ほとんど同旨である。
[125] 最大判昭和62年4月22日民集41巻3号408頁。
[126] 最判平成4年1月24日家裁月報44巻7号51頁：最大判昭和62年4月22日の趣旨から、分割請求する原告が多数ある場合には、一人の持分の限度で現物を分割し、その余は従前の共有として残す方法も許される。

(3) 分割協議が調わないとき——裁判所による分割——

〔設例4−4−4〕
　亡甲・乙夫婦には長女Ａ、次女Ｂ、三女Ｃがおり、３名が共同相続により本件土地及び地上のＱ建物（店舗・居宅）を共有している（Ｑ建物は時価600万円）。また、本件建物に隣接するＰ建物（居宅）にはＡが夫や子らと同居している。Ｐ建物は姉妹の実家であり、Ａが甲・乙と同居していたので、遺産分割協議により、ＡがＰ建物の単独所有とし、土地とＱ建物は、３人の共有（持分各３分の１）として登記した。
　Ｂは薬剤師であり、甲・乙の生前からＱ建物に居住し薬局を営業している。Ｂは独身で、今後も生活のために薬局の経営をする必要がある。
　そこで、ＢはＡとＣに共有物である土地とＱ建物の分割を提案し、薬局部分のＱ建物と敷地部分については、価格賠償の方法により、Ｂの単独所有としたい旨を申し出た。Ｃはこれに賛成したが、Ａは後々自分の子にＱ建物で商売をさせようと思っていたので、難色を示している。
　Ｂは、仕方なく裁判所に分割請求をした。結果はどうなるのだろうか。

　共有物の分割を協議する中、共有者間で協議が調わないときには、その分割を裁判所に請求しうる（第258条１項）。この場合には、共有者のうち協議に応じない者がいる限りにおいて協議は不可能である。それゆえ、協議に応じない者の存在が明らかになった時点で、直ちに裁判所に請求しうる[127]。

　裁判所への請求は、共有物分割の訴えを提起するということである。この訴えは形成の訴えであり、裁判所が事実を審理し、裁判所の判断で分割を実施する。訴訟の当事者は、分割請求者が原告であり、被告は分割協議に応じない共有者に限られるようにも思われる。しかし、分割に応じる共有者も利害関係を有する者であるから、原告以外のすべての共有者を相手方として訴えを提起しなければならない[128]。しかし、反対説もある[129]。

---

127) 大判昭和13年４月30日新聞4276号８頁：共有者の協議が調わないときとは、共有者の一部につき、共有物分割協議に応じる意思のないことが明白である場合を包含し、現実に協議が不調に終わった場合に限られない。

この場合において、共有物の現物を分割しえないとき、または分割によってその価格を著しく減少させるおそれのあるときには、裁判所はその競売を命じうる（第258条2項）。この競売手続は単に共有物を分割するための競売であるから、「換価のためにする競売（形式的競売）」という（民執第195条）。そして、この競売による換価金によって代金分割を実施する。この場合の処理について、従来の判例は、協議による場合と異なり、価格賠償による分割はできないとしていた[130]。

　〔設例〕の場合には、P・Q両建物が構造上独立しており、Q建物とその敷地について現物分割ができる状況にあれば、可能ではあるが、持分3分の1での分割という点において無理がある。そうすると、価格賠償ということになる。しかし、裁判所への分割請求であるから、協議が整わない場合には競売となるのではないか、このような問題が生ずる。

　〔設例〕の場合において、判例は、①当該共有物を共有者のうちの特定の者に取得させるのが相当であると認められ、かつ、②その価格が適正に評価され、当該共有物を取得する者に支払能力があって、③他の共有者にはその持分の価格を取得させることとしても、共有者間の実質的公平を害しないと認められる特段の事情があるときには、④共有物を共有者のうちの一人の単独所有又は数人の共有とし、これらの者から他の共有者に対して持分の価格を賠償させる方法（「全面的価格賠償」の方法）によることも許されると判示し、価格賠償を認めた[131]。〔設例〕の場合には、①薬剤師として働くBへの帰属が相当であり、②価格（時価600万円）が適正に評価され、Bに支払能力があ

---

[128] 大判大正12年12月17日民集2巻684頁：共有物の分割をする場合には各共有者は孰れも直接利害関係を有するので、共有者中のある者を除外しては分割手続を遂行しえない。共有物分割の訴えを提起する者は他の共有者全員を被告とすることを要する。
　　大判大正13年11月20日民集3巻516頁（差戻上告審）も同じ。
[129] 加藤正治「104事件評釈（大判大正13年11月20日）」『判例民事法大正十三年度』466頁（469頁）は、第256条を根拠として、共有持分権確認の訴えと同様、他の共有者全員を被告とすることなく、自己の共有持分を争う者のみを相手方として訴えを提起すればよいという。
[130] 最判昭和30年5月31日民集9巻6号793頁。
[131] 最判平成8年10月31日民集50巻9号2563頁。

り、③AとCには持分の価格（各200万円）を取得させても共有者間の実質的公平を害しないという「特段の事情」が認められれば、④全面的価格賠償による分割方法が認められる。

　本平成8年最判と同日の最高裁判決は、他の共有者の土地持分が僅少であったという事案において[132]、また、土地・建物が全体的に一体として救急病院を構成しているという事案において[133]、いずれも「特段の事情」を認め、それぞれ全面的価格賠償を認めるという判断が下された。

　したがって、共有物分割協議が調わず、裁判所に分割請求した場合に全面的価格賠償が許されるのは、①特定の共有者への帰属相当性のあること、②価格が適正に評価され、帰属者に支払能力のあること、③共有者間の実質的公平を害しない、などという「特段の事情があるケース」に限られる。

《ポイント》
　共有物分割請求の意義、各種の分割方法について検討し、理解しよう。

（4）共有物が相続財産の場合

　共同相続によって共有財産を生じた場合には、遺産分割協議をする（第907条1項）。しかし、この協議が調わないとき、または協議しえないときには、各共同相続人は、その分割を家庭裁判所に請求しうる（同条2項）。遺産分割が家庭裁判所で行われるときでも、民法の定める遺産分割の基準が適用され、その分割は、遺産に属する物または権利の種類及び性質、各相続人の年齢、職業、心身の状況及び生活の状況その他一切の事情を考慮して行われる（第906条）。それゆえ、分割手続は家事審判による（家審第9条乙類10号）。

---

[132] 最判平成8年10月31日判時1592号55頁：土地の共有持分がX 228分の223、Yら各228分の1という事案において、全面的価格賠償の方法により共有物の分割が許される特段の事情が存するものとされた。

[133] 最判平成8年10月31日判時1592号59頁：本件不動産が従来から一体として病院の運営に供され、救急病院として地域社会に貢献していることから、全面的価格賠償を認めても共有者間の実質的公平を害しないと判断した。
　　全面的価格賠償を認める判例は、最判平成9年4月25日判時1608号91頁、最判平成10年2月27日判時1641号84頁（いずれも特段の事情を判断せずに競売による分割を命じた原判決を破棄差戻）、最判平成11年4月22日判時1675号76頁（全面的価格賠償を命じた原判決を支持）と続いている。

遺産の分割は現物分割が基本であるが、最高裁規則は、任意売却による換価代金による分割も規定し（家審規第108条の3、第108条の4）、更に、債務負担による遺産分割も規定する。債務負担による分割は、家庭裁判所が特別の事情があると認めるときに、共同相続人の一人または数人に他の共同相続人に対して債務を負担させ、現物分割に代えるという方法である（家審規第109条）。

遺産分割手続は、共同相続人からの請求に限られ、共同相続人からの譲受人は請求しえない。したがって、譲受人からの請求は共有物分割請求に限られる[134]。また、単なる譲受人ではなく、包括受遺者と遺留分権利者との共有状態となったときも、遺産分割ではなく、共有物分割請求に限られる[135]。反対に、共同相続人からの分割請求は遺産分割手続に限られる[136]。

《ポイント》
共同相続財産の分割請求と通常の共有物分割請求との相違点について検討し、理解しよう。

（5）利害関係人の参加

共有物に関して権利を有する者、また、各共有者の債権者は、自己の費用で分割に参加しうる（第260条1項）。権利を有する者とは、用益物権、担保物権、賃借権などを有する者のことである。これら参加請求権者は、自分の費用で分割に参加し、あるいは分割請求訴訟に参加することができ、意見を述べる機会が確保されている。しかし、分割請求する際に、これら利害関係人に対して通知するなどの方法によって分割請求を知らせる義務はない。そこで、この規定は実質的には意味がないとされてきた[137]。そこで、この制度

---

134) 最判昭和50年11月7日民集29巻10号1525頁：第三者が共同相続人の共同所有関係の解消を求める方法として裁判上とるべき手続は、第907条に基づく遺産分割審判ではなく、第258条に基づく共有物分割訴訟である。
135) 最判平成8年1月26日民集50巻1号132頁：遺言者の財産全部についての包括遺贈に対して遺留分権利者が減殺請求権を行使した場合に遺留分権利者に帰属する権利は、遺産分割の対象となる相続財産の性質を有しない。
136) 最判昭和62年9月4日家裁月報40巻1号161頁：共同相続財産の分割について、共同相続人の協議が調わないとき、または協議しえないときには、家事審判法の定めに従い、家庭裁判所が審判によってこれを定める。

を実効性あるものとするには、分割請求者に対し、利害関係人への通知義務を課すべきものとされる[138]。

共有物に関する権利者及び各共有者の債権者から分割への参加請求があったにもかかわらず、参加させずに分割したときには、その分割はこれら請求者に対抗しえない（同条2項）。この「対抗不可」の意味は、当該分割請求者に対しては分割がされなかったということである。したがって、分割請求者は、共有者の一人に対して有する債権により、同人が共有物全体に対して有していた持分権を差し押さえ、強制執行しうる[139]。

③ 分割の効果
（1）共有者間の担保責任

共有物は分割によって共有ではなくなる。しかし、民法は、分割による法律行為的な効果を顧慮し、各共有者は、他の共有者が分割によって取得した物に関し、自己の持分に応じて、売主と同様の担保責任を負担することとした（第261条。なお第559条参照）。共有物の分割を法律行為的に分析すると、分割は、各共有者が共有物の全体に有する持分を交換し、または売買することに等しい。例えば、A・Bの共有土地を分割し、各自2分の1の部分を単独所有する場合には、Aの取得した部分にはBの持分が、Bの取得した部分にはAの持分がそれぞれ存在していたのであり、2分の1ということは、それぞれの持分を等価交換したのと同じである。また、その土地を価格賠償によってAの単独所有とした場合には、Bの持分をAに売買したのと同じである。共有物分割には、このような性質があるので、持分に応じて、売主と同様の担保責任を負担させることとした。

売主の担保責任と同じということは、その効力は代金減額（価格賠償金の一部返還）、損害賠償請求、解除（分割のやり直し）である。このうち、代金減額と損害賠償請求は認められるが、裁判分割の場合には、解除しえないと解される。その理由は、裁判の結果を解除によって覆しえないからである[140]。

---

137) 我妻＝有泉『新訂物権』333頁、舟橋『物権法』392頁。
138) 石田穣『物権法』397頁。
139) 石田穣『物権法』398頁。

《ポイント》
共有物分割の結果に関して「担保責任」を負担することの意義について理解しよう。

(2) 分割の不遡及

分割の効果は遡及しない。つまり、最初から単独所有権があったとはみなされない。その理由は、共有物の分割は、分割時における特定物（債権及び物権の目的として特定している状態の物）に関する交換または売買という性質を有する有償の法律行為だからである。

共有物の分割と類似した分割方法として遺産分割協議がある。この効果は相続発生時への遡及効を生ずる。しかし、第三者の権利を害しえないという制限付きである（第909条）。遺産分割協議の効果を相続開始時にまで遡及させるのは、相続の結果として共同相続となった場合には、各相続人への財産の帰属が決定しないという状況下での一時的な共有であるから、これを脱するための協議が成立したならば、その効果を相続開始時にまで遡及させることに合理的な意味があるからである。しかし、身分行為的な意味を有する遺産分割協議といえども、物権的法律行為としての性格を有するので、第三者の権利との関係においては、遡及させないこととして、遡及効を制限しているのである。

(3) 証書の保存

分割が終了したときには、各分割者は、その取得した物に関する証書を保存しなければならない（第262条1項）。この証書とは、例えば、土地や建物を共有で購入した際の売買契約書、登記済権利証（登記識別情報〔不登規第61条以下〕）、分割協議書、判決書正本の写し、領収証、など、権利関係を証明する証書である。分割協議書は各共有者に1通ずつ渡されるので、各人が保存（保管）する。これらの証書のうち、特に重要なのが売買契約書と登記済証（登記識別情報）である。例えば、A・Bが土地をCから買い受け、共有名義を協議で分割した場合において、3分の2、あるいは4分の3など、Aのほうが多い割合で分割したときには、売買契約書と登記済証のように、1通しかな

---

140) 我妻＝有泉『新訂物権』334頁、舟橋『物権法』392頁、林良平『物権法』141頁など。
しかし、石田穣『物権法』398―399頁は、分割解消権を認めるべきだという。

いものがあるので、分割後の所有権のうち、最大部分を取得した者がそのような証書を保存する（同条2項）。また、均等で分割した場合には、最大部分の取得者がいないので、この場合には、分割者間の協議によって証書の保存者を定めることとし、協議が調わないときには、裁判所が保存者を指定することとした（同条3項）。更に、保存者以外の者が証書を使用する必要があれば、保存者は、その証書を使用させなければならない（同条4項）。

（4）共有持分上の担保物権に及ぼす影響

共有持分上に担保物権が存在していた場合には、混同の規定（第179条）を類推適用して、当該担保物権は存続するものと解される。即ち、現物分割・代金分割・価格賠償のいずれによっても、担保物権は、持分に応じて共有物全体に存続する。設定者と取得者が異なる場合には、取得者が担保物権の負担を引き受ける。

（ア）共有物を全部取得した場合

例えば、A・B・C共有の土地のうち、Aの持分に抵当権が設定されている場合において、この共有土地を価格賠償によって分割し、Aが土地の全体を取得したときには、抵当権の目的となっている持分は消滅せず、実行後も、Aは土地を失うことなく、競売による買受人と共有関係になる。

（イ）共有物を一部取得した場合

同様の場合において、3人の共有者がそれぞれ土地の一部を取得して単独所有者となったときには、各人の所有となった土地に抵当権が存続する[141]。この場合には、抵当目的たるAの持分が分散されて存続するからである。なぜこのような取扱いが必要になるのかというと、共有物の分割方法によっては、Aの所有地の価格が当初の持分の評価額よりも低くなるおそれがあるからである。したがって、単独所有者となった各共有者は物上保証人となる。

（ウ）持分が全部他人に帰属する場合

同様の場合において、抵当権設定者Aが全く所有者にならず、第三者Dが買い受けて代金分割をしたとき、あるいは、BまたはCが所有者となって価格賠償をしたときには、混同の例外によってAの持分はそのまま土地に残存

---

141) 大判昭和17年4月24日民集21巻447頁。

する。したがって、土地の所有者はAの有していた持分の限度において物上保証人となる。この場合において、抵当権が実行され、土地所有者が単独所有権を保持しえなくなったときには、Aは、売主と同様の担保責任を負う（第261条、第567条）。

では、抵当権者は、共有関係から離脱した抵当権設定者Aが取得した代金債権に対して物上代位しうるであろうか（第372条、第304条）。

この問題については、物上代位を当然視する学説[142]と、これを否定する学説[143]とが対立関係にある。否定説は、抵当権者としては、買受人Dや他の共有者B・CがAから承継した持分の上に抵当権を有するだけで十分保護される一方で、他方、物上代位を認めると、抵当権を負担するために持分の価格が安く定められた場合には、設定者Aの立場が害されるおそれがあることを理由とする。肯定説を採る場合には、形式論理ではなく、バランスのよい解釈が求められる。

《ポイント》
　共有持分上の担保物権が共有物の分割後に存続することの意義について検討し、理解しよう。

第5項　準共有

数人が共同で所有権以外の財産権を有する場合には、共有の規定を準用する（第264条本文）。所有権以外の財産権を共有する場合にも、所有権の共有に類似した法律関係を有するからである。

準共有が認められる主要な場合を列挙すると、所有権以外の民法上の物権（地上権、永小作権、地役権、抵当権など）、株式、特許権、実用新案権、意匠権、商標権、著作権、鉱業権、漁業権などである。慣習上の物権たる水利権、温泉権等にも、準共有が認められる。

また、債権にも準共有が成立する[144]。しかし、債権を数人で有する場合に

---

[142] 我妻＝有泉『新訂物権』335頁、舟橋『物権法』393頁、近江『講義II』248頁。また、河上『講義』313頁は、物上代位と残存する抵当権との選択的行使が可能であると言う。
[143] 石田穣『物権法』400頁。
[144] 大判大正12年7月27日民集2巻572頁：第427条は分割債権債務に関する規定で

は、不可分債権の規定が優先的に適用されるべきである[145]。

　法令に別段の定めがある場合には、民法の共有規定は準用されない（同条ただし書。例えば、地役権の不可分性に関する第282条、地役権の時効における不可分性に関する第284条〔取得〕、第292条〔消滅〕、解除権の不可分性に関する第544条、株式の準共有に関する会社法第106条、鉱業権の準共有に関する鉱業法第44条5項、特許権の準共有に関する特許法第73条などがある）。

　民法の共有は多分に個人的であり、この点は、分割の自由という点に顕著に表れる。しかし、特別法には、それぞれ別途共有に関する規定がなされている場合が多い（株式の準共有に関する会社法第106条を参照）。このような規定は、それぞれの権利の性質に従って、特別規定を設けているのであり、この意味において、民法の規定を修正するものである。

《ポイント》
　準共有の意味について、理解しよう。

第5節　建物の区分所有

第1項　「建物区分所有」の意義

　建物の区分所有とは、一棟の建物の中で構造上区分された数個の部分で、独立して住居、店舗、事務所または倉庫その他建物として存在しうるもの（区分建物）に関して、その区分された各々の部分に独立した所有権が成立するという状況のことである（区分所有第1条）。区分所有建物の典型例は分譲マンションなので、区分所有法は「マンション法」ともいう。区分所有法の制定以前は、区分建物の所有者相互間の相隣関係としての規定が置かれていた（第208条〔専有部分以外の共有、価格に応じた修繕負担など〕）。この規定は、わが国に古くから存在した「平屋・棟割型の長屋住宅」を念頭に置くものであり、時代遅れとなったので、新たに特別法として法制化したのである[146]。

　　あり、売買予約完結権のような形成権には適用されず、第264条が適用される。形成権は、その行使によって本来の使命を果たし、これによって消滅に帰するから、その行使は権利の処分行為であり、共有者全員においてこれをなすべきである。
145)　我妻＝有泉『新訂物権』335頁。

「区分所有権」とは、各々の建物とされる部分（共用部分を除く）を目的とする所有権のことをいい（区分所有第2条1項）、この所有権を有する者を「区分所有者」という（同条2項）。また、区分所有権の目的となる建物の部分を「専有部分」といい（同条3項）、専有部分以外の建物の部分、専有部分に属しない建物の附属物及び規約により共用部分とされた附属の建物を「共用部分」という（同条4項）。共用部分は、数個の専有部分に通じる廊下または階段室、その他構造上区分所有者の全員またはその一部の共用に供されるべき建物の部分のことをいい、区分所有権の目的とはならない（同法第4条1項）。廊下や階段、エレベーターやロビーラウンジなどは、全員が使う部分なので、共用部分という名の特殊な共有形態を取るのである。

《ポイント》
　建物の区分所有権と通常の所有権とは、どのような点で異なるだろうか。

第2項　区分所有権の成立要件

1　要件概説

　区分所有権は建物の中で区分された専有部分を目的とするので、区分所有権の成立要件とは、専有部分の成立要件でもある。まず、いかなる場合に区分所有権が成立するのかが問題となる。判例は、一棟の建物の中で区分された部分のみで独立の建物と同一の経済上の効用を全うしうる場合に限定している[147]。即ち、①一棟の建物の中で構造上区分された部分があること、②その区分された部分のみで独立した建物と同一の経済的効用を全うしうること、この2点が区分所有権の成立要件である（区分所有第1条）。

146）区分所有法の制定（昭和37年4月4日法律第69号）、施行（昭和38年4月1日）、1983（昭和58）年を始めとする各種改正など立法上の変遷については、川島・川井編『新版注釈民法（7）物権（2）』〔川島・濱崎・吉田〕』398頁以下、石口『物権法』559—560頁などを参照。
147）大判大正5年11月29日民録22輯2333頁：区分所有権と認めるには、一棟の建物のうち区分された部分のみで独立の建物と同一の経済上の効用を全うしうる場合に限る。

構造上の独立性

〔設例4－5－1〕
　Aら30名は5階建てマンションの区分所有者であり、管理組合を構成している。Aらは、ビルと一体となっている車庫部分の所有権の帰属を巡り、このマンションの分譲業者であるB会社の更生管財人Cと争っている。Aらは、車庫は建物全体の一部であり、共用部分を構成すると主張したが、Cは、車庫部分の区分所有権を主張し、この車庫部分は分譲した部分から独立しているので、Aらには帰属しないと主張した。
　AらとCの主張のうち、いずれの主張が正当だろうか。

〔設例〕の問題について、判例は、区分所有建物の要件である構造上の独立性を認めるためには、建物の構成部分たる隔壁、階層等により、独立した物的支配に適する程度に他の部分と遮断され、その範囲が明確であることを要件としたが、必ずしも周囲すべてが完全に遮断されている必要はないとして、マンション車庫部分における利用上の独立性を認めた[148]。従来、一棟の建物の中で構造上の独立性が認められるためには、各階または各室を区別する隔壁ないし間仕切りが構造上独立していなければ、区分所有建物は成立しないとされてきた[149]。また、従来の登記実務は、間仕切りで区切る場合には、堅固な構造を有するシャッターや堅牢な扉で仕切られていれば、構造上の独立性があると認めてきた[150]。しかし、構造上の独立性があるとしても、他の専

---

[148] 最判昭和56年6月18日民集35巻4号798頁：共用設備が建物部分の小部分に過ぎず、その余の部分で独立の建物と同様の排他的使用に供することができ、かつ、他の区分所有者らによる共用設備の利用、管理によって、その排他的使用に格別の制限ないし障害を生ぜず、反面、かかる使用によって共用設備の保存及び他の区分所有者らによる利用に影響を及ぼさない場合には、なお、建物の専有部分として区分所有権の目的となりうる。

[149] 我妻＝有泉『新訂物権』526頁は、ふすまや障子で仕切られた日本家屋の一部屋や、判然とした間仕切りのないホールは区分所有しえないと言う。

[150] 昭和40年3月1日民三第307号民事局第三課長回答、昭和41年12月7日民甲第3317号民事局長回答、昭和42年9月25日民甲第2454号民事局長回答（法務省民事局第三課編『区分建物の登記先例解説』23頁参照）。

有部分を通らなければ外部に出られないような構造の場合には、専有部分としての独立性は否定されるべきである[151]。

❸ 利用上の独立性

区分所有建物として認められるためには、建物の区分された一部分が構造上の独立性を充たしていることを前提として、次に、独立して建物の用途に供することが可能でなければならない（区分所有第1条）。この用途への適合性が利用上の独立性という意味である。利用上の独立性を欠くという意味は、区分所有と思しき建物において、居宅ではあるが、他の区分から独立した出入口や上階への階段がなく、ガス、水道、電気などの設備（配線や配管など）もないなど、当該区分のみでは日常生活を送れないというのが典型的である。裁判例は、①当該区分に独立した出入口がなく、②2階へ行くには旧来の建物の階段を上る以外にない、③他の専有部分を通らなければ外に出られない、などの場合には、旧来の専有部分と一体化しているので、そのような場合には、当該区分では区分所有の目的とはならないと言う[152]。しかし、廊下や階段室、そして、エレベーター室などは、各専有部分の利用のために必要とされる共用部分であり、独立して建物の用途に供しえないので、この部分を通って外に出るという場合には、他の要件を充たしている限り、専有部分であることにとって何ら支障はない[153]。

では、構造上の独立性を満たしているマンションの管理人室には独立性はあるのだろうか。判例は、大規模マンションの管理人室が共用部分である管理事務所と利用上一体化している場合には、両者は機能的に分離不能であるとして、利用上の独立性を欠き、管理人室は区分所有権の目的とはならない

---

[151] 最判昭和44年7月25日民集23巻8号1627頁：本件建物は、既存建物の上に増築された2階部分であり、その構造の一部を成すもので、それ自体では取引上の独立性を有せず、区分所有権の対象たる部分にはあたらない。

[152] 大阪地判昭和41年4月27日判タ191号121頁、東京地判昭和45年5月2日下裁民集31巻5—8号546頁：木造家屋の2階部分につき、直接外へ出る階段はなく、ガス、水道、トイレも1階にしかないので、独立性はない。

[153] このような意味において、前掲最判昭和56年6月18日が車庫の専有部分としての構造上・利用上の独立性を認めたことも頷ける。

とした[154]。判例は、管理人室の事案と車庫の事案とで結論を異にするわけであるが、管理人室の事案は、当該マンションでは、外部への連絡、来訪者や居住者との接触、そして居住者への連絡などを行う管理事務所が共用部分とされており、これと管理人室とが不可分一体の関係にあることから、管理人室の利用上の独立性を認めなかったのである。

第3項　区分所有建物の所有関係と敷地利用権
1　専有部分
（1）専有部分の範囲
　専有部分とは、区分所有権の目的となる建物の部分である（区分所有第2条3項）。共用部分は区分所有者全員の共有扱いであるから、区分所有権の目的とはならない（同法第4条1項）。

（2）専有部分の法律関係
　専有部分は区分所有権の目的となる（区分所有第2条3項）。したがって、専有部分の法律関係とは、区分所有権とこれをめぐる法律関係である。区分所有権といっても、その性質は普通の所有権と何ら変わらない。専有部分に対する使用・収益・処分権能を有する（第206条）。専有部分を普通の建物と同じように売買し、専有部分に抵当権や賃借権を設定することができ、専有部分を共有としうる。そして、専有部分に関する物権変動（第176条）は、すべて登記を対抗要件とする（第177条）。

　しかし、区分所有建物は、同じ一棟の建物の中で各専有部分が階層や各室ごとに隔壁などで仕切られて共存するので、用益的に見ると、密接な相隣関係にある。それゆえ、区分所有権の行使に当たっては、他の区分所有者との間で必要に応じて制約を受ける。

　第一に、区分所有者は、建物の保存に有害な行為、その他建物の管理または使用に関し、区分所有者の共同の利益に反する行為をしてはならない（区分所有第6条1項）。また、この規定は専有部分の賃借人などの占有者にも準用されているので（同条3項）、占有者も区分所有者と同様の義務を負う。

154）最判平成5年2月12日民集47巻2号393頁。

第二に、区分所有者は、その専有部分または共用部分を保存し、または改良するため必要な範囲内で、他の区分所有者の専有部分または自己の所有に属しない共用部分の使用を請求しうる（同条2項前段）。この場合において、他の区分所有者が損害を受けたときには、その償金を支払わなければならない（同条2項後段）。この規定は隣地使用に関する相隣関係（第209条）と類似した構造を有しており、マンションの相隣関係規定と言える。

2 共用部分
（1）共用部分の範囲

　専有部分以外の建物の部分、専有部分に属しない建物の附属物及び規約により共用部分とされた附属の建物を共用部分という（区分所有第2条4項）。

　共用部分は、数個の専有部分に通じる廊下または階段室、その他構造上区分所有者の全員またはその一部の共用に供されるべき建物の部分のことをいい、区分所有権の目的とはならない（同法第4条1項）。廊下や階段、エレベーターやロビーラウンジなどは、全員が使う部分なので、共用部分という特殊な共有形態（合有）を取る。ただし、全員で使用することを予定しない共用部分、即ち、一部の区分所有者のみの共用に供されることが明らかな共用部分（一部共用部分：同法第3条後段）もあり、これも区分所有権の目的とはならない（同法第4条1項）。しかし、元々、共用部分とは、専有部分以外（専有部分に属しない建物の附属物を含む。）の建物全体をいうのであるから、建物の主体構造部、ならびに建物の内外を遮断する隔壁なども共用部分である。更に、専有部分に属しない建物の附属物、即ち、電気・電話・インターネットの配線、ガス・水道の配管、エントランスなど共用施設に備え付けられた冷暖房設備、消火設備、防犯設備など、また、建物にならない貯水槽や変電室など、すべての設備が共用部分である（法定共用部分）。ただし、専有部分に引き込まれている設備の部分は共用部分ではない。反対に、専有部分から排出される生活用水の排水管が専有部分を出て他の専有部分ないし共用部分を通って本管につながる枝管は、場合によっては、共用部分となりうる[155]。

---

[155] 最判平成12年3月21日判時1715号20頁：「本件排水管は、コンクリートスラブの

次に、区分所有権の目的となりうる建物の部分（管理人室、応接室、地下車庫など）及び附属の建物（別棟の集会室、車庫、物置など）でも、規約によって共用部分となりうる（規約共用部分）。しかし、この場合には、規約で共用部分とした旨を登記しなければ、第三者に対抗しえない（同法第4条2項）。この規約は、分譲マンションの場合には、区分所有者が管理組合を作ってから、区分所有者及び議決権の各4分の3以上の多数による集会の決議によって作成しうる（同法第31条1項参照）。また、分譲前に、最初に建物の専有部分の全部を所有する者、即ち、分譲業者が公正証書によって設定しうる（同法第32条）。この規約は、その後、専有部分を分譲した際の区分所有権の特定承継人たるマンションの買主に対しても効力を生ずる（同法第46条1項）。

（2）共用部分の法律関係

共用部分は、原則として、区分所有者全員の共有に属するが（区分所有第11条1項本文）、一部共用部分は、これを共用すべき区分所有者の共有に属する（同条同項ただし書）。この共有規定は、規約で別に定められるが、規約によって管理者を共用部分の所有者とする場合（同法第27条1項）を除き、区分所有者以外の者を共用部分の所有者と定めることはできない（同法第11条2項）。各共有者が共用部分をその用方に従って使用しうるという点（同法第13条）、また、各共有者の持分はその有する専有部分の床面積の割合によるという点（同法第14条1項）は、民法上の共有規定と同様の考え方を採っている。床面積の算定方法は、壁その他の区画の内側線で囲まれた部分の水平投影面積による（同条3項）。しかし、共用部分の持分や床面積の算定については、規約で別段の定めをなしうる（同条4項）。したがって、規約の定めにより、通常の床面積の算定方法たる壁芯でも算定しうる。

民法の共有規定と決定的に異なるのは、共有者は、区分所有法に別段の定めがある場合を除いて、その有する専有部分と分離して共用部分の持分を処

下にあるため、707号室及び708号室から本件排水管の点検、修理を行うことは不可能であり、607号室からその天井板の裏に入ってこれを実施するほか方法はない。……本件排水管は、その構造及び設置場所に照らし、区分所有法2条4項にいう専有部分に属しない建物の附属物に当たり、かつ、区分所有者全員の共用部分に当たる（。）」最高裁は、このように判示して、上階の所有者には漏水事故による損害賠償責任はないとした。

分しえないとする点である（分離処分の禁止：区分所有第15条2項）。また、共有者の持分は、その有する専有部分の処分に従う（同法第15条1項）とする点は、従物は主物の処分に従うという民法の規定（第87条2項）を彷彿させる。それゆえ、共用部分は、共有物であっても、その分割を請求しえない。この意味において、共用部分の共有関係は、特殊な取扱い（合有類似の関係）となる。したがって、マンションの専有部分を売却した場合には、買主は、床面積の割合に応じて、共用部分の持分をも取得する。

　共用部分の管理に関する事項は、集会の決議で決するが、保存行為は、各共有者がなしうる（区分所有第18条1項）。しかし、規約で別段の定めをすることを妨げない（同条2項）。共用部分の変更（その形状または効用の著しい変更を伴わないものを除く。）は、区分所有者及び議決権の各4分の3以上の多数による集会の決議で決するが、この区分所有者の定数は、規約でその過半数まで減らしうる（同法第17条）。民法上、共有物の変更は共有者全員の同意を要するが（第251条）、マンションで全員の同意を取ることは大変なので、この点は緩和されている。

❸ 敷地と敷地利用権
（1）敷地の意義

　区分所有法で予定する建物の敷地とは、建物が所在する土地、及び規約によって建物の敷地とされた土地である（区分所有第2条5項、第5条1項）。通常、建物の敷地とは、建物の所在する一筆または数筆の土地のことをいう。つまり、区分所有法第2条5項に規定する敷地は一般的な意味と同じである。しかし、区分所有法は、その特殊性から、区分所有者が建物及び建物が所在する土地と一体として管理し、または使用する庭、通路その他の土地は、規約により建物の敷地としうるものとした（同法第5条1項）。マンションの敷地が広いことを考慮して、土地が数筆に分かれている場合に、直接の敷地以外にもマンションの施設や設備のために必要とされる土地があることを意識して、規約によって敷地を拡張しやすくしたものである。

　また、建物が所在する土地が建物の一部の滅失により建物が所在する土地以外の土地となったときには、その土地は、第5条1項により、規約で建物

の敷地と定めたものとみなすこととし、更に、建物が所在する土地の一部が分割により建物が所在する土地以外の土地となったときにも、同様とする(同条2項)。マンションが災害等によって一部滅失し、その規模が小さくなった場合と、広い敷地が分筆されて直接の敷地ではなくなった場合の両ケースを想定し、これらの場合に、敷地以外の土地が発生したという事態を想定して、これらの場合にも、従前通り、マンションの敷地として必要な範囲内で、新たに規約を設定せずとも、規約により敷地になったものとみなすとした。

（2）敷地利用権

　敷地利用権とは、専有部分を所有するための建物の敷地に関する権利のことである(区分所有第2条6項)。分譲マンションの場合には、上層階・下層階を問わず、数人、数十人、あるいは数百人で敷地を所有するので、敷地利用権という概念が必要になる。原則として、区分所有者の全員が敷地全体を利用しえなければ、マンションとして意味がないからである。敷地利用権のバリエーションとして、土地所有権を共有するか、あるいは土地賃借権を準共有するかというケースがある。地上権や使用借権の準共有は考えにくい。

　敷地利用権が数人で有する所有権その他の権利である場合には、区分所有者は、規約に別段の定めがあるときを除き、その有する専有部分とその専有部分に係る敷地利用権とを分離して処分しえない(同法第22条1項)。この点は、共用部分に関する考え方と同じである。しかし、この分離処分の禁止に違反して敷地利用権が処分された場合において、その相手方が善意であるときには、その無効を対抗しえない(同法第23条本文)。ただし、不動産登記法の規定によって分離処分しえない専有部分及び敷地利用権であることを登記した後に、その処分がされたときには対抗しうる(同条ただし書、不登第44条1項9号)。したがって、不動産売買の実務では、マンションの敷地利用権(敷地権)は必ず登記される。また、敷地利用権の分離処分が禁止される関係上、民法第255条(放棄または相続人不存在時に持分が他の共有者へ帰属する。：同法第264条による準用を含む。)は、敷地利用権には適用しない(区分所有第24条)。更に、敷地利用権の共有持分の割合は、共用部分の持分と同様、各人の有する専有部分の床面積の割合による(同法第22条2項、第14条)。ただし、規約でこの割合と異なる割合を定めたときには、その割合による(同法第

22条2項ただし書)。

　以上の専有部分と敷地利用権の分離処分禁止、ならびに敷地利用権の持分割合に関する規定及び規約による定めは、建物の専有部分の全部を所有する者の敷地利用権が単独で有する所有権その他の権利である場合に準用される(同法第22条3項)。この準用規定は、分譲前に分譲業者が建物とその敷地全体を所有する場合において、専有部分を販売するときにも、共用部分・敷地利用権とともに一括して販売しなければならず、共用部分持分及び敷地利用権持分の割合は、専有部分の床面積に対する割合となるというものである。

❹　区分所有関係の登記
(1) 区分所有建物の登記

　建物が区分所有建物である場合には、まず、建物登記簿の表題部が、一棟の建物の表題部と区分建物の表題部とに分けられる。

　まず、一棟の建物の表題部冒頭に、①一棟の建物に属する区分建物の家屋番号が付せられ、②一棟の建物の表示欄(建物の所在、建物所在図の番号、一棟の建物の名称、構造、床面積、一棟の建物に係る登記の登記原因及びその日付)、③敷地権の目的たる土地の表示欄(敷地権の目的たる土地の符号、土地の所在及び地番、地目、地積、敷地権に係る登記の年月日)があり、それぞれの内容が表示される。

　また、区分建物の表題部に、①専有部分の建物の表示欄(不動産番号、区分建物の家屋番号、名称、種類、構造、床面積)、②附属建物の表示欄、③敷地権の表示欄(敷地権の目的たる土地の符号、敷地権の種類、敷地権の割合、敷地権に係る登記の登記原因及びその日付、附属建物に係る敷地権である旨、敷地権に係る登記の年月日)、④所有者欄(所有者及びその持分)があり、それぞれの内容が表示される。

　更に、権利部には、通常の建物の保存登記と同様、甲区欄と乙区欄に区分され、前者には所有権に関する登記記録が、後者には所有権以外のすべての登記記録が行われる(不登第44条、不登規第4条3項〔同規則別表3参照〕)。

　このように、建物登記簿の表題部登記において、建物全体の表示、区分建物の表示、敷地権の表示をすることにより、区分所有権の目的たる専有部分

と敷地利用権とが一体化し、分離処分しえないという取扱いとなる（区分所有第22条1項、不登第44条1項9号）。

（2）敷地利用権の登記

　敷地利用権に関して、建物の登記記録で表示しただけでは、土地の登記記録に根拠が表れないので、登記官は、表示に関する登記のうち、区分建物に関する敷地権について表題部に最初に登記するときには、当該敷地権の目的たる土地の登記記録について、職権で当該登記記録中の所有権、地上権その他の権利が敷地権である旨を登記しなければならない（不登第46条）。

　敷地権である旨の登記をした土地には、敷地権の移転登記または敷地権を目的とする担保権に係る権利の登記はなしえない（不登第73条2項）。ただし、当該土地が敷地権の目的となった後にその登記原因が生じたもの（分離処分禁止の場合を除く。）、または敷地権についての仮登記、もしくは質権、抵当権に係る権利の登記であって、当該土地が敷地権の目的となる前にその登記原因が生じたものについては、登記しうる（同条同項ただし書）。同様に、敷地権付き区分建物にも、敷地権である旨の登記をした土地の場合と同様の登記規制がある（不登第73条3項）。また、その例外規定も同様の内容である（同条同項ただし書）。専有部分と敷地利用権は分離処分が禁止されているので、その効果として、敷地権付き区分建物に関する所有権または担保権（一般先取特権、質権または抵当権）に係る権利の登記は、不動産登記法第46条の規定により敷地権である旨の登記をした土地の敷地権に関する登記としての効力を有する（同法第73条1項）。

第4項　区分所有建物の管理

1　管理組合

（1）管理組合の意義

　区分所有者は、全員で、建物ならびにその敷地及び附属施設の管理を行うための団体を構成し、区分所有法の規定により、集会を開き、規約を定め、そして管理者を置くことができる（区分所有第3条前段）。また、一部共用部分をそれらの区分所有者が管理するときも、同様である（同条後段）。区分所有者の全員で構成される「管理のための団体」は、通常、管理組合と称され

る。事実上、民法上の組合（第667条以下）と同視しうるからである。管理組合を構成するのは区分所有者全員であり、区分所有者とは、各専有部分の所有者である。管理組合は、一定の要件を充たすことにより、法人化しうる（同法第47条以下参照）。

（2）管理者

（ア）選任及び解任

区分所有者は、規約に別段の定めがない限り、集会の決議で管理者を選任し、または解任しうる（区分所有第25条1項）。マンションは管理組合を組織し、区分所有者の数人で組織される理事会を置くが、この理事会が管理者となり、理事長がその統括責任者となる。理事長を始めとする理事会の構成員の選任及び解任は集会の決議で決められる。管理者が不正な行為その他その職務を行うに適しない事情があるときには、各区分所有者は、その解任を裁判所に請求しうる（同条2項）。

（イ）管理者の権限

管理者は、共用部分ならびに当該建物の敷地及び附属施設を保存し、集会の決議を実行し、ならびに規約で定めた行為をする権利を有し、義務を負う（区分所有第26条1項）。管理者は、その職務に関し、区分所有者を代理する（同法同条2項前段）。マンションで管理組合を組織し、これが権利能力なき社団に該当すれば、「代理」は代表の意味である。しかし、区分所有法は、管理組合法人に関する規定を備えており（同法第47条以下）、原則形態は個々人の集まりなので、管理者を他の区分所有者の代理人と規定した。

管理者は、共用部分の管理に該当する共用部分の損害保険契約（同法第18条4項、第21条）に基づく保険金額、ならびに共用部分等について生じた損害賠償金及び不当利得による返還金の請求及び受領についても、区分所有者全員を代理する（同法第26条2項後段）。管理者の代理権に加えた制限は、善意の第三者に対抗しえない（同法同条3項）。管理者は、規約または集会の決議により、その職務に関し、区分所有者のために、原告または被告となりうる（同法同条4項）。管理者が訴訟行為をするという規定である。管理者は訴訟について遅滞なく区分所有者に通知しなければならない（同法同条5項前段）。

次に、管理者は、規約に特則を設けることにより共用部分を所有しうる（区分所有第27条1項）。これを管理所有という。管理者の権利義務は、区分所有法及び規約に定めるもののほか、委任に関する規定に従う（区分所有第28条）。更に、管理者がその職務の範囲内において第三者との間にした行為につき、区分所有者がその責めに任ずべき割合は、共用部分の持分割合と同様、各専有部分の床面積の割合による（同法第29条1項本文）。ただし、規約で建物ならびにその敷地及び附属施設の管理に要する経費につき負担の割合が定められているときには、その割合による（同条同項ただし書）。この管理者の行為によって発生し、当該第三者が区分所有者に対して有する債権は、区分所有者の特定承継人に対しても行使しうる（同条2項）。

（3）規　約

規約は、区分所有法に規定する内容以外に、建物またはその敷地もしくは附属施設の管理または使用に関する区分所有者相互間の事項について定めうる（区分所有第30条1項）。また、一部共用部分に関して、区分所有者全員の規約に定めがある以外に、一部共用部分を利用する区分所有者で規約を定めうる（同条2項）。これらの規約は、専有部分もしくは共用部分または建物の敷地もしくは附属施設（建物の敷地または附属施設に関する権利を含む。）につき、これらの形状、面積、位置関係、使用目的及び利用状況、ならびに区分所有者が支払った対価その他の事情を総合的に考慮して、区分所有者間の利害の衡平が図られるように定めなければならず（同条3項）、区分所有者以外の者の権利を害しえない（同条4項）。また、規約は、書面または電磁的記録により、作成しなければならない（同条5項）。

規約の設定、変更または廃止は、区分所有者及び議決権の各4分の3以上の多数による集会の決議によって行われ、この場合において、規約の設定、変更または廃止が一部の区分所有者の権利に特別の影響を及ぼすべきときには、その承諾を得なければならない（同法第31条1項）。また、一部共用部分に関する区分所有者全員の規約の設定、変更または廃止は、当該一部共用部分を共用すべき区分所有者の4分の1を超える者、またはその議決権の4分の1を超える議決権を有する者が反対したときには、できない（同条2項）。マンションの分譲業者のように、最初に建物の専有部分の全部を所有する者

は、公正証書により、規約共用部分（同法第4条第2項）、規約による敷地（同法第5条第1項）、ならびに専有部分と敷地利用権の分離処分禁止における別段の定め（同法第22条1項ただし書、同条2項ただし書、同条3項）の規約を設定しうる（同法第32条）。

規約は、管理者が保管しなければならない。管理者がないときには、建物を使用している区分所有者またはその代理人で規約または集会の決議で定めるものが保管しなければならない（同法第33条1項）。規約保管者は、利害関係人の請求があったときには、正当な理由がある場合を除き、規約の閲覧を拒んではならない（同条2項）。また、規約の保管場所は、建物内の見やすい場所に掲示しなければならない（同条3項）。

（4）集　会

集会は管理者が招集する（区分所有第34条1項）。管理者は少なくとも毎年1回集会を招集しなければならない（同条2項）。集会の招集通知は会日より少なくとも1週間前に、会議の目的たる事項を示して、各区分所有者に発しなければならないが、この期間は規約で伸縮しうる（同法第35条1項）。集会では、招集通知で予め通知した事項についてのみ決議しうる（同法第37条1項）。なお、集会は、区分所有者全員の同意があるときには、招集の手続を経ないで開くことができる（同法第36条）。

集会では、規約に別段の定めがある場合及び別段の決議をした場合を除き、管理者または集会を招集した区分所有者の一人が議長となる（同法第41条）。各区分所有者の議決権は、規約に別段の定めがない限り、各専有部分の床面積の割合による（同法第38条、第14条）。集会の議事は、区分所有法または規約に別段の定めがない限り、区分所有者及び議決権の各過半数で決する（同法第39条1項）。また、議決権は、書面で、または代理人によって行使しうる（同条2項）。また、区分所有者は、規約または集会の決議により、書面による議決権の行使に代えて、パソコンなど電磁的方法で議決権を行使しうる（同条3項）。なお、専有部分が共有であるときには、共有者の一人を議決権行使者と定めなければならない（同法第40条）。集会の議事について、議長は、書面または電磁的記録により、議事録を作成しなければならない（同法第42条1項）。管理者は、集会において、毎年1回一定の時期に、その事務に関する

報告をしなければならない（同法第 43 条）。

　専有部分の賃借人のように、区分所有者の承諾を得て専有部分を占有する者は、会議の目的たる事項につき利害関係を有する場合には、集会に出席して意見を述べることができる（同法第 44 条 1 項）。規約及び集会の決議は、区分所有者の特定承継人に対しても、その効力を生ずる（同法第 46 条 1 項）。また、占有者は、建物またはその敷地もしくは附属施設の使用方法につき、区分所有者が規約または集会の決議に基づいて負う義務と同一の義務を負う（同条 2 項）。

❷　管理組合法人

　管理組合は、区分所有者及び議決権の各 4 分の 3 以上の多数による集会の決議により、法人となる旨ならびにその名称及び事務所を定め、かつ、その主たる事務所の所在地において登記することによって法人となる（区分所有第 47 条 1 項）。この法人を、管理組合法人という（同条 2 項）。管理組合法人の登記に関して必要な事項は、区分所有法の規定によるほか、政令で定める（同条 3 項）。管理組合法人に関して登記すべき事項は、登記した後でなければ、第三者に対抗しえない（同条 4 項）。また、管理組合法人の成立前における集会の決議、規約及び管理者の職務の範囲内の行為は、管理組合法人につき効力を生ずる（同条 5 項）。管理組合法人は、その事務に関し、区分所有者を代理する（同条 6 項前段）。管理組合法人の代理権に加えた制限は、善意の第三者に対抗しえない（同条 7 項）。その他、裁判の当事者となるなど、前述した管理者に関する規定と同様の規定が管理組合法人に関しても置かれている（同条 8 項以下参照）。管理組合法人は、理事及び監事を置かなければならず（同法第 49 条、第 50 条）、その事務は、区分所有法に規定するもののほか、原則として、すべて集会の決議によって行われる（同法第 52 条 1 項本文）。

❸　義務違反者に対する措置

（1）共同の利益に反する行為の停止等の請求

　区分所有者は、建物の保存に有害な行為、その他建物の管理または使用に関し、区分所有者の共同の利益に反する行為をしてはならない（区分所有第 6

条1項)。区分所有者がこれに反する行為をした場合、またはそのおそれがある場合には、他の区分所有者の全員または管理組合法人は、区分所有者の共同の利益のため、その行為を停止し、その行為の結果を除去し、またはその行為を予防するため必要な措置を執るよう請求しうる（同法第57条1項）。集会の決議により、管理者等は、その旨の訴訟を提起しうる（同条3項）。この妨害排除・予防請求は、専有部分の賃借人などの占有者が妨害行為をし、またはそのおそれがある場合にもなしうる（同条4項）。

区分所有者からの賃借人が、共同の利益に反する行為をした場合において、区分所有者と賃借人との賃貸借契約を解除し、専有部分の明渡しを請求するときには（同法第60条）、決議前に、当該区分所有者に対して弁明の機会を与えなければならない（同法第58条3項）。

賃借人たる占有者に対する請求は認められるか。この問題について、判例は、「当該区分所有者に対し、弁明する機会を与え」る（同法第58条3項）のは、占有者に対して弁明する機会を与えれば足り、区分所有者に対してその機会を与える必要はないとした[156]。

（2）使用禁止の請求

違反行為による区分所有者の共同生活上の障害が著しく、その行為の除去請求では共用部分の利用を確保し、区分所有者の共同生活の維持を図ることが困難であるときには、他の区分所有者の全員または管理組合法人は、区分所有者及び議決権の各4分の3以上の多数による集会の決議に基づき、訴えにより、相当の期間の当該行為に係る区分所有者による専有部分の使用禁止を請求しうる（区分所有第58条1項、2項）。ただし、決議前に当該区分所有者に対して弁明の機会を与えなければならない（同条3項）。

（3）区分所有権の競売請求、賃貸借の解除請求

違反行為による区分所有者の共同生活上の障害が著しく、他の方法ではその障害を除去して共用部分の利用を確保し、区分所有者の共同生活の維持を図ることが困難であるときには、他の区分所有者の全員または管理組合法人

---

156) 最判昭和62年7月17日判時1243号28頁（山手ハイム事件）：占有者自身が対立する暴力団相互の抗争の当事者であり、マンションに常駐する暴力団員によって迷惑行為が多発したという事案である。

は、同様の集会の決議に基づき、訴えにより、当該行為に係る区分所有者の区分所有権及び敷地利用権の競売を請求しうる（同法第59条）。

また、専有部分が賃貸等されている場合には、同様の集会の決議に基づき、訴えにより、契約の解除及び専有部分の引渡しを請求しうる（同法第60条）。

《ポイント》
義務違反者に対する措置について、理解しよう。

❹ 復旧及び建替え
（1）一部滅失の場合の復旧
（ア）区分所有者の復旧権と復旧決議権

建物の価格の2分の1以下に相当する部分が滅失したときには、各区分所有者は、滅失した共用部分及び自己の専有部分を復旧しうる（区分所有第61条1項）。滅失した共用部分の復旧は集会で決議する（同条3項）。共用部分の復旧者は、他の区分所有者に対し、復旧に要した金額の償還を共用部分の持分の割合に応じて請求しうる（同条2項）。この点については、規約で別段の定めをしてもよい（同条4項）。

建物の価格の2分の1を超える一部滅失の場合には、集会で、区分所有者及び議決権の各4分の3以上の多数により、滅失した共用部分の復旧を決議しうる（同条5項）。

（イ）非賛成者の建物買取請求権

決議に賛成しなかった区分所有者及びその承継人は、復旧決議の日から2週間を経過したときに、原則として、決議賛成者の全部または一部に対し、建物及びその敷地に関する権利（以下、「建物等」という。）を時価で買い取るよう請求しうる（区分所有第61条7項前段）。請求を受けた決議賛成者は、請求の日から2か月以内に、他の決議賛成者の全部または一部に対し、決議賛成者以外の区分所有者を除いて算定した各共有者の有する専有部分の床面積割合に応じて、当該建物等を時価で買い取るよう請求しうる（同法第61条7項後段）。

（ウ）買取指定者に対する買取請求権

また、復旧決議の日から2週間以内に、決議賛成者がその全員の合意によ

り建物等の買取者を指定し、かつ、その買取指定者がその旨を決議賛成者以外の区分所有者に対して書面で通知したときには、その通知を受けた区分所有者は、買取指定者に対してのみ、建物等の買取りを請求しうる（同条8項）。

（エ）賛成者の連帯責任

買取指定者が建物等の買取請求に基づく売買の代金に係る債務の全部または一部の弁済をしないときには、買取指定者以外の決議賛成者は、連帯してその債務の全部または一部の弁済の責めに任ずる（同条9項本文）。ただし、決議賛成者が買取指定者に資力があり、かつ、執行が容易であることを証明したときには、他の決議賛成者は弁済の責任を負わない（同条同項ただし書）。

（オ）非賛成者に対する催告

復旧決議の集会の招集者（買取指定者の指定があれば当該買取指定者）は、決議賛成者以外の区分所有者に対し、4か月以上の期間を定め、建物等の買取請求をするか否かを確答すべき旨を書面で催告しうる（同条10項）。この催告を受けた区分所有者は、4か月以上の催告期間を経過したときには、建物等の買取りを請求しえない（同条11項）。

（カ）その他の買取請求等

建物の一部滅失の日から6か月以内に復旧決議（同条5項）、建替え決議（同法第62条1項）、または団地内の建物の一括建替え決議（同法第70条第1項）がないときには、各区分所有者は、他の区分所有者に対し、建物等を時価で買い取るよう請求しうる（同法第61条12項）。

（2）建替え決議

区分所有建物は、その共用部分こそ共有物であるが、各専有部分には個人の独立した所有権があるから、これが老朽化した場合でも、各専有部分の修繕などは個人の専権事項であり、たとえ区分所有者であっても口出しなどできない話である。しかし、区分所有建物全体は各区分所有者の集合によって成り立っており、マンション全体を大修繕し、建替えするについては、区分所有者全員の利害が関係してくる。また、新築時には規制が強く、容積率が小さかったものの、規制が緩和され、容積率が大幅に上がった地域では、土地の有効利用も兼ねて、従前よりも規模を拡張すれば、建替え費用も安くできるなど都合のよい場合もある。そこで、区分所有法は建替え決議について

規定する。また、この建替えを容易かつ円滑に実施し、マンションにおける良好な居住環境の確保を図り、もって国民生活の安定向上と国民経済の健全な発展に寄与することを目的として、「マンションの建替えの円滑化等に関する法律（平成14年法律第78号）」が制定された。ここでは、区分所有法の規定について概観することとし、「建替え円滑化法」については省略する。

（ア）決議の手続

集会では、区分所有者及び議決権の各5分の4以上の多数で、建物を取り壊し、かつ、当該建物の敷地もしくはその一部の土地または当該建物の敷地の全部もしくは一部を含む土地に新たに建物を建築する旨の建替え決議をなしうる（区分所有第62条1項）。再建建物の敷地として、「敷地もしくはその一部の土地」または「敷地の全部もしくは一部を含む土地」があげられるが、これは従前の敷地が広すぎたり、もしくは建替え資金を捻出するために、敷地の一部を売却するような場合、あるいは、建替えのためには敷地が狭いので、近隣の土地を買い受け、敷地が広くなるような場合を顧慮して平成14年改正時に設けられた規定である。

建替え決議では、①新たに建築する建物（再建建物）の設計の概要、②建物の取壊し及び再建建物の建築に要する費用の概算額、③その費用の分担に関する事項、④再建建物の区分所有権の帰属に関する事項、を定めなければならない（同条2項）。また、これらの事項は、各区分所有者の衡平を害しないように定めなければならない（同条3項）。

（イ）決議集会

建替え決議を目的とする集会の通知は、少なくとも会日の2か月前にしなければならない（同条4項。規約で伸長も可能。）。通知内容は、①建替えを必要とする理由、②建替えをしない場合における当該建物の効用の維持又は回復（建物が通常有すべき効用の確保を含む。）の費用額及びその内訳、③建物の修繕計画があれば当該計画の内容、④建物に関する修繕積立金の金額、である（同条5項）。また、集会招集者は、当該集会の会日より少なくとも1か月前までに、当該招集の際に通知すべき事項について、区分所有者に対する説明会を開催しなければならない（同条6項）。

（ウ）区分所有権等の売渡請求等

　建替え決議があったときには、集会招集者は、遅滞なく、建替え決議に賛成しなかった区分所有者ならびにその承継人に対し、建替え決議の内容により建替えに参加するか否かを回答すべき旨を書面で催告しなければならない（区分所有第63条1項）。建替えに反対する区分所有者は、建替えに参加するか否かの催告を受けた日から2か月以内に回答しなければならず（同条2項）、この期間内に回答しないときには、建替えへの不参加を回答したものとみなされる（同条3項）。

　催告期間が経過したときには、建替え決議に賛成した各区分所有者もしくは建替え決議の内容により建替えに参加する旨を回答した各区分所有者、ならびにこれらの者の承継人、またはこれらの者の全員の合意により区分所有権及び敷地利用権を買い受けうる者として指定された買受指定者は、催告期間満了の日から2か月以内に、建替えに参加しない旨を回答した区分所有者またはその承継人に対し、区分所有権及び敷地利用権を時価で売り渡すべきことを請求しうる（同条4項）。

　建替え決議がなされても、決議の日から2年以内に建物の取壊し工事に着手しない場合には、第4項の規定により区分所有権または敷地利用権を売り渡した者は、この期間満了の日から6か月以内に、買主が支払った代金に相当する金銭をその区分所有権または敷地利用権を現在有する者に提供して、これらの権利を売り渡すよう請求しうる（同条6項）。ただし、建物の取壊し工事に着手しなかったことにつき正当な理由があるときには、この買戻しを請求しえない（同条同項ただし書）。

　最後に、建替え決議に賛成した各区分所有者、建替え決議の内容により建替えに参加する旨を回答した各区分所有者、及び区分所有権または敷地利用権を買い受けた各買受指定者（これらの者の承継人を含む。）は、建替え決議の内容により建替えを行う旨の合意をしたものとみなされる（同法第64条）。

《ポイント》
　建物の復旧及び建替えの手順について、理解しよう。

第5項 団　地

❶ 団地建物所有者の団体

　1つの団地内に数棟の建物があり、その団地内の土地または附属施設（これらに関する権利を含む。）が、それらの建物の所有者や区分所有者の共有に属する場合には、それらの所有者（「団地建物所有者」という。）は、全員で、団地内の土地、附属施設及び専有部分のある建物の管理を行うための団体を構成し、区分所有法の定めるところにより、集会を開き、規約を定め、管理者を置くことができる（区分所有第65条）。

　団地とは、土地のうち、共同の目的をもって主として居住用の建物、即ち、戸建て住宅やマンションを建設し、分譲した一団の土地区画のことをいう。このような団地の定義付けから、団地内の建物所有者は、それぞれが、団地の秩序維持のため、所有権の制限を受ける。このように解すると、マンションの一区画を専有部分として所有する区分所有者と同様の関係に立つ。このような理解から、区分所有法は、区分所有建物、共用部分、及び敷地などの関係のうち、準用に適した制度を団地内の建物にも準用することとした。

　この準用に当たっては、条文中に「区分所有者」とある場合には「第65条に規定する団地建物所有者」と、また、「管理組合法人」とある場合には「団地管理組合法人」と、更に、区分所有法第7条第1項に「共用部分、建物の敷地若しくは共用部分以外の建物の附属施設」とあるのは「第65条に規定する場合における当該土地若しくは附属施設（以下「土地等」という。）」と、更にまた、「区分所有権」とあるのは「土地等に関する権利、建物又は区分所有権」とするなど、多くの規定で、読み替えによる準用を行っている（区分所有第66条参照）。

❷ 団地共用部分

　一団地内の附属施設たる建物（区分所有建物の部分を含む。）は、規約により団地共用部分となしうる（区分所有第67条1項前段、第66条、第30条1項）。この場合には、「規約により団地共用部分とする」旨の登記をしなければ、第三者に対抗しえない（同法第67条1項後段）。分譲前の業者のように、一団地内の数棟の建物の全部を所有する者は、公正証書により、この規約を設定し

うる（同条2項）。なお、共用部分の所有関係（同法第11条1項本文、3項）、共用部分の使用（同法第13条）、持分（同法第14条）、持分の処分（同法第15条）に関する各規定は、団地共用部分に準用する（同法第67条3項）。

❸ 団地内建物の建替え承認決議

　一団地内にある数棟の建物（団地内建物）の全部または一部が専有部分のある建物（マンション）であり、かつ、その団地内の特定の建物の所在する土地及び土地に関する権利が団地内建物の所有者（団地建物所有者：区分所有第65条）の共有に属する場合には、後掲する一定の区分に応じて定める要件に該当し、土地及び土地に関する権利の共有者である団地内建物の団地建物所有者で構成される団体または団地管理組合法人の集会で、議決権の4分の3以上の多数による承認決議（建替え承認決議）を得た場合には、特定建物の団地建物所有者は、特定建物を取り壊し、かつ、土地またはこれと一体として管理もしくは使用する団地内の土地（団地内建物の団地建物所有者の共有に属するものに限る。）に新たに建物を建築しうる（同法第69条1項）。

　建替え承認決議は、第一に、特定建物が専有部分のある建物であるときには、その建替え決議またはその区分所有者の全員の同意があることを要する（同条同項1号）。第二に、特定建物が専有部分のある建物以外の建物であるときには、その所有者の同意があることを要する（同条同項2号）。

　建替え承認決議の集会における各団地建物所有者の議決権は、規約に別段の定めがあっても、特定建物の所在する土地及び土地に関する権利の持分の割合による（同条2項）。

　また、建替え承認決議の要件（同法第69条1項1号、2号）に該当する場合における特定建物の団地建物所有者は、この承認決議では、いずれもこれに賛成する旨の議決権を行使したものとみなされる（同条3項本文）。しかし、特定建物が専有部分のある建物の場合に（第一要件）、特定建物の区分所有者が団地内建物のうち、特定建物以外の建物の敷地利用権に基づいて有する議決権の行使については、この限りではない。

　建替え承認決議に関する集会の招集通知は、集会の会日より少なくとも2か月前に、議案の要領のほか、新たに建築する建物の設計の概要（建物の団地

内における位置を含む。）をも示して発しなければならない（同法第69条4項本文）。ただし、この期間は規約によって伸長しうる（同条同項ただし書）。

　建替え承認決議をする場合に、承認決議に係る建替えが当該特定建物以外の建物の建替えに特別の影響を及ぼすべきときには、他の建物が専有部分のある場合とそうではない場合という区分に応じて、前者の場合には、集会で、他の建物の区分所有者全員の議決権の4分の3以上の議決権を有する区分所有者が、また、後者の場合には、他の建物の所有者が建替え承認決議に賛成したときに限り、特定建物の建替えをなしうる（同法第69条5項）。

　更に、建替え承認決議をする場合において、特定建物が複数（2以上）あるときには、その複数の特定建物の団地建物所有者は、各特定建物の団地建物所有者の合意により、その複数の特定建物の建替えについて一括して建替え承認決議をなしうる（同条6項）。

　この場合において、特定建物が専有部分のある建物であるときには、特定建物の建替えを会議の目的とする建替え決議の集会において、当特定建物の区分所有者及び議決権の各5分の4以上の多数で、複数の特定建物の建替えについて一括して建替え承認決議に付する旨の決議をなしうる（同条6項前段）。更に、その決議がされたときには、特定建物の団地建物所有者（区分所有者に限る。）の全員の4分の3の合意（同条5項）があったものとみなす（同条6項後段）。

❹　団地内建物の一括建替え決議
（1）一括建替え決議の要件

　団地内建物の全部が専有部分のある建物（マンション）であり、かつ、団地内建物が所在する土地及び土地と一体として管理または使用をする庭、通路その他の土地であって、規約により団地内建物の敷地とされた土地及び土地に関する権利が団地内建物の区分所有者の共有に属する場合において、団地内建物について規約が定められたときには、団地内建物の敷地の共有者たる団地内建物の区分所有者で構成される団体または団地管理組合法人の集会で、団地内建物の区分所有者及び議決権の各5分の4以上の多数により、団地内建物につき、①一括して全部を取り壊し、②団地内建物の敷地（これに関

する権利を除く。）、もしくはその一部の土地、または団地内建物の敷地の全部もしくは一部を含む土地（これを「再建団地内敷地」という。）に、新たに建物を建築する旨の決議（一括建替え決議）をなしうる（区分所有第70条1項本文）。ただし、集会で、各団地内建物ごとに、その区分所有者の3分の2以上の者で、議決権の合計の3分の2以上の議決権を有するものが、一括建替え決議に賛成した場合に限られる（同条同項ただし書）。

団地内の建物の一括建替え決議の議決権には、団地内の建物の建替え承認決議が準用され、規約に別段の定めがあっても、当該団地内建物の敷地の持分の割合による（同条2項）。

（2）一括建替え決議の内容

団地内建物の一括建替え決議では、①再建団地内敷地の一体的な利用についての計画の概要、②新たに建築する建物（再建団地内建物）の設計の概要、③団地内建物の全部の取壊し及び再建団地内建物の建築に要する費用の概算額、④前号に規定する費用の分担に関する事項、⑤再建団地内建物の区分所有権の帰属に関する事項を定めなければならない（同条3項1号―5号）。

区分所有建物の建替え決議に関する第62条3項から8項、区分所有権等の売渡し請求等に関する第63条、建替えの合意に関する第64条の規定は、団地内建物の一括建替え決議について準用する（第70条4項）。

（3）建替え不参加者の所有権喪失

団地内建物の一括建替え決議がなされると、建替えに参加しない区分所有者は、時価による売渡請求権の行使を受けて、その区分所有権及び敷地利用権を失う（区分所有第70条4項、第63条4項）。この規定は財産権の保障を規定する憲法第29条に反するかが問題となった。

この問題について、判例は、団地内建物の一括建替え決議条項の合理性及び合憲性を強調している[157]。その結果、議決に反対した区分所有者は、建物

---

157) 最判平成21年4月23日判時2045号116頁：判旨を要約する。
　①区分所有権の行使については、他の区分所有権の行使との調整が不可欠である。区分所有者の集会の決議等による他の区分所有者の意思を反映した行使の制限は、区分所有権自体に内在し、これが区分所有権の性質である。
　②団地内全建物一括建替えは、団地全体として計画的に良好かつ安全な住環境を確保

の時価の給付を受けることと引き換えに、団地から追い出される。

　判例は「正当な対価」を理由としているが、問題は、「正当な対価」という問題にとどまらない。その地に長年住み慣れた区分所有者にとっては、居住空間の変更を余儀なくされる。この点は、単に財産権を保障する（憲法第29条）といった問題にとどまらず、他の人権規定とも関連する問題である（憲法第13条、第25条）。特に、若い頃からその地に居住していた者は、必然的に高齢者となっている。更に、子供のいない老夫婦にとっては、建替えは不要と感じる者もいよう。老朽化に伴い建替えの必要があるといっても、それには個人差がある。にもかかわらず、反対者は排除される。長年、同じ環境で住み慣れた居住者にとって、その住環境（近隣の情誼ないし付き合い、衣食住といった生活環境）から強制的に排除されるような措置は、同人にとって甘受し得ない人生最後の過酷な仕打ちではないだろうか。

　このような状況において、「団地の再建」を謳い文句とし、「老朽化」だけを理由として、区分所有者及び議決権の5分の4以上の多数決で一括建替え決議をし、最大で5分の1の反対者を追い出すことは、法律上の意味において妥当性を有するのだろうか、まさに、このような疑問が生ずる[158]。まさに、「公共の福祉」の名の下における暴力行為に等しいように思われる。

し、その敷地全体の効率的かつ一体的な利用を図ろうとするものであり、区分所有権の性質上、団地全体では法第62条1項の議決要件と同一の議決要件を定め、各建物単位では区分所有者の数及び議決権数の過半数を相当超える議決要件を定めており、同法第70条1項の定めは、なお合理性を失わない。

　③建替えに参加しない区分所有者は、区分所有権及び敷地利用権を時価で売り渡すこととされ（同法70条4項、63条4項）、その経済的損失については相応の手当がされている。

158) 社会経済上、また道徳・倫理上の意味合いとして、この措置は不合理な状況を醸し出す。また、法律的観点からは、この措置が憲法の志向する人権尊重の精神と調和するのか、疑問である。公共の福祉という名の下に個人の生活・人生が犠牲となる典型的な事例である。山野目章夫・リマークス41号（2010年）30頁、千葉恵美子・法教353号（2010年）判例セレクト2009（民法4）15頁は、いずれも本判決の評釈で同様の批判を展開する。

第5章　用益物権

第1節　総　説

　本章では、地上権（第265条以下）、永小作権（第270条以下）、地役権（第280条以下）、入会権（第263条、第294条）について論ずる。

　用益物権は他人の所有する土地を一定の範囲内で利用する物権である。この意味で他物権と称される。また、完全権たる所有権と対比し、利用目的が一定の範囲内に制限される物権ということで、制限物権とも称される。

　地上権は、工作物または竹木の所有を目的とし（第265条）、永小作権は、耕作または牧畜を目的とする（第270条）。地上権・永小作権ともに他人の土地を直接に占有し、土地の全体を排他的に使用・収益しうる。この意味では強力な物権である。しかし、土地賃借権が借地権（借地借家法）として物権化した今日では、地上権はその独自の存在意義を失っている。また、永小作権も、戦後の「農地改革」で農地の賃借人を含む小作人が激減したことにより、存在意義を失っている[1]。

　地役権も、承役地に対する通行権は土地賃借権でも設定可能であり、また、相隣関係規定の囲繞地通行権もあるから、地役権設定の例は極めて少ない[2]。

　これら三種の用益物権のほかに、慣習上の用益物権として、入会権・温泉権・水利権がある。民法は、これらのうち山林・原野（入会林野）の共同利用権として、入会権のみ規定した。しかし、入会権は、共有の性質を有するもの（第263条：総有的入会権）と、共有の性質を有しないもの（第294条：地役

---

1) 川島編『注釈民法（7）物権（2）〔渡辺洋三〕』401頁、川島・川井編『新版注釈民法（7）物権（2）〔渡辺洋三・鈴木禄彌〕』849頁参照。

2) 川島編『注釈民法（7）〔渡辺〕』401頁、川島・川井編『新版注釈民法（7）〔渡辺・鈴木〕』850頁。

権的入会権）という分類があるに過ぎず、権利の内容に関しては各地方の慣習によるとしたに過ぎない。

　入会権は、村落単位による総有的利用形態が徐々に失われ、入会団体さえ現代的な行政区画に編入され、現代的な権利関係に移行している（入会権近代化第1条参照）。しかし、地域の自然、環境、資源の保護という観点からは、入会権の消滅は乱開発による自然破壊などマイナスに働くので、入会権は、自然環境の保護という観点から、その保護・存続が要望されている。

《ポイント》
　用益物権の意味、特に所有権との違いについて、理解しよう。

第2節　地上権

第1項　地上権の意義と作用

1　地上権の意義

　地上権とは、他人の所有する土地の上に、工作物[3]（建物、橋梁、トンネルなど）を建築し、竹や樹木[4]を植栽することを目的とする物権である（第265条）。土地所有権と地上権との関係は、所有者の意思に基づいて土地所有権の権能のうち「使用権」を一定の期限つきで委譲するということである（土地の一時的な負担）。したがって、一定の期間経過後は、使用権能は所有者に復帰する（所有権の弾力性）。しかし、存続期間を「永久」と定めたときには、もはや所有者による使用は叶わず、まるで地上権者が所有者であるような様相を呈する（所有権の虚有権化〔地代徴収権〕）。

　地上権は物権であり、物権法定主義によってその内容及び効力が法定され

---

[3] 旧民法では「建物」と規定したが（財産編第171条）、建物と限定すると狭きに失し、建物以外の工作物（池、花壇など）を所有するため他人の土地を使用することも認めるべきだという理由から拡張したのである。廣中俊雄編著『民法修正案（前三編）の理由書』279—280頁、梅『要義二』228—229頁を参照。その結果、地上のみならず、地下の工作物もすべて地上権の目的として認められる。富井『原論二』193—194頁を参照。

[4] 竹木の植栽については、独立して竹木を植栽するために他人の所有する土地を借りることが予定されており、家屋に付随して竹木を植栽することは立法の目的ではない。『法典調査会民法議事速記録二』163頁以下及び170頁における梅謙次郎発言を参照。

ている。土地所有者は地上権者の地位を脆弱にしえない。しかし、土地所有者としては、負担はなるべく軽いほうが望ましい。そこで、現実的には、土地賃借権が地上権の代わりに用いられる[5]。それゆえ、社会的事実として、約定地上権はほとんど存在しない（ほとんどが法定地上権である：第388条、民執第81条）。

❷ 地上権と賃借権との関係・相違点

（1）地上権は無償での設定が可能だが（第266条1項類推）、賃借権は有償に限る（第601条）。

（2）地上権者には登記請求権があるが、賃借人にはない。不動産物権の変動は第三者に対抗するために登記が予定されている（第177条）。つまり、登記をしなければ、物権本来の対抗力ないし排他性を維持しえない。しかし、不動産の賃貸借は債権たる賃借権の発生を目的とする契約であるから（第601条）、賃借人に登記請求権はない（第605条は「登記をしたときは」と規定するに過ぎない）。

（3）民法上、地上権には存続期間の制限はないが[6]、土地賃借権には20年という制限がある（第604条）。しかし、借地借家法では、地上権も土地賃借権も存続期間は原則として一律30年であり、約定される場合には無制限である（借地借家第3条）[7]。

（4）地上権者は、地上権の使用・収益・処分が自由であるが、賃借権の譲渡または賃借物の転貸には賃貸人の承諾を要する（第612条）。また、地上権者は、地上権消滅時における工作物及び竹木の収去権を有するが、これらの買取請求権は地上権設定者（土地所有者）にある（第269条1項）。これに対して、賃借人は、費用償還請求権（第608条）と土地に附属させた物の収去権を有する（第616条、第598条）。更に、借地借家法の適用を受ける場合には、地

---

5) なお、地上権と土地賃借権の歴史的変遷、借地法制の変遷などについては、石口『物権法』597—602頁を参照。
6) 我妻＝有泉『新訂物権』351—352頁。約定も慣習もないときには、20年以上50年以下と解される（第268条2項類推）。
7) 我妻＝有泉『新訂物権』355頁参照。

上権者・土地賃借人ともに設定者に対する建物買取請求権を有する（借地借家第13条）。また、設定者が賃借権の譲渡または転貸を承諾しない場合には、承諾に代わる許可の裁判を求めうる（同法第19条）。

（5）地上権の場合には、特約のない限り、土地所有者は地上権者の使用を妨げてはならない（消極的義務）[8]。賃貸人も土地を賃借人の使用収益に適する状態に置かなければならない（積極的義務：第606条）。しかし、現実には、権利・義務関係は約定による。したがって、地代・敷金・権利金等の支払・授受に関して、地上権・土地賃借権ともに全て約定しうる。

《ポイント》
　地上権と土地賃借権との違いについて、整理し、理解しよう。

❸　地上権の法的性質

（1）土地の一部に関する地上権の設定

　一筆の土地全体にではなく、土地の一部に地上権が成立するかという問題がある。古い判例は、設定当事者間に意思表示があることを要件として、これを肯定した[9]。所有権に関して、一筆の土地の一部も取引の目的とし、時効取得を認めるのと同様、地上権についても、この問題は肯定されうる。しかし、現行の不動産登記法において問題が生ずる。地上権の範囲を登記するのは、区分地上権の場合に限られるからである（民法第269条の2、不登第78条5号）。したがって、土地の一部に地上権を設定し、登記するには、分筆手続を経由する以外には方法がない。

（2）地上権の目的

　地上権は工作物または竹木の所有を目的とする権利である。工作物とは、主として建物であるが、テレビ塔、橋梁、溝渠、記念碑、トンネルなど、地上・地下を問わず一切の施設を指す。竹木には制限がなく、すべての樹木を

8）大判大正6年9月6日民録23輯1250頁：地上権を設定した土地所有者には、土地の使用権のみならず、地上権者以外の者に使用・収益させる権利もないと明言する。
9）大判明治34年10月28日民録7輯9巻162頁：「地上権にして、一つの法律行為を以て設定したものに係り、工作物敷地のほかその四囲に空隙あるも、工作物使用のため随時要すべき場所は、その権利中に包含する。」

指す。植栽が耕作と見られる植物（穀物、野菜など）の場合には、永小作権の目的となる[10]。「竹木」の種類について、茶畑は通常は小作物であるが、当事者意思の問題でもあり、意思不明のときには永小作権の目的となる[11]。

（3）土地の使用権

地上権は土地を使用する権利である。その範囲は、工作物の所有を目的とする場合には、工作物を所有するために必要な範囲内の土地使用権を有し、竹木の所有を目的とする場合には、竹木を所有するために必要な範囲内の土地使用権を有する。設定契約時に工作物や竹木が存在する必要はない。

第2項　地上権の取得

1　地上権の取得原因

地上権は設定契約で取得されるが、遺言（遺贈〔第964条〕）でも設定され[12]、取得時効（第163条）、地上権の譲渡、あるいは相続（第896条）でも取得しうる。

民法施行前から他人の所有地上に工作物・竹木を所有する権利者は地上権者という推定を受けたが（地上権第1条）、現実的ではない。実際に、地上権法の施行後、地上権か賃借権かが判明しないという訴訟が数多く発生した。判例は、権利の譲渡性の有無[13]、存続期間の長短[14]、土地に関する費用負担[15]、という観点から、地上権か土地賃借権かを決した。しかし、借地の貸借関係

---

10) 我妻＝有泉『新訂物権』345-346頁。しかし、農地に農業用の工作物を設け、竹木を所有するために地上権を設定することは妨げないと言う。
11) 『法典調査会民法議事速記録二』168頁における箕作麟祥委員の質問と梅謙次郎委員の回答を参照。
12) 第964条は、特定の名義による遺言で財産を処分しうると規定するので、地上権を設定しうる。
13) 大判明治32年1月22日民録5輯1巻31頁。
14) 大判明治33年10月29日民録6輯9巻97頁：永く保存を要する家屋を建設し、無期限にて地所を使用するものにして、他に賃貸借たる意思を示す事実がなければ、地上権を設定したものと推定する。地所使用の報償たる金員の支払は地上権と認める妨げにならない。
15) 大判明治37年11月2日民録10輯1389頁：地主が土地の費用を負担するとしても、この約定は地上権の性質と相容れないものではない。

において、「譲渡・転貸を認める（自由とする）」などの文言があるときには、その裏には賃貸借だが特別に権利の処分を認めるという意味が込められるので、これらの場合には賃貸借である。地上権か賃借権かが判明しない場合には賃借権とみなすべきであり、当事者の関係が親子や夫婦の場合には、使用貸借とみなすべきである。

❷ 法定地上権の成立

　法定地上権は、抵当権実行の結果、土地と地上建物の所有者が異なるに至った際に、土地利用権のない地上建物を存続させるため、土地に設定されたものとみなされる地上権である（第388条）。土地または建物の競売の結果、建物の存在根拠たる土地利用権を確保すべき必要性と、その際に生じうべき土地所有者の負担との調整を図るという趣旨である。土地所有者に対する土地利用権の負担受忍という公益上の要請と、抵当権設定当事者の合理的意思解釈から、制度の存在意義を構築する。同様の趣旨から、立木法と民事執行法にも類似の規定がある（立木第5条1項本文、民執第81条前段）[16]。

第3項　地上権の存続期間

❶　民法上の地上権

（１）存続期間を約定する場合

（ア）地上権の最長期

　民法には存続期間の制限がないので、その最長期は「永久の」地上権と解される。判例は、古くからこれを認める[17]。だがこれより前、民法の起草者は、永久という期間設定は無効であり、期間の定めのないのと同じであるとして、永久の地上権を認めていなかった[18]。しかし、学説は、①永久の地上権者は所有者と同様に土地の利用・改良を図る、②所有権は事実上永久の地

---

16) 詳細は、石口『要論Ⅲ』156頁以下を参照。
17) 大判明治36年11月16日民録9輯1244頁ほか。
18) 梅『要義二』239頁は、永久の地上権はほとんど所有権と同じであり、許されないと述べる。また、富井『原論二』199頁も同様に、土地所有権の作用を全滅させるに等しいとして、永久の地上権は認められないとしていた。

代徴収権と化している、③賃借権が物権化し、借地権が確立しているなどから、④所有権が分解的傾向を示しているとして、永久の地上権を認める判例法理に従うと言う[19]。

判例に現れた事案として、「無期限」と登記された期間の定めがあったものがあり、この場合には、判例・学説とも、反証のない限り、永久ではなく、期間の定めのないものとして取り扱うべき旨を指摘する[20]。ただし、この場合でも、例えば、「運炭車道用レール敷設のため」という目的が設定されているときには、「無期限」とは、「炭鉱経営の継続する限り」という趣旨と解されている[21]。

（イ）地上権の最短期

建物の所有を目的とする地上権の場合には、借地借家法が最短期を30年と法定するので問題はない（第3条）。借地借家法が適用されない地上権の場合に問題となるが、この場合にも、根本的には、借地権の場合と同様の理論が適用されるべきものと解されている[22]。

（2）存続期間を約定しない場合

地上権の存続期間を定めない場合において、別段の慣習があるときには、その慣習に従うべきものと解される（第268条1項及び判例の解釈[23]）。存続期間について慣習が存在しない場合において、地上権者が権利を放棄しない

---

19) 我妻『物権法』237頁、我妻＝有泉『新訂物権』352頁、同旨、舟橋『物権法』400頁。また、末川『物権法』327頁は、所有者が地代を収得しうるような関係が続く限りは、所有権の実質がなくなるともいえないとして、永久の地上権を認め、更に、近江『講義Ⅱ』269頁は、民法の原則に悖るものではないとして、これを承認すべきものと解している。このように、近時の通説は、永久の地上権を認めている。

20) 大判昭和15年6月26日民集19巻1033頁：「無期限とは反証なき限り存続期間の定めなき地上権を指すものである。」我妻＝有泉『新訂物権』352頁は判例を支持する。

21) 大判昭和16年8月14日民集20巻1074頁：本件地上権は炭鉱に随伴し炭鉱が廃坑となりまたは採掘を中止しない限り存続する趣旨である。大判昭和16年9月11日新聞4749号11頁も同旨である。我妻＝有泉『新訂物権』352頁は、これらの判例を支持する。

22) 我妻＝有泉『新訂物権』353頁。

23) 大判明治32年12月22日民録5輯11巻99頁：「民法第268条は、地上権の設定行為にして存続期間の定めなき場合に別段の慣習存在するときは、その慣習に従うべきことを定めたものである。」

ときには、裁判所は、当事者の請求により、20年以上50年以下の範囲内で、工作物または竹木の種類及び状況、その他地上権設定当時の事情を斟酌して、その存続期間を定める（第268条2項）。この存続期間は、裁判時からではなく、設定時からと解される[24]。この解釈から、裁判時には既に存続期間が経過している場合もある。しかし、それでは裁判所が期間を定めた意味がない。そこで、通説は、賃貸借の更新推定に関する第619条1項を類推適用し、裁判所で定められるべき期間が黙示の更新によって存続するものと認めればよいと解している[25]。

民法施行前の地上権のうち、存続期間の定めがなく、地上権者が地上に建物または竹木を所有するときには、建物の朽廃[26]、または竹木が伐採期に至るまで地上権は存続する（民施第44条2項）。

❷ 借地借家法による修正

（1）存続期間

建物の所有を目的とする地上権及び土地賃借権（借地権）には借地借家法が適用され、借地権の存続期間は原則として30年となる（借地借家第3条）。これは借地権の最短期であるから、これより長期に設定しうる（同条ただし書）。

（2）借地契約の更新等

（ア）約定更新・法定更新

借地権者からの更新請求による更新の場合には、更新後の存続期間は、初回の更新は更新日から20年、2回目以降は10年となる（借地借家第4条）。ただし、これも最短期間であり、これより長期に約定しうる（同条ただし書）。

借地権者が更新請求したが、相手方が異議を述べず、何らの約定もない場合には、法定更新となる。法定更新は、期間のみ法定期間となるが（同法第4

---

[24] 我妻＝有泉『新訂物権』353頁、末川『物權法』328頁、舟橋『物權法』401頁ほか多数。
[25] 我妻＝有泉『新訂物權』353—354頁。
[26] 自然朽廃の意味であり、災害等による滅失を含まない（大判明治35年11月24日民録8輯10巻150頁ほか）。

条)、その他の内容は、すべて従前の契約と同一のものとなる（同法第5条1項）。借地権者が更新請求しない場合でも、①存続期間満了後も建物が存在し、②借地権者が土地の使用を継続しており、③設定者が何ら異議を述べないときには、法定更新となる（同法第5条2項）。法定更新の場合でも、第4条の更新期間が適用される。

（イ）建物の再築による借地期間の延長

　借地権の存続期間満了前に建物が滅失した場合に（借地権者または転借地権者による取壊しを含む。）[27]、借地権者が残存期間を超えて存続すべき建物を築造したときには、その建物を築造するにつき借地権設定者の承諾がある場合に限り、借地権は、承諾があった日または建物が築造された日のいずれか早い日から20年間存続する（借地借家第7条1項）。ただし、残存期間がこれより長いとき、または当事者がこれより長い期間を定めたときには、その期間による（同条同項ただし書）。

　存続期間満了前に地上建物が朽廃すると、借地権は消滅するか。判例は、期間満了前に建物が火災により滅失したので、借地権者が再築を希望したところ、設定者が拒絶し、土地明渡しの調停中に期間が満了したという事案において、借地権者の更新請求を認めた[28]。借地借家法は、設定者の承諾を要件として、残存期間を超える建物の建築による借地権の期間延長を認めている。しかし、設定者の承諾が得られない場合でも、原則として、地上建物の存在により、借地権者からの更新請求は許されるものと解すべきである。

《ポイント》
　借地権の存続期間について、地上権、賃借権、それぞれについて、民法と借地借家法とを比較して、理解しよう。

---

[27] 最判昭和38年5月21日民集17巻4号545頁：「借地法第7条は建物の滅失原因についてなんら制限を加えていないこと、同条は滅失後築造された建物の利用をできるだけ全うさせようとする趣旨であることに鑑みれば、同条にいう建物の滅失とは、原因が自然的であると人工的であると、借地権者の任意の取毀しであると否とを問わず、建物が滅失した一切の場合を指す。」本条の修正は、この考え方を立法化したものである。
[28] 最判昭和52年3月15日判時852号60頁：このような場合に、設定者が地上建物の不存在を理由として借地権者に借地法第4条1項に基づく借地権の更新請求権がないと主張して争うことは、信義則上許されない。

(3) 定期借地権など

(ア) 定期借地権

　定期借地権は、存続期間を50年以上とし（不動産実務では50年が多い。）、契約更新や建物の再築等による存続期間の延長がなく（借地借家第9条、第16条の除外）、建物買取請求権（同法第13条）もないという特約を付した特別の借地権である（同法第22条前段）。定期借地権設定契約は、公正証書によるなど、書面によることを要する（同法第22条後段）。

(イ) 建物譲渡特約付借地権

　建物譲渡特約付借地権は、設定後30年以上を経過した日に、借地上の建物を設定者に相当な対価で譲渡する旨の特約を付した借地権である（借地借家第24条1項）。特約により、一定の日に借地権は消滅する。しかし、借地権者や同人からの建物賃借人が借地権消滅後に建物の使用を請求したときには、請求時に、借地権者または建物の賃借人と借地権設定者との間で期間の定めのない建物賃貸借を設定したものとみなされ、また、請求時に借地権の残存期間があるときには、その残存期間を存続期間とする賃貸借を設定したものとみなされる（同条2項前段）。

(ウ) 事業用借地権

　事業用借地権は、専ら事業に用いられる建物（居住用以外の建物）の所有を目的とし、存続期間を30年以上50年未満として、更新・延長、建物買取請求権がない借地権である（借地借家第23条1項）。また、事業用借地権は、借地権の例外として、存続期間を10年以上30年未満とすることも認められている。この場合には、更新・延長及びその効果に関する規定はすべて適用されない（同法第23条2項により同法第3条―第8条、第13条、第18条の適用を除外している）。設定契約は、必ず公正証書によらなければならない（同法第23条3項）。

(エ) 一時使用目的の借地権

　一時使用目的の借地権とは、臨時設備の設置その他一時使用のために設定される借地権のことである。建物の所有目的でも、博覧会場の建物、サーカス興行用の建物、建設現場の工事用プレハブ建物などの場合には、存続期間、更新・延長・建物買取請求などの権利行使はありえない。そこで、これら借

地権に特有な規定（借地借家第3条〜第8条、第13条、第17条、第18条）の適用はすべて除外され、また、定期借地（同法第22条〜第24条）からも除外されている（同法第25条）。

第4項　地上権の効力
1　地上権者の土地使用権
（1）土地使用権

　地上権者は、約定された目的の範囲内で、土地を使用する権利を有する[29]。その内容に関しては、約定により、工作物と竹木の両方または一方のみの所有を目的とし、あるいは工作物や竹木の種類を限定しうる（木造住宅の建築、杉、檜の植栽など）[30]。ただ、この場合には、その内容を登記しなければ、第三者に対抗しえない（第177条、不登第78条）。

　永小作権は、設定行為で禁じていないことを要件として譲渡・転貸の自由を法定する（第272条）。この規定を地上権に類推適用しうるかが問題となる。判例及び通説はこれを認めており[31]、その結果、土地所有者は土地の賃貸権を失う[32]。

　地上権者が地上権を行使した場合には、土地に何らかの変更を加えることになる。永小作権者は土地に永久の損害を生ずるような変更を加えることが禁じられている（第271条）。これを地上権に類推適用しうるかが問題となる。通説は、地上権者も他人の土地を一定の目的に使用する者として、永小作権者と同一の制限を受けるべきは当然であると言う[33]。判例は、隣地所有者のために通路を設けるという程度の変更は、土地に永久の損害を生ずるよ

---

29) 前掲大判明治32年1月22日、前掲大判明治37年11月2日。
30) 我妻－有泉『新訂物権』359頁。
31) 大判明治37年6月24日民録10輯880頁：両者はともに一種の借地権であり、均しく物権であることを理由とする。富井『原論二』205頁、我妻＝有泉『新訂物権』360頁は、物権としての使用は賃貸権のように土地所有者との間に対人的な関係が生ずるものではないことを理由とする。
32) 前掲大判大正6年9月6日。
33) 我妻＝有泉『新訂物権』360頁は、永久の地上権であっても、土地の譲渡価格に永久の損害が生じるような変更はできないという。舟橋『物権法』402頁も参照。

うな変更ではないと解している[34]。

(2) 地上権と相隣関係

地上権者は、土地の物権的利用権者として、所有者に準ずる地位にあるので、原則として、所有者と同一視され、相隣関係制度（第209条—238条）の準用規定（第267条）がある[35]。したがって、地上権者相互間、または、地上権者と土地所有者との間に準用される。ただし、境界線上の境界標（杭）、囲障（塀・柵・垣根など）、障壁（石垣・壁・塀など）及び溝及び堀（排水溝など）の共有推定規定（第229条）は、地上権設定後に設置したものに限り、地上権者が隣地の所有者等と共同してその費用を支出したものと推定すべきであるから、その範囲でのみ準用される（第267条ただし書）[36]。

(3) 物権的請求権

地上権の設定行為は、所有者が地上権者に占有を媒介することにほかならない。この意味において、設定者たる土地所有者は直接占有を失って間接自主占有者となり、地上権者は直接他主占有者となるのであって、所有者に対しては占有代理人（第181条）の地位に立つ。地上権者は占有者であるから、占有訴権（第197条）を有する。しかし、地上権は本権としての物権であるから、何らかの外的な作用により地上権の行使が妨げられている場合には、物権的請求権により、これを排除しうる。

❷ 地上権の対抗力

(1) 地上権の登記

地上権は不動産に関する物権であるから、登記をしなければ第三者に対抗しえない（第177条）。登記には、登記義務者たる設定者の協力が必要である（共同申請の原則〔不登第60条〕）。しかし、設定者の協力が得られない場合でも、地上権者は設定者に対して登記請求権を有するので、この請求権を行使して、裁判所から「被告（設定者）は原告（地上権者）名義の地上権設定登記をせよ」という給付の確定判決を獲得し、この判決によって単独で登記を申

---

[34] 大判昭和15年11月19日判決全集8輯1号3頁。
[35] 梅『要義二』232頁、富井『原論二』207頁。
[36] なお、梅『要義二』233頁、富井『原論二』207頁参照。

請しうる（不登第63条）。また、仮登記の単独申請という途もある（不登第105条、第107条1項）。この単独仮登記手続には、登記義務者の承諾書を添付する方法と、仮登記仮処分（民保第23条1項）を利用する方法（不登第108条1項、不登令第7条5号ロ（2））、の2通りがある。

地上権の登記後は、物権一般の原則に従って排他性を有し（第177条）、地上権者は、所有権に準じて、地上権の自由な使用、収益及び処分権を有する。

（2）借地権の対抗力
（ア）総　説

〔設例5－2－1〕

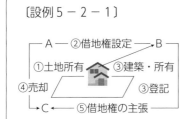

Bは、Aの土地を借地して自宅を新築した。ところが、土地所有者Aが第三者Cに土地を売却しそうである。BはCに対して、どのようにして、借地権を対抗したらよいだろうか。

A・B間において、Aの所有地にBの建物所有を目的とする地上権または土地賃借権（借地権〔借地借家第2条1号〕）の設定契約を締結した。Bは約定に従い、借地上に建物を建築し、所有する。Bは、土地の第三取得者Cが所有権移転登記を経由する前に地上建物の登記を経由することにより、Cに借地権を対抗しうる（借地借家第10条〔その前は建物保護法第1条〕）。借地権者の土地利用の保護という要請と、第三者の取引安全の保護という要請との調和を目的として、借地上の建物を登記することにより、借地権を推知させるのである。これによって、債権たる土地賃借権が物権化する。なお、この「登記」は表題部の登記だけでもよい[37]。

〔設例〕のように、借地権の登記がなくとも、借地上に登記した建物を有するときには、借地権に対抗力が付与される。この場合、「登記した建物」とい

---

37) 最判昭和50年2月13日民集29巻2号83頁：借地権者の土地利用の保護の要請と、第三者の取引安全の保護の要請との調和をを図るには、権利の登記に限らないという。

う要件に関して、借地権の設定された土地の上に正確に登記された建物が存在する必要があるかという問題がある。この問題について、判例は、登記簿上の建物の所在地番が誤っていたという事案において、「実際と多少相違していても、建物の種類、構造、床面積等の記載と相まち、その登記の表示全体において当該建物の同一性を認識しうる程度の軽微な誤りであり、殊にたやすく更正登記ができるような場合には」、登記した建物を有するという要件を充たすとした[38]。

《ポイント》
借地権の対抗要件について、理解しよう。

(イ) 建物の登記名義

〔設例5－2－2〕
　AはCから土地を賃借し、地上に住宅を建築して、家族で居住していたが、Aは病気がちで、自分は長生きできないと思っていたので、家屋の登記名義は長男B名義として登記した。
　Dは、Cと土地を交換し、所有権移転登記を経由した後、Bに対し、建物収去・土地明渡しを求めた。AとBはどうしたらよいだろうか。

〔設例〕では、借地借家法第10条の「借地権者が登記されている建物を所有するとき」という要件の解釈が問題となる。

この問題について、判例は、建物の登記名義は借地権者本人に限られ、同居の親族たる長男名義でも借地権の対抗力は認められないとした[39]。その理由は、土地取引に入る者は地上建物の登記名義により借地権の存在を推知しうるからであるという。そうすると、借地権者と建物所有者がともにAで

---

[38] 最大判昭和40年3月17日民集19巻2号453頁：土地を買い受けようとする第三者は現地を検分して建物の所在を知り、賃借権等の土地使用権原の存在を推知するのが通例であるから、このように解しても、借地権者と敷地の第三取得者との利益調整上、必ずしも後者の利益を不当に害するものとはいえず、また、取引の安全を不当に損なうものとも認められないからである。

[39] 最大判昭和41年4月27日民集20巻4号870頁。

あっても、建物の登記名義人がBという状況では、土地の新所有者Dに借地権を対抗しえないこととなる。したがって、AとBは土地明渡請求に応じるしかない。本件以外にも、判例は、建物が妻名義の事案[40]、養母名義の事案[41]、そして、譲渡担保権者名義の事案[42]において、いずれも、借地権の対抗力を否定した。しかし、本件では、事実として借地権者Aが実体法上の建物所有者であり、また、長男Bが登記名義人であっても、建物に同居している以上、建物の表示機能により、十分、借地権を推知しうるものと思われる。

そこで、学説は、土地の取引に際しては、建物登記簿から借地権の存否を確認するのではなく、現地確認において、取引の対象とされた土地の同一性と建物の存否が確認され、建物が存在すれば建物登記簿に及ぶのが普通であるものと解し、判例は厳格に過ぎるものと批判する[43]。したがって、この問題に関しては、形式的な建物の所有登記名義ではなく、現実の建物所有者は誰なのかで判断すべきであり、これが借地権者であるならば、借地権の対抗力を認めるべきである。

《ポイント》
建物の登記名義が借地権者本人ではない場合には借地権の対抗力を否定するという判例法理について、検討してみよう。

（3）大規模な災害の被災地における借地借家に関する特別措置法
（ア）趣旨・適用区域

東日本大震災の被災地における借地・借家関係の調整・処理を迅速に進めるため、罹災都市借地借家臨時処理法（罹災都市法）の見直しが図られ、標記の「被災地借地借家特別措置法（平成25年6月26日法律第61号）」が制定さ

---

40) 最判昭和47年6月22日民集26巻5号1051頁、最判昭和47年7月13日判時682号23頁。
41) 最判昭和58年4月14日判時1077号62頁。
42) 最判平成元年2月7日判時1319号102頁：Xが本件土地につき所有権移転登記を経由した当時、Yは、すでに譲渡担保権者に対し本件建物につき代物弁済を登記原因とする所有権移転登記手続を了し、本件土地上に自己所有名義で登記した建物を有していなかったのであるから、建物保護に関する法律第1条の趣旨にかんがみ、本件土地賃借権を第三者であるXに対抗しえない。
43) 我妻＝有泉『新訂物権』365頁。

れ、同年9月25日より施行された。これにより、罹災都市法は廃止された。同法の趣旨は、大規模災害の被災地において、当該災害により借地上の建物が滅失した場合における借地権者の保護等を図るための借地借家に関する特別措置を定めるものである（被災地借地借家第1条）。そこで、大規模な災害が発生し、被災地で借地権の保護その他の借地借家に関して配慮することが特に必要と認められる場合には、当該災害を政令で特定大規模災害と指定し（同法第2条）、本法の措置を適用するため、その適用地区を指定しなければならない（同条2項）。

（イ）借地契約の解約等の特例

特定大規模災害により借地権の目的たる土地の上の建物が滅失した場合には、第2条1項の政令施行日から起算して1年を経過する日までの間は、借地権者は、地上権の放棄または土地賃貸借の解約申入れができ（同法第3条1項）、借地権は放棄等の日から3か月の経過により消滅する（同条2項）。

（ウ）借地権の対抗力の特例

借地上に登記した建物を所有し、借地権の対抗要件を充たす場合には（借地借家第10条）、当該建物が滅失しても、その滅失が特定大規模災害によるものであるときには、前掲政令施行日から起算して6か月を経過する日までの間は、借地権は、なお対抗力を有する（被災地借地借家第4条1項）。借地権者が、その建物を特定するために必要な事項及び建物を新たに築造する旨を土地の上の見やすい場所に掲示するときも、借地権は、なお従前の対抗力を有する（同条2項本文）。ただし、前掲政令施行日から起算して3年経過後は、その前に建物を新たに築造し、かつ、その建物につき登記した場合に限る（同条同項ただし書）。本条の規定により、第三者に対抗しうる借地権の目的たる土地が売買の目的物である場合には、地上権等がある場合における売主の担保責任の規定（民法第566条1項、3項）が準用される（被災地借地借家第4条3項）。また、同時履行の抗弁権（民法第533条）も準用される（被災地借地借家第4条4項）。

（エ）賃借権の譲渡または転貸の許可の特例

土地賃借権の譲渡または転貸の許可の特例として、特定大規模災害により、借地上の建物が滅失した結果、土地賃借権の譲渡・目的土地の転貸をしよう

とする場合に、借地権設定者に不利となるおそれがないのに、借地権設定者がその賃借権の譲渡・転貸を承諾しないときには、裁判所は、借地権者の申立てにより、設定者の承諾に代わる許可を与えうる。この場合において、当事者間の利益の衡平を図るため必要があるときには、賃借権の譲渡・転貸を条件とする借地条件の変更を命じ、またはその許可を財産上の給付に係らしめうる（同法第5条1項）。被災地借地借家法第3条から第5条までの規定は強行規定であり、これらの規定に反する特約で借地権者または転借地権者に不利なものは無効とされる（同法第6条）。

(オ) 被災地短期借地権

被災地復興のための措置として、被災地短期借地権が創設された。前掲政令施行日から起算して2年を経過する日までの間に、指定地区に所在する土地について借地権を設定する場合には、借地借家法第9条の規定にかかわらず、存続期間を5年以下とし、かつ、契約の更新（更新の請求及び土地の使用の継続によるものを含む。）及び建物の築造による存続期間の延長がないこととする旨を定めうる（同法第7条1項）。そのような定めのある借地権を設定するときには、建物買取請求権（借地借家第13条）、借地条件の変更・増改築の許可（第17条）及び一時使用目的の借地権への適用除外（第25条）の規定は、適用しない（被災地借地借家第7条2項）。なお、被災地短期借地権設定契約は、公正証書による等書面によらなければならない（同条3項）。

(カ) 滅失建物の借家人への通知

特定大規模災害により賃貸建物（旧建物）が滅失した場合に、旧建物の滅失当時の旧建物賃貸人が旧建物の敷地に滅失直前の用途と同一用途の建物を新たに建築する場合もある。この場合には、前掲政令施行日から起算して3年を経過する日までの間にその建物について賃貸借契約の締結の勧誘をするときには、従前の賃貸人は、当該滅失の当時旧建物を自ら使用していた賃借人（転借人を含み、一時使用のための賃借人を除く。）のうち知れている者に対し、遅滞なくその旨を通知しなければならない（被災地借地借家第8条）。従前の借家人に優先枠を確保するわけではないが、被災地復興に必要な地域のコミュニティーを維持することを目的とする。

❸ 地上権者の投下資本の回収

(1) 地上権の処分

(ア) 地上権の譲渡

地上権者は、建物その他の工作物を建築し、植林して、多大な資本を投下する。この資本を回収する途は、工作物や樹木とともに他人に地上権を譲渡し、あるいは担保提供することによって可能となる。

地上権は抵当権の目的となるが（第369条2項）、地上権の譲渡に関する規定はない。しかし、抵当権の設定行為と売買がともに処分行為であること、また、物権としての性質たる権利処分の自由との両面から考察すると、譲渡性を有する[44]。それゆえ、地上権の設定当事者間において、地上権の譲渡・賃貸借・担保権設定の禁止を約定しても、このような特約は債権的効力を有するのみであり、第三者には対抗しえない[45]。

(イ) 工作物・竹木の処分と地上権の帰趨

地上権者が地上の工作物、特に建物を譲渡した場合には、通常は、地上権つきの建物として、地上権の譲渡をも伴う[46]。竹木の売買は、通常、資材や材木としての売買であるから、地上権の譲渡を伴うのは、造園業者がその事業の譲渡に伴い、樹木と地上権を一緒に処分するような場合に限定される。しかし、いずれの場合も、当事者の契約解釈という問題に帰着する。地上権を留保するという反対の意思表示も可能である。

---

44) 前掲大判明治32年1月22日は、地上権者は恰かも所有者の如くその土地を使用する権利を有し、かつ、地主の承諾なくして自由にその権利の譲渡をすることができ、これが賃貸借との相違点である旨を明言する。

45) 我妻＝有泉『新訂物権』369頁。大判明治34年6月24日民録7輯6巻60頁は地上権の売買を禁止するという制限は公益を害するものではないから、当事者間では有効だが、善意の第三者に対抗しえないという。しかし、「善意の第二者」という点は、根拠に乏しいとされる（我妻＝有泉『新訂物権』前掲同頁）。

46) 大判明治33年3月9日民録6輯3巻48頁：「地上権と分離してこれを譲渡すべき意思表示をなしたときは格別、そうでないときは、その地上権は建物とともに建物の買主に移転したものとみなすのは当然である。」

　大判明治37年12月13日民録10輯1600頁も同旨である。

　大判大正10年11月28日民録27輯2070頁：法定地上権つき建物の競落人からの転得買主は、地上権つきの建物所有者として扱われる。

（2）地上物の収去権と買取請求権
（ア）地上物の収去権
　地上権者は、権利の消滅に際して、土地を原状に復して、工作物及び竹木を収去しうる（第269条1項本文）。これは、一方では、地上権者に自己の所有する地上物の収去権を与え、他方では、地上権者に原状回復義務を課したものである[47]。しかし、客観的に見て、建物や給排水設備などは、土地にとって有益な設備である場合もあり、また、盛り土、庭園、給排水設備などは、除却が不適切な場合もある。したがって、このような場合には、地上権者には原状回復義務はないものとし、却って、地上権者は、設定者に対して、有益費相当額の費用償還を請求しうるものと解してよい[48]。

（イ）地上物の買取請求権
　建物などの工作物は、収去してしまえば、単に材木（古材）としての価値しかなく、鉄筋コンクリートなどは産業廃棄物と化してしまう。そこで、建物など、地上物の買取請求制度が必要となる。借地借家法は、借地権者に建物買取請求権を認めるが（同法第13条）、民法は、土地所有者に地上物買受請求権を認める（第269条1項ただし書）。この規定は、設定者が時価を提供し、地上物を買い取る旨を地上権者に通知することによって、地上権者の収去権を失わせるという仕組みである。しかし、これは現実的ではない。設定者が買受請求をしなければ、地上権者が収去義務を負い、これでは社会経済上の損失が甚大となるからである。そこで、借地借家法は、地上建物の買取請求権を借地権者に与えたのである。なお、地上権者の収去権・設定者の買受権に関して別段の慣習があるときには、その慣習による（第269条2項）。

（3）借地権者の建物買取請求権
　借地権の設定者が、自ら土地の使用を必要とするなど、「正当事由」を掲げて更新を拒絶するなどして（借地借家第6条）、借地契約を更新しない場合に

---

[47] 我妻＝有泉『新訂物権』370頁。
[48] 我妻＝有泉『新訂物権』370頁。しかし、石田穣『物権法』440頁は、盛り土の場合には工作物の収去の問題はなく、我妻博士と同様、地上権者の費用償還請求という問題になるが、設備等の場合には、工作物収去を原則とし、土地所有者の買取請求の問題として処理すべきものと解している。

は、借地権者は、建物買取請求権を行使しうる（同法第13条）。建物買取請求権の性質は形成権であるから[49]、借地権者の一方的な意思表示によって、時価による売買契約の効力が生ずる[50]。この時価には借地権価額は含まれないものと解されてきたが[51]、設定時に借地権の売買として権利金等の名目でその代価が支払われていた場合には、買取請求の時価にも借地権価額を含むものと解すべきである[52]。

　建物買取請求権は、借地契約が更新されない場合に発生するが、債務不履行による契約解除の場合にも適用されるかが問題となる。判例は、この買取請求権は更新されるべき借地契約が更新されないという前提があるからこその規定であるとして、解除による借地権消滅の場合には、適用を否定する[53]。学説も、立法論としてはともかく、更新請求権と表裏をなすものという借地借家法の解釈としては否定すべきものと解している[54]。

　次に、建物買取請求権行使の時期について問題となる。借地権者が更新を請求し、設定者が更新を拒絶して土地明渡しの訴えを提起した場合には、借地権者は設定者に正当事由のないことを主張する。この場合に、借地権者が敗訴したときには、設定者は土地明渡しの執行を請求する。しかし、この執行に対し、借地権者は、建物買取請求権の存在を主張し、請求異議の訴えにより（民執第35条）、これを阻止しうる[55]。なお、建物買取請求権は、借地上の建物を借地権者から買い受けた第三取得者にも認められている（借地借家第14条）。

《ポイント》
　借地権者の建物買取請求権の意義、性質、効果について、理解しよう。

---

49) 通説であり異説を見ない。我妻榮『債権各論中巻一』490頁等参照。
50) 大判昭和16年10月1日新聞4738号9頁。
51) 前掲大判昭和16年10月1日、大判昭和17年5月12日民集21巻533頁。いずれも、建物の時価は本体価格のみであり、借地権の価格は除外する。
52) 我妻『債権各論中巻一』491頁は、権利金の性質によっては返還請求権を生ずることもありうると言う。支払った権利金の価額と借地権の時価とが異なる場合があり、これが上昇しているときには、設定者は、その差額を買取請求権者に支払うべきである。
53) 大判大正15年10月12日民集5巻726頁。
54) 我妻＝有泉『新訂物権』372頁。
55) 我妻『債権各論中巻一』490―491頁。

（4）費用償還請求権

　地上権者は自ら土地に有益となる費用を投下する場合が多い。この場合における費用償還請求権に関する法的構成が問題となる。土地賃借権の場合には、賃貸人が賃借人の使用及び収益に必要な修繕義務を負担する（第606条1項）。賃借人が生活や仕事に必要な範囲で給水設備等を修理した場合には、賃貸人の義務行為を賃借人が代行して費用を負担したので、必要費の償還請求が認められる（第608条1項）。しかし、地上権は物権であり、地上権者は自由に土地の利用に必要な給排水設備を施すのであるから、必要費の償還請求は認められない。しかしながら、地上権の消滅後は、土地に有益費用としての利得が残存する。また、地上権の場合には、土地の提供を受けるだけで、利用方法は目的の範囲内で地上権者の自由であるから、必要費も有益費化しうる。したがって、地上権の場合にも、賃貸借の有益費償還に関する規定を類推適用し、地上権の消滅時に、土地所有者の選択に従い、地上権者が土地について支出した金額、または、現存する価値を土地所有者に償還させ、土地所有者の請求により、裁判所が相当の期限を許与しうる（第608条2項、第196条2項）ものと解すべきである[56]。

《ポイント》
　地上権者の費用償還請求権について、理解しよう。

❹ 地上権と地代

（1）地上権と地代との関係

　地上権は地代の支払を予定していない。それは、「地上権者が土地の所有者に定期の地代を支払う場合」には（第266条1項）、永小作人の小作料規定（第274条―第276条）を準用するという規定などから類推される。立法例でも、ドイツ地上権法第9条は、地代が地上権設定当事者において契約上の「条件とされたときは……」と規定するので、ドイツでも地代は地上権の成立要件ではない。わが国の判例も、地上権は地代支払義務を当然には含まないと解し[57]、地代支払の約定がないときには無償と解していた[58]。そこで、一般

---

[56] 我妻＝有泉『新訂物権』373頁。

に地代支払の約定があって初めて支払義務が生じ、それは一時払いでも、定期払いでもよく、併用でもかまわないとされる[59]。この一時払金は地代の一括前払金であり、「権利金」と称される。また、定期払金は「地代」である。「権利金」の意義ないし種類は一義的ではない。通常は、①当該営業用土地（または建物）における営業ないし営業上の利益の対価（場所的利益の対価）として支払われるもの、②賃貸借の継続中の賃料の一部の合計として予め支払われるもの（地代・家賃の一括前払によって賃貸人に運用利益を与える。）、③①と②の中間にあって、賃借権の譲渡性を予め承認することによって賃借権に交換価値を与える対価として支払われるもの、とされる[60]。

（2）土地所有権・地上権と地代債権・債務との関係

地代の請求権者は地上権設定者たる土地所有者であり、地代の支払債務者は地上権者である。この両者の関係について、土地の権利関係は物権関係であり、地代の徴収・支払関係は債権関係である。両者の関係を表裏一体のものと解すると、地代徴収債権は土地所有権に属し、地代支払債務は地上権に属する。即ち、設定当事者間における地代支払の約定（特約）は、地上権の内容を構成する。したがって、制度上は、地代に関する約定は登記をしなければ第三者に対抗しえないこととなる（第177条、不登第78条2号）。

（3）権利の譲渡と地上権の権利・義務の帰趨

（ア）地上権の譲渡

地代は、登記をしなければ、設定者は新地上権者に対して地代債権を対抗しえないのか[61]、また、登記をしなければ、旧地上権者の地代滞納の効果さ

---

57) 前掲大判明治33年10月29日：地所を使用するにつきその報償として一定の金員を支払うというようなことは地上権と認めるに妨げない。地上権は無償でも有償でも自由に設定しうべきものだからである。
58) 大判大正6年9月19日民録23輯1352頁。
59) 我妻＝有泉『新訂物権』374頁。
60) 我妻『債権各論中巻一』477頁、内田『民法II債権各論』（東大出版会、第3版、2011年）190頁。
61) 大阪控判明治39年12月4日新聞403号10頁：地上権について地代の定めのある場合において、これを登記しないときは、その知ると知らないとに論なく、これを以て広く第三者に対抗しえないことは論を俟たない。

え、新地上権者に対抗しえないのかが問題となる。

現代資本主義社会において、地上権付き建物を承継取得する者が無償の地上権を観念すること自体、非常識と思われる。また、借地権の公示方法として、建物の登記が借地権登記の代用とされること自体（借地借家第10条）、地上権の登記は不要と考えられる。したがって、設定者たる土地所有者は、地代の登記をしなくとも、地代債権の存在を地上権の第三取得者に対抗しうるものと解すべきである。

次に、地代を登記しなければ地代滞納の効果を第三取得者に対抗しえないか、である。地代滞納の効果として、地上権者が引き続き2年以上地代の支払を怠ったときには、土地所有者は地上権の消滅を請求しうる（第266条1項、第276条）。この場合には、土地所有者は新地上権者に対し、地上権の消滅を請求しうるのだろうか。判例は、旧地上権者の地代怠納の効果は当然に新地上権者に承継され、両者通算して2年以上の怠納があれば、土地所有者は地上権の消滅を請求しうるとした[62]。この場合には、その前提として、地上権と地代の登記があれば、新地上権者は地上権の取得前にその情報を入手しうる。しかし、その登記もなく、新地上権者が不意打ち的に設定者から解除を通知され、これを甘受すべきものというのでは、取引の安全を害する。そこで、近時の判例は、地代支払義務は新地上権者に承継されるが、未払地代は原則として承継されないものとした[63]。

学説は、地上権と地代が登記されていたときには、旧地上権者による地代怠納の効果を新地上権者に対抗しうる（登記がないときには対抗しえない。）と

---

[62] 大判大正3年5月9日民録20輯373頁：地上権者が地代を支払うべきときは第266条に従い同第274条ないし第276条の規定が準用されるので、斯かる地上権は地代の支払をその内容としたというべきである。

　大判昭和12年1月23日法律評論26巻民法297頁：旧・新地上権者が通算して2年以上怠納すれば、地主は地上権の消滅を請求しうるが、地上権消滅の登記を経由しなければ、その登記前に地上権を取得した第三者に対し、その消滅を対抗しえない。

[63] 最判平成3年10月1日判時1404号79頁：法定地上権の成立後に建物の所有権を取得した者は、建物所有権を取得した後の地代支払義務を負担すべきものであるが、前主の未払地代の支払債務については、債務引受けをした場合でない限り、これを当然に負担するものではない。

解している[64]。その理由は、地上権者が地代を怠納しておきながら、地上権を他人に移転し、地上権の消滅請求を免れるのは不当だからである[65]。

　新地上権者が旧地上権者の地代怠納事実を知りながら、殊更に地上権を譲り受け、土地所有者の権利を害することを認識しうる状況にあったというような、特段の事情のある場合を除き、地代怠納の効果は新地上権者には及ばないものと解すべきである。

(イ) 土地所有権の譲渡

　地代債権は土地所有権に属し、地代債務は地上権に属するので、地上権を設定した土地所有者が、所有権を第三者に譲渡した場合には、土地の新所有者は、その移転登記を経由すれば、地上権設定の当事者として、地上権者に対して地代を請求しうる[66]。また、地代増額の特約が登記されていなくとも、土地の新所有者は、地上権者に対抗しうる[67]。しかし、当初の設定契約において一定期間地代を増額しないという特約をした場合には、土地の新所有者にとって不利なものであるから、地上権者は、登記をしなければ、土地の新所有者に対抗しえない[68]。

(4) 地代の決定方法

(ア) 地代の決め方

　約定地上権の場合には、地代は設定当事者の約定で決められる。しかし、法定地上権の場合には、当事者間で決めることが事実上難しいので、当事者の請求によって、裁判所が定める（第388条後段、民執第81条後段）。

(イ) 地代等増減請求権

　借地法は、判例の影響を受け[69]、地代または借賃が土地に対する租税その

---

64) 我妻＝有泉『新訂物権』375—376頁、舟橋『物権法』405頁。
65) 我妻＝有泉『新訂物権』376頁。
66) 大判大正5年6月12日民録22輯1189頁：地代の定めは地上権と所有権に従属して運命を共にする性質を有する。その移転に当然付随して移転する。
67) 前掲（前註）大判大正5年6月12日：土地所有者の前主と地上権者との間に地代増額特約があるときは、土地所有権とともに移転する。
68) 大判明治40年3月12日民録13輯272頁：地上権の存続期間は地代を増減しない特約は、地上権者が第三者に対抗するには、必ず登記を要する。
69) 大判明治35年6月13日民録8輯6巻68頁：租税負担など借地料増加につき正当な

他の公課の増減もしくは土地の価格の昂低により、または比隣の土地の地代もしくは借賃に比較して不相当となるに至ったときには、契約の条件にかかわらず、当事者は将来に向かって地代または借賃の増減を請求しうると規定した（借地第 12 条 1 項本文）。借地借家法は、増減請求の理由として「経済事情の変動」を明記し、多少の文言修正を施して今日に至る（借地借家第 11 条 1 項本文。借家については第 32 条 1 項本文）。

この規定は、「事情変更の原則」を法定したものである。事情変更の原則とは、社会経済上の変動が一般社会における予想を遙かに超えるような場合には、継続的契約関係の当事者には、その契約内容を修正する権利が認められるべきだという理論である。事情変更原則の適用要件は、①当事者が予見しておらず、また予見しえない程度の著しい事情変更を生じたこと、②その変更が当事者双方の責めに帰しえない事由に基づくこと、③契約の文言どおりの拘束力を認めては当事者にとって信義則に反した結果となること、である[70]。借地借家法の規定は、この要件に該当する。なお、地代等増減請求権は当事者の一方から他方に対する意思表示のみによってその効力を生ずる形成権である[71]。

（5）地代支払の特則

有償地上権の場合には、永小作権に関する第 274 条（永小作料の減免）、第 275 条（永小作権の放棄）、第 276 条（永小作権の消滅請求）が準用され（第 266 条 1 項）、その他、地代については、賃借権の規定が準用される（同条 2 項）。しかし、規定の準用に関して注意すべき点がある。まず、収益目的の地上権

　原因ある場合の借地料増加請求権は、当院に一般の慣例である。
　　大判明治 40 年 3 月 6 日民録 13 輯 229 頁：土地公租公課が増加すると所有者のみ損失を蒙るから、不公平救済のため、地料を増加させる慣例を生じた。
　　大判明治 43 年 3 月 15 日民録 16 輯 212 頁：地代増加請求は一般慣習である。
　　大判大正 3 年 12 月 23 日民録 20 輯 1160 頁：借地人が地代増額請求を受けた日から承諾すべき慣習がある以上、慣習による意思を有するものと認める。
　　大判大正 4 年 6 月 8 日民録 21 輯 910 頁：慣習は地主の経済的利益を保護する公平の観念に基づく。増額地代が従前と同様のときは増額請求しえない。

70) 我妻榮『債権各論上巻』26—27 頁。
71) 大判昭和 7 年 1 月 13 日民集 11 巻 7 頁。

者が不可抗力により地代より少ない収益しか得られない場合における収益額までの地代減額請求（第609条）は、第274条の準用により排除されるので、地代の減免請求はなしえない（第266条1項、第274条）[72]。同様に、不可抗力により引き続き2年以上地代より少ない収益しか得られなかった場合における契約解除権（第610条）も第275条の準用によって排除される。それゆえ、3年以上無収益または5年以上地代より少ない収益の場合に、地上権を放棄しうるに過ぎない（第266条1項、第275条）[73]。したがって、第266条2項による賃貸借規定の地上権への準用は、土地の一部滅失による地代の減額請求権（第611条）、地代の支払時期（第614条）、地代の先取特権（第312条）[74]が主なところとなる。

第5項　地上権の消滅

❶　地上権の消滅事由

地上権は物権であるから、物権一般の消滅原因たる土地の滅失、存続期間の満了、物権の混同（第179条）、消滅時効（第167条2項）、所有権の取得時効（第162条）、地上権に優先する担保権の実行による競売（民執第59条2項）、土地収用（土地収用第5条1項1号）により消滅する。また、土地所有者の地上権消滅請求、地上権の放棄、地上権消滅の約定により消滅する。

❷　土地所有者の消滅請求

（1）　地代の怠納

定期の地代を支払うべき地上権者が引き続き2年以上地代の支払を怠ったときには、設定者たる土地所有者は地上権の消滅を請求しうる（第266条1項、第276条）。この規定の趣旨は、継続的な土地使用関係たる地上権は、地代の不払いが僅少のときには解除されず、長期にわたる不払いの継続によって初めてその消滅請求が許されるというものである[75]。

---

72) 我妻＝有泉『新訂物権』379頁ほか通説である。
73) 我妻＝有泉『新訂物権』382頁ほか通説である。
74) 梅『要義二〔初版〕』307—308頁は、地上建物内の動産は「賃借地に備え付けられた動産」であるとして、先取特権の目的物の範囲を広く解する。

次にその要件であるが、まず、「引き続き2年以上」の意味は、年払い地代や月々の地代を継続して2年分以上支払わないという意味である[76]。それゆえ、飛び飛びで不払いが発生している場合には、それが累計2年分以上であるとしても、本条の規定は適用されない。次に、「怠る」とは、履行遅滞のことであり、支払遅滞について地上権者に帰責事由のある場合に限る。判例は、土地所有者が地代債権の受領遅滞もしくはこれに準ずる状況にあるときには、地代の支払遅滞に関して地上権者に帰責事由がないので、地上権者は遅滞責任を負わないとした[77]。したがって、地上権消滅請求の要件は、①2年以上継続した地代の不払い（第266条1項、第276条）、②支払遅滞について地上権者に帰責事由があること、である。

(2) 消滅請求の性質

地上権消滅請求は、土地所有者から地上権者に対して行使する単独の意思表示によって効力を生ずる解約告知であるから[78]、解除と類似する。しかし、履行遅滞による解除権の行使（第541条）とは異なり、地代支払の催告は不要であるとともに、その消滅は将来効しかなく、遡及効はない[79]。

(3) 義務違反による消滅請求

更に、地上権者は土地に永久の損害を生ずべき変更を加えてはならないが、

---

75) 梅『要義二』223—224頁は、第276条の制度趣旨について、①永小作権は存続期間が長く、永小作人は土地に莫大な費用を投じて土地の改良を施すから、遅滞による永小作の解除を認めると、その投下費用が水泡に帰するので、賃貸借の解除規定は適用しないとし、②永小作人は天災や凶作でも小作料の減免を得られないので、真にやむを得ない事情がなければ怠納はないものとしたと説明する。従来の慣習も永小作を容易に解除しないという。

76) 大連判明治43年11月26日民録16輯759頁。

77) 最判昭和56年3月20日民集35巻2号219頁：「賃貸人が賃借人の賃料の不払を理由として契約を解除するためには、単に賃料の支払を催告するだけでは足りず、その前提として、受領拒絶の態度を改め、以後賃料を提供されれば確実にこれを受領すべき旨を表示する等、自己の受領遅滞を解消させるための措置を講じなければならない」。この法理は、「土地所有者が地上権者に対し地代の支払の遅滞を理由として第266条、第276条の規定に基づき地上権の消滅を請求する場合においても妥当する。」

78) 大連判明治40年4月29日民録13輯452頁参照。

79) 我妻＝有泉『新訂物権』381頁、舟橋『物権法』407頁、石田穣『物権法』448頁など通説である。

この義務に違反した場合には、履行遅滞による解除に関する第541条により、その変更の停止ならびに土地の原状回復を請求（催告）し、地上権者がこれに応じないときには、地上権の消滅を請求しうるものと解されている[80]。ただ、この場合による地上権の消滅にも遡及効はない。

（4）強行規定か任意規定か

地上権（永小作権）の消滅請求権に関する第276条は強行規定か否か、即ち、2年以上の地代怠納という要件を特約によって排除しうるかという問題がある。起草者は第276条は強行規定と解していたが[81]、別の起草委員は任意規定と解していた[82]。また、判例は任意規定と解し[83]、従来の通説は強行規定と解してきた[84]。ただし、2年未満の怠納でも、信頼関係を破壊するものであれば、特約により消滅請求の対象となるという有力説もある[85]。

❸ 地上権の放棄

地上権は物権であるから、物権変動の一種である放棄の意思表示によって消滅するが、この意思表示は、現在の地上権負担者たる土地所有者に対してしなければ、効力を生じない[86]。

地代支払の約定のない地上権は、放棄の有無によって当事者の利害に何らの影響も生じないから、放棄は自由である。しかし、地代支払の約定のある

---

80) 富井『原論二』217頁（消滅請求の意義が解除と同様と述べる点は239頁以下参照）。我妻＝有泉『新訂物権』382頁、舟橋『物権法』408頁。我妻＝有泉、舟橋博士ともに、永小作権に関してこの理論を認めた大判大正9年5月8日民録26輯636頁を引用しつつ、この消滅請求を肯定している。
81) 梅『要義二』223頁は、①永小作権者の投下費用が大きいので、やむを得ない事情がなければ小作料の怠納は考えられない、②永小作権を容易に解除しないという慣習の存在から、賃貸借とは異なり、2年以上の地代怠納があった場合に限り永小作権の消滅請求を認めることにしたと言う。
82) 富井『原論二』238—239頁は、大判明治37年3月11日が任意規定とした点に賛成し、賃貸借の解除と同じく1回の怠納による解除を正当とする。
83) 大判明治37年3月11日民録10輯264頁。
84) 我妻＝有泉『新訂物権』381頁、舟橋『物権法』408頁、末川『物権法』347頁など。
85) 石田穣『物権法』447頁。なお、廣中『物権法』460頁以下参照。
86) 大判明治44年4月26日民録17輯234頁：地所につき所有権を有しない者に対してなした地上権の放棄は、その真の所有者との間においては何らの効力も生じない。ある

地上権は、地代収受権者である土地所有者の利害に大きく影響を及ぼすので、民法は、次のような制限規定を置いている。

設定行為によって存続期間を定めない地上権において、別段の慣習がないときには、地上権者はいつでもこれを放棄しうる。しかし、1年前に予告をするか、または期限の到来しない1年分の地代を支払わなければならない（第268条1項）。しかしながら、地上権者が不可抗力によって引き続き3年以上全く収益を得ず、または、5年以上地代より少ない収益しか得られなかった場合には、予告も1年分の地代支払もなく、放棄しうる（第266条1項、第275条）。

なお、いずれの場合も、地上権の放棄は、登記をしなければ第三者に対抗しえない（第177条）。また、たとえ放棄を登記したとしても、地上権に抵当権が設定されている場合には、地上権の放棄をもって抵当権者に対抗しえない（第398条）。判例は、この規定を借地上の抵当建物の事案において類推適用している[87]。

④ 約定消滅事由

地上権の消滅に関しては当事者間で約定しうるが、地代怠納による消滅については、消滅請求に関する第276条を強行規定と解する立場から、同条の要件よりも地上権者に不利益な約定は無効とされる[88]。また、借地借家法の適用を受ける場合には、借地権の消滅に関して約定しても、同法も強行規定であるから、借地権者にとって不利な特約は無効となる（借地借家第9条）。

⑤ 地上権消滅の効果

地上権が消滅した場合には、地上権者は、土地を設定者たる所有者に返還すべき義務を負う。そして、土地の返還に伴う権利・義務として、①地上権

---

[87] 大判大正11年11月24日民集1巻738頁：借地権の放棄は地上建物の抵当権者に対抗しえない。なぜなら、借地権あればこそ地上の建物はその相当価額を保有しうるので、借地権の放棄を絶対に有効なものとすると、建物の価額は激落を来し、抵当権は有名無実に終わるに至るからである。

[88] 我妻＝有泉『新訂物権』382頁、舟橋『物権法』408頁など。

者による地上物の収去・原状回復義務（第269条）、②地上権者の有益費償還請求権（第606条、第608条）、③土地所有者の地上物買受け請求権（第269条1項ただし書、2項）、④借地借家法上の地上権者の契約更新請求権（借地借家第5条）、ならびに更新拒絶時における地上権者の建物買取請求権（同法第6条、第13条）、がある。

第6項　区分地上権

 区分地上権の意義

> 〔設例5－2－3〕
> 　A市は、都市再開発事業の一環として、駅前にデパートを誘致するとともに、駅とデパートをペデストリアンデッキで結び、地下道を建設した上で、駅から接続して名店街を作り、また、地下道とデパートの地下催事場兼食品売場とを結ぼうと考えている。
> 　A市は地権者との間で、どのような契約を締結したらよいだろうか。

　地下または空間は、上下の範囲を定め、工作物を所有するため、これを地上権の目的となしうる（第269条の2、不登第78条5号）。これを区分地上権という。土地所有権の範囲は、法令の制限内においてその土地の上下に及ぶ（第207条）。しかし、地上権については1966（昭和41）年に第269条の2が追加規定されるまでは規定がなかった。もっとも、地上権は所有権に準じて考えればよいので、地上権の範囲も土地の上下に及ぶものと解される。しかし、第207条の類推では、地表を中心として上下にわたって権利を設定することになるので、地下鉄や地下道を敷設ないし建設する場合には地上の権利は不要である。反対に、モノレールや高速道路の場合には地下の権利は不要である。このような場合には、地下や空中の一定の範囲を区切って権利の目的とし、工作物を建設すれば、異なる目的のために土地の有効利用が可能となる。このような見地から、民法に第269条の2が追加規定され、また、不動産登記法にも、地上権の目的となる地下または空間の上下の範囲を申請書に記載して登記申請するという規定が設けられた（不登第78条5号）。

〔設例〕のA市は、地権者との間で、地下および空中の一定の区間を区切り、区分地上権設定契約を締結するのが最も効果的である。

《ポイント》
区分地上権の意義、目的について、理解しよう。

❷ 区分地上権の設定・取得

区分地上権は、通常は約定により設定されるが、遺言や取得時効でも取得しうる[89]。区分地上権の範囲は、対象となる土地の地下または空間の上下の範囲を明確にした部分である。この範囲を登記する場合の記載方法は、例えば、「東京湾平均海面の上（または下）何メートルから上（または下）何メートルの間」というように、区分地上権の客体として限定された空間層を明示することが求められる[90]。区分地上権の目的は、工作物を所有するという点に限定される（第269条の2第1項）。工作物を何にするかは自由であり、高架鉄道、高速道路、モノレール、地下鉄、地下道など、それぞれを限定し、登記すれば、第三者に対抗しうる（不登第78条5号、第177条）。

区分地上権は、第三者が土地の使用権または収益権（賃借権を含む用益権及び担保権）を有する場合でも、その権利またはこれを目的とする権利を有する者（用益権者、担保権者）の全員が承諾することを条件として、設定することができ、この場合には、土地の使用権者または収益権者は、区分地上権の行使を妨げてはならない（第269条の2第2項）。また、この場合における第三者の権利は何らかの対抗要件を備えていなければならず、対抗要件を備えない権利者に対しては、承諾は不要である[91]。更に、地下駐車場が建物として認められる場合において、土地の抵当権が実行され、土地と地下駐車場の所有者が別々になったときには、法定区分地上権が設定されたものとみなさ

---

89) 我妻＝有泉『新訂物権』385—386頁。我妻＝有泉博士は、他人の所有する土地の地下にトンネルや野菜栽培室を設け、これを長年使用し、その範囲が明確であれば、区分地上権を時効取得しうるという。

90) 幾代通『不動産登記法』276頁。詳細は、我妻＝有泉『新訂物権』386頁、川島編『注釈民法（7）〔鈴木（禄）〕』431—432頁、香川保一「区分地上権とその登記（2）」登記研究229号（1966年）1頁（3頁）を参照。

91) 我妻＝有泉『新訂物権』387頁。

れる（第388条、民執第81条参照）[92]。

③ 区分地上権の効力

区分地上権は、工作物を所有するため、地下または空間について、その上下の範囲を定めて使用・収益しうる。この場合には、設定行為により、地上権の行使のためにその土地の使用に制限を加えうる（第269条の2第1項）。この制限は、登記により第三者に対抗しうる（不登第78条5号、第177条）。

また、区分地上権も地上権であるから、地上権に関する内容がそのまま適用される。例えば、土地の所有者や他の用益権者との間の相隣関係については、所有者相互間の相隣関係の規定が準用され（第267条）、また、土地に永久の損害を生ずるような（原状回復ができない程度の）変更を加えることもできない（第271条類推）。更に、区分地上権者がその権限に基づいて地下に工作物を設置した場合には、付合の例外を構成し、土地に付合しない（第242条ただし書）。

区分地上権者も、設定者に対して登記請求権を有し、登記によって第三者に対抗しうる（第177条）。また、工作物たる地下道などが建物として取り扱われれば、借地借家法の適用を受けるので、地下道などを建物として登記すれば、区分地上権の登記がなくとも、第三者に対抗しうる（借地借家第10条）。

第3節 永小作権

第1項 総説

 永小作権の意義

〔設例5－3－1〕
　Aはかねてより農地を所有し、農業を営んできた。Aは、より大規模な経営を行おうと意気込み、近隣の遊休農地の所有者BやCに売買による譲渡をかけ合った。しかし、いずれも「売るのはちょっと……」と断

92）我妻＝有泉『新訂物権』388頁。

られたので、農地の取得を諦め、借りることにした。

　他人の農地を借りて使う法律関係として、「永小作権」、「農地賃貸借」という種類がある。Aはいずれの法律関係によって農地の利用権を取得すればよいのだろうか。

　永小作権とは、土地所有者（地主）に小作料を支払い、地主の所有する土地で農耕や牧畜を行うことを目的とする用益物権である。性質は地上権と類似するが、地主・小作人という関係での特殊性がある。例えば、永小作権の譲渡、小作地の賃貸は、設定契約で禁止しうる（第272条）。この意味では、賃借権に近い。ちなみに、永小作人の義務に関しては、賃借権の規定が準用されている（第273条）。

　永小作権は、江戸徳川時代後期に成立したものが多く、用益権、分割所有権、負担付所有権という性質を有していた。永小作権は、ほとんど現存しておらず、小作関係は、農地または採草放牧地（以下、「農地等」という。）の賃貸借である。それゆえ、民法の永小作権規定が適用される場面はほとんど存在せず、農地賃貸借関係については農地法が適用され、同法に規定のない部分に限って永小作権規定が補充的に適用されるに過ぎない[93]。

《ポイント》
　永小作制度は、農地賃貸借制度に取って代わられているという点について、理解しよう。

❷　永小作権の法的性質

　永小作権は、他人の所有する土地を使用・収益する物権である。他人の所有地を全面的に支配するという意味では地上権と同じであるが、地上権と異なる各種の制限がある。

　まず、一筆の土地の一部に永小作権を設定しうるかという問題がある。永小作権は、所有権や地上権とは異なり、一筆の土地に限定されており、「範囲」は登記事項ではなかったので（改正前不登第112条、現行不登第79条参照）、否

---

[93]　永小作権の歴史的変遷に関しては、川島・川井編『新版注釈民法（7）物権（2）〔高橋寿一〕』904—915頁、石口『物権法』655—657頁を参照。

定する学説と[94]、登記は永小作権の成立要件ではないという理由で肯定する学説がある[95]。

　永小作権の目的は、耕作または牧畜である（第270条）。耕作とは、土地に人工の労力を施して植物を栽培することをいう。特に田畑で作物を採取することに限られないが[96]、植林は地上権の目的であるから（第265条）、永小作権からは除外される[97]。相隣関係の準用規定はないが、準用すべきものとされる（通説）。また、永小作権は相続性及び譲渡性を有するが、譲渡については、その目的との関係から、物権的に制限される。更に、永小作権は小作料の支払を成立要件とするが、成立後、小作料を免除することは差し支えない（通説）。小作料は登記事項とされ（不登第79条1号）、免除を登記する方法がないので、小作料の免除は第三者に対抗しえない。

第2項　永小作権の取得

　永小作権は、設定契約のほか、遺言、譲渡、相続、取得時効などでも取得しうる。ただし、農地等について地上権、永小作権、賃借権等の使用収益権を設定し、もしくは移転する場合には、農業委員会の許可（当該住所地以外の農地等に権利を取得する場合は都道府県知事の許可）を要するものとされ（農地第3条1項本文）、許可を受けずに行った行為は無効である（同条7項）。これら権利の取得者は、農業委員会に届け出なければならない（同法第3条の3第1項）。

　永小作権は物権であるから、登記をしなければ、その設定または移転などの物権変動を第三者に対抗しえない（第177条）。しかし、農地賃貸借については、その登記がなくとも、農地等の引渡しがあれば、その後、当該農地等

94）我妻＝有泉『新訂物権』396—397頁。
95）末川『物權法』341頁、舟橋『物権法』415頁。不動産登記法との関係で、登記するには、分筆して一筆の土地とすることが必要であるという。
96）大判明治36年7月6日民録7輯861頁：耕作とは植物を栽培するため土地に人工を施すことをいう。草山を耕作して良草を播種し、肥料を収めることは、田畑を耕作し、他の果実を収めるのと異ならない。山林と田畑との差異は永小作と認めるに妨げない。
97）大判明治39年11月12日民録12輯1514頁：耕作の目的物は五穀蔬菜に限らないが、諸草（薬草・草花・馬草・肥草等）と竹木は除く。

について物権を取得した第三者に対抗しうる（農地第16条1項）。しかしながら、この規定は、永小作権には適用されない[98]。農地に設定された利用権の種類が永小作権か農地賃借権かに関して争いがある場合には、設定契約の内容、当該地方の慣習などによって使用権の内容を審査して決定する[99]。また、判例は、対価のある耕地の貸借は原則として賃貸借であるとする[100]。

《ポイント》
　農地賃借権の取得について、理解しよう。

第3項　永小作権の存続期間

　設定行為で永小作権の存続期間を定める場合には、20年以上50年以下である（第278条1項）。50年以上の期間を設定した場合には、50年に短縮される（同項後段）。この期間は更新しうるが、更新時から50年を超えられない（同条2項）。この規定から、20年未満の約定は永小作権ではなく、賃借権と解される[101]。農地賃貸借の存続期間も50年を超えられない（農地第19条）。賃貸借の存続期間に関する民法第604条の特則である。永小作権の存続期間を定めない場合には、その期間は原則として慣習によってこれを定め、慣習がないときには30年とされる（第278条3項）。

《ポイント》
　永小作権と農地賃貸借の存続期間を比較し、検討してみよう。

第4項　永小作権の効力

❶　永小作権者の使用収益権

　永小作人は、多くは設定行為により、時効取得の場合には占有目的の範囲内で、土地の使用収益権を有する。その目的は、耕作または牧畜であるが、

---

98) 我妻＝有泉『新訂物権』398頁、舟橋『物権法』414頁。しかし、末川『物権法』346頁は、永小作権にも類推適用し、引渡しを登記に代えることを認めてもよいという。
99) 我妻＝有泉『新訂物権』398頁、舟橋『物権法』416頁、大判昭和11年4月24日民集15巻790頁。
100) 大判昭和13年5月27日新聞4291号17頁。
101) 富井『原論二』226頁。

耕作または牧畜に必要な範囲内であれば、これに附属するものとして、工作物や竹木を所有することも許される[102]。

農地を農地以外のものにして（例えば宅地として）利用し、農地等をこれら以外の目的に利用するために、所有権を移転し、または、地上権、永小作権、質権、使用借権、賃借権等の権利を設定し、または移転する者は、都道府県知事の許可を受けなければならない（農地第4条1項本文、第5条1項本文。4ヘクタールを超える大規模転用のときには農林水産大臣の許可を要する）。これを「農地転用・移転の許可」という。

永小作人は、土地に永久の損害を生ずるような変更を加えてはならない（第271条）。ただし、これと異なる慣習があれば、その慣習に従う（第277条）。

❷ 投下資本の回収

永小作人は、その権利を他人に譲渡し、または、その権利の存続期間内では、土地を賃貸しうる（第272条本文）。ただし、設定行為により、譲渡・転貸を禁止することができ（同条ただし書。禁止特約を登記しうる〔不登第79条〕。）、譲渡・転貸につき慣習がある場合には、その慣習に従う（第277条）。また、農地等の権利変動に対する規制は、永小作人が自己の権利を譲渡し、または農地を賃貸する場合にも適用される（農地第3条）。

永小作人は、地上権者と同様、永小作権の上に抵当権を設定しうるが（第369条2項）、この担保差入れ権も、処分行為として、譲渡権と同様、禁止特約を付けることができ、登記によって対抗力を取得する[103]。

また、地上権における地上物の収去権及び買取権に関する第269条の規定が永小作権に準用されるので、永小作権の消滅時には、永小作人は土地を原状に復して地上物を収去することができ、地主は時価を提供して地上物の買受けを請求しうる（第279条、第269条）。

なお、永小作人が土地の改良のために支出した必要費及び有益費の償還請求権についても、地上権の場合と同様に解すべきであり[104]、賃借人の費用償

---

102) 我妻＝有泉『新訂物権』400頁。
103) 我妻＝有泉『新訂物権』401頁、舟橋『物権法』419頁。
104) 我妻＝有泉『新訂物権』402頁、舟橋『物権法』420頁。

還請求権に関する規定が適用される（第608条2項、第196条2項）。

❸ 永小作料支払義務

永小作料は、永小作権設定契約の要素であり、約定し、登記によって第三者に対抗しうる（第177条、不登第79条）。民法には永小作料に関する規定はないが、農地法にはその規定がある（賃料増減請求権：農地第20条）。永小作人は不可抗力により収益につき損失を受けたときでも小作料の免除または減額を請求しえない（第274条）。永小作人が不可抗力により引き続き3年以上全く収益を得ず、または、5年以上小作料より少ない収益しか得られないときには、その権利を放棄しうる（第275条）。その他、永小作人の義務については、民法の諸規定と異なる慣習があれば、その慣習に従う（第277条）ほか、賃借権の規定が準用され（第273条）、永小作料の支払時期（第614条）、土地の一部滅失による小作料の減額請求（第611条）、土地の用法に従った使用収益義務（第616条、第594条1項）、小作料に関する地主の先取特権（第312条以下）などは、当該規定による。

なお、農地賃貸借では小作料は金銭に限られていたが（定額金納小作料：農地旧第23条）、平成12（2000）年の改正により定額金納制が廃止され、小作料の物納ができるようになった。農地法は「小作料」を「借賃等」と改め（平成21年改正農地第20条、第21条等）、民法上の賃貸借に関する解釈と同様、物納でもよい。

《ポイント》
　農地等の借賃等の意義、性質、効力について、整理し、理解しよう。

第5項　永小作権の消滅
❶ 永小作権の消滅事由

永小作権は、物権一般の消滅事由である土地の滅失、存続期間の満了、物権の混同（第179条）、消滅時効（第167条2項）、所有権の取得時効（第162条）、永小作権に優先する担保権の実行による競売（民執法第59条2項参照）、土地収用（土地収用第5条1項1号）などによって消滅し、その他、土地所有者の消滅請求、永小作権の放棄によって消滅する。

❷ 土地所有者の消滅請求

　永小作人が引き続き2年以上小作料の支払を怠った場合には、土地所有者は永小作権の消滅を請求しうる（第276条）。「引き続き」とは、2年以上の継続を意味し、飛び飛びの怠納で通算2年となった場合には適用しない。この取扱いは地代の支払を約定した地上権の場合と同様であるが、永小作権の場合には、これと異なる慣習があるときには、その慣習に従うので（第277条）、地上権とは異なる。永小作人が土地に永久の損害を生ずる変更を加ええないという義務（第271条）に違反した場合には、土地所有者は履行遅滞による解除規定（第541条）により、義務違反的な使用をやめるよう請求し、これに応じなければ、消滅請求しうる[105]。

❸ 放棄による消滅

　永小作人は、不可抗力により引き続き3年以上全く収益を得ないか、または、5年以上小作料より少ない収益しか得られなかった場合には、永小作権を放棄しうる（第275条）。この規定は、永小作人が不可抗力により収益につき損失を受けたときでも、小作料の免除または減額請求しえず（第274条）、この凶作の状況が続く場合には、蓄えも底をついてしまい、それでも小作料を払い続けなければならないという点において、甚だ過酷に失することが明らかであるから、同条の制限として規定されたものである[106]。なお、永小作権の放棄について、別段の慣習があるときには、その慣習に従う（第277条）。

第4節　地役権

第1項　総　説
❶ 地役権の意義と機能
（1）地役権の意義

　地役権は、設定行為で定めた目的に従い、他人の土地を自己の土地の便益

---

[105] 大判大正9年5月8日民録26輯636頁。
[106] 富井『原論二』236頁。

のために利用する権利である（第280条）。地役権は、ローマ法の「役権」にその起源を有する制度である。役権とは、一定の目的のために他人の物を使用・収益する権利であり、主として人役権と地役権とに分かれていた[107]。

地役権は、旧民法にも規定されており、地役とは、ある不動産の便益のため他の所有者に属する不動産の上に設けた負担をいうものとされ（財産編第214条1項）、地役は法律または人為をもってこれを設定するものとされていた（同条2項）。現行民法は、このうち、法律上の地役（いわば法定地役権）を所有権の限界（相隣関係）の箇所に規定し、人為による地役（約定地役権）のみを地役権の箇所に規定した[108]。

（2）地役権の機能

民法には地役権の種類規定はないが、一般的に、通行地役権、用水地役権、観望・眺望地役権などがあるとされる。地役という意味は、「便益」との関係において、通行の便宜、用水の便宜、観望・眺望の便宜、といった具合に、これらの便宜を必要とする土地に対して一定の便宜を与えることをいう。この場合における「自己の土地」を要役地（地役を必要とする土地）といい、「他人の土地」を承役地（地役を承服する土地）という。要するに、地役権とは、要役地の利用価値を増すために、承役地の上に一定の支配を及ぼす権利である[109]。一定の情宜によることにはなるが、周囲の土地所有者に働きかけて、「地役権設定契約」という形で正式に約定による通行権等の設定が可能であれば、権利関係について選択の幅が広がり、便利である。しかも、地役権は用益物権の設定であるから、設定者たる承役地の所有者に登記義務がある。それゆえ、同様の目的を達しうる賃借権などと比べても、権利者としては将

---

107) 役権に関しては、石田（文）『物権法論』585―586頁、廣中『物権法』478―480頁、川島編・前掲書（『注釈民法（7）物権（2）〔中尾英俊〕』）469―470頁を参照。また、ローマ法の役権に関しては、船田亨二『羅馬法第二巻』348頁以下、原田慶吉『ローマ法上巻』123頁以下を参照。なお、地役権の沿革については、石口『物権法』665―667頁も参照。

108) 現行民法起草者である梅謙次郎博士は、法律上の地役は所有権の作用であり、所有権の効力の及ぶ限界を画するものであるから、地役とは呼ばず、所有権（相隣関係）の箇所に規定することにしたと述べている。『法典調査会民法議事速記録一』739頁参照。

109) 我妻＝有泉『新訂物権』406頁。

来に向かって安定した通路を確保しうる。

〔設例5－4－1〕
Aの所有地は、BとCの土地にふさがれているような土地であり、公道に通じる私道がなく、家屋が建築できないどころか、土地に利用価値さえないような状況にある。Aはどうしたらよいのだろうか。

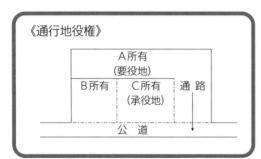

Aの所有する土地は公道に通じておらず、大変不便なので、Cとの地役権設定契約により、Cの土地の一部を通路として使用することにした。地役権の設定契約後、Aは、Cの協力を得て（不登第60条）、地役権の設定登記を経由することにより（第177条、不登第80条）、第三者に対し、地役権を対抗しうる。地役権の設定と同様の効果を得るためには、土地賃借権の設定でも可能である。〔設例〕では、AがCの所有地の一部を賃借して通路を設ければよい。賃貸借のほうが当事者にとっては簡便だが、通路の設置とその保存のためには、地役権のほうが、より便利であり、かつ安全・確実である。

地役権の設定により、地役権はAの要役地所有権に従たる物権として、所有権と一体を成し、要役地（Aの土地）の価値は増加する。その反面、承役地（Cの土地）は地役権の設定及び行使により、土地使用に関して拘束（負担）を受けるが、その拘束は当事者の約定によるので、最小限に止めうる。

土地賃借権の場合には、開設された通路等はAの独占的使用に帰するが、地役権の場合にはその共同利用も可能である。例えば、設例が通行地役権ではなく、引水地役権であれば、引水の相互利用が可能であり、承役地所有者Cの便益にもつながる。また、賃借権は債権であり、対人的な信頼関係でのみ結合しているので、当事者関係のみならず、第三者との関係でも脆弱な権利である。しかし、地役権は物権であるから、賃借権よりも安定した権利関

係となる。

　次に、隣地所有権相互間の利用調整として、民法は相隣関係の規定を置いており、地役権の作用は相隣関係の作用と同様である。しかし、相隣関係は所有権それ自体の作用であるが、地役権は所有権に従たる用益物権であり、要役地所有権の価値を高めるものである。また、相隣関係と異なり、隣地である必要もない。このような点において、地役権の存在価値を見いだしうる。

　更に、地役権の設定は、同じく制限物権たる区分地上権でも同様の効果を取得しうる（第269条の2第1項前段）。例えば、電気事業者が他人の所有地上に電線を通すような場合がこれに該当する。しかし、区分地上権の設定に際しては、その設定すべき土地の使用権や収益権を有する者、またはこれを目的とする権利を有する者の全員から承諾を得なければ、これを設定しえないので（同条2項前段）、やはり、地役権設定のほうが便利である。このような点に地役権の存在意義がある。

《ポイント》
　地役権の意義、存在理由について、理解しよう。

❷　地役権の法的性質

（1）地役権の本質

（ア）使用価値の増進

　地役権は、要役地の使用価値を増進させるため、承役地の上に通路を設け、用水路を設けることを当事者間で約定し、あるいは、眺望を確保するため、承役地の上に植林をせず、建物等の工作物を建設しないことなどを当事者間で約定することで成立する（第280条）。そして、その内容を登記することにより、第三者に対しても地役権の存在を対抗しうることとした。それゆえ、個人の利益のためには地役権を設定しえない。

（イ）地的役権

　地役権は、要役地の使用価値を増進することを目的とする「地的役権」であるから、要役地それ自体の使用価値を増進するような内容を約定しなければならない。特定個人の欲求を満たすような内容の約定では、「人役権」となるので、わが民法の認める地役権の設定にはならない。

(ウ) 土地の便益・相隣関係

　地上権や永小作権がその内容を限定するのに対して、地役権は、その内容たる土地の便益に制限がない。この点は、地上権（第265条）や永小作権（第270条）が利用目的を限定するのと比べ、広汎な内容を目的としうるので、大変便利である。代表的な便益として、通行地役権、用水地役権、観望・眺望地役権、日照地役権などがあるが、近時の判例に現れる便益は通行地役権がほとんどである。

　また、地役権は、相隣地間の利用調整を当事者間の約定で実現する制度であるから、この意味において、その多くは、相隣関係規定を拡張し、または、制限するものとなる。そのため、相隣関係規定との抵触が考えられる。また、相隣関係規定には強行規定が多い。そこで、地役権の設定にあたっては、相隣関係規定（第209条～第238条）の強行規定（「公の秩序に関するもの」。例えば、第209条〔隣地立入権〕、第210条〔公道に至るまでの他の土地の通行権〕、第214条〔自然水流に対する妨害の禁止〕、第220条〔排水のための低地通水権〕、第223条〔境界標の設置〕など。）に反してはならない（第280条ただし書）。したがって、たとえ、ここに掲げた強行規定たる隣地立入権や囲繞地通行権を妨害するものでなくとも、これらを制限するような地役権を設定することは許されない。

《ポイント》
　通行地役権と袋地所有者の囲繞地通行権とを比較し、その違いについて、検討しよう。

(エ) 承役地利用者の義務

　承役地は、要役地の便益に供せられる限りで、使用上の拘束を受けるが、これにより、承役地の所有者及びその他の利用者（承役地の所有者等）は、一定の義務を負担することとなる。

　承役地の所有者等は、まず、通行や引水という地役権者の積極的な行為に応じ、これを忍容すべき義務を負い（忍容義務）、また、地役権の目的たる眺望・日照を妨げるような建物・工作物の建設や植樹など、使用目的に反する行為をしないという義務（不作為義務）を負担する。この忍容義務と不作為義務が承役地利用者の基本的な義務である。

(オ) 有償性

地役権は有償か、それとも無償かという問題がある。

この問題について、現行民法の起草者は、地役権を設定する場合には、多くは有償であり、無償で設定することはないと解していた[110]。しかし、判例は、地役権は承役地を無償にて要役地の便益に供する土地使用権であると解していた[111]。また、旧来の通説は、有償・無償を問わないが、対価は地役権の内容を構成しうるものと解しつつ、ただ、登記の方法がないので（不登第80条参照）、第三者に対抗しえないだけだと解してきた[112]。

この問題については、旧来の通説が顧慮した土地改良法第60条の規定や、相隣関係（囲繞地通行権）の原則類型（第210条）において、囲繞地の所有者に損害が発生することを予定し、通行権を有する袋地所有者に償金支払を義務づけている規定（第212条）を顧慮すると、地役権においても、通常は有償と解すべきであろう。

(2) 利用権者による設定

地役権は、要役地と承役地との間の土地利用を調整するための物権であるから、地役権の設定後、要役地の地上権者など、その利用権者が地役権を行

---

110) 梅謙次郎博士は、『法典調査会民法議事速記録二』273―274頁において、有償であるからこそ、地役権設定者たる承役地所有者は、自分のほうからその権利を妨げることはできないから、特別の契約でもない限り、そのために自分のほうの所有権の行使が幾分かは狭められることを免れないと説明している。

111) 大判昭和12年3月10日民集16巻255頁：「地役権は、設定行為によって定めた目的に従い、承役地を無償にて要役地の便益に供する土地使用権であるから、地役権者としては、土地使用の対価として承役地の所有者に対し定期の地代その他報酬の支払をすることを要しない。」したがって、当事者による報酬支払の特約は単に債権的効力を有するに過ぎない。

112) 我妻＝有泉『新訂』物権』412頁、舟橋『物権法』426―427頁、川島編『注釈民法（7）〔中尾英俊〕』468頁。

　近時の学説は、地役権には随伴性があることから、要役地の譲受人は内容の同一性を保ちながら地役権を譲り受けるものと解し、同人は、地役権の内容となった地代支払特約を承継すべきものと解している。松尾・古積『物権・担保物権〔松尾〕』222―223頁参照。また、河上『物権法講義』367頁は、地役権の対価について登記方法がないだけであるから、物権的負担を甘受する承役地譲受人は、登記なくして対価の支払を請求しうるものと解している。

使し、承役地の地上権者など、利用権者が地役権の拘束を受けることには、何ら問題はない。

　では、この場合において、要役地・承役地の利用権者（地上権者、永小作権者、賃借権者など）は、自らの借地のために、または自らの借地の負担において、地役権設定契約を締結しうるのかという問題がある。

　地上権者や永小作権者はそれぞれの利用権限内で土地の利用調整を必要とする場合が考えられ、また、物権である以上、これを肯定して差し支えない[113]。解釈上は、賃借人にも地役権の設定が許される。近時の通説は、賃借権の物権化傾向に応じ、地役権に関しても、賃借権を地上権と同一に取り扱うべきであるという理由から[114]、あるいは、賃借人も既に設定してある地役権を行使しうること、また、地役権設定行為が所有者による旨が規定されているのは、所有権が土地利用の基本的な権利であるからにほかならないという理由から[115]、所有者以外の土地利用者も地役権を設定しうるものと解している。しかし、地役権設定登記には要役地の表示（所在・地番）が必要であり、例えば、地上権者の場合には、登記申請書に「何市何町何番順位1番の地上権」と表示するので、土地賃借権の場合でも必ず登記がなければならず、代用的対抗要件（借地借家第10条、農地第16条1項）では、地役権設定登記をなしえない[116]。

（3）付従性・随伴性

　地役権は、要役地の所有権とは別に設定される物権であるから、要役地所有権の内容ではなく、独立した物権である。地役権が成立し存続するためには、要役地と承役地の存在が必要である。それゆえ、地役権は、要役地から分離してこれを譲渡し、または、要役地とは別に他の権利（賃借権、質権、抵

---

113) 我妻＝有泉『新訂物権』412頁、舟橋『物権法』427頁、川島『民法Ⅰ』245頁。
114) 我妻＝有泉『新訂物権』412頁、舟橋『物権法』427頁、川島『民法Ⅰ』245頁、川島編『注釈民法（7）〔中尾英俊〕』484頁など多数。舟橋、川島両博士は、賃借人に地役権を認めると、一種の人役権を承認する結果となるのではないかという疑問が生ずるが、土地賃借権の物権化傾向に着目すれば、これも許されると解している。
115) 末川『物権法』354頁。
116) 幾代通『不動産登記法』283―284頁、川島編『注釈民法〔中尾英俊〕』484頁、昭和39年7月31日民事甲2700号民事局長回答・先例集追Ⅳ155頁参照。

当権など）の目的となしえない（第281条2項）。この性質を、地役権の要役地及び承役地に対する付従性という。

また、要役地の所有権が移転したときには、地役権は所有権に従たる権利として移転し、また、要役地が他の権利の目的となったとき、例えば、要役地に抵当権が設定されたときには、その所有権とともに抵当権の目的となる（第281条1項本文）。つまり、地役権は、要役地所有権に対して随伴性を有する。ただし、この随伴性は設定行為で排除することができ（同項ただし書）、この特約を登記することによって（不登第80条1項3号）、第三者に対抗しうる（第177条）。

（4）地役権の不可分性
（ア）地役権不可分の意義

地役権は不可分の権利であるとされ、これは、ローマ法以来の性質であり、各国法制の認めるところであるとされる[117]。

民法の地役権規定のうち、第282条は「地役権の不可分性」と称され、また、要役地共有者の一人による地役権の時効取得、要役地の各共有者に対する時効の中断・停止に関する第284条、そして、共有要役地についての地役権の消滅時効中断・停止に関する第292条もまた、地役権不可分性の現れだといわれてきた[118]。

しかし、地役権の不可分性と称される性質は、必ずしも地役権に特有の性質ではなく、また、前記した地役権の不可分性と称される各規定には特別な立法理由があり、これらを一括して地役権の不可分性と称しつつ、統一的に説明するのは無意味であるとされる[119]。それゆえ、地役権の不可分性に関する以下の論述ないし説明は、地役権の性質を理解するための便宜としての意味を有するに過ぎない[120]。

---

117) 石田（文）『物権法論』599頁参照。
118) 梅『要義二』274、279頁、富井『原論二』259頁以下、三潴『物権法提要』209頁以下など参照。
119) 末弘嚴太郎『物權法下巻』634頁、舟橋『物権法』428―429頁。
120) 我妻『物権法』283頁、我妻＝有泉『新訂物権』414頁も、末弘博士による学説への批判と同様の趣旨を述べており、その上で、地役権の法律的性質を理解する便宜として、第282条などの内容を地役権の不可分性とするのが適当だとされる。

(イ) 地役権の不可分性

　地役権は要役地全体の物質的利用のために、承役地全体を物質的に利用する権利であるから、要役地が分割され、または、一部譲渡された場合でも、地役権はその各々の部分のために存続し、承役地が分割され、または、一部譲渡された場合でも、その各々の部分につき地役権が存続する（第282条2項本文）。ただ、例えば、承役地の東側何平方メートルというように、範囲を指定して、その部分に建物等の工作物を建設しないと約定した場合のように、地役権の内容が、要役地や承役地の一部を指定して設定された場合には、地役権は、もはや、残りの部分には及ばなくなる（同項ただし書）。

　次に、地役権は、要役地全体の利用価値を増進するための権利であるから、要役地が共有の場合でも、共有者の各持分のために存在させることはできず、共有者の一人の意思で、自己の持分につき要役地のために存する地役権を消滅させることはできない（第282条1項）。また、同様の趣旨から、承役地が共有の場合でも、共有者の一人の意思で、自己の持分につき承役地上に存する地役権を消滅させることはできない（同条同項）。

(ウ) 共有要役地と取得時効との関係

　前段の考え方は、要役地のために地役権を時効取得する場合にもあてはまり、共有者の一人が地役権を時効取得した場合には、他の共有者も地役権を取得する（第284条1項）。

　反対に、共有者に対する地役権の取得時効の中断行為は、その地役権を行使する各共有者に対してしなければ、その効力を生じない（同条2項）。

　また、地役権を行使する共有者の一人に時効停止の原因が生じても、取得時効は各共有者のために進行を続けることになる（同条3項）。

(エ) 共有要役地と消滅時効との関係

　また、同様に、共有要役地の地役権がその不使用により時効消滅の危機に瀕している場合でも、共有者の一人につき時効の中断または停止事由が発生したときには、その中断または停止は、各共有者のためにもその効力を生ずる（第292条）。共有者一人々々に相対的に消滅時効の中断や停止事由が生ずること、ひいては、地役権が共有者のうちいずれかについて消滅し、いずれかについて存続するという状況は、地役権の性質上認めえないからである。

（オ）土地の一部分に対する地役権の設定

　一筆の土地（要役地）の一部分の便益のために地役権を設定しうるかという問題がある。これは、登記との関係で無理である。しかし、反対に、一筆の土地（承役地）の一部分の上には地役権を設定しうる（第282条2項、不登第80条1項2号）。

　地役権は要役地全体の利用のために、承役地全体を利用する権利であるから、要役地が分割され、または、一部譲渡されても、地役権はその各々の部分のために存続し、承役地が分割され、または、一部譲渡されても、その各々の部分につき地役権が存続する（第282条2項本文）。ただし、承役地の東側何平方メートルというように、範囲を指定して、その部分に建物等を建設しないと約定した場合のように、地役権の内容が要役地や承役地の一部を指定して設定された場合には、地役権は残りの部分には及ばない（同項ただし書）。

　承役地の一部に関する地役権設定の登記は、承役地の登記簿中権利部乙区に登記され（不登規第4条4項）、地役権設定の目的とともに、その範囲が登記される（不登第80条1項2号、不登規第159条1項3号）。そして、承役地の一部における地役権の範囲は、申請時に添付された地役権図面によって明らかにされ、地役権図面番号を付され、これが登記される（不登規第160条）。

❸　地役権の存続期間

　地役権には、地上権と同様、存続期間に関する規定がない。地上権については、任意に存続期間を定めうるものと解されている。そうすると、地上権よりも一層所有権を制限する程度が軽い地役権の場合にも、任意に存続期間を定めることが許されよう[121]。

　それでは、一歩進んで、地上権において認められた永久の地役権も認められるであろうか。学説は、何らの規定もないこと、所有権を制限する程度が

121）旧民法財産編第287条1項1号は、存続期間の満了を地役権の消滅事由と規定しており、起草者である梅謙次郎博士は、このような規定は権利消滅一般の規定であり、当然のことゆえに削除することにしたと述べていることから、梅博士も存続期間の定めがその念頭にあったようである。『法典調査会議事速記録二』297頁参照。また、富井『原論二』）252頁も参照。

少ないこと、また、その制限の範囲内においても所有権の利用を全く奪うものではないことを理由として、これを承認している[122]。

なお、この存続期間の定めを登記して第三者に対抗しうるか否かについて、不動産登記法第80条からは必ずしも明らかではないが[123]、従来の学説は一般にこれを肯定してきた[124]。

❹ 地役権の態様

（1）作為地役権と不作為地役権

この分類は、地役権の内容によるものである。その内容として、地役権者が一定の行為と、これに対する承役地の利用者の忍容義務となるものが作為地役権であり、承役地の利用者に一定の利用をしない義務を負担させるものが不作為地役権である。

（2）継続地役権と不継続地役権

例えば、通路が開設されている場合のように、地役権の内容を実現するに際し、常に間断なく継続しているものを継続地役権といい、井戸から水を汲み上げる地役権や通路を設けない地役権のように、その実現に際し、その都度、地役権者の行為を要し、間断あるものを不継続地役権という。なお、不継続地役権は取得時効の対象にならない（第283条）。

（3）表現地役権と不表現地役権

例えば、通行地役権や用水地役権のように、地役権の内容を実現するに際

---

122) 石田（文）『物権法論』590頁、我妻＝有泉『新訂物権』416頁、舟橋『物権法』429頁、川島『民法Ⅰ』248頁など多数。しかし、河上『物権法講義』367頁は、この点を含めて、存続期間が対価と同様に登記事項とされていない点について、第三取得者保護の観点からは問題であると指摘する。

123) 不動産登記法第80条1項（登記事項）の2号には、「地役権設定の目的及び範囲」という文言しかない。この文言は旧法第113条1項においても同様のものであった。

124) 我妻＝有泉『新訂物権』417頁は、当事者が存続期間を定めうるのはもちろんであるが、公示の原則に従い、登記した場合にのみ、第三者に対抗しうるものと解しており、（旧）不動産登記法第113条（現行第80条）1項は、このような登記を許す趣旨であると論じている。この点は、末川『物権法』357頁、舟橋『物権法』430頁も同旨である。しかし、そもそも存続期間は登記事項ではないと解される。それゆえ、従来の学説は立法論にとどまる（近江『講義Ⅱ』287頁参照）。

し、その外観から認識可能な状況にある地役権を表現地役権といい、観望地役権など、その外観からは認識しえない状況にある地役権を不表現地役権という。この意味において、不作為地役権は不表現地役権でもある。なお、不表現地役権も取得時効の対象にならない（第283条）。

第2項　地役権の取得
1 地役権の取得事由

地役権は設定契約によって設定されることが多いが、遺言での設定も可能であり、譲渡、相続、時効でも取得しうる。しかし、これらの事由によって地役権を取得しても、地役権は用益物権の一種であるから、登記を経由しなければ、第三者に対抗しえないように思われる（第177条）。

> 〔設例5－4－2〕
> 　土地の売主Aと買主Bとの間において、AはBのために黙示的に通行地役権を合意した。Aが承役地をCに売り渡し、Cが地役権設定者の地位を承継したが、この承役地を更にCがDに売り渡した際には、地役権のことを考慮せず、合意に含まれていなかった。
> 　Bは、Dに対して通行地役権を対抗することができるだろうか。

地役権のうち、通行地役権や用水地役権のように、通路や用水路が承役地に現存し、要役地所有者等が日常生活や事業の用に供する施設としてこれを利用しているという状況は、現地を確認すれば容易に知りうる事柄である。それゆえ、このような表現地役権の存在を容易に認識しうる場合には、当該地役権が未登記のときでも、承役地の取得者が地役権の存在を否定することは信義則上許されず、その負担を引き受けるべきものと理解しうる[125]。そし

---

125) 夙に我妻＝有泉博士は、継続かつ表現の要件を充たす通行地役権については、その行使が継続する限り、これが未登記であっても、承役地取得者に対し、（同人がこれを否定するときには）背信的悪意者であるという主張が認められる可能性が高いものと解していた（我妻＝有泉『新訂物権』419頁）。また、『不動産物権変動の法理〔沢井裕〕』（1983年、有斐閣）147頁は、通路の存在は囲繞地の客観的負担の公示となりうるものと解し

て、一歩進み、承役地の取得者が、そのような未登記地役権の存在を熟知しているときには、地役権の存在を否定して、その通行を妨害するような行為は、権利濫用として許されないものと構成することができよう[126]。地役権は、制限物権とはいえ、約定の相隣関係であるから、このような解釈が許されて然るべきである。

〔設例〕の問題は、A・B間の約定によるBの通行地役権が未登記で、この地役権の負担を受けるAの承役地をCが取得したが、CがDに土地を売ったときは、地役権が無視されたという話である。

判例は、この場合には、譲渡の時に、当該承役地が要役地の所有者によって継続的に通路として使用されていることが、その位置、形状、構造等の物理的状況から客観的に明らかであり、かつ、譲受人がそのことを認識していたか、または認識することが可能であり、譲受人Dが通行地役権の設定を知らなかったとしても、所有者に照会するなど、調査すれば簡単に知ることができるので、承役地の譲受人Dは、信義則上、地役権の登記がないことを主張する正当な利益を有する第三者ではないとして、Bの地役権の存在を否定しえないとした[127]。したがって、BはDに対して通行地役権を対抗することができ、また、BはDに対して地役権の登記を請求しうる[128]。

ている。そして、旧農地法（昭和27年7月15日法律第229号）第54条4項は、電気事業者の「地役権の設定は、その登記がなくても、その承役地が電線路の施設の用に供されている限り、その承役地の所有権を取得した者にこれをもって対抗することができる」と規定していた。つまり、この限りにおいて、表現地役権は登記なくしてその対抗力が認められていた。

126) 関連事案として、既に借地権について、最判昭和38年5月24日民集17巻5号639頁は、第三者Cが借地上に借地権者Bの所有する建物があることを知りながら、借地権の対抗要件を具備していないことを奇貨として、土地所有者Aから土地を買い受け、所有権移転登記を経由した上で、Bに対し、建物収去・土地明渡しを請求したという事案において、この取得者Cの行為は権利濫用に当たり、許されないものと判示している。この点については、本書「第2章物権の変動」、「第3節　不動産に関する物権変動と公示—第177条論」で既に解説した。

127) 最判平成10年2月13日民集52巻1号65頁。

128) 最判平成10年12月18日民集52巻9号1975頁。なお、この平成10年の2つの最高裁判決の解説は、石口『物権法』680—685頁を参照。

❷ 地役権の時効取得

〔設例 5 − 4 − 3〕
　Aは、公道に面した土地の所有者である。Aが自己の土地と公道との間にフェンスを設ける際に、近隣住民BやCが、道路拡幅の必要から少し下げて設置してほしいといってきたので、Aは好意から要望を受け入れた。その後、20年以上、道路用地として近隣住民が使用してきたが、Aの相続人Dは、家屋を増築する必要があるので、フェンスを元の位置に戻したいとB・Cに申し入れた。このAの要求は通るだろうか。

　地役権を時効によって取得する場合には、所有権以外の財産権の取得時効として、地役権を自己のためにする意思をもって平穏かつ公然に行使することにより、原則として20年で時効取得し、地役権行使時に善意かつ無過失であるときには、10年で地役権を時効取得できそうである（第163条）。しかし、地役権の取得時効には更に特則があり、地役権が「継続的に行使され、かつ、外形上認識することができるもの（平成16年の民法現代語化の前は「継続かつ表現」である。）」に限り、時効取得しうると規定されている（第283条）。
　この規定の意義について、判例は、通行地役権の場合には、通路を開設することが必要であり、これなくしては、地役権を時効取得しえないものと解してきた[129]。通路が開設されていない土地を近隣の住民が通行しているうちに自然に通路化したとしても、その通行は、土地所有者が親切心から黙認している場合が多く、それにもかかわらず、時効による通行地役権を認定することは、土地所有者に過大な負担をかけることになり、到底是認しえないからである。

---

[129] 大判明治31年6月17日民録4輯6巻81頁：通行地役権は本来不継続の性質を有するので、時効取得しえないものであり、かかる通行地役権を時効取得するには、法律の設定がなければならない。
　大判昭和2年9月19日民集6巻510頁：「地役権は継続且表現のものに限り時効により取得しうるものにして、通行権は特に通路を設けなければ継続のものとならない（大判明治31年6月17日参照）。従って、通路の設備なき一定の場所を永年間通行した事実によっては、未だ以て時効により地役権を取得するに由なきものとする」。

〔設例〕の問題は起こりがちな話であるが、通路は誰が開設してもよいのかという問題であり、また、要役地所有者と承役地所有者とが協力して通路を開設した場合でも、地役権の時効取得は認められるのかという問題である。

これらの問題について、判例は、前者の問題について、通路の開設は要役地の所有者によって行われる必要があるものと判示してきた[130]。しかし、判例は、後者の問題について、近隣住民の一連の行動によって、本件土地については、要役地の所有者であるAによって通路が開設されたものというべきであるとして、Bら近隣住民に通行地役権の時効取得を認めた[131]。

学説には、通路の開設者を要役地所有者として要件化することは時効制度の趣旨からして妥当ではなく[132]、通路の開設者が何人でも、要役地所有者が自らの費用や労力で維持管理すれば足りるというものがあった[133]。しかし他方、たとえ「継続かつ表現のもの」でも、空き地を長年の間通行し、自然に通路ができた場合には、当該土地の所有者が近隣の情誼でこれを黙認していたような場合が多いので、地役権の時効取得を認めるべきではないとされている[134]。

判例も、承役地の所有者が隣地（要役地）所有者のために好意的に通路を開設したという事案や[135]、承役地の所有者が開設し使用していた通路を隣地（要役地）所有者も使用していたという事案において[136]、いずれも、承役地所

---

130) 最判昭和30年12月26日民集9巻14号2097頁、最判昭和33年2月14日民集12巻2号268頁。この判例法理を明確に支持する学説として、近江『講義Ⅱ』285頁がある。
131) 最判平成6年12月16日判時1521号37頁。
132) 末川『物権法』356頁、舟橋『物権法』432頁。
133) 川島編『注釈民法（7）〔中尾英俊〕』491頁。
134) 我妻＝有泉『新訂物権』420頁、舟橋『物権法』432頁など。
135) 前掲最判昭和30年12月26日：「民法283条による通行地役権の時効取得については、いわゆる「継続」の要件として、承役地たるべき他人所有の土地の上に通路の開設を要し、その開設は要役地所有者によってなされることを要する」。
136) 前掲最判昭和33年2月14日：前掲昭和30年最判を踏襲している。本件には小谷判事の補足意見があり、小谷判事は、たとえ当該通路が要役地所有者によって開設された場合でなくとも、要役地所有者が自己のためにする意思をもって自ら当該通路の維持管理をし（自らの労力または自らの費用をもって）、かつ引き続き通行して来た場合には、「継続」の要件を備えるものと主張していた。

有者による地役権の時効取得を否定していた。しかし、〔設例〕の平成6年最判に至って、要件が緩和されたのである。

《ポイント》
地役権の時効取得の要件について、検討してみよう。

第3項　地役権の効力
1　地役権者の権能

地役権の内容は、設定行為や時効取得の基礎となった準占有（第205条）によって定まり、地役権者は、地役権の内容に従って承役地を利用する。地役権の内容は、地役権の目的を達するのに必要であり、かつ、承役地の利用者にとって最も負担の少ない範囲に限るものと解されている[137]。地役権は、元々、相隣関係の一種であることからして、妥当性ある考え方である。

この考え方の現れとして、民法は2つの規定を置いている。

まず、用水地役権の承役地において水が要役地と承役地の需要のために不足する場合には、その各土地の需要に応じて、まず、水を家用に供し、残余を他の用に供するものとする（第285条1項本文）。起草者は、この場合において、水を各土地の平等利用としたのは、多くは有償地役権であり、有償でありながら、承役地の所有者が要役地の所有者の権利行使を妨げることはできないからであると説明している[138]。

この用水地役権の原則は、設定行為によってこれを任意に変更しうる（同項ただし書）。しかし、その特約は、登記をしなければ第三者に対抗しえない（第177条、不登第80条1項3号）。

次に、承役地の所有者は、地役権の行使を妨げない範囲内において、その行使のために承役地の上に設けた工作物を使用することができ（第288条1項）、その場合には、承役地の所有者は、その利益を受ける割合に応じて、工作物の設置及び保存の費用を分担することを要する（同条2項）。この点は、地役権の相互利用という精神が現れていると言える。

---

[137] 我妻＝有泉『新訂物権』422頁、末川『物権法』358頁、舟橋『物権法』432頁など。
[138] 『法典調査会民法議事速記録二』273―274頁における梅謙次郎発言を参照。

しかし、地役権は排他性のある物権であるから、承役地の上に数個の地役権が設定された場合には、物権の順位に関する原則上、先に設定され登記された地役権は、後に設定され登記された地役権に優先する。したがって、用水地役権者相互間において、後の地役権者は前の地役権者の水の使用を妨げることができないというのは（第285条2項）、物権の順位に関する原則を注意的に規定したものにほかならない。

《ポイント》
　地役権者の権利関係について、整理し、理解しよう。

❷　承役地利用者の義務

　承役地の利用者は、地役権者の行為を忍容し、または、一定の利用をしないという不作為義務を負担する。民法は、このような義務を更に一歩進め、設定行為または特別契約により、承役地の所有者がその費用をもって地役権の行使のために工作物を設け、または、修繕すべき義務を負担した場合には、その義務は、承役地の所有者の特定承継人もまたこれを負担するものとした（第286条）。

　このような付随的義務は、地役権の内容を構成するものと解されるので、設定契約で定めることができ、この負担を承役地の特定承継人（買主等、契約による譲受人）にも負担させることとしたのである。しかし、学説の中には、このような義務は契約に基づく債務であり、地役権の内容を構成するものではないと解しつつも、それでは地役権の実質を失わしめることになるとして、民法は特にこのような義務が承役地所有者の特定承継人によって承継されることを認めたものと解するものもある[139]。しかしながら、この点は特約事項であるから、いずれの考え方によるにせよ、特定承継人に対抗するためには、登記をしなければならない（第177条、不登第80条1項3号）。

　ただ、承役地の所有者がこの付随的義務を免れるのは自由であるから、承役地の所有者は、いつでも地役権に必要な土地の部分を地役権者に放棄して、その付随的義務を免れうる（第287条）。この放棄とは、承役地所有権の放棄

---

139) 末川『物権法』359頁、柚木『判例物権法各論』93頁など。

であり、地役権者に対する一方的な意思表示によって、所有権移転の効力を生ずる。また、地役権者に承役地の所有権が移転したときには、地役権は混同によって消滅するものと解されている[140]。

《ポイント》
承役地所有者の義務について、理解しよう。

❸ 物権的請求権

　地役権は物権であるから、承役地の利用を妨げられ、または、妨げられるおそれのあるときには、物権的妨害排除請求権及び妨害予防請求権を有する。しかし、地役権は、承役地を直接占有すべき権利ではないから、物権的返還請求権はないものと解される[141]。

　地役権が承役地を直接占有する権利ではないとしても、地役権者は「自己のためにする意思をもって財産権の行使をする」者であるから、承役地を準占有しており（第205条）、この意味において、占有訴権（第197条）を有する（第205条による準用）。ただ、物権的請求権の場合と同様、地役権者には、占有保持の訴え（第198条）と占有保全の訴え（第199条）を認めれば足り、占有回収の訴え（第200条）を認める必要はない。

　次に、地役権に基づいて妨害を排除するといっても、地役権は、通行、流水の利用、観望・眺望など、その目的によって、妨害及び利用権保護の程度も変わってくる。例えば、通行地役権の妨害に関して、判例は、「通行地役権は、承役地を通行の目的の範囲内において使用することのできる権利に過ぎない」という観点から、通路に無断駐車するという場合のように、特定の通行地役権妨害については、その妨害の程度や地役権侵害の態様に応じて、個別的に判断すべきだという姿勢を示しており、一般的に目的外使用禁止とい

---

140) 我妻＝有泉『新訂物権』424頁、末川『物権法』360頁、柚木『判例物権法各論』93頁など通説である。
141) 我妻＝有泉『新訂物権』424—425頁、舟橋『物権法』434頁など通説である。これら通説に対して、石田穣『物権法』469—470頁は、通行地役権は他人の土地に通路を開設し、常時通路を通行し、その通路の維持・補修に当たっており、地役権者は自己のためにする意思で通行部分を占有・支配しているので、地役権者は、妨害排除・予防請求権のみならず、返還請求権をも有すると主張する（同書93頁も参照）。

うような妨害排除・予防的な請求をなしえないと判示している[142]。

《ポイント》
地役権者の物権的請求権の特質について、理解しよう。

第4項　地役権の消滅

❶　地役権の消滅事由

地役権は、要役地または承役地の消滅、地役権の放棄、混同（第179条）、約定存続期間の満了、約定消滅事由の発生、地役権の収用（土地収用第5条1項1号）などによって消滅するほか、承役地の時効取得に伴う消滅、地役権の消滅時効によって消滅する。

❷　承役地の時効取得による消滅

承役地の占有者が取得時効に必要な条件を具備して占有していた場合には、時効の完成によって、地役権は消滅する（第289条）。

所有権の取得時効は原始取得であるから、負担のない所有権の取得であり、この意味において、所有権の原始取得と抵触する権利はすべて消滅する。しかし、その占有者が、例えば、継続かつ外形上認識しうる地役権を認識していたという場合のように、地役権の存在を前提として占有していたときには、時効取得された承役地所有権は地役権の負担付で取得されるので、地役権は

---

[142] 最判平成17年3月20日判時1895号56頁：本件は、分譲地内から公道に抜ける唯一の道路（建基第42条1項5号の位置指定道路）にYが恒常的に自動車を駐車していたので、XがYに対し、本件係争地を道路の目的外に使用する行為の禁止等を求めたという事案である。
　判旨「本件地役権の内容は、通行の目的の限度において、本件通路土地全体を自由に使用できるというものであると解するのが相当である。そうすると、本件車両を本件通路土地に恒常的に駐車させることによって同土地の一部を独占的に使用することは、この部分をXが通行することを妨げ、本件地役権を侵害するものというべきであって、Xは、地役権に基づく妨害排除ないし妨害予防請求権に基づき、Yに対し、このような行為の禁止を求めることができると解すべきである。」しかし、「通行地役権は、承役地を通行の目的の範囲内において使用することのできる権利にすぎないから、通行地役権に基づき、通行妨害行為の禁止を超えて、承役地の目的外使用一般の禁止を求めることはできない」。

消滅しない。また、その占有期間中に地役権者が地役権を行使していたという場合にも地役権は消滅しない。この時効期間中における地役権の行使は、地役権の消滅時効を中断させる（第290条）。このような意味において、承役地の時効取得による地役権の消滅は、単純に、所有権の取得時効（第162条）の効果とはいえない。むしろ、第289条の効果といえる。

しかし、第289条は、承役地の占有者が承役地所有権を時効取得する反射的効果による地役権の消滅であり、「時効消滅」という表現は適切ではない。

❸ 地役権の時効消滅

次に、地役権は、その行使をしなければ、20年で時効消滅する（第167条2項）。これが地役権の消滅時効である。

消滅時効の起算点は、不継続地役権については最後の行使の時から起算し、継続地役権についてはその行使を妨げるべき事実の生じた時から起算する（第291条）。また、要役地が共有の場合には、そのうちの一人が行使すれば、時効が中断するので（第292条）、全員について時効が完成しなければ、地役権は消滅しない。更に、約定された通路が4メートルであったが、実際はそれよりも狭い通路として使用していたという場合のように、行使しない部分が一部であるときには、その部分だけが時効によって消滅する（第293条）。

地役権の時効消滅制度は、単なる権利不行使の継続によって、物権たる地役権を消滅させるというものである。通路を通行する地役権者及び通路の利用権者が多数存在するのであれば、おそらく地役権の時効消滅などありえないであろう。しかし、一人暮らしの高齢者が扶養義務者の元へ行き、あるいは病院などに長期入院し、元の住居への通路は通行権者が誰も通行せず、20年が経過したという場合には、要役地のために必要であるからこそ約定された地役権は時効によって消滅に帰する。当該土地が袋地であれば、所有権の効力として囲繞地通行権が残存する。しかし、囲繞地通行権は法定地役権として必要最小限の通行を認めるだけであり、当事者の約定により、要役地の便益を増進するという意味における約定地役権とは異なる。

また、承役地の占有者が承役地を時効取得したことの反射的効果として、要役地のための地役権その他の利用権や担保物権までもが消滅するという点

は、取得時効による土地の原始取得という効果によるものであるから、やむを得ない面もある。この点は、債権が時効消滅した結果として、抵当権も付従性により時効消滅する場合（第396条）などとも軌を一にする。

しかし、単なる権利不行使のみを要件とする地役権の時効消滅制度は、いくら囲繞地通行権制度が存在するとしても、説明がつきにくく、また、妥当性も低い。立法論としては、改正が望ましい[143]。

《ポイント》
地役権の時効消滅について、検討してみよう。

第5節　入会権

第1項　入会権の意義・内容・性質

1　入会権の意義

入会権とは、一定の村落団体の住民が一定の山林・原野（入会林野）を共同で管理し（団体的統制）、そこで草木を採取するなど、山林・原野で使用・収益をする慣習上の権利、即ち、入会団体による総有的土地支配権（共有の類型としては総有または準総有）である[144]。入会林野とは、かつて部落あるいは組などと称された一定の地域で生活する人々が、集団的に共同で利用し管理する山林・原野のことをいう。その名称は地域によって異なり、部落有林、区有林、部落共有地、入会山、郷山、大字有林など、様々な名称が付されている。これら名称が示すように、古くは、村ないし村の組で、現在では、大字、字、小集落などの地域集団で共同管理されている林野が入会林野である[145]。

入会権は地方の慣習的な集団的土地管理及びその利用下で推移してきた。

---

143) この点に関する同旨の見解として、松尾・古積『物権・担保物権〔松尾〕』228頁がある。
144) 我妻『物権法』297頁、末川『物権法』364頁、舟橋『物権法』448頁、川島編『注釈民法（7）〔川島武宜〕』510—511頁など参照。また、判例（最判昭和41年11月25日民集20巻9号1921頁）も、裁判所の職権で調査した結果として、「入会権は権利者である一定の部落民に総有的に帰属するものであるから、入会権の確認を求める訴は、権利者全員が共同してのみ提起しうる固有必要的共同訴訟というべきである」と判示した。
145) 中尾英俊『入会林野の法律問題』1頁。

民法制定時に、起草者が入会慣習に関して各地の裁判所ならびに行政庁に問い合わせたところ、その内容は複雑多様に過ぎ、条文化が難しいと判断されたくらいである。その結果、入会権の内容に関しては、原則として各地の慣習に従うこととされた（第263条、第294条）[146]。

現在でも山間部で入会権の利用があるかは定かではないが、入会権は、現在でも、河川での漁労などで、慣習上の権利関係として存続するとされる[147]。

《ポイント》
　入会権の意義（権利の主体、名称など）、存続などについて理解しよう。

❷ 入会権の種類・内容

（1）入会権の種類

入会権の種類には、①入会地の帰属主体と、②入会権の主体とで、分類される。

①入会地の帰属主体による分類は、1）入会地所有権の帰属主体が入会権者の場合と（「共有の性質を有する入会権」、「共有の性質を有しない入会権」）、2）それ以外の場合（国有地入会、公有地入会〔県有地入会権、町村有地入会権〕、私有地入会〔多くは入会団体所有の自村入会だが、他村入会の場合もある。〕）がある。

②入会権の主体による分類は、1）一個の村落が所有地を入会的に利用する村中入会（一村入会）と、2）数個の村落が一つの入会地盤を共同で入会的に利用する数村入会とがある[148]。この分類には、その他、3）自己の村落所有地に入会権を持つ自村入会と、4）他の村落所有地に入会権を持つ他村入会があり、後者は、入会権行使の範囲に差がある差等入会となることがあった[149]。なお、数村入会は、戦後、入会地を分割して一村入会に転化した例が多かったようである[150]。

---

146) 『法典調査会民法議事速記録二』132—133頁の富井政章発言、同書254—255頁の梅謙次郎発言を参照。
147) 近江『講義Ⅱ』293頁。
148) 川島編『注釈民法（7）〔川島〕』525—534頁参照。
149) 中尾『入会林野』5頁。
150) 川島編『注釈民法（7）〔川島〕』534頁。

（2）入会権の利用内容

入会権の利用内容について、判例に現れた事案は、山林原野の柴草等の採取[151]、山林の雑木または石灰石等の採取[152]などであるが、石材採取を目的とする入会権でも妨げない[153]。したがって、入会権の目的は無制限であり、村落等、団体で制限を設けない限り、自由に入会林野を利用しうる。もっとも、薪や木炭類の需要がない現代では、造林や草地造成による畜産等へという利用形態の変化が生じ[154]、都市化の波を受けた村落共同体の規制弱体化現象は、この変化に対して決定的な影響を与えた[155]。

❸ 入会権の利用形態の変化

（1）古典的利用形態

古典的な入会権は、入会林野を各構成員に個別に割り当てず、入会権者が同一の時期に共同して入会林野に入り、天然産物等の採取活動を行う原始的なものである。採取物は個人所有物となり、主として自給用である。

（2）直轄利用形態（留山利用）

入会団体が各構成員の自由な山入りを差し止め、入会団体が全体として入会林野の産物を取得する形態が発生し、団体自身が植林・造林事業を行う類型である。産物は入会団体の所有物とするが、自給ではなく、売却処分して現金収入を得ていた。この収益は共同体の共益費とし、あるいは構成員に配分された。これを「留山」という。

（3）分割利用形態（割山利用）

入会林野を区分して各構成員に割り当て、その個別的利用を許す類型である。各構成員の個別利用とされ、家屋を建てて居住し、草地で畜産事業をし、私的に植林をした。収益は各人に個別に帰属するが、利用内容は団体によっ

---

151) 大判明治39年2月5日民録12輯165頁：上告人等所属の白川村大字白木の住民一般に往古より係争山林にて樹木柴草等を採取してきた事実があれば、上告人等の請求は正当にして、入会権ありと認むべく、町村制によりその権利を失うべきものではない。
152) 大判昭和9年2月3日法学3巻6号88頁。
153) 大判大正6年11月28日民録23輯2018頁。
154) 中尾英俊『叢書民法総合判例研究第9巻⑫Ⅰ入会権（1）』22頁
155) 我妻＝有泉『新訂物権』436頁

て規制され、また、一定の利用期間で割替という利用者の交替も行われた。この利用は多くは無償であり、また、各構成員は割り当てられた入会地に独占的な支配権を有するが、その他の入会地に立ち入ることができず、更に、割り当てられた土地も、団体が統制し、他人に譲渡しえなかった。これを「割山」という。

（4）契約利用形態

入会団体が入札等により利用希望者を募り、入会権者個人や非入会権者と契約を締結して入会地の利用を許すという類型である。留山利用と割山利用があった。

留山利用型は、入会団体自体が植林等をせず、第三者に入会林野等を有償で利用させるという場合であり、その対価を共益費等に充てた。

割山利用型は、入会地に余裕があるなどの事情から、団体構成員以外の者に有償で割山利用をさせるものである。第三者のほか、転出によって入会権を失った者が植栽木等を有する場合には、その植栽木等の所有権を認め、入会地の利用契約を締結する場合もあった。割山利用型の契約利用は本来の割山と同様に見えるが、第三者は入会地の利用にあたって団体的統制を受けないので、本来の割山とは異なる[156]。

4 入会権の法的性質

共有の性質を有する入会権は、第一法源として各地方の慣習に従い、第二法源として共有の規定が適用され（第263条）、共有の性質を有しない入会権も、同様に、まず各地方の慣習に従い、二義的に地役権の規定が準用される（第294条）。

この両規定の趣旨は、入会関係は旧来の慣習等の法社会規範によって成立し維持され、その変遷や解体等も慣習に淵源し、これに代わる入会団体内部の制定した法社会規範に基づくという理由[157]、あるいは、共有及び地役権に関する規定は仲間的共同体の総有的法律関係を全く含んでおらず、入会権に

---

156) なお、以上の諸利用形態の変遷については、川島編『注釈民法（7）〔川島〕』520—522頁、中尾『入会林野』24—33頁、同『叢書・入会権（1）』32-33頁参照。
157) 舟橋『物権法』447頁

関しては総有的権利関係の一般原則や多くの入会権に共通する一般的な慣習等を顧慮して判断すべきだという理由から[158]、いずれも民法の当該規定を適用ないし準用する余地は全くないと言われる。

次に、入会権は物権とされるが、不動産登記法に規定がないので（不登第1条参照）、登記しえない権利として、登記がなくとも第三者に対抗しうるとされてきた[159]。しかし、登記がないと、国や市町村有地への編入、あるいは、売買等による土地の取得者から入会権を否定されるので、入会団体が土地を所有する場合には、当初は「何々部落所有」などと登記した。その後、司法省や法務省が部落名義の登記をやめるよう指導した結果、記名共有名義の登記をするようになった[160]。しかしながら、公示性を要求する登記制度の目的から考察すると、記名共有名義では入会権が明示されないので、法人格のない部落名義の入会権登記を認めるべきものと主張されてきた[161]。

《ポイント》
　入会権の登記方法について、検討してみよう。

第2項　入会権の効力

1　古典的入会権における共同収益関係

（1）共同収益権の範囲

入会権における共同収益の範囲は多種多様であり、入会林野における秣や薪炭原木などの採集に尽きるものではない。各地方の慣習によって定められるものであれば何でもよい。

（2）収益権の差異

村中入会では各構成員の収益権は平等である。数村入会では、多少地元に有利な取り決めがされたとしても、基本的には平等である。他村入会では、地盤所有団体の構成員とそれ以外の団体の構成員とでは、使用・収益権に差

158）川島編『注釈民法（7）〔川島〕』525頁。
159）大判明治36年6月19日民録9輯759頁、大判大正10年11月28日民録27輯2045頁。
160）川島編『注釈民法（7）〔川島〕』533頁。
161）川島編『注釈民法（7）〔潮見俊隆〕』590頁。

異ある取扱いがなされていた。しかし、判例は、入会権の内容を制限する場合には、地方の慣習や当事者間の規約などがない限り、その制限は認められないとした[162]。

❷ 近代的利用形態における収益関係

古典的な入会団体の共同による使用収益関係は、商品交換社会の発達に伴って消滅を来し、これに代わり、直轄利用形態たる留山や分割利用形態たる割山が行われ、また、それぞれ契約を用いて利用関係を設定する形態が現れた。これら利用形態の変容は時代の流れに伴うものではあるが、入会権は入会団体の総有であるから、利用形態関係の変更は構成員全員の同意を要する[163]。しかし、利用形態は変わっても、入会団体に帰属する収益は、共益費として利用され、あるいは各構成員に分配されるべきものであるから、古典的利用形態とあまり差異はない。

❸ 入会権の処分

入会権の処分については、入会本権自体は団体に帰属しており、各構成員は、入会権に基づく使用・収益権（入会収益権。「処分権なき支分権」ともいいうる。）を有するに過ぎない。また、入会権の内容に関しては、各地方の慣習に委ねられているので、法律で一様に定めえない。ひいては、入会権の処分に関しても慣習で定められることになる。近時の判例は、役員会全員一致の決議で入会権の処分を決する旨の定めは、地方の慣習であり、公序良俗違反等、特段の事由がある場合以外は有効であるとした[164]。

---

162) 大判明治34年2月1日民録7輯2巻1頁：大審院は、入会権はその内容を制限するのが普通であり、無制限が変わったものという一般の慣行はないものと解し、内容の制限を主張する者は、地方の慣行または当事者間の規約を挙げて、その制限の根拠を立証する責任があるとした。
163) 我妻＝有泉『新訂物権』443頁。
164) 最判平成20年4月14日民集62巻5号909頁。

❹ 入会権の侵害に対する効力

　入会権は慣習による権利ではあるが、民法上は物権として位置付けられているので、入会権者たる入会団体には物権的請求権が認められる（使用収益権者たる各構成員が占有者であれば、占有訴権が認められる）。もっとも、入会権は総有であるから、元々、物権的請求権の帰属主体は入会団体それ自体である。したがって、入会団体の一構成員が使用収益権限を超えて不当な収益行為をし、他の構成員の使用収益権を侵害した場合には、入会団体がその統制機能によって不当な利用を差し止め、もし、損害が発生していれば、その賠償を請求する。また、第三者が入会地を不法に占拠し、構成員の利用を妨害し、あるいは、妨害のおそれがある場合には、入会団体の名の下にそれぞれ返還、妨害排除、妨害予防の請求権を行使する。

　しかし、入会地の使用収益権は各構成員に帰属するのであるから、「使用収益権」の侵害として、各構成員も物権的請求権を行使しうる[165]。

第3項　入会権の取得

❶ 団体による入会権の取得

　入会権は、地域団体の総有権または総有的収益権である。それゆえ、団体による入会権の取得と、その構成員として享受する固有の使用・収益権の取得とは、区別して考えなければならない[166]。入会権は第一義的に団体によって取得される。といっても、当初はまず入会地があり、そこに地域結合的な団体が発生し、入会林野等に立ち入って（まさに入り会って）使用収益する権利として、慣習によって、入会権が成立するのが普通である。それゆえ、本来は「入会権の発生」が正しく、「取得」という後発的な意味における成立は、他村入会か、契約による入会権の取得の場合に存在するに過ぎない。

　ただ、実質的には入会権が存在していたが、そのような慣習の存在を立証

---

165) 大判大正6年11月28日民録23輯2018頁、東京地判昭和41年4月27日下裁民集17巻3号353頁。我妻＝有泉『新訂物権』445頁。
166) 我妻＝有泉『新訂物権』）446頁。ここでは、団体による取得は団体それ自体の対外的関係であり、構成員の使用・収益権としての入会権（入会収益権）は団体の内部的統制の関係として位置づけられている。

しえない場合には、時効取得も認めるべきである。民法上の理論でも、入会団体による自己のためにする占有（第180条）や使用・収益権の行使（第205条）によって、土地の総有または入会権の準総有の状況が10年ないし20年継続した場合には（第162条、第163条）、入会地や入会権の時効取得は可能である[167]。

② 構成員の使用収益権の取得

構成員の使用・収益権について考察する場合にも入会権の取得と称されることが多い。しかし、入会権は、入会団体がその管理主体であるから、厳密に言うと、構成員の権利は入会権ではなく、「入会権に基づく使用収益権（入会収益権[168]）」と称するべき物権である。ただし、これらの権利を総称する概念（総称名詞）としては、「入会権」と称して差し支えない。この構成員による入会収益権の取得及び権利の内容に関しても、入会権と同様、すべて各地方の慣習及び入会団体内部の管理規範による。それゆえ、入会収益権の取得は、原則として、団体構成員たる資格の取得に伴うものである[169]。

しかし、別段の慣習により、居住地は集落外でも、集落内に田畑を所有している者には入会収益権を認める場合もあり、反対に、集落内居住者であっても、他からの移住者または分家した者を除外し、あるいは、一定の共同義務（一定期間の居住、賦役の履行、金品の供与など）を果たすことを条件として、入会収益権を認める場合もあった[170]。

第4項　入会権の消滅
① 団体の有する入会権の消滅

例えば、ダムの建設に伴う土地の水没という事態が生じた場合には、入会

---

167) 我妻＝有泉『新訂物権』447頁。
168) 舟橋『物権法』458頁は「入会収益権」という。従来の学説は、入会権は総有的権利であり、管理・処分権能は団体に帰属し、収益権能は構成員に帰属するものと解してきた。
169) 大判明治33年6月29日民録6輯6巻168頁。
170) 我妻＝有泉『新訂物権』448頁、舟橋『物権法』458頁参照。

地の滅失を来すので、入会権もまた消滅する。また、団体の意思による入会権の廃止も問題となるが、入会権は総有であるから、構成員全員の同意を要する。他物権としての入会権でも「総有（準総有）」であるから、入会地を団体が所有すると否とで区別する必要はない。

では、入会林野が国有地に編入された場合には入会権は消滅するか。明治7年の地所官民有区分政策によって官有地に編入された土地に入会権が残っているかという問題について、判例は、当初、その編入によって当然に入会権は消滅したものとした[171]。しかし、最高裁は、これを変更し、官有地への編入によっても、入会権は当然には消滅していないとした[172]。

次に、入会林野の開発によって入会権は消滅するかという問題もある。入会権は近代化の波を受け、次第に利用形態が変化していったが、それだけでは入会権は失われない。しかし、旧慣習によって成立した入会権を放置し、入会地が村有地となって管理・処分され、あるいは、村当局の監督の下で村民に利用されると、従前の入会団体による共同体的統制の不存在という理由から、入会権の解体・消滅が認定されうる[173]。したがって、入会権は、漸次、他の近代的権利関係に変更し、その効力を保全する必要があると考えられた。「入会林野等に係る権利関係の近代化の助長に関する法律」は、入会林野等の権利関係を近代化し、農林業経営の健全な発展に資するという目的を掲げる（同法第1条）。前近代的な記名共有または代表者名義の登記がされた入会権も、未登記入会権（他物権としての「共有の性質を有しない入会権」に多い）も、この法律上の手続を経て、近代的な権利の登記に置き換えられ、あるいは、新たに登記され、その権利が保全される。このような方法で入会権は解体され、漸次、新たな権利関係へと再構築されていく。

《ポイント》
　入会権の近代化について、検討してみよう。

---

171) 大判大正4年3月16日民録21輯328頁。
172) 最判昭和48年3月13日民集27巻2号271頁。
173) このような理由から入会権を否定した判例として、最判昭和57年1月22日裁判集〔民事〕135号83頁がある。

❷ 構成員の有する使用収益権の喪失

　入会団体の構成員は、各入会団体の制定する慣習的な法社会規範によって各々の使用収益権を取得するので、その喪失も、その法社会規範による。

　判例は、村落共同体から他へ転出した場合には入会地に関する一切の権利を喪失するという慣習の存在を認めた[174]。このような慣習が存在する場合において、権利者が死亡したときには、共同相続が開始するが（第882条、第898条）、入会団体の中に相続人がいない場合には、相続による承継を認めない。したがって、この場合には、当該入会団体の慣習により、使用収益権が構成員によって承継取得される。

❸ 入会権の時効消滅

　入会地の地盤が入会集団に帰属する場合には、総有（共有の性質を有する入会権）である[175]。この場合には、入会権の原権利は「所有権」であるから、消滅時効にかからない（第167条2項）。それゆえ、入会権ないし入会収益権も時効消滅しない。この意味において、入会権の時効消滅はあまり検討されてこなかった。しかし、他村入会の場合や、入会地盤が国有地や公有地に編入された場合には、「共有の性質を有しない入会権」となるので、特殊な用益物権と解することが許される。そこで、近時、入会権の時効消滅が取り沙汰されるようになった。

　入会権の時効消滅に関して、下級審の裁判例は、従前は部落の所有であった入会地が村の村会の議決によって作られた権利能力なき社団たる区の所有となったという事案において、共有の性質を有する入会権がその性質を有しない入会権に変化して存続したと認定し、これは地役権の性質を有する入会権であるとして、その住民が40年以上も使用・収益していないという理由から、入会権の時効消滅を認めた[176]。

　しかし、この裁判例の事実関係からは、旧部落の管理主体と新しい区の管

174）最判昭和40年5月20日民集19巻4号872頁。
175）我妻＝有泉『新訂物権』441頁。
176）広島高判平成17年10月20日判時1933号84頁（民集62巻5号984頁。前掲最判平成20年4月14日の原審）。

理主体とが同一性を維持して存続しているので、入会権の性質が変わる理由はない。そこで、最高裁は、控訴審の入会権の性質変更による時効消滅という解釈を否定した[177]。

　確かに、共有の性質を有しない入会権ならば、使用・収益権の不行使期間が20年を経過することにより、入会権の時効消滅もありうる（第294条、第291条以下、第167条2項参照）。しかし、入会権に基づく使用・収益関係は、薪炭から電気・ガスへという国民の生活環境の変化に伴って変化し、また、入会林野それ自体の利用から、ゴルフ場やリゾート開発会社への土地賃貸などへと、入会権が形を変えて存続してきたというケースもある。それゆえ、旧来の薪炭材の採集など、入会権に特有な使用・収益行為が行われていないからといって、一概に、「入会権の不行使」と認定することは妥当性を欠く。

　したがって、地役権の場合における承役地の時効取得による消滅（第289条）は別として、本来の「地役権の不行使」による時効消滅の場合（第291条）と同様、入会権の時効消滅という判断も、よりいっそう慎重に行われるべきである[178]。結論としては、いくら世の中が進化し、社会の生活様式が変容を来したとしても、地域の小集団たる「むら社会」が残存する限り、また、そのような小集団の中で人々が生きている限り、入会権は残存しているのだという認識が必要である。

---

177) 前掲最判平成20年4月14日を参照。
178) 松尾・古積『物権・担保物権〔松尾〕』234頁は、対象となる入会権の内容や入会地の現実的利用状況、とりわけ、他の占有者が時効取得に必要な占有を継続しているかどうか（第294条、第289条）などを十分に吟味した上で、慎重に解釈される必要があるという。

事項索引

〈あ〉

アオフラッスンク
 （Auflassung） ……………57
悪意者排除説……… 127, 136
悪意占有者………… 262, 284

〈い〉

遺言の失効………………176
遺産分割協議
 ………… 165, 169, 360, 376
遺産分割の方法の指定…173
意思主義・対抗要件主義
 …………………… 2, 51, 55
遺失物…………………338
「石に泳ぐ魚」事件………42
意思表示による物権変動
 ……………………………145
囲障設置権………………333
遺贈による物権変動と第三者
 ……………………………172
一時使用目的の借地権…416
一物一権主義……………10
一括分割…………………373
一筆の土地の一部…… 6, 410
稲立毛……………………347
囲繞地……………………325
囲繞地通行権……………325
違法侵害排除説…………47
入会権の時効消滅………473
入会収益権………… 469, 471
入会林野…………………464

〈う〉

請負建物の所有権の帰属
 ……………………………196
請負建物の登記…………197
宇奈月温泉事件……………28
上土権……………………317

〈え〉

永久の地上権……………413
永小作人…………………439
永小作料…………………443
役権………………………445

〈お〉

乙区………………………76

〈か〉

解除と登記………………162
界標設置権………………333
価格賠償…………………373
加工………………………350
加工者帰属説……………351
加工物……………………341
瑕疵ある占有……………264
瑕疵ある占有者…………291
過失者排除説……………139
果実収取権…… 228, 231, 282
果実返還義務……………284
家畜外動物………………289
仮登記……………………79
――に基づく本登記… 147
――の効力……………80
簡易の引渡し………206, 270
換価のためにする競売（形式
 的競売）………………375
環境権説…………………45
関係的所有権説…………122
慣習法……………………7
慣習法説…………………8
間接効果・折衷説………164
完全権……………… 317, 407
観望・眺望地役権… 445, 448
観望の制限………………337
管理組合…………………392
管理組合法人……………396
管理行為…………………365
管理者……………………393

管理的作用（管理権能）
 ……………………………357

〈き〉

危険防止措置……………31
起算点任意選択説………188
偽造文書による登記……87
記名共有名義……………468
規約………………………394
規約共用部分……………388
客観主義…………………250
境界線上の工作物の所有関係
 ……………………………334
境界線付近の工作物建造
 ……………………………335
境界紛争類型……………191
協議による分割…………373
狭義の共有………………358
共同所有…………………356
共同申請の原則………3, 77
共同相続開始後の物権変動と
 登記……………………167
共同相続財産……………360
共同の利益に反する行為の停
 止請求…………………396
強迫取消…………………154
共有権確認の訴え………371
共有者間の担保責任……378
共有説……………………361
共有の性質を有しない入会権
 ……………………………467
共有の性質を有する入会権
 ……………………………467
共有の弾力性……………363
共有物に関して生じた債権
 ……………………………367
共有物の維持・管理……364
共有物の負担……………367
共有物の分割……………372
共有物の変更……………366
共有物の利用……………363

476　事項索引

共有要役地………………452
共用部分……………383,387
虚有権……………………319
金銭所有権………………211

〈く〉

掘削地下水………………322
国立市景観訴訟…………43
区分所有権………………383
　──の競売請求………397
区分所有者………………383
　──の復旧権…………398
区分所有建物の登記……391
区分地上権………………436
組合財産…………………359

〈け〉

ゲヴェーレ………………249
景観利益……………43,45
形式主義……………51,57
形式的審査主義…………78
形成権……………………426
継続地役権………………454
競売開始決定……………200
競売・公売………………194
ゲノッセンシャフト（実在的
　総合人）………………358
権原………………………345
権原ある者………………346
原始取得……………223,268
現実の引渡し………215,270
原所有者帰属説…………227
現物分割……………373,377
権利移転の機能…………250
権利金……………………428
権利実現の機能…………250
権利失効の原則…………24
権利主張要件ないし保護要件
　としての登記…………162
権利占有…………………308
権利存在の推定力………277
権利の濫用………………28
権利部……………………76
権利不可侵性説…………46
権利防衛的機能…………250

〈こ〉

権利濫用法理……………128
行為請求権説……………34
交換価値…………………317
恒久性……………………319
公共の福祉………………321
甲区………………………76
工作物…………………408,410
公示の原則………………2,50,145
公示力の弱体化…………51
公信の原則………………52,208,226
公信力………14,51,53,58,211
公信力説……………119,137
合成物……………………341
構成部分………………342,348
構造上の独立性………345,384
合有………………………358
合有説……………………360
公用徴収…………………195
小作人……………………439
小作料……………………439
小丸船事件………………300
固有必要的共同訴訟……371
渾一性……………………319
混同………………………245
混和………………………350
混和物……………………341

〈さ〉

債権的合意………………59
債権的効果説……………120
債権的登記請求権………101
再度の時効完成…………185
裁判所による分割………374
材料所有者説……………351
詐欺・強迫………………151
詐欺取消…………………152
作為地役権………………454
差押登記…………………200
指図による占有移転
　…………………207,271
　──による即時取得の成否
　…………………………220
差止請求…………………26,40

〈し〉

敷地………………………389
敷地利用権………………390
　──の登記……………392
事業用借地権……………416
時効援用時基準説………193
時効完成後の第三者……183
時効期間逆算説…………188
時効の起算点……………184
自己のためにする意思
　………………………251,255
自主占有…………………258
事情変更の原則…………431
自然排水…………………330
実質的無権利者…………143
自動車による通行………326
支配性……………………4
自村入会…………………465
借地権……………………414
　──の対抗力…………419
収益的作用（収益権能）
　…………………………357
集会………………………395
重過失者排除説…………138
自由競争原理……………127
自由競争原理説への批判
　…………………………134
集合物…………………1,10
集合（流動）動産譲渡担保権
　…………………………10
自由な所有権………315,321
自由な通行権の侵害……44
主観主義…………………250
取得時効と登記…………179
取得時効の当事者………180
取得者帰属説……………227
順位保全効………………17
順位保全の効力…………80
準共有……………………381
準占有……………………308
承役地……………………445
承役地利用者の義務……448

事項索引　477

使用価値 …………… 317
使用禁止の請求 ………… 397
使用利益 ………… 229, 231
償金 ………………………… 325
償金請求 ………………… 341
償金請求権 ……………… 356
証書の保存 ……………… 379
商事留置権 ……………… 354
状態責任 …………………… 39
譲渡担保権の即時取得 …… 218
商品交換経済社会 ……… 313
所持 ……………………… 252
所持機関 ………………… 254
除斥期間 ……… 297, 298, 302
処分禁止の仮処分命令 … 200
処分権限のない者からの取得
　………………………… 212
処分行為 ………………… 365
処分制限 ………… 199, 200
所有権の弾力性
　……………… 5, 319, 363, 408
所有権分属構成説 ……… 318
所有権留保 ………………… 13
所有者意思説 …………… 250
所有の意思 ……… 258, 260, 267
所有物返還請求権（返還訴権
　rei vindicatio）………… 19
自力救済 ………………… 300
自力救済の禁止 ……… 25, 290
人役権 …………………… 447
人格権説 …………………… 45
人格権的利益の侵害 ……… 40
人格権に基づく差止請求権
　…………………………… 41
人格権の侵害 ……………… 40
信義則 …………………… 131
新権原 …………………… 261
人工排水 ………………… 331
申請却下事由 ……………… 90
真正な登記名義の回復 …… 97
心素 ……………………… 250

〈す〉
随伴性 …………………… 451
水流変更権 ……………… 332

数村入会 …………… 465, 468

〈せ〉
制限説 …………… 107, 108
責任説 ……………………… 36
堰の設置及び利用 ……… 332
折衷説 …………………… 217
接道要件 …………… 326, 327
善意・悪意不問説 ……… 125
善意占有者 ………… 262, 281
善意の第三者と登記の要否
　………………………… 159
全面的価格賠償 ………… 375
占有回収の訴え ………… 299
占有改定 …………… 207, 271
――による即時取得の成否
　………………………… 215
占有改定否定説 ………… 216
占有権原 ……… 256, 260, 277
占有権の譲渡 …………… 269
占有権の消滅 …………… 306
占有権の二面性 ………… 273
占有者の自力救済 ……… 291
占有侵奪 ………………… 299
占有訴権 …………… 20, 289
――と損害賠償請求権
　………………………… 293
――の相手方 …………… 294
――の主体 ……………… 294
占有尊重説 ……………… 189
占有代理関係（占有媒介関係）
　………………………… 265
占有代理人 ……………… 265
占有の選択による取得時効の
　成否 …………………… 275
専有部分 …………… 383, 386
占有保持の訴え ………… 296
占有補助者 ……………… 254
占有保全の訴え ………… 298

〈そ〉
相続欠格、廃除と第三者
　………………………… 177
「相続させる」と記載した遺
　言 ……………………… 173

相続による占有承継 …… 272
相続放棄と第三者 ……… 176
相対的構成説 …………… 141
相対的無効説 …………… 120
総有 ………………… 358, 472
総有的土地支配権 ……… 464
相隣関係 ………………… 323
遡及効貫徹説 …………… 155
遡及効のある物権変動 … 147
遡及効の制限 …………… 159
即時取得 ………………… 208
訴訟法的構成説 ………… 123

〈た〉
第213条適用説 ………… 329
第213条不適用説 ……… 330
第94条2項類推適用説
　………………… 139, 158
対価的牽連関係説 ………… 63
代価弁償 ………………… 229
代価弁償返還 …………… 226
代金分割 ………………… 373
対抗関係説 ………… 155, 171
対抗しえない「第三者」の類
　型 ……………………… 109
対抗要件 ………………… 145
第三者からする「承認」
　………………………… 125
第三者主張説 …………… 116
大深度地下利用法 ……… 322
体素 ……………………… 250
代理占有（間接占有）…… 265
他主占有 ………………… 258
――から自主占有への転換
　………………………… 259
他主占有事情 …………… 260
他村入会 ………………… 465
建替え決議 ……………… 399
「建前」への工作 ………… 352
建物買取請求権 …… 398, 425
建物譲渡特約付借地権 … 416
建物の再築 ……………… 415
建物の撤去請求 ………… 32
他人のためにする意思 … 255
他物権 …………………… 407

団地·······················402
団地共用部分················402
団地建物所有者··············402
団地内建物の一括建替え決議
　··························404
団地内建物の建替え承認決議
　··························403

〈ち〉

地役権設定登記··············450
地役権の時効取得············457
地役権の時効消滅············463
地役権の不可分性············451
地下水······················322
竹木························410
竹木切除の相隣関係··········335
地上物の買取請求権··········425
地上物の収去権··············425
地上物は土地に従う·········342
地代························427
地代徴収権··················408
地代等増減請求権············430
地代の決定方法··············430
地代の供託··················432
地的役権····················447
地表湧出地下水··············322
中間省略登記·············89, 93
直接効果説（遡及効説）
　··························164
直轄利用形態················466
賃借権の物権化················4

〈つ〉

追及効······················15
通行地役権············445, 448
通行利益················44, 326

〈て〉

定期借地権··················416
抵当権価値権説···············21
手が手を保障する············53
出来形部分··················353
電気窃盗事件·················1
添付（付合・混和・加工）
　··························340

〈と〉

登記義務者··················100
登記協力義務················99
登記原因証明情報·········77, 90
登記権利者··················100
登記しうる権利··············78
登記識別情報················77
登記事項証明書··············81
登記時効中断説··············190
登記所······················75
登記申請····················77
登記請求権··················99
登記尊重説··················190
登記手続の瑕疵··············85
登記による権利確定・保全的
　機能······················165
登記の形式的要件············82
登記の実質的要件············88
登記の不法抹消··············105
登記必要説··················161
登記不要説··················161
登記簿······················75
——の滅失による回復登記
　··························106
動産の付合··················348
盗品・遺失物の回復請求権
　··························225
特定承継人········301, 372, 388
特定性·······················5
特定大規模災害··············422
独立所有権説················361
独立性·······················6
土地工作物責任··············39
土地の一部分に対する地役権
　の設定····················453
留山························466
鞆の浦景観訴訟··············44
取消と登記··················150
取消の遡及効················152
取引安全の保護··············54
取引行為による取得··········212
取戻受忍請求·················35

〈に〉

二重登記····················83
日照地役権··················448
忍容請求権説················35

〈は〉

背信的悪意者からの転得者
　··························140
背信的悪意者排除理論········130
排他性·······················5
排他的支配権················313
売買は賃貸借を破る·········315
判決確定時基準説············193
反対事実主張説··············116

〈ひ〉

必要費··················286, 427
否認権説····················116
表現地役権··················455
費用償還請求権··········286, 427
表題部······················75
費用負担者··················34

〈ふ〉

不可抗力····················38
不完全（不確定）物権変動説
　··························122
付記登記····················81
袋地························325
不継続地役権················454
付合························342
不作為地役権················454
付従性······················451
復帰的物権変動説·······155, 164
復旧決議権··················398
物権行為独自性説········61, 63
物権行為独自性否定説········61
物権行為の独自性············57
物権行為の無因性············57
物権的期待権················13
物権的合意············51, 53, 57
物権的請求権
　··················18, 418, 461, 470

事項索引　　479

物権的請求権行使の相手方
　　　……………………30
物権的請求権の性質………22
物権的独立請求権説………22
物権的法律関係……………3
物権の設定及び移転………49
物権の放棄………………244
物権変動の時期確定不要説
　　　……………………64
物権法定主義………………7
物権優先の原則……………17
不動産登記制度……………73
不動産の付合……………342
不当利得の成否…………224
不表現地役権……………455
不分割特約………………372
不法行為者………………144
分割所有権………………317
分割の不遡及……………379
分割利用形態……………466
分有説……………………361
分離処分の禁止…………389

〈へ〉

平穏・公然・善意・無過失
　　　…………………213
便益…………………444, 448

〈ほ〉

法益侵害排除説……………47
妨害排除請求権（否認訴権
　actio negatoria）………19
法第105条1号仮登記……79
法第105条2号仮登記……79

法定共用部分……………387
法定更新…………………414
法定取得—失権説………117
法定証拠説………………124
法定地役権………………445
法定地上権………………412
冒頭省略登記………………95
法律行為による物権変動…60
保存行為…………………364
ポッセッシオ……………249
北方ジャーナル事件………41
本権…………………277, 280
──の訴え……19, 284, 303
──の適法保有推定……277

〈ま〉

埋蔵物……………………339

〈み〉

未登記権利者と一般債権者
　　　…………………112
未分離の果実……………239

〈む〉

無権利構成説…………157, 170
無権利者…………………212
無主物先占………………337
無制限説…………………107
村中入会（一村入会）
　　　……………465, 468

〈め〉

明治41年連合部判決──制
　限説……………………107

明認方法……………234, 347
滅失………………………242

〈も〉

持分権…………358, 362, 370

〈や〉

約定更新…………………414
約定地役権………………445

〈ゆ〉

有益費……………287, 427
優先的効力………………16
有体物主義…………………1

〈よ〉

要役地……………………445
用水地役権…………445, 448

〈り〉

離脱型一部分割…………373
流水の利用………………332
留保買主の期待権……13, 67
立木法……………………234
利用上の独立性……345, 385
隣地使用権………………324

〈る〉

類型説……………………191

〈わ〉

割山………………………467

判例索引

明治期

大判明28・11・7民録1輯4巻28頁………… 62
大判明29・3・27民録2輯3巻111頁……… 323
大判明30・6・7民録3輯6巻25頁………… 62
大判明31・6・17民録4輯6巻81頁………… 457
大判明32・1・22民録5輯1巻31頁
　………………………………… 411, 417, 424
大判明32・12・22民録5輯11巻99頁……… 413
大判明33・3・9民録6輯3巻48頁………… 424
大判明33・6・29民録6輯6巻168頁……… 471
大判明33・7・9民録6輯7巻31頁………… 127
大判明33・10・29民録6輯9巻97頁…… 411, 428
大判明34・2・1民録7輯2巻1頁………… 469
大判明34・2・22民録7輯2巻101頁……… 120
大判明34・6・24民録7輯6巻60頁………… 424
大判明34・10・28民録7輯9巻162頁……… 410
大判明35・6・13民録8輯6巻68頁………… 430
大判明35・11・24民録8輯10巻150頁…… 414
大判明36・3・5民録9輯234頁…………… 272
大判明36・5・21刑録9輯874頁…………… 2
大判明36・6・19民録9輯759頁…………… 468
大判明36・7・6民録7輯861頁…………… 440
大判明36・11・16民録9輯1244頁………… 412
大判明37・3・11民録10輯264頁………… 434
大判明37・6・22民録10輯861頁………… 196
大判明37・6・24民録10輯880頁………… 417
大判明37・9・21民録10輯1136頁………… 95
大判明37・10・28民録10輯1309頁……… 71
大判明37・11・2民録10輯1389頁…… 411, 417
大判明37・12・13民録10輯1600頁……… 424
大判明37・12・19民録10輯1641頁……… 19
大判明38・5・11民録11輯701頁………… 279
大判明38・6・16民録11輯975頁………… 97
大判明38・12・18民録11輯1772頁……… 91
大判明38・12・20民録11輯1702頁……… 323
大判明39・2・5民録12輯165頁………… 466
大判明39・4・16刑録12輯472頁………… 273
大判明39・4・25民録12輯660頁………… 120
大判明39・5・11民録12輯744頁………… 194
大判明39・6・1民録12輯893頁………… 103
大判明39・10・10民録12輯1219頁……… 125

大判明39・11・12民録12輯1514頁……… 440
大阪控判明39・12・4新聞403号10頁…… 428
大判明40・3・6民録13輯229頁………… 431
大判明40・3・12民録13輯272頁………… 430
大連判明40・4・29民録13輯452頁……… 433
大判明41・9・22民録14輯907頁………… 71
大判明41・9・25民録14輯931頁………… 373
大連判明41・12・15民録14輯1276頁
　……………………………………… 107, 145, 146
大連判明41・12・15民録14輯1301頁
　……………………………………… 146, 165, 180
大判明42・2・25民録15輯158頁………… 367
大判明42・10・22刑録15輯1433頁…… 120, 163
大判明43・2・25民録16輯153頁………… 205
大判明43・3・15民録16輯212頁………… 431
大連判明43・11・26民録16輯759頁…… 433
大阪地判明44年月日不詳新聞779号21頁… 240
大判明44・4・7民録17輯187頁………… 275
大判明44・4・26民録17輯234頁………… 434
大判明45・6・1民録18輯569頁………… 127
大判明45・6・28民録18輯670頁………… 116

大正期

大判大元・10・30民録18輯931頁……… 267
大判大2・4・12民録19輯224頁………… 309
大判大2・10・25民録19輯857頁…… 62, 70
大判大3・5・9民録20輯373頁………… 429
大判大3・12・1民録20輯1019頁………… 178
大判大3・12・23民録20輯1160頁……… 431
大判大3・12・26民録20輯1208頁……… 196
大判大4・3・16民録21輯328頁………… 472
大判大4・4・27民録21輯590頁………… 278
大判大4・5・5民録21輯658頁………… 303
大判大4・5・24民録21輯803頁………… 196
大判大4・6・3民録21輯886頁………… 322
大判大4・6・8民録21輯910頁………… 431
大判大4・7・12民録21輯1126頁………… 113
大判大4・9・20民録21輯1481頁…… 293, 302
大判大4・9・29民録21輯1532頁………… 271
大判大4・10・16民録21輯1705頁……… 73
大判大4・12・2民録21輯1965頁………… 22

判例索引　*481*

大判大 5・2・2 民録22輯74頁 …………… 89	大判大 8・9・27民録25輯1644頁 … 366, 369
大判大 5・2・16民録22輯134頁 ………… 29	大判大 8・10・13民録25輯1863頁 … 262, 268
大判大 5・4・11民録22輯691頁 ………… 97	大判大 8・11・3 民録25輯1944頁 … 170, 361
大判大 5・5・16民録22輯961頁 ………… 216	大判大 9・5・8 民録26輯636頁 …… 434, 444
大判大 5・6・12民録22輯1189頁 ……… 430	大判大 9・7・26民録26輯1259頁 ………… 309
大判大 5・6・13民録22輯1200頁 ……… 371	大判大 9・10・14民録26輯1485頁 ………… 256
大判大 5・6・23民録22輯1161頁 …… 22, 24	大判大 9・12・27民録26輯2087頁 ………… 270
東京地判大 5・7・7 新聞1187号21頁 …… 296	大判大10・1・24民録27輯221頁 ………… 330
大判大 5・7・22民録22輯1585頁 ……… 296	大判大10・2・17民録27輯329頁 ………… 214
大判大 5・9・12民録22輯1702頁 …… 89, 93	大決大10・3・4 民録27輯404頁 ………… 202
大判大 5・9・20民録22輯1440頁 … 239, 240	大判大10・4・12民録27輯703頁 ………… 100
大判大 5・11・8 民録22輯2078頁 ………… 70	大判大10・4・14民録27輯732頁 ………… 235
大判大 5・11・28民録22輯2320頁 ……… 264	大判大10・5・17民録27輯929頁 …… 163, 164
大判大 5・11・29民録22輯2333頁	大判大10・5・30民録27輯983頁 ………… 70
……………………………… 345, 348, 383	大判大10・6・1 民録27輯1032頁 ………… 344
大判大 5・12・13民録22輯2411頁 ………… 97	大判大10・6・9 民録27輯1122頁 ………… 70
大判大 5・12・13民録22輯2417頁 ……… 197	大判大10・6・13民録27輯1155頁 ………… 104
大判大 5・12・25民録22輯2504頁 ……… 117	大判大10・7・8 民録27輯1373頁 ………… 227
大判大 6・2・6 民録23輯202頁 …… 13, 322	大判大10・7・18民録27輯1392頁 … 364, 371
大判大 6・2・10民録23輯138頁 ………… 318	大判大10・10・15民録27輯1788頁 ………… 46
大判大 6・3・23民録23輯560頁 ………… 22	大判大10・10・27民録27輯2040頁 ………… 370
大判大 6・9・6 民録23輯1250頁 … 410, 417	大判大10・11・3 民録27輯1875頁 ………… 266
大判大 6・9・19民録23輯1352頁 ……… 428	大判大10・11・28民録27輯2070頁 ………… 424
大判大 6・11・3 民録23輯1875頁 ……… 203	大判大10・11・28民録27輯2045頁 ………… 468
大判大 6・11・8 民録23輯1772頁 ……… 274	大判大11・3・25民集 1 巻130頁 ………… 93
大判大 6・11・13民録23輯1776頁 ……… 279	大判大11・7・10民集 1 巻386頁 ………… 369
大判大 6・11・28民録23輯2018頁 … 466, 470	大判大11・8・21民集 1 巻493頁 ………… 24
大判大 7・3・2 民録24輯423頁 ………… 181	大判大11・10・25民集 1 巻604頁 … 266, 276
大判大 7・4・13新聞3400号14頁 ……… 299	大判大11・11・24民集 1 巻738頁 … 244, 435
大判大 7・4・19民録24輯731頁 ………… 364	大判大11・11・27民集 1 巻692頁 … 266, 299
大判大 7・5・13民録24輯957頁 ………… 100	大判大11・12・28民集 1 巻865頁 ………… 203
大連判大 7・5・18民録24輯976頁 ……… 284	大判大12・7・27民集 2 巻572頁 ………… 381
大判大 7・6・18民録24輯1185頁 ……… 102	大判大12・12・17民集 2 巻684頁 … 373, 375
大判大 7・9・11民録24輯1675頁 ………… 71	大判大13・4・21民集 3 巻191頁 ………… 202
大判大 7・9・16民録24輯1699頁 ………… 70	大判大13・5・19民集 3 巻211頁 ………… 369
大判大 7・11・8 民録24輯2138頁 ……… 214	大判大13・5・22民集 3 巻224頁 ………… 300
大判大 7・11・14民録24輯2178頁 ……… 116	大判大13・9・25新聞2323号15頁 ………… 279
大判大 8・2・6 民録25輯68頁 ………… 95	大連判大13・10・7 民集 3 巻476頁 ………… 6
大判大 8・4・8 民録25輯657頁 ………… 304	大連判大13・10・7 民集 3 巻509頁 ………… 6
大判大 8・5・5 新聞1583号15頁 ………… 269	東京地判大13・10・14新聞2329号19頁 …… 335
大判大 8・5・16民録25輯776頁 ………… 93	大判大13・11・20民集 3 巻516頁 ………… 375
大判大 8・5・26民録25輯892頁 ………… 238	大判大14・1・20民集 4 巻 1 頁 ………… 283
大判大 8・6・23民録25輯1090頁 ……… 194	大（刑）判大14・6・9 刑集 4 巻378頁
大判大 8・7・5 民録25輯1258頁 ………… 73	………………………………………… 269, 337
大判大 8・9・1 民録25輯1548頁 ………… 97	大連判大14・7・8 民集 4 巻412頁 ……… 183

大判大14・12・21民集 4 巻723頁 ……………… 92
大連判大15・2・1民集 5 巻44頁 …… 122,123
大判大15・4・30民集 5 巻344頁 ……… 96,102
大判大15・6・23民集 5 巻536頁 …………… 103
大判大15・10・12判例評論全集16巻民法129頁
　……………………………………………………287
大判大15・10・12民集 5 巻726頁 …………… 426
大判大15・11・3 新聞2636号13頁…………… 373

昭和元年～20年

大判昭 2・2・16判例評論全集16巻商法485頁
　……………………………………………………286
大判昭 2・6・30新聞2744号12頁……………… 91
大判昭 2・9・19民集 6 巻510頁 …………… 457
大判昭 2・12・17新聞1211号15頁…………… 270
大判昭 3・5・25新聞2876号 9 頁……………… 86
大判昭 3・6・11新聞2890号13頁…………… 307
大判昭 3・7・3 裁判例（民事） 2 巻44頁 … 90
大判昭 3・10・11民集 7 巻903頁 ……………… 71
大判昭 4・2・20民集 8 巻59頁… 152,154,155
大判昭 4・2・23新聞2957号13頁…………… 202
大判昭 4・4・6 民集 8 巻384頁 ……………… 91
大判昭 4・12・11民集 8 巻923頁 …………… 229
大判昭 5・4・26判例評論全集19巻民法131頁
　……………………………………………………287
大判昭 5・5・6 新聞3126号16頁…………… 307
大判昭 5・5・10新聞3145号12頁…………… 214
大判昭 5・6・16民集 9 巻550頁 …………… 199
大判昭 5・10・2 民集 9 巻930頁 ……………… 71
大判昭 6・3・31民集10巻150頁 …………… 256
大判昭 6・8・7 民集10巻763頁 …………… 261
大判昭 7・1・13民集11巻 7 頁 …………… 431
大判昭 7・1・26民集11巻169頁 ……………… 71
大判昭 7・2・16民集11巻138頁 …………… 289
大判昭 7・3・18民集11巻327頁 …………… 160
大判昭 7・4・13新聞3400号14頁…………… 295
大判昭 7・5・19新聞3429号12頁…… 343,348
大決昭 7・7・19新聞3452号16頁…………… 203
大判昭 7・8・10新聞3453号15頁…………… 323
大判昭 7・9・27法学 2 号470頁 ……………… 92
大判昭 7・10・14裁判例 6 巻民事277頁 …… 268
大判昭 7・11・9 民集11巻2277頁……… 31,34
大判昭 7・12・9 裁判例 6 巻民法334頁 …… 287
大判昭 7・12・10民集11巻2313頁 ………… 360
大判昭 7・12・20新聞3511号14頁…………… 29

大判昭 8・2・8 民集12巻60頁 …………… 348
大判昭 8・3・15民集12巻366頁 ……………… 93
大判昭 8・5・24民集12巻1565頁 …………… 209
大判昭 8・12・23判決全集 1 輯 2 号29頁… 365
大判昭 9・2・3 法学 3 巻 6 号88頁………… 466
大判昭 9・4・6 民集13巻492頁 …………… 212
大判昭 9・6・2 民集13巻931頁 …………… 272
大判昭 9・6・15民集13巻1164頁 ……………… 21
大判昭 9・10・19民集13巻1940頁 ………… 296
大判昭10・1・17新聞3800号11頁……………… 90
大判昭10・2・16新聞3812号 7 頁…………… 300
大判昭10・2・25民集14巻226頁 ……………… 87
大判昭10・5・31民集14巻1220頁 …………… 160
大判昭10・7・9 判決全集 1 輯20号13頁… 214
大判昭10・9・3 民集14巻1640頁 …………… 269
大判昭10・9・14民集14巻1617頁 …………… 373
大判昭10・10・1 民集14巻1671頁 ………… 6,91
大判昭10・10・5 民集14巻1965頁 ……… 28,134
大判昭10・11・14新聞3922号 8 頁…………… 152
大判昭11・4・24民集15巻790頁 …………… 441
大判昭11・7・17民集15巻1481頁 ……………… 29
大判昭11・7・31民集15巻1587頁 …………… 113
大判昭12・1・23法律評論26巻民法297頁
　……………………………………………………429
大判昭12・3・10民集16巻255頁 …………… 449
大判昭12・5・22民集16巻723頁 …………… 194
大判昭12・7・23判決全集 4 輯17号 4 頁… 349
大判昭12・11・19民集16巻1881頁 ……… 31,34
大判昭12・11・26民集16巻1665頁 ………… 310
大判昭13・1・28民集17巻 1 頁 …………… 223
大判昭13・4・12民集17巻675頁 …………… 264
大判昭13・4・30新聞4276号 8 頁…………… 374
大判昭13・5・27新聞4291号17頁…………… 441
大判昭13・5・31判決全集 5 輯12号 3 頁… 267
大判昭13・10・26民集17巻2057頁 …………… 29
大判昭13・12・2 民集17巻2269頁 …………… 32
大判昭13・12・26民集17巻2835頁 ………… 301
大判昭14・7・7 民集18巻748頁 …………… 163
大判昭14・7・19民集18巻856頁 …………… 184
大判昭15・6・1 民集19巻944頁 ……………… 96
大判昭15・6・26民集19巻1033頁 …………… 413
大判昭15・9・9 新聞4622号 7 頁…………… 299
大判昭15・9・18民集19巻1611頁 ……………… 13
大判昭15・10・24新聞4637号10頁…… 296,299
大判昭15・11・8 新聞4642号 9 頁…………… 258

判例索引　*483*

大判昭15・11・19判決全集8輯1号3頁… 418
大判昭15・11・20新聞4646号10頁………… 189
大判昭16・6・20民集20巻888頁………… 104
大判昭16・8・14民集20巻1074頁………… 413
大判昭16・9・11新聞4749号11頁………… 413
大判昭16・10・1新聞4738号9頁………… 426
大判昭16・12・12新聞4753号9頁………… 253
大判昭17・2・24民集21巻151頁
　………………………………………… 236,346,347
大判昭17・4・24民集21巻447頁………… 380
大判昭17・5・12民集21巻533頁………… 426
大判昭17・9・30民集21巻911頁………… 155
大判昭18・1・29民集22巻1頁………… 87
大判昭18・5・25民集22巻411頁………… 349
大判昭18・7・20民集22巻660頁………… 197
大判昭19・2・8新聞4898号2頁………… 213
大判昭19・2・18民集23巻64頁………… 302

昭和21年〜40年

東京高判昭23・3・26高裁民集1巻1号78頁
　……………………………………………………… 72
最判昭24・10・20刑集3巻10号1660頁…… 349
水戸地判昭25・6・22下裁民集1巻6号969頁
　…………………………………………………… 254
横浜地横須賀支判昭26・4・9下裁民集2巻4号485頁 ………………………………………… 300
最判昭26・11・27民集5巻13号775頁…… 228
東京高判昭27・1・28高裁民集5巻9号353頁
　……………………………………………………… 92
最判昭27・2・19民集6巻2号95頁… 253,257
最判昭28・1・23民集7巻1号78頁………… 344
最判昭28・7・3裁判集民事9号631頁…… 271
最判昭29・3・12民集8巻3号696頁………… 365
最判昭29・11・5刑集8巻11号1675頁…… 211
最判昭29・12・24民集8巻12号2292頁……… 96
大阪地決昭30・4・5下裁民集6巻4号631頁
　…………………………………………………… 296
最判昭30・5・31民集9巻6号793頁
　……………………………………………… 361,375
最判昭30・6・2民集9巻7号855頁
　……………………………………………… 205,271
最判昭30・6・24民集9巻7号919頁………… 6
最判昭30・7・5民集9巻9号1002頁…… 104
最判昭30・11・18裁判集民事20号443頁… 307
最判昭30・11・22民集9巻12号1781頁…… 24

東京高判昭30・12・24高裁民集8巻10号739頁
　…………………………………………………… 245
最判昭30・12・26民集9巻14号2097頁…… 458
最判昭31・4・24民集10巻4号417頁……… 132
最判昭31・5・10民集10巻5号487頁……… 370
最判昭31・6・19民集10巻6号678頁……… 344
最判昭31・7・20民集10巻8号1045頁……… 91
最判昭31・7・27民集10巻8号1122頁……… 87
東京高判昭31・10・30高裁民集9巻10号626頁
　…………………………………………………… 301
東京地判昭31・11・29新聞33号12頁…… 298
最判昭31・12・18民集10巻12号1559頁…… 266
最判昭31・12・27裁判集民事24号661頁… 255
最判昭32・1・31民集11巻1号170頁……… 282
最判昭32・2・15民集11巻2号270頁……… 255
最判昭32・6・7民集11巻6号999頁……… 155
佐賀地判昭32・7・29下裁民集8巻7号1355頁
　…………………………………………………… 298
最判昭32・12・27民集11巻14号2485頁…… 216
最判昭33・2・14民集12巻2号268頁……… 458
東京地判昭33・3・22下裁民集9巻3号476頁
　…………………………………………………… 296
最判昭33・6・14民集12巻9号1449頁…… 164
最判昭33・6・20民集12巻10号1585頁……… 70
最判昭33・7・22民集12巻12号1805頁
　……………………………………………… 360,370
最判昭33・7・29民集12巻12号1879頁…… 238
最判昭33・10・14民集12巻14号3111頁…… 123
最判昭34・1・8民集13巻1号1頁………… 278
最判昭34・2・5民集13巻1号51頁……… 348
最決昭34・2・9刑集13巻1号76頁……… 227
最判昭34・2・12民集13巻2号91頁……… 104
最判昭34・7・14民集13巻7号1005頁……… 86
最判昭34・7・24民集13巻8号1196頁……… 83
最判昭34・8・7民集13巻10号1223頁…… 237
最判昭34・11・26民集13巻12号1550頁…… 368
最判昭35・2・11民集14巻2号168頁……… 216
最判昭35・3・1民集14巻3号307頁
　……………………………………………… 236,347
最判昭35・3・1民集14巻3号327頁……… 279
最判昭35・4・21民集14巻6号963頁……… 78
最判昭35・4・21民集14巻6号946頁……… 94
最判昭35・6・17民集14巻8号1396頁……… 32
最判昭35・6・24民集14巻8号1528頁……… 72
最判昭35・7・27民集14巻10号1871頁

……………………………… 181,184,188
最判昭35・10・4判時244号48頁 ………… 348
最判昭35・11・29民集14巻13号2869頁…… 127
最判昭36・3・24民集15巻3号542頁 …… 324
最判昭36・4・27民集15巻4号901頁…… 128
最判昭36・4・28民集15巻4号1230頁…… 100
最判昭36・5・4民集15巻5号1253頁…… 236
最判昭36・6・16民集15巻6号1592頁…… 105
最判昭36・7・20民集15巻7号1903頁…… 185
最判昭36・9・15民集15巻8号2172頁…… 209
東京地判昭36・11・30下裁民集12巻11号2895頁
 …………………………………………………… 336
最判昭37・3・15民集16巻3号556頁 …… 327
最判昭37・3・16民集16巻3号567頁 ……… 86
最判昭37・5・18民集16巻5号1073頁…… 274
最判昭37・5・24民集16巻7号1251頁……… 87
最判昭37・6・1訟務月報8巻6号1005頁
 …………………………………………………… 339
最判昭37・6・22民集16巻7号1374頁
 ……………………………………………… 237,239
最判昭37・8・21民集16巻9号1809頁…… 309
最判昭37・10・30民集16巻10号2182頁…… 329
最判昭37・12・18民集16巻12号2422頁…… 255
最判昭38・1・25民集17巻1号41頁…… 299
最判昭38・2・22民集17巻1号235頁
 ……………………………………… 170,174,361,370
最判昭38・4・19民集17巻3号518頁 …… 364
最判昭38・5・21民集17巻4号545頁…… 415
最判昭38・5・24民集17巻5号639頁
 ……………………………………………… 128,456
最判昭38・5・31民集17巻4号588頁…… 344
最判昭38・10・8民集17巻9号1182頁……… 80
最判昭38・10・15民集17巻11号1497頁…… 280
最判昭38・10・29民集17巻9号1236頁…… 345
最判昭38・12・13民集17巻12号1696頁…… 344
最判昭39・1・24判時365号26頁 …… 205,211
最判昭39・2・25民集18巻2号329頁…… 365
最判昭39・3・6民集18巻3号437頁…… 173
大阪高判昭39・7・15判時384号34頁 … 24,25
最判昭39・10・15民集18巻8号1671頁……… 92
最判昭40・3・4民集19巻2号197頁…… 305
最大判昭40・3・17民集19巻2号453頁
 ……………………………………………… 91,420
最判昭40・4・6民集19巻3号564頁……… 24
最判昭40・5・4民集19巻4号797頁……… 92

最判昭40・5・20民集19巻4号859頁 …… 370
最判昭40・5・20民集19巻4号872頁 …… 473
最判昭40・9・21民集19巻6号1560頁……… 94
最判昭40・11・19民集19巻8号2003頁……… 70
最判昭40・12・7民集19巻9号2101頁…… 291
最判昭40・12・21民集19巻9号2221頁
 ……………………………………………… 132,184

昭和41年〜63年

大阪地判昭41・4・27判タ191号121頁…… 385
最大判昭41・4・27民集20巻4号870頁…… 420
東京地判昭41・4・27下裁民集17巻3号353頁
 …………………………………………………… 470
最判昭41・6・9民集20巻5号1011頁
 ……………………………………… 210,214,263
最判昭41・11・18民集20巻9号1827頁……… 88
最判昭41・11・25民集20巻9号1921頁…… 464
最判昭42・1・20民集21巻1号16頁…… 177
最判昭42・4・7民集21巻3号551頁 …… 170
最判昭42・4・27判時492号55頁 ……… 215
最判昭42・7・21民集21巻6号1643頁…… 182
最判昭42・7・21民集21巻6号1653頁…… 185
最判昭42・7・21民集21巻6号1643頁…… 186
最判昭42・7・21民集21巻6号1653頁…… 189
最判昭42・8・25民集21巻7号1740頁…… 371
最判昭42・9・1民集21巻7号1755頁……… 83
最判昭42・10・27民集21巻8号2136頁……… 87
最判昭43・6・13民集22巻6号1183頁
 ……………………………………………… 342,343
最判昭43・8・2民集22巻8号1571頁
 ……………………………………………… 133,184
最判昭43・9・3民集22巻9号1817頁…… 128
最判昭43・10・31民集22巻10号2350頁…… 202
最大判昭43・12・4民集22巻13号2855頁…… 82
最判昭43・12・19裁判集民事93号707頁…… 268
最判昭44・5・27民集23巻6号998頁…… 160
最判昭44・7・25民集23巻8号1627頁
 ……………………………………………… 345,385
最判昭44・9・12判時572号25頁 ………… 197
最判昭44・10・30民集23巻10号1881頁…… 273
最判昭44・12・2民集23巻12号2333頁…… 307
東京地判昭45・5・2下裁民集31巻5─8号
 546頁 ………………………………………… 385
最判昭45・6・18判時600号83頁 ………… 259
最判昭45・12・4民集24巻13号1987頁…… 210

最判昭46・1・26民集25巻1号90頁……… 169
最判昭46・3・5判時628号48頁………… 197
最判昭46・4・23民集25巻3号388頁
　……………………………………… 113,114
最判昭46・10・14民集25巻7号933頁…… 246
最判昭46・11・5民集25巻8号1087頁…… 182
最判昭46・11・30民集25巻8号1437頁…… 261
最判昭47・6・22民集26巻5号1051頁…… 421
最判昭47・7・13判時682号23頁………… 421
最判昭48・3・13民集27巻2号271頁…… 472
最判昭49・3・19民集28巻2号325頁…… 114
最判昭49・9・26民集28巻6号1213頁…… 161
最判昭50・2・13民集29巻2号83頁……… 419
最判昭50・11・7民集29巻10号1525頁…… 377
大阪高判昭50・11・27判時797号36頁…… 41
鹿児島地判昭51・3・31判時816号12頁… 243
最判昭51・4・23民集30巻3号306頁…… 24
最判昭52・3・3民集31巻2号157頁…… 259
最判昭52・3・15判時852号60頁………… 415
最判昭53・3・6民集32巻2号135頁…… 275
最判昭54・1・25民集33巻1号26頁… 352,353
最判昭54・7・31判時942号39頁………… 267
最判昭54・9・7民集33巻5号640頁…… 253
最判昭54・9・11判時944号52頁………… 80
最判昭56・3・19民集35巻2号171頁…… 301
最判昭56・3・20民集35巻2号219頁…… 433
最判昭56・6・18民集35巻4号798頁
　……………………………………… 384,385
最判昭57・1・22裁判集〔民事〕135号83頁
　………………………………………… 472
最判昭57・2・18判時1036号68頁………… 183
最判昭57・3・30判時1039号61頁………… 255
東京高判昭57・8・31下裁民集33巻5～8号
　968頁……………………………… 141,142
最判昭57・9・7民集36巻8号1527頁…… 221
最判昭58・3・24民集37巻2号131頁
　……………………………………… 256,260,267
最判昭58・4・14判時1077号62頁………… 421
最大判昭61・6・11民集40巻4号872頁…… 41
最判昭61・12・16民集40巻7号1236頁…… 243
最判昭62・4・10刑集41巻3号221頁…… 337
最大判昭62・4・22民集41巻3号408頁…… 373
最判昭62・4・23民集41巻3号474頁…… 199
最判昭62・7・17判時1243号28頁………… 397
最判昭62・9・4家裁月報40巻1号161頁

　……………………………………………… 377
最判昭62・11・10民集41巻8号1559頁……… 1
最判昭63・12・1民集42巻10号719頁……… 80

平成元年～
最判平元・2・7判時1319号102頁………… 421
最判平元・9・19民集43巻8号955頁…… 336
最判平2・11・20民集44巻8号1037頁
　……………………………………… 328-330
最判平3・3・22民集45巻3号268頁…… 21
最判平3・4・19民集45巻4号477頁…… 174
最判平3・7・18判時1395号63頁………… 84
最判平3・10・1判時1404号79頁………… 429
最判平4・1・24家裁月報44巻7号51頁… 373
最判平5・2・12民集47巻2号393頁…… 386
最判平5・7・19裁判集民事169号243頁… 174
最判平5・10・19民集47巻8号5061頁
　……………………………………… 198,354
最判平5・12・17判時1480号69頁………… 329
最判平6・1・25民集48巻1号18頁…… 356
最判平6・2・8民集48巻2号373頁…… 33
最判平6・3・8民集48巻3号835頁…… 361
最判平6・5・12民集48巻4号1005頁…… 85
最判平6・12・16判時1521号37頁………… 458
最判平7・12・15民集49巻10号3088頁…… 260
最判平8・1・26民集50巻1号132頁…… 377
最判平8・10・29民集50巻9号2506頁…… 142
最判平8・10・31民集50巻9号2563頁…… 375
最判平8・10・31判時1592号55頁………… 376
最判平8・10・31判時1592号59頁………… 376
最判平8・11・12民集50巻10号2591頁…… 261
最判平9・4・25判時1608号91頁………… 376
最判平9・12・18民集51巻10号4241頁
　……………………………………… 44,326
最判平10・2・13民集52巻1号65頁… 110,456
最判平10・2・27判時1641号84頁………… 376
最判平10・3・10判時1683号95頁………… 255
最判平10・12・18民集52巻9号1975頁
　……………………………………… 110,456
最判平11・4・22判時1675号76頁………… 376
最判平11・7・13判時1687号75頁………… 327
最判平11・11・9民集53巻8号1421頁…… 372
最大判平11・11・24民集53巻8号1899頁…… 21
最判平12・3・21判時1715号20頁………… 387
最判平12・6・27民集54巻5号1737頁…… 230

最判平14・6・10判時1791号59頁………… 174
最判平14・9・24判時1802号60頁…………… 42
最判平14・10・15民集56巻8号1791頁…… 332
最判平15・2・21民集57巻2号95頁……… 212
最判平15・7・11民集57巻7号787頁…… 370
最判平15・10・31判時1846号7頁………… 186
最判平17・3・10民集59巻2号356頁……… 21
最判平17・3・20判時1895号56頁………… 462
広島高判平17・10・20判時1933号84頁…… 473
最大判平17・12・7民集59巻10号2645頁…… 42
最判平18・1・17民集60巻1号27頁……… 183
最判平18・3・16民集60巻3号735頁……… 326

最判平18・3・30民集60巻3号948頁………… 43
東京高判平19・9・13判タ1258号228頁…… 326
東京高判平20・3・27平成19年（行コ）第234号
　　裁判所ウェブサイト掲載………………… 98
最判平20・4・14民集62巻5号909頁
　　……………………………………… 469,473,474
最判平21・4・23判時2045号116頁………… 405
広島地判平21・10・1判時2060号3頁……… 44
最判平22・12・16民集64巻8号2050頁…… 98
最判平23・2・22民集65巻2号699頁……… 175
最判平24・3・16民集66巻5号2321頁…… 187
最判平25・2・26民集67巻2号297頁……… 110

条文索引

1 条……………28	167 条 2 項…241, 319,473	189 条 2 項…231, 282,284
1 条 1 項…………320	175 条 ……………7	190 条…231,233,284
1 条 2 項…54,131, 134	176 条…2,14,49,55, 62,70,115, 147	191 条 ……………285
1 条 3 項……43,134		192 条…52,54,205, 208,215, 221,312
2 条………………7	177 条…2,5,33,51, 55,79,82, 88,106,114, 129,130, 143,144, 146,147, 161,164, 234,244,418	
3 条 1 項…………4		193 条…225,226,231
32 条 1 項………178		194 条…226,230,232
85 条……………1,319		195 条 ……………288
86 条………………6		196 条…285,311
86 条 3 項…206,210		196 条 1 項……287
87 条 1 項………10		196 条 2 項…287, 288,427
87 条 2 項……10,206	178 条…2,14,49,51, 204,207,215	
89 条……………282		197 条…19,290,294, 461
90 条……43,134	179 条………242,319	198 条…20,293-296, 461
91 条………………9	179 条 1 項………245	
94 条 2 項…104,111, 160-162, 172	180 条…12,250,255, 267	199 条…20,293-295, 298,461
		200 条…19,20,294, 296,299,461
96 条……………144	181 条………204,264	
96 条 3 項…111,150, 152,155, 162,164	182 条………………51	200 条 1 項…293,302
	182 条 1 項…204,269	201 条 1 項……297
	182 条 2 項…207,270	201 条 2 項……298
101 条……………276	183 条…205,207, 215,271	201 条 3 項……302
109 条……………208		202 条 ……19,303
110 条……172,208	184 条…207,220,271	203 条………264,306
112 条……………208	185 条………259,262	204 条 1 項…265,307
116 条…147,148,166	186 条…15,252,264, 268	205 条…308,459,461
121 条……151,152		206 条…2,4,317- 320,357, 362,386
127 条 3 項………147	186 条 1 項…27,214, 263, 267,278	
128 条……………13		
129 条………13,147		207 条 ……………321
144 条……………193	186 条 2 項…268,306	209 条…335,387, 418,448
145 条……………193	187 条 ……………276	
162 条…14,179,181, 463,471	187 条 1 項………273	209 条 1 項………2
	187 条 2 項…264,274	209 条 2 項……325
162 条 2 項………189	188 条…27,214,264, 277-280	210 条………448,449
163 条…179,184, 457,471		210 条 1 項…325,330
	189 条………283,311	211 条 1 項…325,330
167 条 ……………24	189 条 1 項…231,281	
167 条 1 項………243		

212 条 …325,330,449	236 条 ……20,335
213 条 …327,328,329	237 条 ………336
214 条 ……330,448	238 条 ……418,448
215 条 ………331	239 条 ………337
216 条 ……20,331	239 条 2 項………362
217 条 ………331	240 条 ………338
218 条 ……20,324,331	241 条 ………339
219 条 ………332	242 条 …6,234,236, 342,438
220 条 ……331,448	
221 条 ………331	243 条 ………348
222 条 ………332	244 条 ………349
223 条 ……333,448	245 条 ………350
224 条 ………333	246 条 …350,352
225 条 ………333	248 条…337,341, 355,356
226 条 ………333	
227 条 ………334	249 条 ………358,363
228 条 ………334	
229 条 ………334	
230 条 ………334	
231 条 ………334	
232 条 ………334	
233 条 ……20,335	
234 条…20,297,331, 335	
235 条 ……20,337	

250条 ……… 362	284条 ……… 451,452	401条 ……… 5	611条 ……… 432,443
251条 ……… 366,389	285条 ……… 459	401条2項 ……… 72	612条 ……… 199,409
252条 ……… 364	288条 ……… 459	411条 ……… 147,166	614条 ……… 432
253条 ……… 367	289条 ……… 242,462	414条2項 … 325, 333,335	616条 ……… 409,443
254条 ……… 367	290条 ……… 463		668条 ……… 359
255条 ……… 362,390	291条 ……… 463,474	415条 ……… 285	676条 ……… 359
256条 … 165,199,372	292条 … 451,452,463	417条 ……… 19	703条 … 27,231,233, 341,356
257条 ……… 334,372	293条 ……… 463	423条 … 65,76,100, 168	
258条 ……… 374	294条 … 407,465, 467,474		704条 ……… 341,356
259条 ……… 368		467条 ……… 114	709条 … 2,25,27,37, 43,293
260条 ……… 377	295条 ……… 222,288	478条 … 108,208, 310,311	
261条 ……… 378,381	302条 ……… 20		717条 … 26,39,293
262条 ……… 379	304条 … 242,355,381	494条 ……… 298	722条 ……… 19
263条 … 407,465,467	306条 … 21,204	533条 … 3,63,102, 229	882条 ……… 165,473
264条 ……… 381	311条 ……… 204		887条1項 ……… 165
265条 ……… 4,407	312条 … 280,432,443	534条 ……… 65,72	887条2項 ……… 176
266条 … 427,429, 431,435	313条2項 ……… 280	541条 ……… 444	891条 ……… 177,178
	319条 … 204,222,281	544条 ……… 365	892条 ……… 179
267条 … 324,418,438	333条 ……… 21	545条 ……… 163,166	893条 ……… 179
268条 … 244,413,435	344条 … 10,21,204, 219	555条 ……… 2,17	896条 ……… 172,411
269条 ……… 425,442		556条 ……… 13	898条 … 165,357, 360,473
269条の2 ……… 436	345条 … 10,51,204, 219	557条 ……… 135	
270条 ……… 407,440		559条 ……… 378	900条4号 ……… 357
271条 ……… 417,442	350条 ……… 242,355	560条 ……… 72	905条 ……… 360
272条 … 199,417,439	352条 … 10,21,51, 204	562条 ……… 72	906条 ……… 360,376
273条 ……… 439,443		567条 ……… 381	907条 ……… 376
274条 ……… 432,444	353条 ……… 21	575条 ……… 65	908条 ……… 173,199
275条 … 432,435, 443,444	360条 ……… 9,203	579条 ……… 13	909条 … 165-168, 360,379
	369条2項 … 4,424, 442	594条1項 ……… 443	
276条 … 429,432, 435,444		598条 ……… 409	915条 ……… 176
	371条 ……… 206	601条 ……… 3,409	938条 ……… 177
277条 ……… 442-444	372条 … 242,355,381	604条 ……… 409	939条 ……… 176
278条 ……… 9,441	373条 ……… 7,16,112	605条 … 4,5,17,113, 114,409	964条 ……… 172,411
279条 ……… 442	388条 ……… 412,430		990条 ……… 172,360
280条 ……… 445,447	396条 … 242,243,464	606条 ……… 410,427	994条1項 ……… 175
281条 ……… 451	397条 ……… 242	608条 ……… 409,427	1013条 ……… 199
282条 ……… 451	398条 … 242,244,435	609条 ……… 432	1028条 ……… 175
283条 ……… 184,457	398条の6 ……… 203	610条 ……… 432	

〈著者紹介〉
石口　修（いしぐち・おさむ）

1986 年　中央大学法学部卒業
2008 年　広島大学博士（法学）
現　在　愛知大学大学院法務研究科教授

〈主要著作〉
『民法要論Ⅲ 担保物権法』（成文堂・単著、2016 年）
『物権法―民法講論第 2 巻』（信山社・単著、2015 年）
『所有権留保の現代的課題』（成文堂〈学位論文〉・単著、2006 年）
『民法Ⅱ物権』（青林書院・共著、2002 年）「第 4 章用益物権」執筆
「対抗問題論―民法第 177 条の第三者―」『日本民法学史・続編』（信山社、2015 年）
「留保所有権の譲渡と譲受人の法的地位」『千葉大学法学論集』第 28 巻第 1・2 号（2013 年）
「『真正な登記名義の回復』による中間省略登記」『愛知大学法経論集』第 192 号（2012 年）
「後順位抵当権の設定と法定地上権」『福岡大学法学論叢』第 54 巻第 1 号（2009 年）
「判例に現れた集合債権譲渡担保（1）（2・完）」『法学新報』第 110 巻第 1・2 号、同第 5・6 号（2003 年）

民法要論Ⅱ　物権法

2017 年 4 月 20 日　初版第 1 刷発行

著　者　石　口　　　修
発行者　阿　部　成　一

〒162-0041　東京都新宿区早稲田鶴巻町 514 番地
発行所　株式会社　成文堂
電話 03(3203)9201(代)　Fax 03(3203)9206
http://www.seibundoh.co.jp

製版・印刷・製本　藤原印刷
©2017 Osamu Ishiguchi　　Printed in Japan
乱丁・落丁本はお取り替えいたします。
ISBN978-4-7923-2702-6　C3032

定価（本体 4000 円＋税）